1923

Os modernistas brasileiros em Paris

GÊNESE ANDRADE
(Organizadora)

1923
Os modernistas brasileiros em Paris

editora
unesp

Direitos de publicação reservados à:
Fundação Editora da Unesp (FEU)
Praça da Sé, 108
01001-900 – São Paulo – SP
Tel.: (0xx11) 3242-7171
Fax: (0xx11) 3242-7172
www.editoraunesp.com.br
www.livrariaunesp.com.br
atendimento.editora@unesp.br

Dados Internacionais de Catalogação na Publicação (CIP) de acordo com ISBD
Elaborado por Vagner Rodolfo da Silva – CRB-8/9410

A554m Andrade, Gênese (organizadora)

1923: Os modernistas brasileiros em Paris / Gênese Andrade. – São Paulo: Editora Unesp, 2024.

Inclui bibliografia.
ISBN: 978-65-5711-212-0

1. Literatura. 2. Crítica literária. 3. Modernismo. 4. Literatura brasileira. 5. História da literatura. 6. História da arte. 7. Literatura comparada. I. Título.

CDD 809
2024-1519 CDU 82.09

Editora afiliada:

Asociación de Editoriales Universitarias de América Latina y el Caribe

Associação Brasileira de Editoras Universitárias

Sumário

II. Paris é uma festa brasileira?

Agradecimentos

A Jézio Gutierre, que acolheu este projeto desde o primeiro instante, pela confiança, entusiasmo e carinho de sempre.

A Leandro Rodrigues, Thaís de Oliveira, Jéssica Holanda e toda a equipe da Editora Unesp, pela competência, dedicação e profissionalismo, sem os quais este livro não teria sido possível.

Aos autores e tradutores, pelos valiosos trabalhos que constituem esta publicação: Alecsandra Matias de Oliveira, Cacá Machado, Carlos Augusto Calil, Fábio Koifman, Jorge Schwartz, Michele Greet, Orlando de Barros, Regina Salgado Campos, Roberto Zular, Tadeu Chiarelli, Thiago Gil Virava e Valter Cesar Pinheiro.

Aos herdeiros, instituições e representantes dos escritores e artistas que autorizaram a reprodução de textos e imagens, em especial: Anne Botella, Carlos Ranulpho (*in memoriam*), Elisabeth Di Cavalcanti, Marília de Andrade, Marinez Oliveira, Paola Montenegro, Sandra Brecheret Pellegrini, Thereza Christina de Moura Albuquerque Guimarães; Agência Riff, AUTVIS,

Fundação Escultor Victor Brecheret, Tarsila do Amaral Licenciamento e Empreendimentos.

A Celso Lafer, Cristiane Silvestrin, Joana Darc Moreno de Andrade, K. David Jackson, Leonice Alves, Marlene Laky, Regina Teixeira de Barros, Tarsila do Amaral e Thales Estanislau Sobrinho, pelo apoio.

Aos meus maravilhosos amigos – não nomeados porque a lista seria imensa –, que me acompanham com paciência e entusiasmo, compreendem minhas ausências e estão sempre presentes, mesmo que seja em pensamento.

Aos meus queridos familiares – Letícia, Áureo, Maria, Katarine e Carolina –, pelo carinho, estímulo e presença, constantes e vitais.

Modernistas e Paris pra lá e pra cá

Gênese Andrade

> *Paris, supimpa. Que nem São Paulo!*
> Oswald de Andrade, Carta a Monteiro Lobato, Paris, jun. 1923[1]

> *Paris é um polvo. Suga*
> Sérgio Milliet, Carta a Yan de Almeida Prado, Paris, 9 nov. 1923[2]

> *Paris é um rebocador*
> Tarsila do Amaral, Carta a Mário de Andrade, Paris, 13 nov. 1923[3]

---

1 As cartas de Oswald de Andrade a Monteiro Lobato pertencem ao Fundo Monteiro Lobato, Centro de Documentação Cultural Alexandre Eulalio (Cedae), Instituto de Estudos da Linguagem da Universidade Estadual de Campinas (IEL-Unicamp).

2 As cartas de Sérgio Milliet a Yan de Almeida Prado pertencem à Academia Paulista de Letras (APL).

3 As cartas de Tarsila do Amaral a Mário de Andrade pertencem ao Fundo Mário de Andrade, Arquivo do Instituto de Estudos Brasileiros da Universidade de São Paulo (IEB-USP).

Quando o ano de 1923 se inicia, Paris está prestes a abrigar uma avalanche de artistas brasileiros: alguns já tinham desembarcado nos anos anteriores, outros estavam a caminho e havia ainda os que chegariam em meados do ano.

A Semana de Arte Moderna encaminhava-se para completar seu primeiro aniversário de polêmica, mais do que de celebração, e vários de seus protagonistas, ou daqueles que mesmo ausentes tiveram obras incluídas no evento, haviam cruzado o oceano Atlântico rumo à Cidade-Luz: Vicente do Rego Monteiro, Victor Brecheret, Oswald de Andrade, Sérgio Milliet, Heitor Villa-Lobos, Di Cavalcanti, Anita Malfatti, entre outros.[4]

A viagem é um tema incontornável no âmbito artístico, seja em seu aspecto relacionado a estudos formais, conhecimento de outras culturas ou simples lazer, como experiência ou inspiração. Para aqueles que, como os brasileiros, vivem ou viviam distantes dos grandes centros urbanos onde se davam as produções artísticas então consideradas centrais e irradiadoras de novas tendências, a viagem à Europa – a Paris, especialmente, nos anos 1920 – não era menos do que obrigatória. A visita a museus, exposições, academias e ateliês, a possibilidade de estudar com grandes ou jovens mestres, o acesso a publicações com maior celeridade, a chance de publicar textos literários no exterior, a convivência com artistas de origens e tendências diversas,

4 Não é possível precisar se Antonio Gomide estava em Paris em 1923. Segundo Marta Rossetti Batista, "não se pode nem mesmo afirmar, entre meados de 1921 e 1926, por quanto tempo Gomide permaneceu em Paris", pois só há algumas datas precisas: "em julho de 1921 chegou a Paris, em agosto de 1922 estava em Toulouse, em maio de 1924, em Paris e em meados de 1926 vinha para o Brasil". Cf. Batista, *Os artistas brasileiros na Escola de Paris: anos 1920*, p.522.

a possibilidade de ter obras expostas em mostras coletivas internacionais e até mesmo fazer exposições individuais em terras estrangeiras eram pontos essenciais para todos os que almejavam uma arte com maior impacto e alguma projeção da própria carreira. Por isso, muitos escolheram Paris como destino, pois lá se encontravam, nas primeiras décadas do século XX, os artistas de várias nacionalidades e dedicados às diversas linguagens artísticas, já consagrados ou que despontavam nos movimentos de vanguarda. Para a literatura, a música, as artes visuais, o *design* e a moda, Paris era o meridiano, ou o "umbigo do mundo", para usar a expressão de Paulo Prado,[5] ou ainda, na versão mais célebre, de Ernest Hemingway: "uma festa".[6]

O fato de há cem anos alguns dos artistas centrais do modernismo brasileiro lá se encontrarem, estudando, dialogando com os expoentes estrangeiros, criando obras destacadas e participando de eventos artísticos e sociais relevantes motivou a organização deste livro.[7] Em fevereiro, Vicente do Rego Monteiro participou do Salon des Indépendants; em 11 de maio, Oswald de Andrade fez uma conferência na Sorbonne, publicada em julho na *Revue de l'Amérique Latine*; em 29 de maio, obras de Anita

---

5 Paulo Prado usa essa expressão ao referir-se ao ateliê de Tarsila do Amaral, segundo ele, na place Clichy, mais especificamente na rue Hégésippe Moreau, n.9. Cf. Prado, "Poesia Pau Brasil", *Revista do Brasil*, São Paulo, ano IX, v.26, n.106, p.108, out. 1924. Incluído em Andrade, O. de, *Pau Brasil*, p.5.

6 Cf. Hemingway, *A Moveable Feast* [*Paris é uma festa*].

7 O perfil deste livro dialoga com outras obras que se propõem a refletir sobre um ano específico do século XX, por exemplo: Illies, *1913: The Year before the Storm* [*1913: antes da tempestade*]; Gumbrecht, *In 1926: Living at the Edge of Time* [*Em 1926: vivendo no limite do tempo*]. Porém, a estrutura e o propósito deste livro e daqueles são totalmente diferentes.

Malfatti, Tarsila do Amaral, Rego Monteiro e Victor Brecheret integraram a exposição inaugural da Maison de l'Amérique Latine; em novembro, Victor Brecheret participou com destaque do Salon d'Automne; no segundo semestre, Villa-Lobos, que já era conhecido por Darius Milhaud, começava a inserir-se no âmbito musical francês. Todos eles estavam iniciando sua trajetória, voltavam-se para a arte modernista, que se consolidaria com as produções subsequentes. Sendo assim, essa inserção no ambiente cultural e artístico francês foi bastante significativa, e analisada à distância tem seu peso ampliado. Especialistas de várias áreas foram convidados a refletir sobre a presença dos brasileiros em Paris nesse período e seus desdobramentos, construindo em dez ensaios um panorama dessa temporada parisiense.

Havia ainda outros artistas modernistas que estavam lá no período, nos quais não vamos nos deter, como o pintor Domingos Toledo Piza e a escultora Adriana Janacópulos, assim como também alguns que seguiam a tradição acadêmica. Tanto modernistas quanto acadêmicos viajaram com seus próprios recursos, ou foram financiados pelo Pensionato Artístico, ou outras modalidades de patrocínio.

Os artistas modernistas estiveram em diálogo com a Escola de Paris, e o estudo de Marta Rossetti Batista sobre essa relação é pioneiro e o mais abrangente sobre o tema.[8]

---

8 Batista, *Os artistas brasileiros na Escola de Paris*, op. cit. Publicado em livro postumamente, consistiu em sua tese de doutorado, defendida na ECA-USP em 1987. Marcia Camargos faz um estudo detalhado dos artistas brasileiros que estiveram na Europa nas primeiras décadas do século XX com bolsa do Pensionato Artístico: Camargos, *Entre a vanguarda e a tradição: os artistas brasileiros na Europa* (1912-1930). Jason Tércio faz uma concisa leitura crítica do que ele denomina "o rito de passagem

A atuação do embaixador Luís de Souza Dantas – que, tendo chegado a Paris em dezembro de 1922, depois de ter servido em Roma, promoveu eventos, participou de solenidades, financiou várias atividades e propiciou a inserção dos brasileiros nos vários círculos sociais e culturais – e a aproximação dos brasileiros dos principais artistas europeus – como Blaise Cendrars, Fernand Léger, Constantin Brancusi, Jean Cocteau, Pablo Picasso, Erik Satie, Valery Larbaud, Jules Romains –, cujas casas e ateliês frequentavam, ou com os quais confraternizavam em atividades culturais, banquetes, cafés e restaurantes, constituíram uma sociabilidade ímpar que se reflete em sua produção do período e ao longo de sua trajetória.

É curioso constatar que os artistas brasileiros não se aproximaram dos vanguardistas estadunidenses e hispano-americanos que também estavam em Paris nesse ano; ao longo da década, frequentaram os mesmos ambientes e espetáculos, e participaram de exposições, mas o contato pessoal não se deu.[9]

Completam esse quadro a publicação por Oswald de Andrade, Sérgio Milliet e Emiliano Di Cavalcanti de crônicas em periódicos, entre março e dezembro de 1923, e ainda

---

dos modernistas em Paris nos anos 20" no ensaio "Vira-latas sem complexo: notas sobre a angústia da originalidade nos modernistas", em Andrade, G. (org.), *Modernismos: 1922-2022*, p.428-48.

9 Jorge Schwartz chama a atenção para a provável frequência pelos latino-americanos concomitantemente a espetáculos que eram considerados paradas obrigatórias em Paris desde os anos 1910, como as apresentações de balé; cf. Schwartz, "Xul/Brasil: imaginários em diálogo", em *Fervor das vanguardas: arte e literatura na América Latina*, p.178-91. Michele Greet analisa as exposições das quais os artistas latino-americanos participaram em Paris nos anos 1920; cf. Greet, *Transatlantic Encounters: Latin American Artists in Paris between the Wars*.

durante o primeiro semestre de 1924, que trazem suas impressões de Paris sobre a cena cultural e social, e dão conta das atividades e produções artísticas dos brasileiros. Oswald de Andrade e Di Cavalcanti eram correspondentes do carioca *Correio da Manhã*, e Oswald ocupou também as páginas do *Correio Paulistano*. Já Sérgio Milliet publicou no periódico paulistano *Ariel: Revista de Cultura Musical*, criado em 1923.[10]

Oswald de Andrade, ao desembarcar lá nos primeiros dias de janeiro, fazia dessa vez sua segunda viagem à Europa. A primeira havia sido em 1912 e, como ele recorda em suas memórias, não mergulhou nessa ocasião nas vanguardas que então despontavam: "A esse tempo talvez eu estivesse, sem saber, ao lado de Picasso e Apollinaire no celebrado Lapin Agile da butte Montmartre".[11] Nos oito textos reunidos neste livro,[12] publicados nos jornais, com títulos sugestivos, além de traçar o panorama da vida cultural parisiense, com ênfase nos espetáculos

10 O *Correio da Manhã* e o *Correio Paulistano* estão disponíveis na hemeroteca digital da Biblioteca Nacional, Rio de Janeiro; há coleções do *Correio Paulistano* também no Arquivo do Estado de São Paulo e na Biblioteca Municipal Mário de Andrade; nesta, assim como na Biblioteca do IEB-USP, é possível consultar coleções da *Ariel: Revista de Cultura Musical*.

11 Andrade, O. de, *Um homem sem profissão: memórias e confissões: 1890-1919. Sob as ordens de mamãe*, p.93.

12 Alguns dos textos de Oswald de Andrade aqui reunidos já foram abordados nos seguintes estudos: Chalmers, *3 linhas e 4 verdades: o jornalismo de Oswald de Andrade*; Mello Ferreira, *Percursos do moderno e do nacional em Oswald de Andrade: origens e desenvolvimentos do escritor vanguardista de 1924*; Virava, "Vantagens do caos brasileiro: o Brasil que Oswald de Andrade descobriu em Paris", *Ars*, São Paulo: PPGAV, ECA-USP, ano 16, n.33, p.59-79, 2018; disponível em: <https://www.scielo.br/j/ars/a/ZNjHbw7ZwVvsXkz86PsG9zz/?lang=pt>; acesso em: 23 set. 2023. Apenas Mello Ferreira se dedicou a todos eles.

teatrais – destaca *Monsieur le Trouhadec saisi par la débauche*, de Jules Romains, e *Seis personagens em busca de um autor*, de Luigi Pirandello – e de dança, na produção artística, recomendar livros – como a *Histoire de la littérature française*, de René Lalou, e a *Histoire de l'art*, de Élie Faure –, faz comparações com o que ocorria em terras brasileiras, reflete sobre a cena artística nacional e informa sobre a atuação de seus compatriotas em Paris. Retornando ao Brasil nos últimos dias de dezembro de 1923, cruzará o oceano diversas vezes no decorrer da década, com ou sem Tarsila do Amaral – com quem iniciara uma relação amorosa em 1922 e se casaria em 1926 –, para temporadas de duração variada. Sendo ambos de famílias abastadas, viajavam com recursos próprios.

Sérgio Milliet, que havia passado uma temporada na Suíça na década anterior, chegou a Paris em abril e lá permaneceu até o fim do ano; depois esteve novamente em 1924 e 1925, e várias outras vezes.[13] Publicou cinco textos – dos quais três são recolhidos neste livro – na revista *Ariel*, com o título "Carta de Paris",[14] em 1923 e 1924, mas, apesar do perfil da revista, não se restringiu à música como tema. Detalha um banquete oferecido por Souza Dantas, traz a apreciação de espetáculos que frequentava, com destaque para a estreia de *La Création du monde*, e faz um panorama do contexto artístico em que é possível mergulhar em Paris, ressaltando a inserção dos brasileiros nesse cenário, entre artistas e literatos vanguardistas, incluída a relação de Villa-Lobos com o Grupo dos Seis. Escreveu também

13 Cf. Batista, *Os artistas brasileiros na Escola de Paris*, op. cit., p.193.

14 As três crônicas de Milliet aqui reproduzidas foram publicadas em livro pela primeira vez em Batista et al. (orgs.), *Brasil: 1º tempo modernista – 1917/29. Documentação*, p.81-3, 316-8, 318-20.

para a *Revue de l'Amérique Latine* e colaborava em várias revistas europeias, além de realizar outras atividades para se manter na cidade. Em uma carta a Yan de Almeida Prado, menciona a possibilidade de atuar como ator em um filme de Marcel l'Herbier, por indicação de Alberto Cavalcanti.[15]

Di Cavalcanti chegou a Paris no início de setembro, em sua primeira viagem internacional, e lá permaneceu até meados de 1925, viajando novamente em 1928 e nas décadas seguintes. Sem recursos próprios nem bolsas, não tinha estabilidade econômica. Dedicou-se a trabalhos variados para sobreviver, como ilustrador e desenhista de cartazes, colaborou em casas de moda e em uma empresa cinematográfica, além de escrever para o jornal mencionado.[16] Suas crônicas – em torno de 25,[17] escritas durante a primeira viagem – revelam o périplo eclético por academias, museus, ateliês, cafés ou pelas ruas, e os contatos com artistas de várias linguagens que resultaram em aprendizado artístico, amizades, entrevistas, textos. Comenta livros recém-lançados, apresenta Blaise Cendrars, entrevista críticos e artistas como Domenique Braga, Lucien Fabre, Jean Wiener, Marcel Achard, e conta fatos do cotidiano, nos cafés, no hotel, nas ruas, por toda parte. Reproduzimos neste livro apenas cinco crônicas de sua autoria, das oito publicadas em 1923 que foram localizadas.

---

15 Sérgio Milliet, Carta a Yan de Almeida Prado, Valência, 27 jul. 1923.

16 Cf. Batista, *Os artistas brasileiros na Escola de Paris*, op. cit., p.292-302.

17 Inéditas em livro, algumas dessas crônicas são mencionadas em Di Cavalcanti, *Viagem da minha vida: memórias*, v.I: *O testamento da Alvorada*; há uma relação delas (com falhas) em Amaral, A. (org.), *Desenhos de Di Cavalcanti na Coleção do MAC*, p.203.

Sendo assim, este livro traz – em sua primeira parte – dezesseis crônicas desses autores publicadas em 1923 e algumas de 1924 que ainda tratam dos desdobramentos da temporada do ano anterior. Fixamos como data-limite março-abril de 1924, quando consideramos que começa uma nova etapa, com a publicação do "Manifesto da Poesia Pau Brasil", de Oswald de Andrade, e a produção de obras literárias, musicais e de artes visuais dos vários artistas mencionados e de outros, cuja relevância é inquestionável. Desses textos, sete de Oswald de Andrade e os cinco de Di Cavalcanti são inéditos em livro.

Também publicamos a conferência de Oswald, "L'Effort intellectuel du Brésil contemporain",[18] em francês, igualmente inédita em livro. Publicada em português na *Revista do Brasil*, em dezembro do mesmo ano,[19] teve passagens alteradas e suprimidas, comparativamente à versão original.[20] Não se sabe quem foi o tradutor, embora Oswald sugira em carta a Monteiro Lobato,

---

18 Andrade, O. de, "L'Effort intellectuel du Brésil contemporain", *Revue de l'Amérique Latine*, Paris, ano II, v.5, n.19, p.197-207, jul. 1923. A coleção dessa revista está digitalizada no *site* da Bibliothéque Sorbonne Nouvelle; disponível em: <https://catalogue-bsn.sorbonne-nouvelle.fr/discovery/fulldisplay/alma997508827605802/33USPC_USN:USN>; acesso em: 23 set. 2023.

19 Andrade, O. de, "O esforço intelectual do Brasil contemporâneo", *Revista do Brasil*, São Paulo, ano VIII, v.24, n.96, p.383-9, dez. 1923.

20 Para uma abordagem comparativa das versões publicadas nas revistas francesa e brasileira, cf. Diniz, "A gênese da Poesia Pau Brasil: um escritor brasileiro na França", *O Eixo e a Roda*, Belo Horizonte, v.9-10, p.75-83, 2003-2004; disponível em: <http://www.periodicos.letras.ufmg.br/index.php/o_eixo_ea_roda/article/view/3159/3106>; acesso em: 23 set. 2023; Mello Ferreira, *Percursos do moderno e do nacional em Oswald de Andrade*, op. cit., p.159-70; Virava, "Vantagens do caos brasileiro", op. cit.

datada de 2 de julho de 1923, que Mário de Andrade poderia fazer a tradução. Não foi localizada nenhuma alusão de Mário a isso, e na publicação não consta o crédito do tradutor; poderia talvez ser o próprio Lobato, editor da revista, embora ele também não o mencione nas fontes até o momento consultadas.[21] Para esta edição, foi feita por Roberto Zular uma tradução integral do texto original em francês.

Seu conteúdo traça um panorama da história da literatura brasileira do século XVI ao início do século XX, com ênfase na obra dos protagonistas da Semana de Arte Moderna. Passa pela filosofia e trata do período colonial de forma pouco crítica no que se refere à atuação dos colonizadores. Aos olhos de hoje, e até mesmo com relação à produção posterior do autor, as observações sobre o negro e o indígena merecem reparos. Por outro lado, chama a atenção sua familiaridade com os vanguardistas europeus, considerando-se que havia apenas três meses que havia chegado à capital francesa.

A conferência é um momento significativo da presença dos brasileiros em Paris em 1923, embora não seja possível avaliar seu real impacto entre os vanguardistas franceses ou entre outros escritores e artistas europeus e latino-americanos que se encontravam na cidade e frequentavam os mesmos ambientes intelectuais. O evento foi divulgado na imprensa parisiense, no

21 Dilma Castelo Branco Diniz aborda a correspondência entre Oswald e Lobato, e atribui a tradução a Mário, considerando o fato de este ser assíduo colaborador da *Revista do Brasil*, tendo publicado vários textos nesse ano. Cf. Diniz, "Três cartas inéditas de Oswald de Andrade para Monteiro Lobato", em Galvão; Gotlib (orgs.), *Prezado senhor, prezada senhora: estudos sobre cartas*, p.219-26.

Le Figaro e em *The New York Herald*,[22] em notas não assinadas, mas de autoria de Sérgio Milliet, como ele menciona em carta a Yan de Almeida Prado, do mês de maio, e Oswald conta a Mário de Andrade, em carta de 9 de maio. Houve notas ainda em outros veículos, inclusive na *Revue de l'Amérique Latine*,[23] que já anuncia a publicação do texto em próximo número.

Quase como um complemento à conferência, o artigo de Milliet, "La Poésie moderne au Brésil", foi publicado na *Revue de l'Amérique Latine* em dezembro.[24] Inclui versos de livros recém-lançados ou ainda inéditos, de seus companheiros de batalha modernista: Mário de Andrade, Oswald de Andrade, Ronald de Carvalho, Guilherme de Almeida, Tácito de Almeida, Couto de Barros, Luiz Aranha e Menotti Del Picchia. Esse texto propicia a circulação internacional do modernismo brasileiro. Também inédito em livro, foi incluído aqui, acompanhado da tradução para o português feita por Regina Salgado Campos para esta edição. O mesmo Milliet foi responsável pela divulgação

---

22 "M. Oswald de Andrade en Sorbonne", *The New York Herald*, Paris, 12 maio 1923, p.3; "L'Amérique Latine", *Le Figaro*, Paris, 23 maio 1923, p.2. Os jornais franceses mencionados neste artigo foram consultados em formato digital na base de dados Gallica, da Bibliothèque Nationale de France; disponível em: <gallica.bnf.fr>.
A notícia deste último jornal foi publicada no Brasil, em português: "Oswald de Andrade fala na Sorbonne. Que diz o *Figaro* sobre a conferência do escritor patrício", *Correio Paulistano*, São Paulo, 14 ago. 1923, p.2. Menotti Del Picchia refere-se à conferência, no mesmo diário, em sua coluna Crônica Social, que assinava como Hélios: "Uma conferência", *Correio Paulistano*, São Paulo, 16 maio 1923, p.3; "De triunfo em triunfo", *Correio Paulistano*, São Paulo, 17 jun. 1923, p.3.

23 Cf. *Revue de l'Amérique Latine*, ano II, v.5, n.18, Paris, p.190, jun. 1923.

24 Milliet, "La Poésie moderne au Brésil", *Revue de l'Amérique Latine*, Paris, ano II, v.6, n.24, p.346-55, dez. 1923.

pioneira da Semana de 22 e do modernismo além das fronteiras nacionais, em 1922, com a publicação, na revista belga *Lumière*, de dois artigos: "Une Semaine d'Art Moderne à São Paulo" e "La Jeune littérature brésilienne"; o segundo incluiu versos de alguns poetas, como Guilherme de Almeida, Tácito de Almeida e Mário de Andrade.[25]

Ao considerar o conjunto, podemos falar em uma via de mão dupla: na conferência e no artigo publicados na *Revue*, faz-se a divulgação da arte brasileira na Europa;[26] nas crônicas publicadas nos periódicos brasileiros, temos a propagação da vanguarda internacional no Brasil, na qual os artistas brasileiros em temporada parisiense almejavam inserir-se, o que insistem em demonstrar ao ressaltar as diversas atividades das quais participavam. Alguns dos ensaios que integram este livro também apresentam reflexões sobre esses textos.

A esses escritos, somam-se notas na imprensa brasileira e francesa, e documentos privados – cartas, cartões, bilhetes aos

---

25 Id., "Une Semaine d'Art Moderne à São Paulo", *Lumière*, Antuérpia, ano 3, n.7, [s.p.], 15 abr. 1922; id., "La Jeune littérature brésilienne", *Lumière*, Antuérpia, ano 4, n.1, [s.p.], 1º nov. 1922. Marta Rossetti Batista traduziu e publicou os dois artigos, acompanhados de uma breve apresentação, mantendo em francês os poemas citados. Cf. Milliet, "Uma semana de arte moderna em São Paulo. A jovem literatura brasileira", *Revista do Instituto de Estudos Brasileiros*, São Paulo: IEB-USP, n.34, p.199-210, 1992.

26 Também foi publicada na *Revue* uma resenha de *Os condenados* – livro de Oswald lançado em 1922, do qual lera trechos na Semana de Arte Moderna –, assinada pelo professor Le Gentil. Nesse texto, a obra é analisada no contexto da produção dos participantes da Semana e do grupo de *Klaxon*, enfaticamente citados. Cf. Le Gentil, "*A trilogia do exílio I. Os condenados*, par Oswald de Andrade", *Revue de l'Amérique Latine*, Paris, ano II, v.5, n.20, p.372-3, ago. 1923.

amigos e familiares –, além de *souvenirs* dos lugares frequentados, o que permite acompanhar o périplo desses *globe-trotters*, que passam a maior parte do ano de 1923 na França e avançam por outros países da Europa durante o verão.

As cartas constroem uma teia de informações. Mário de Andrade, que nunca viajou à Europa, é o destinatário da correspondência enviada por Oswald, Tarsila, Brecheret, Milliet, Malfatti, Di Cavalcanti, Villa-Lobos.[27] Há ainda cartas trocadas entre Milliet e Yan de Almeida Prado, Oswald e Lobato, Di Cavalcanti e Paulo Prado,[28] Tarsila e seus pais.[29] Um álbum de viagem organizado por Tarsila referente ao período de 1923 a 1929 constitui um mosaico da temporada europeia com Oswald, no qual é possível destacar elementos que reconstituem seus passos por Paris em 1923, como a frequência aos concertos e espetáculos de dança, e a participação na exposição da Maison de l'Amérique Latine.[30] Infelizmente, quase não há registros fotográficos desse ano.

Embora nosso foco seja o ano de 1923, cabe ressaltar que esses artistas e ainda outros frequentaram Paris até o final da década de 1920. Porém, como afirma Marta Rossetti Batista, mesmo que fosse um grupo significativo, "[d]urante os anos 1920 não houve [em Paris] nenhuma manifestação coletiva

---

27 Os originais pertencem ao Fundo Mário de Andrade, Arquivo do IEB-USP. Sobre essa correspondência, cf. Amaral, A. (org.), *Correspondência Mário de Andrade & Tarsila do Amaral*; Andrade, G. (org.), *Correspondência Mário de Andrade & Oswald de Andrade*.

28 Os originais pertencem a uma coleção particular.

29 Há originais e cópias da correspondência entre Tarsila e seus pais no Arquivo do IEB-USP.

30 O original ficou com Tarsila do Amaral e hoje pertence a uma coleção particular.

brasileira, oficial ou particular, de artes plásticas". A crítica ressalta: "Se para os franceses o grupo brasileiro era pequeno e pouco notado, para nós, brasileiros, nosso grupo de artistas plásticos em Paris era dos mais expressivos – principalmente, por aí se encontrar, em estágios mais ou menos longos, a maioria de nossa primeira geração de artistas modernos".[31]

No âmbito das artes visuais, Tarsila, em sua segunda temporada parisiense de estudos – a primeira fora entre 1920 e 1922 –, consolidou sua formação com Lhote, Léger e Gleizes. Fixou-se na rue Hégésippe Moreau, n.9, em Montmartre, um apartamento-ateliê que se tornou ponto de encontro dos brasileiros em Paris e de recepções aos vanguardistas europeus dos quais se aproximaram, especialmente Blaise Cendrars.[32]

Em 1923, pintou algumas de suas obras emblemáticas, como *A negra*, *Caipirinha* e *Manteau rouge* [p.477-9],[33] retratos de Oswald de Andrade e Sérgio Milliet, entre outras. Fez mais de cem desenhos, sendo bastante surpreendente a quantidade de estudos da tela *A negra* – oito localizados e catalogados –, embora não tenha sido localizado nenhum do autorretrato e apenas um de *Caipirinha*.[34] Dessas telas, somente o *Retrato de Oswald de Andrade* [p.471] foi incluído na exposição inaugural da Maison; há informações de que, além dele, pelo menos a pintura de

---

31 Batista, *Os artistas brasileiros na Escola de Paris*, op. cit., p.180-1.

32 Cf. Amaral, A., *Tarsila: sua obra e seu tempo*, p.95-141.

33 As indicações de página entre colchetes em alguns dos ensaios remetem ao caderno de imagens, no final deste livro.

34 O levantamento das pinturas e desenhos realizados pela artista em 1923 integra Barros; Saturni, *Catálogo raisonné. Tarsila do Amaral.* O esboço da tela *Caipirinha* [p.478] integra um caderno a quatro mãos, de Tarsila e Oswald, cujo original pertence a Pedro Correia do Lago.

Caipirinha já havia sido iniciada nessa ocasião.[35] Curiosamente, dessas obras, apenas *A negra* foi incluída na primeira exposição individual de Tarsila, em Paris, em 1926.

Rego Monteiro chegou a Paris em 1921 – onde já havia passado uma temporada nos anos 1910 e permaneceu a maior parte da vida – e lá se tornou amigo de Brecheret. Seu ateliê em 1922 e 1923 era na rue Gros, e foi registrado por Gilberto Freyre, que o visitou nesse período: "Em contato com as tendências novas que agitam a pintura, sem se deixar, contudo, dominar por elas, vive em Paris, um tanto romanticamente, numas águas-furtadas da rue Gros, Vicente do Rego Monteiro".[36] Nesse ano, Monteiro esteve próximo também de Oswald, Tarsila e Milliet, e frequentaram vários eventos. Juntamente com os escultores gêmeos Jan e Joël Martel, seus amigos, acompanhava os espetáculos de dança, os Balés Russos, os Balés Suecos e outros, e se aproximou do bailarino Malkovsky.[37]

A obra *Fim de combate* [p.472], de Rego Monteiro, exposta duas vezes em 1923, tanto no Salon des Indépendants como na exposição inaugural da Maison de l'Amérique Latine, foi adquirida por Tarsila no mesmo ano. Com o dinheiro recebido, ele foi para Nice, para cuidar da saúde. De lá, escreveu a ela, em 12 de outubro, para agradecer o pagamento, parcelado, e informou:

---

35 Em carta aos pais, datada de 19 de abril de 1923, Tarsila registra: "Quero na arte ser a caipirinha de São Bernardo, brincando com bonecas de mato, como no último quadro que estou pintando". Aracy Amaral refere-se ao pequeno desenho intercalado no texto dessa carta como "possivelmente o primeiro esboço da tela *Caipirinha*". Cf. Amaral, A., *Tarsila: sua obra e seu tempo*, op. cit., p.102.

36 Freyre, "Notas a lápis sobre um pintor indiferente", *Revista do Brasil*, São Paulo, ano VIII, v.22, n.87, p.236, mar. 1923.

37 Cf. Batista, *Os artistas brasileiros na Escola de Paris*, op. cit., p.245-53.

"Ronald de Carvalho deve chegar breve aí[,] escrevi pedindo que fosse ao seu ateliê ver a minha tela *Fim de combate*. Ele é um grande amigo meu[,] certamente V. deve conhecê-lo",[38] o que revela seu apego à obra. A tela foi destruída por Oswald de Andrade em 1929.[39] Ainda em 1923, Monteiro pintou, entre outras, *Cabeça de operário*, *Menino nu e tartaruga* e *A caçada* [*La Chasse*, p.473] (hoje no Centre Pompidou), e participou do Salons des Tuileries.[40]

Rego Monteiro ilustrou *Légendes, croyances et talismans des indiens de l'Amazone*, publicado em Paris em 1923, que consiste em adaptações de lendas indígenas por P. L. Duchartre, em língua francesa, acompanhadas de cerca de trinta ilustrações e vinhetas [p.474] de autoria do artista pernambucano.[41] Monteiro havia realizado pesquisas no Museu Nacional sobre a cultura marajoara, o que inspirou desenhos e aquarelas expostos em São Paulo, Rio de Janeiro e Recife em 1920 e 1921, alguns incluídos na Semana de 22. As ilustrações do livro relacionam-se com essas aquarelas.

Malkovsky apresentou, de 5 a 12 de maio de 1923, no Théâtre Femina, o espetáculo *Légendes indiennes de l'Amazone*, com figurinos e máscaras desenhados por Monteiro, certamente inspirado nesse livro. O mesmo espetáculo foi apresentado em 1925, no Théâtre des Champs-Elysées.[42] É bastante significativo o interesse de

---

38 A carta está reproduzida em Amaral, A., *Tarsila: sua obra e seu tempo*, op. cit., p.136.

39 Cf. ibid., p.136, 335; Batista, *Os artistas brasileiros na Escola de Paris*, op. cit., p.254-5.

40 Cf. Zanini, *Vicente do Rego Monteiro: artista e poeta*.

41 Duchartre (adap.), *Légendes, croyances et talismans des indiens de l'Amazone*. Edição fac-similar em Schwartz (org.), *Do Amazonas a Paris: as lendas indígenas de Vicente do Rego Monteiro*.

42 Cf. Zanini, *Vicente do Rego Monteiro*, op. cit., p.149.

Monteiro pela arte e cultura indígenas e a receptividade do tema, assim como da arte negra, na Europa.

Brecheret chegou a Paris em julho de 1921 com bolsa do Pensionato Artístico e lá permaneceu até 1935, mantendo-se por conta própria após o término de vigência da bolsa, e com breves retornos ao Brasil. Conviveu com os brasileiros em Paris, principalmente com Di Cavalcanti e Anita Malfatti, pois, durante algum tempo, moraram no mesmo endereço, no Hotel Central, rue du Maine, n.1, bis. Entre os escultores da Escola de Paris, teve contato pessoal com Bourdelle e Brancusi. Brecheret participava das reuniões da Académie Internationale des Beaux-Arts e, na primeira reunião da seção de escultura, por volta de junho de 1923, foi nomeado "delegado para o Brasil".[43]

O escultor já havia sido aceito na seleção do Salon d'Automne em 1921 – o que foi muito festejado pelos jovens artistas de São Paulo, às vésperas da Semana – e sua participação em 1923 – na seção de Arte urbana, no projeto *Um parque*, coordenado pelo arquiteto Mallet-Stevens –, com a obra *Mise au tombeau* [p.483], foi consagradora, como ele conta em carta a Washington Luís:

> Com grande alegria le [*sic*] deixo saber da minha consagração aqui em Paris no Salão de Outono. Recebi o aplauso e título de mestre por milhares de artistas e boas críticas dos jornais de Paris, como *Le Temps*, *Le Matin* e outros... E mais título de diretor, da sessão [*sic*] e sculptura Maisons de Lámérique [*sic*] Latine – Academie Internationale de Beaux-Arts, mais as felicitações do presidente da República francesa. [...][44]

43 Cf. Batista, *Os artistas brasileiros na Escola de Paris*, op. cit., p.232-8.

44 Apud Camargos, *Entre a vanguarda e a tradição*, op. cit., p.285-6.

Brecheret venceu um concurso preliminar com setenta concorrentes, destacou-se entre os 28 participantes do projeto e, segundo Anita Malfatti, seu trabalho "ficou colocado entre as 2 grandes escadarias da *rotond* do Grand Palais. Considerado por todos como obra-prima".[45]

Di Cavalcanti, em sua temporada em Paris entre 1923 e 1925, realizou basicamente desenhos, ilustrações para casas de moda, revistas e cartazes, sobre os quais quase não há informações. Fez estudos formais em 1924, viajou pela Europa, mas não há muitos dados precisos sobre obras ou exposições realizadas em Paris em 1923.[46] Localizamos um retrato de Blaise Cendrars, outro de Le Corbusier[47] e as ilustrações estampadas em seus artigos no *Correio da Manhã* [p.485]. Algumas pinturas de 1923 integram o acervo do MAC-USP e outras sem data são atribuídas ao período, porém, são ainda pouco estudadas.

Anita Malfatti foi a última do grupo a chegar a Paris em 1923. Desembarcou em outubro e lá permaneceu até 1928, como bolsista do Pensionato Artístico. Conviveu principalmente com Di Cavalcanti e Brecheret, como mencionado.[48] Ela afirma, em depoimento concedido ao regressar, que 1923 e 1924 foram anos de busca e aprendizagem:

> [...] embora nos dois primeiros anos de minha permanência em Paris eu fosse apenas uma colegial... É o que eu fui, pois precisava

45 Anita Malfatti, Carta a Mário de Andrade, Paris, 27 out. 1923.

46 Cf. Batista, *Os artistas brasileiros na Escola de Paris*, op. cit., p.292-302.

47 O retrato de Blaise Cendrars integra a Coleção Mário de Andrade, Coleção de Artes Visuais, IEB-USP; o retrato de Le Corbusier pertence ao Acervo do MAC-USP.

48 Cf. Batista, *Os artistas brasileiros na Escola de Paris*, op. cit., p.302-10.

> inteirar-me de tudo quanto acontecia ali. Frequentei as academias de cursos livres, visitei os ateliês, rebusquei nos salões o que se fazia de mais avançado...
>
> [...] Nesses dois primeiros anos de procura, nem sei o que fiz... Sou muito curiosa e daí a minha peregrinação exaustiva pela grande cidade, à procura do que ver, do que aprender.[49]

Não é possível precisar obras feitas especificamente em 1923, em Paris, mas sua produção do período foi criticada por seus companheiros brasileiros. Sérgio Milliet menciona em carta a Yan de Almeida Prado, de 11 de outubro: "A Anita já está trabalhando infelizmente com o Maurice Denis", confirmando que ela frequentava as aulas desse artista então tido como passadista.[50] Ela deixou muitos desenhos, principalmente em cadernos, sem data, alguns dos quais são considerados como sendo dos anos de 1923 e 1924, devido à inscrição do endereço do Hotel Central, onde permaneceu nesse período.[51] Esses cadernos trazem esboços associados a seus estudos em academias e desenhos a partir de modelos vivos. Não sabemos como sua tela *Tropical*, de *c.* 1916, chegou à exposição inaugural da Maison, pois não há menções feitas por ela ou pelos demais participantes brasileiros a essa exposição.

---

49 "A pintora Anita Malfatti regressou da Europa", *O Jornal*, Rio de Janeiro, 21 out. 1928, citado em Batista, *Anita Malfatti no tempo e no espaço*, v.I, p.319-20.

50 Vicente do Rego Monteiro também estudou com Maurice Denis e se dedicou a temas religiosos, mas não foi criticado por seus compatriotas por isso. As críticas a ele feitas por Oswald e Milliet em suas cartas se devem à sua relação com o cubismo e à influência de Foujita.

51 Cf. Batista, *Anita Malfatti no tempo e no espaço*, op. cit., v.I, p.325; v.II, p.140-68.

A informação sobre a mostra na Maison chegou a Menotti Del Picchia, pois ele a menciona em um artigo, mas cita apenas a participação de Tarsila: "Tarsila Amaral [*sic*], a fidalga, a linda artista da cor e das formas, expõe, com êxito, seus quadros modernos e vigorosos na Maison de l'Amérique Latine, para onde concorrem os maiores pintores e escultores sul-americanos".[52] Sérgio Milliet, em carta a Mário de Andrade, de 26 de maio, enumera os participantes e faz gracejos quanto à instituição, mas não menciona quais obras seriam expostas: "A Maison de l'Amérique Latine vai abrir-se na terça próxima – Anita Malfatti, Tarsila, Brecheret, quem sabe o Rego (progredindo muito) e uns asnozinhos. A casa, a famigerada *Maison* é um antro de bombeiros".

Quanto aos escritores em Paris em 1923, o número era menor. Além de Oswald e Milliet, mencionados, Ronald de Carvalho e Couto de Barros também lá estiveram.

Apenas duas obras literárias foram publicadas em 1923, ambas em francês: *Légendes, croyances et talismans des indiens de l'Amazone*, ilustrada por Rego Monteiro, abordada antes, e *Œil-de-Bœuf*, de Sérgio Milliet.

Légendes..., além de significar alguma divulgação das lendas indígenas na Europa, se destaca pela beleza das ilustrações e pela qualidade da impressão. Com tiragem de seiscentos exemplares, restam poucos originais em coleções brasileiras.

Œil-de-Bœuf, publicado na Antuérpia, pela Lumière, inclui o poema homônimo lido na Semana de Arte Moderna por Henri Mougnier.[53]

---

52 Hélios [Menotti Del Picchia], "De triunfo em triunfo", *Correio Paulistano*, São Paulo, 17 jun. 1923, p.3.

53 Cf. Silva, "Sérgio Milliet: um projeto modernista de literatura, entre o Brasil e a Europa", em *XXVII Simpósio Nacional de História*, p.3; disponível em: <https://www.snh2013.anpuh.org/resources/

Milliet concebeu também nesse ano o livro *Le Coq et le perroquet*, com 22 poemas, cujo projeto retomou em 1924, e ficou estruturado em um caderno, com sumário e poemas manuscritos, mas permaneceu inédito. Também se dedicou a divulgar a literatura brasileira nas revistas europeias, como já foi abordado.

Oswald empenhou-se em propagar em Paris sua própria obra *Os condenados* – da qual lera trechos na Semana de 22 e que foi publicada meses depois do evento – e a dos companheiros modernistas, a revista *Klaxon* e a *Revista do Brasil*, como ficou registrado em sua correspondência com Mário de Andrade e Monteiro Lobato. Além das crônicas que escreveu para o *Correio Paulistano* e o *Correio da Manhã*, ocupou-se também da redação de seus romances *Memórias sentimentais de João Miramar* e *A estrela de absinto*, que seriam publicados em 1924 e 1927, respectivamente.

No âmbito da música, destacamos o pianista João de Souza Lima e Heitor Villa-Lobos. O primeiro, amigo da família de Tarsila do Amaral, também teve interesse por pintura, assim como ela também se interessou pela carreira de música. Partiu para Paris em 1919 como bolsista do Pensionato Artístico, onde permaneceu até 1924, mas retornou no ano seguinte, após breve regresso ao Brasil. Passou pela concorrida seleção no Conservatório de Paris, concluiu sua formação com êxito e se tornou um pianista reconhecido na França, onde possuía um grande círculo de amigos.[54] Em Paris, em 1923, participou do concerto de inauguração da Maison, juntamente com o compositor

---

anais/27/1364772241_ARQUIVO_textoanpuhnatal.pdf>; acesso em: 23 set. 2023.

54 Cf. Camargos, *Entre a vanguarda e a tradição*, op. cit., p.362-79.

argentino Carlos Pedrell, o violoncelista mexicano Ruben Montiel e dois músicos franceses.[55]

Frequentava as recepções oferecidas pelo embaixador Souza Dantas e o ateliê de Tarsila, onde conheceu Villa-Lobos. Este chegara em julho de 1923 e Souza Lima o introduziu no universo musical parisiense. Villa-Lobos permaneceu em Paris até meados de 1924, e foi nesse ano que fez apresentações elogiadas e se tornou mais conhecido lá, mas teve que regressar, pois seus recursos financeiros haviam acabado. Na fase inicial parisiense, suas composições eram apresentadas em concertos por Arthur Rubinstein e Vera Janacópulos.[56] Em carta a Yan de Almeida Prado, datada de 24 de outubro, Milliet comenta sobre Villa-Lobos: "Tem tido muito sucesso aqui e vai ser logo tocado pelo Colonne etc.".[57]

Também os mecenas Paulo Prado e Olívia Guedes Penteado estiveram em Paris em 1923, convivendo com os artistas e assim ampliaram sua relação com a arte de vanguarda e fortaleceram a amizade com eles. Olívia Penteado comprou *A compoteira de peras* [p.481], de Léger, pintada nesse ano,[58] e posteriormente adquiriu várias obras de Brecheret, entre elas *Mise au tombeau*, que está hoje no túmulo de sua família, no Cemitério da Consolação [p.483].[59]

---

55 Cf. Greet, "Occupying Paris: The First Survey Exhibition of Latin American Art", *Journal of Curatorial Studies*, v.3, n.2-3, p.215, nota 2, 2014.

56 Anita Malfatti, Carta a Mário de Andrade, Paris, 27 out. 1923.

57 Almeida Prado, *A grande Semana de Arte Moderna*, p.72-3.

58 Cf. Barros, "Fernand Léger: laços com o Brasil", em Barros (coord.), *Fernand Léger: relações e amizades brasileiras*, p.43. O documento de aquisição da obra na Galerie L'Effort Moderne traz a data de 12 de dezembro de 1923. Cf. Batista, *Os artistas brasileiros na Escola de Paris*, op. cit., p.283.

59 Cf. Camargos, *Entre a vanguarda e a tradição*, op. cit., p.288.

Paulo Prado – que apresentou Tarsila e Oswald a d. Olívia justamente durante essa temporada em Paris – convidou Blaise Cendrars para vir ao Brasil, por sugestão de Oswald,[60] e escreveu sobre a consagração de Brecheret no Salon d'Automne.[61]

Ao colocar o foco em 1923, em um olhar retrospectivo, o momento se situa como um desdobramento e consolidação dos ideais da Semana de Arte Moderna. O Theatro Municipal de São Paulo e o Amphitéâtre Turgot na Sorbonne funcionam como espaços de consagração, sendo o primeiro mais no âmbito da intencionalidade; o segundo, evidentemente com menor público, não teve vaias e contou com espectadores dos canais "oficiais", além dos colegas artistas, Jules Romains, Paul Morand, Juan Gris, Nicolas Baudoin, como informam Oswald e Milliet em cartas a Mário de Andrade.

Como evento presencial, a conferência consiste na inserção da Semana de 22 e do modernismo no âmbito acadêmico, e não é um dado menor que isso ocorra primeiro no exterior. Pouco antes, em 19 de fevereiro de 1923, havia sido inaugurado o curso de estudos brasileiros na Sorbonne.[62] O convite para a conferência partiu do professor Georges Le Gentil, titular da cátedra, e deve ter se devido a alguma influência do embaixador Souza Dantas.

Antes de regressar, Oswald foi homenageado com um jantar pelos Amis des Livres, em 6 de dezembro, sob o comando do deputado Paul de Cassagnac, ao qual compareceram mme.

60 Cf. Eulálio, *A aventura brasileira de Blaise Cendrars*, p.271.

61 Cf. Prado, "Resenha do mês: Brecheret", *Revista do Brasil*, São Paulo, ano III, v.25, n.98, p.179-82, fev. 1924.

62 Cf. Dumas, "A cadeira luso-brasileira na Sorbonne", *Correio Paulistano*, São Paulo, 29 mar. 1923, p.3.

Rachild, Jules Supervielle, o embaixador Souza Dantas, Paulo Prado, Olívia Penteado, entre outros. Foram divulgadas notas sobre o evento na imprensa francesa, como no *Comoedia*, *Le Figaro* e *Le Gaulois*.[63]

O desembarque de Oswald no Rio de Janeiro se deu em 29 de dezembro de 1923, e o jornal *Correio da Manhã* o registrou.[64] Dias antes, em 25 de dezembro, exatamente um ano depois de Oswald anunciar a Mário por carta que estava a caminho da Europa, no encalço de Tarsila, ela chegou e concedeu uma entrevista ao *Correio da Manhã*, exaustivamente citada, na qual declara o impacto do cubismo e sua importância na formação artística: "O cubismo é exercício militar. Todo artista para ser forte, deve passar por ele".[65] Sintetiza a produção artística dos brasileiros e sua relação com os vanguardistas europeus:

> Temos um grupo que vai seguindo uma boa orientação moderna. Brecheret, na escultura, para cujo nome chamaram a atenção os jornais deste ano, acaba de obter um triunfo no Salon d'Automne. Villa-Lobos, como compositor, em pleno sucesso. Souza Lima, convidado a concorrer com vinte e tantos pianistas de valor, foi eleito há pouco, por unanimidade de votos, primeiro solista do Concerts Colonne. Na pintura, além de Anita Malfatti, que em 1916, nos

63 Cf. "Les Amis des Lettres Françaises", *Comoedia*, Paris, 11 dez. 1923, p.3; "Les Amis des Lettres Françaises", *Le Figaro*, Paris, 9 dez. 1923, p.2; *Le Gaulois*, Paris, 6 dez. 1923, p.2.

64 "Oswald de Andrade", *Correio da Manhã*, Rio de Janeiro, 30 dez. 1923, p.2. A nota informa que o escritor passara pelo Rio de Janeiro na véspera.

65 "O estado atual das artes na Europa. Tarsila do Amaral, a interessante artista brasileira, dá-nos as suas impressões", *Correio da Manhã*, Rio de Janeiro, 25 dez. 1923, p.2.

> trouxe os primeiros elementos de arte moderna, temos Di Cavalcanti e Rego Monteiro.
>
> Paulo Prado, Oswald de Andrade, com sua conferência na Sorbonne, e Serge Milliet, valem uma verdadeira missão de propaganda brasileira. Do contato quase diário, deles com Blaise Cendrars, o grande poeta da França, com Jean Cocteau, Jules Romains, Jules Supervielle, Paul Morand e outros vai nascendo em Paris um interesse pelo Brasil, no terreno artístico.[66]

Ela trouxe na bagagem as telas e os desenhos mencionados. Oswald trouxe o manuscrito de *Memórias sentimentais de João Miramar*, concluído na Itália em dezembro de 1923, mas publicado apenas em meados de 1924. Milliet traduziu para o francês o capítulo "Sorrento" e o incluiu no artigo publicado na *Revue*, aqui reproduzido, embora não informe que se trata de trecho do romance inédito, mencionando-o como "um poema". O livro é anunciado como "Memórias sentimentais", em entrevista concedida por Oswald ao *Diário de Lisboa*, publicada em 19 de dezembro, quando o navio *Massilia* passou por Portugal antes de aportar em terras brasileiras. Ele afirma: "Desde a Semana de Arte Moderna [...] que o movimento modernista começou a espalhar-se, a tomar fôlego".[67]

Em um olhar prospectivo, 1923 desponta como um momento de formação, mas também em alguns casos de amadurecimento. Vários dos artistas que estavam em Paris nesse ano

---

66 Ibid.

67 "A arte e a literatura do Brasil moderno. Apreciação de Oswald de Andrade", *Diário de Lisboa*, Lisboa, 19 dez. 1923, p.8; disponível em: <http://casacomum.org/cc/visualizador?pasta=05741.005.01109>; acesso em: 23 set. 2023.

produziram lá algumas das obras mais marcantes de sua carreira, aqui mencionadas; essa etapa parisiense proporcionou também elementos fundamentais para o desenvolvimento posterior de sua obra. A temporada do grupo em Paris, os estudos, a convivência entre eles, a amizade, o companheirismo, mas também a rivalidade, transparecem nas produções e nos relatos do período e posteriores.

Entre os Salões e a Maison, passando pela Sorbonne, livrarias e ateliês, o circo, o ringue, o cabaré, os restaurantes e os cafés, antes ou depois do Théâtre des Champs-Elysées, do Vieux Colombier ou de Le Bœuf sur le Toit, os modernistas se espalharam por Paris, e Paris chegou ao Brasil por escrito em 1923.

Às vésperas do embarque para o Brasil, em 10 de dezembro, Sérgio Milliet, em carta a Joaquim Inojosa, anuncia: "Voltamos todos agora para realizar uma nova Semana de Arte Moderna em São Paulo...".[68] O plano, não concretizado, aponta para a mencionada consolidação dos ideais da Semana de 22. Novas obras, outros eventos, críticas, polêmicas e embates envolvendo os mesmos protagonistas, mas também atraindo outros, estavam por vir...

Referências bibliográficas

ALMEIDA PRADO, Yan de. *A grande Semana de Arte Moderna*: depoimento e subsídios para a cultura brasileira. São Paulo: Edart, 1976.

AMARAL, Aracy A. *Tarsila*: sua obra e seu tempo. São Paulo: Editora 34; Edusp, 2003.

______ (org.). *Correspondência Mário de Andrade & Tarsila do Amaral*. São Paulo: IEB-USP; Edusp, 2001.

68 Inojosa, *O movimento modernista em Pernambuco*, v.II, p.353.

AMARAL, Aracy (org.). *Desenhos de Di Cavalcanti na Coleção do MAC*. São Paulo: MAC-USP, 1985.

ANDRADE, Gênese (org.). *Correspondência Mário de Andrade & Oswald de Andrade*. São Paulo: IEB-USP; Edusp, 2023.

ANDRADE, Oswald de. O esforço intelectual do Brasil contemporâneo. *Revista do Brasil*, São Paulo, ano VIII, v.24, n.96, p.383-9, dez. 1923.

______. L'Effort intellectuel du Brésil contemporain. *Revue de l'Amérique Latine*, Paris, ano II, v.5, n.19, p.197-207, jul. 1923. Disponível em: <https://catalogue-bsn.sorbonne-nouvelle.fr/discovery/fulldisplay/alma997508827605802/33USPC_USN:USN>. Acesso em: 23 set. 2023.

______. *Pau Brasil*. Paris: Au sans Pareil, 1925.

______. *Um homem sem profissão*. Memórias e confissões: 1890-1919. Sob as ordens de mamãe. São Paulo: Companhia das Letras, 2019.

A ARTE e a literatura do Brasil moderno. Apreciação de Oswald de Andrade. *Diário de Lisboa*, Lisboa, 19 dez. 1923, p.8. Disponível em: <http://casacomum.org/cc/visualizador?pasta=05741.005.01109>. Acesso em: 23 set. 2023.

BARROS, Regina Teixeira de. Fernand Léger: laços com o Brasil. In: ______ (coord.). *Fernand Léger*: relações e amizades brasileiras. São Paulo: Pinacoteca do Estado; Imprensa Oficial do Estado, 2009, p.43-50.

______; SATURNI, Maria Eugenia. *Catálogo raisonné*. Tarsila do Amaral. São Paulo: Base 7; Pinacoteca do Estado, 2008.

BATISTA, Marta Rossetti. *Anita Malfatti no tempo e no espaço*. 2v. São Paulo: Edusp; Editora 34, 2006.

______. *Os artistas brasileiros na Escola de Paris*: anos 1920. 2v. São Paulo, 1987. Tese (Doutorado) – Escola de Comunicações e Artes, Universidade de São Paulo (ECA-USP).

______. *Os artistas brasileiros na Escola de Paris*: anos 1920. São Paulo: Editora 34, 2012.

______ et al. (orgs.). *Brasil*: 1º tempo modernista – 1917/29. Documentação. São Paulo: IEB-USP, 1972.

CAMARGOS, Marcia. *Entre a vanguarda e a tradição*: os artistas brasileiros na Europa (1912-1930). São Paulo: Alameda; Fapesp, 2011.

CHALMERS, Vera M. *3 linhas e 4 verdades*: o jornalismo de Oswald de Andrade. São Paulo: Duas Cidades; Secretaria da Cultura, Ciência e Tecnologia do Estado de São Paulo, 1976.

DEL PICCHIA, Menotti [Hélios]. De triunfo em triunfo. *Correio Paulistano*, São Paulo, 17 jun. 1923, p.3.

______. Uma conferência. *Correio Paulistano*, São Paulo, 16 maio 1923, p.3.

DI CAVALCANTI, Emiliano. *Viagem da minha vida*: memórias. v.I: O testamento da Alvorada. Rio de Janeiro: Civilização Brasileira, 1955.

DINIZ, Dilma Castello Branco. A gênese da Poesia Pau Brasil: um escritor brasileiro na França. *O Eixo e a Roda*, Belo Horizonte, v.9-10, p.75-83, 2003-2004. Disponível em: <http://www.periodicos.letras.ufmg.br/index.php/o_eixo_ea_roda/article/view/3159/3106>. Acesso em: 23 set. 2023.

______. Três cartas inéditas de Oswald de Andrade para Monteiro Lobato. In: GALVÃO, Walnice Nogueira; GOTLIB, Nádia Batella (orgs.). *Prezado senhor, prezada senhora*: estudos sobre cartas. São Paulo: Companhia das Letras, 2000, p.219-26.

DUCHARTRE, P. L. (adap.). *Légendes, croyances et talismans des indiens de l'Amazone*. Ilustr. V. de Rego Monteiro. Paris: Tolmer, 1923. [Ed. fac-similar em SCHWARTZ, Jorge (org.). *Do Amazonas a Paris*: as lendas indígenas de Vicente do Rego Monteiro. Trad. Regina Salgado Campos. 2.ed. São Paulo: Edusp, 2023.]

DUMAS, Georges. A cadeira luso-brasileira na Sorbonne. *Correio Paulistano*, São Paulo, 29 mar. 1923, p.3.

O ESTADO atual das artes na Europa. Tarsila do Amaral, a interessante artista brasileira, dá-nos as suas impressões. *Correio da Manhã*, Rio de Janeiro, 25 dez. 1923, p.2.

EULÁLIO, Alexandre. *A aventura brasileira de Blaise Cendrars*. 2.ed. rev. e ampl. Carlos Augusto Calil. São Paulo: Edusp; Imprensa Oficial do Estado; Fapesp, 2001.

FREYRE, Gilberto. Notas a lápis sobre um pintor indiferente. *Revista do Brasil*, São Paulo, ano VIII, v.22, n.87, p.236-8, mar. 1923.

GREET, Michele. Occupying Paris: The First Survey Exhibition of Latin American Art. *Journal of Curatorial Studies*, v.3, n.2-3, p.212-36, 2014.

GREET, Michele. *Transatlantic Encounters*: Latin American Artists in Paris between the Wars. New Haven: Yale University Press, 2018.

GUMBRECHT, Hans Ulrich. *In 1926*: Living at the Edge of Time. Cambridge: Harvard University Press, 1997. [Ed. bras.: *Em 1926*: vivendo no limite do tempo. Trad. Luciano Trigo. Rio de Janeiro: Record, 1999.]

HEMINGWAY, Ernest. *A Moveable Feast*. Nova York: Charles Scribner's Sons, 1964. [Ed. bras.: *Paris é uma festa*. Trad. Ênio Silveira. 32.ed. Rio de Janeiro: Bertrand Brasil, 2013.]

ILLIES, Florian. *1913*: The Year before the Storm. Londres: Clerkenwell Press, 2013. [Ed. bras.: *1913*: antes da tempestade. Trad. Silvia Bittencourt. São Paulo: Estação Liberdade, 2016.]

INOJOSA, Joaquim. *O movimento modernista em Pernambuco*. 2v. Rio de Janeiro: Tupi, 1968-1969.

L'AMÉRIQUE Latine. *Le Figaro*, Paris, 23 maio 1923, p.2.

LE GENTIL, Georges. *A trilogia do exílio. I. Os condenados*, par Oswald de Andrade. *Revue de l'Amérique Latine*, Paris, ano II, v.5, n.20, p.372-3, ago. 1923.

LES AMIS des Lettres Françaises. *Comoedia*, Paris, 11 dez. 1923, p.3.

LES AMIS des Lettres Françaises. *Le Figaro*, Paris, 9 dez. 1923, p.2.

M. OSWALD de Andrade en Sorbonne. *The New York Herald*, Paris, 12 maio 1923, p.3.

MELLO FERREIRA, Leonardo Teixeira de. *Percursos do moderno e do nacional em Oswald de Andrade*: origens e desenvolvimentos do escritor vanguardista de 1924. Rio de Janeiro, 2014. Tese (Doutorado em Letras) – Universidade Estadual do Rio de Janeiro (Uerj).

MILLIET, Sérgio. La Jeune littérature brésilienne. *Lumière*, Antuérpia, ano 4, n.1, [s.p.], 10 nov. 1922.

______. La Poésie moderne au Brésil. *Revue de l'Amérique Latine*, Paris, ano II, v.6, n.24, p.346-55, dez. 1923.

______. Uma semana de arte moderna em São Paulo. A jovem literatura brasileira. Trad. e apres. Marta Rossetti Batista. *Revista do Instituto de Estudos Brasileiros*, São Paulo: IEB-USP, n.34, p.199-210, 1992.

______. Une Semaine d'Art Moderne à São Paulo. *Lumière*, Antuérpia, ano 3, n.7, [s.p.], 15 abr. 1922.

OSWALD de Andrade. *Correio da Manhã*, Rio de Janeiro, 30 dez. 1923, p.2.

OSWALD de Andrade fala na Sorbonne. Que diz o *Figaro* sobre a conferência do escritor patrício. *Correio Paulistano*, São Paulo, 14 ago. 1923, p.2.

A PINTORA Anita Malfatti regressou da Europa. *O Jornal*, Rio de Janeiro, 21 out. 1928.

PRADO, Paulo. Poesia Pau Brasil. *Revista do Brasil*, São Paulo, ano IX, v.26, n.106, p.108-11, out. 1924.

______. Resenha do mês: Brecheret. *Revista do Brasil*, São Paulo, ano III, v.25, n.98, p.179-82, fev. 1924.

REGO MONTEIRO, Vicente do. *Do Amazonas a Paris*: as lendas indígenas de Vicente do Rego Monteiro. Org. Jorge Schwartz. Trad. Regina Salgado Campos. 2.ed. São Paulo: Edusp, 2023.

SCHWARTZ, Jorge. Xul/Brasil: imaginários em diálogo. In: *Fervor das vanguardas*: arte e literatura na América Latina. São Paulo: Companhia das Letras, 2013, p.178-91.

SILVA, Renata Rufino da. Sérgio Milliet: um projeto modernista de literatura, entre o Brasil e a Europa. In: *XXVII Simpósio Nacional de História*. Natal: Anpuh, 2013. Disponível em: <https://www.snh2013.anpuh.org/resources/anais/27/1364772241_ARQUIVO_textoanpuhnatal.pdf>. Acesso em: 23 set. 2023.

TÉRCIO, Jason. Vira-latas sem complexo: notas sobre a angústia da originalidade nos modernistas. In: ANDRADE, Gênese (org.). *Modernismos*: 1922-2022. São Paulo: Companhia das Letras, 2022, p.428-48.

VIRAVA, Thiago Gil de Oliveira. Vantagens do caos brasileiro: o Brasil que Oswald de Andrade descobriu em Paris. *Ars*, São Paulo: PPGAV, ECA-USP, ano 16, n.33, p.59-79, 2018. Disponível em: <https://www.scielo.br/j/ars/a/ZNjHbw7ZwVvsXkz86PsG9zz/?lang=pt>. Acesso em: 23 set. 2023.

ZANINI, Walter. *Vicente do Rego Monteiro*: artista e poeta. São Paulo: Empresa das Artes; Marigo, 1997.

Acervos

Ariel: Revista de Cultura Musical. Biblioteca Municipal Mário de Andrade; Biblioteca do IEB-USP.

Cartas de Anita Malfatti, Di Cavalcanti, Oswald de Andrade, Sérgio Milliet, Tarsila do Amaral, Victor Brecheret e Villa-Lobos a Mário de Andrade. Fundo Mário de Andrade, Arquivo do Instituto de Estudos Brasileiros da Universidade de São Paulo (IEB-USP).

Cartas de Oswald de Andrade a Monteiro Lobato. Fundo Monteiro Lobato, Centro de Documentação Cultural Alexandre Eulalio (Cedae), Instituto de Estudos da Linguagem da Universidade Estadual de Campinas (IEL-Unicamp).

Cartas de Sérgio Milliet a Yan de Almeida Prado. Academia Paulista de Letras (APL).

Cartas de Tarsila do Amaral a seus pais. Arquivo do Instituto de Estudos Brasileiros da Universidade de São Paulo (IEB-USP).

Correio da Manhã. Hemeroteca digital da Biblioteca Nacional, Rio de Janeiro Disponível em: <http://hemerotecadigital.bn.br/acervo-digital/correio-manha/089842>.

Correio Paulistano. Hemeroteca digital da Biblioteca Nacional, Rio de Janeiro. Disponível em: <https://memoria.bn.gov.br/DocReader/DocReader.aspx?bib=090972_07&hf=memoria.bn.gov.br&pagfis=1>. Arquivo do Estado de São Paulo; Biblioteca Municipal Mário de Andrade.

Le Figaro, Paris. Bibliothèque Nationale de France. Disponível em: <gallica.bnf.fr>.

Revue de l'Amérique Latine, Bibliothéque Sorbonne Nouvelle. Disponível em: <https://catalogue-bsn.sorbonne-nouvelle.fr/discovery/fulldisplay/alma997508827605802/33USPC_USN:USN>. Acesso em: 23 set. 2023.

The New York Herald, Bibliothèque Nationale de France. Disponível em: <gallica.bnf.fr>.

I
Impressões de Paris

L'Effort intellectuel du Brésil contemporain[1*]

Oswald de Andrade

La péninsule ibérique qui créa *Don Quichotte*, créa aussi les *Lusiades*. Lequel de ces deux poèmes est le plus grand de l'idéalisme latin?

Le Quichotte avait à lutter contre l'organisation policée des villages, la barrière des routes, les réactions des *pueblos*. Il s'embarqua sur les caravelles de Gama et s'en alla avec Cabral chercher la Dulcinea del Toboso en Amérique du Sud. Une force latine de cohésion, de construction et de culture l'accompagnait. C'était le jésuite.

L'empire romain détruit, l'Eglise Catholique hérita son esprit d'organisation et de conquête. Le dernier légionnaire ne s'est pas arrêté, comme le veut l'histoire, aux limites latines de la Roumanie. Au seizième siècle, il alla lancer les bases de ses "Misiones" en Uruguay et fonder, au Brésil, le village de

1 Conférence pronocée à la Sorbonne le 11 mai 1923.

* *Revue de l'Amérique Latine*, Paris, ano II, v.5, n.19, p.197-207, jul. 1923. (N. O.)

Piratininga, qui devait, qui devait produire la force et la richesse du Saint-Paul d'aujourd'hui.

Il y eut donc, dans la formation initiale du Brésil, trois éléments différents: l'indien, le Portugais et le prêtre latin. Peu de temps après, arriva le nègre d'Afrique.

Reconnaissant l'utilité de la foi dans le succès de ses entreprises, le Portugais qui, seul, eût pu résister au missionnaire, lui donna une immédiate ascendance, dans les premières assemblées du continent découvert. L'indien polythéiste n'eut pas de mal à ajouter un nouveau Dieu à sa mythologie orale et le nègre, prêt à voir partout des manifestations surnaturelles, se laissa baptiser avec une joie d'entant. Songez aux noms des montagnes, des fleuves, des villes du Brésil et vous verrez que le calendrier romain a manqué de saints pour le patronage de la contrée sans limites.

Ce phénomène de la domination intellectuelle du prêtre latin dans la naissante société de l'Amérique du Sud contribua plus qu'on ne le pense à la préserver des dangers des hétérodoxies de l'avenir.

La scolastique constitua donc, tout naturellement, le noyau de la pensée brésilienne. Elle poursuit encore sa longue carrière à la Faculté de Philosophie et Lettres de Saint-Paul, dans les séminaires et les collèges des états confédérés et elle est actuellement à la base de la culture d'Alexandre Correa.

Mais, à côté d'elle, un mouvement national trouva son expression supérieure, au début de ce siècle, dans l'œuvre du philosophe Farias Brito.

Deux livres précèdent, comme documents, l'œuvre du maître qu'est Farias Brito. Je veux parler du reportage pittoresque avec lequel João do Rio débuta dans les lettres brésiliennes:

"Les religions à Rio", et de ce romantisme de la pensée catholique qu'est le livre de Severiano de Rezende intitulé: *Mon flos sanctorum*.

L'œuvre de Farias Brito n'a aucun rapport avec ces essais curieux. Et si on les peut citer à côte de l'effort métaphysique de ce philosophe, c'est seulement pour démontrer la mentalité spéculative du Brésil par un graphique, qu'on pourra continuer ces dernières années, par l'œuvre de Jackson de Figueiredo, Renato Almeida, Castro e Silva, Nestor Victor, Almeida Magalhães, Xavier Marques, Perillo Gomes et Tasso de Silveira.

Farias Brito a été guidé par une haute culture. Il apparut au temps où les deux plus célèbres courants d'importation qui nous dirigèrent, celui des germanistes de Tobias Barreto et celui des positivistes de Teixeira Mendes, avaient abouti à un troisième mouvement que je ne considère même pas comme un courant, tant son exotisme était flagrant. Aux facultés de Saint-Paul et de Recife, des professeurs prêchaient le sceptcisme pseudo--scientifique sorti des écoles déterministes de droit de l'Allemagne et de l'Italie, tandis que Farias Brito, ignoré et modeste, à la faculté de Para, exprimait la poussée anonyme de la foi panthéiste de notre race.

La première partie de l'œuvre de Farias Brito est une belle critique des psychologies nihilistes de l'Angleterre, de la France et de l'Allemagne. Sur la "base physique de l'esprit", il cherche à établir une psychologie authentique, pour pousser plus loin ses recherches, peu après, dans le "monde intérieur".

Le déisme y prend toutes les séductions d'une nature qui n'a pas besoin d'exégèse. Dieu est l'énergie présente, où l'idée et la réalité se confondent. Le mond est son activité intelelectuelle. Le monde est Dieu qui pense.

Un exemple de notre curiosité intellectuelle et critique peut être donné par le livre récent de M. T.-L. Penido, publié en français, édité par Félix Alcan, et qui exprime bien la place de la pensée brésilienne devant l'intuitionnisme d'Henry Bergson.

Dans le domaine de l'ethnographie, Roquete Pinto illustre l'œuvre de la catéchèse, renouvelée dernièrement par le général Rondon d'origine indienne, qui rallie à la civilisation rapide de Rio, Saint-Paul et des autres capitales une vaste région où les tribus oubliées s'isolaient.

Un côté de notre histoire, celui de la conquête et de la fixation géographique par les chercheurs d'or sortis de Saint-Paul vers l'intérieur, trouve en M. Washington Luis un excellent biographe. M. Affonso Taunay apporte aussi des élucidations et des critiques au passé des explorateurs "paulistas". Et les frontières du sud produisent le livre très documenté de M. Fernando Nobre.

Le sociologue Oliveira Vianna, avec ses études de mœurs, de traditions et de panoramas psychiques, établit la thèse de notre idéalisme, opposé aux réalités de la terre.

En effet, Don Quichotte, en traversant la mer, n'a pas oublié ses lectures. Il avait aimé jusqu'à la folie les romans de chevalerie, les sonnets, les beaux noms précieux et les idéales prouesses.

Ainsi, la littérature brésilienne suit tout d'abord une ligne descendante qui part des imitations du classicisme ibérique pour se briser sous l'effort national de Machado de Assis. C'est là qu'elle commence à avoir une réalité à la fois supérieure et nationale.

Il est vrai que le sentiment brésilien s'annonçait dans les chants coloniaux de Basilio de Gama, dans l'instinct indianiste de notre grand poète Gonçalves Dias et dans la langue pittoresque de José de Alencar. Il y avait même dans les romans de ce dernier écrivain l'ébauche de types qui pourraient servir encore aujourd'hui de base psychique à notre littérature. L'aventurier Loredano, Izabel, Roberio Dias, le chercheur de mines illusoires, sont de vrais "standards" de nos préoccupations créatrices. Mais à côté de ces réalités, il y avait le "guarany" idéalisé et faux, Iracema, vraiment trop chateubriannesque.

Le Portugais s'étonna devant la nature du monde découvert et pour dire son enthousiasme, il employa ses connaissances gréco-latines. Alencar ne fut pas un de ces bons coloniaux qui écrivirent nos premiers poèmes, mêlant le rusé Ulysse et la divine Aspasie à des bananes et à des noix de coco. Mais il ne sut se débarrasser du sentiment d'importation qui grossissait le spectacle de la nouvelle contrée. La réaction contre la loquacité dud-américaine fut faite au Brésil par le sang nègre.

Le nègre est un élément réaliste. On l'a encore vu dernièrement dans les industries décoratives de Dakar, dans la statuaire africaine, mise en valeur par Picasso, Derains, André Lhote et d'autres artistes célèbres de Paris, dans l'Anthologie, si complète, de Blaise Cendrars.

Au reste, il ne pouvait s'émerveiller, lui qui venait de l'Afrique, devant nos paysages. Le Portugais, en arrivant, faisait des sonnets, le nègre battait les premiers tambours, pour exprimer sa joie et sa peine.

Machado de Assis, blanc de peau et comblé d'honneurs par les blancs, obtint son équilibre, à cause de son sang nègre. Dans ses romans, qui restent nos meilleures œuvres de fiction, il n'y a pas une déviation inutile de paysage, pas une gaffe lyrique.

Pourtant, Machado de Assis, enfermé dans ses fonctions bureaucratiques à Rio, ne put pas donner toute la mesure du Brésil.

Alors, une excellente contribution nous fut apportée par un homme de science. Euclydes da Cunha, écrivain puissant, ingénieur et géologue, prit part, comme officier de l'armée, à la répression d'une révolte mystique qui convulsait l'état de Bahia. Et il fixa dans son livre *Os sertões*, le scénario, l'âme et la vie de la peuplade issue de l'aventurier et de la métisse.

La recherche des matériaux destinés à une littérature nationale définitive fut continuée par Inglez de Souza, qui donna un tableau très riche des sociétés amazoniennes, para Afranio Peixoto et par les naturalistes Aluizio de Azevedo et Julia Lopes de Almeida.

Afranio Peixoto est le médecin qui a pénétré dans l'interieur du pays. Le caractère dangereux de la jeune femme du "sertão", esquissé par d'autres écrivains, fut étudié à fond par son observation, à la fois clinique et divinatrice. *Fruta do mato*, qu'il a créé, est un des types féminins les plus intéressants de notre littérature. On y voit déjà ce que devait être, plus tard, Alba Regina dans le drame de la capitale américaine, produit par le lyrisme actuel de Menotti del Picchia.

D'un autre côté, Graça Aranha abordait, le premier, le problème des nouvelles immigrations d'Europe. Dans *Canaã*, le roman de la fatigue européenne, qui voit grandir là-bas le territoire de toutes les libertés et de toutes les régénérations se dessine et s'accomplit. Ici, aussi, la femme se dresse le chemin de l'émigrant.

Toute une série d'écrivains préparait le roman d'aujourd'hui. D'autre part, le sentiment annoncé par les lointains poètes qui prirent part à la tentative d'indépendance de Minas, se dégageait, peu à peu, des moules classiques du Portugal, si bien défendus par la culture lusitaine de Gonçalves Dias. Il se produisait un peu partout, dans les chants nègres, dans les chants "caboclos", pour s'épancher en sa première naïveté de rythmes pauvres dans Casemiro de Abreu. C'est lui le premier chanteur de notre mélancolie de races exilées au milieu d'un paradis mal conquis. De sa tristesse, s'élèvent les meilleurs chants d'amour de son successeur Olavo Bilac.

Un autre courant s'établit: celui des villes naissantes qui commencent à refléter les mouvements poétiques européens. C'est Alvares de Azevedo qui reproduit Lord Byron; c'est Castro Alves qui imite Victor Hugo; ce sont Alberto de Oliveira, Emilio de Menezes, Raimundo Correa et Francisca Júlia qui suivent les procédés du Parnasse français. Felix Pacheco y apporte une contribution révolutionnaire. Et après Cruz e Souza et Alphonsus de Guimarães, on entre dans une période de musicalité, représentée par Olegario Marianno dans la poésie et Alvaro Moreyra dans la prose.

D'autres esprits cherchent, pourtant, à s'approcher de la pure vérité nationale, annoncée par les chants anonymes des "sertões", la "cantiga" nostalgique du bouvier, du conducteur de mules, du nègre et du "caipira". Le régionalisme éclot dans les tableaux rustiques de Ricardo Gonçalves et Cornelio Pires à Saint-Paul, et surtout dans les poèmes spontanés et lyriques de Catulo da Paixão Cearense. (Catulle de la Passion du Céara. C'est comme si votre Cézanne eût voulu se nommer Paul de Couleur Provençale). Il chante les calmes assassinats et la lune qui émerveille les panthères. Il chant les déluges périodiques de l'Amazone qui brise les forêts et les villages. Ce drame des terres tombées et tout de suite englouties, c'est le phénomène qui se produit dans le cœur du Brésilien qui voit partir sa belle dans les bras d'un autre.

Notre amour sud-américain a un goût tout à fait différent de celui des anciennes civilisations, où des lexiques définitifs possèdent toute espèce d'ordonnances et de régimes pour les cas de malheur et où la tradition reproduit les mêmes solutions séculaires. Genéralement, nos hommes voient dans chaque femme qui passe une Sabine à enlever, malgré toutes les conséquences, parce que notre amour est fait du souvenir sexuel de la femme blanche que les premiers navigateurs laissèrent en Europe, au départ de leurs expéditions incertaines.

Etant donnés notre matière psychologique et notre sentiment ethnique, l'œuvre du Brésil contemporain a consisté à rattacher à ces richesses acquises, une expression et une forme qui peuvent diriger notre art vers son apogée.

Nous assistons d'abord à l'effort scientifque de la création d'une langue indépendante, par son évolution, de la langue portugaise d'Europe.

Nous avions bénéficié de toutes les fautes de syntaxe du romancier Alencar et du poète Castro Alves, et le folk-lore n'avait pas atteint uniquement le domaine philosophique.

Deux philologues de bonne culture accomplissent les désirs annoncés par la grâce sertaniste de Cornélio Pires et par la puissance expressive de Catulo. Tandis que M. João Ribeiro tâchait de fonder, en trente-deux remarquables leçons, une langue nationale, M. Amadeu Amaral construisait notre première grammaire régionaliste. L'œuvre des deux illustres académiciens oublia, cependant, la contribution de l'argot des grandes villes brésiliennes, où commence à pousser, à Saint-Paul surtout, une étonnante littérature de nouveaux immigrants.

Il manquait l'éclosion des réalités présentes, où fond et forme, matière, sentiment et expression pussent donner au

Brésil d'aujourd'hui la mesure intellectuelle de sa mobilisation industrielle, technique et agricole. Les débuts de l'ecrivain Monteiro Lobato, à Saint-Paul, annoncèrent enfin que le Brésil se chargeait de cette responsabilité. Lobato eut la chance de sortir du domaine purement documentaire où s'étaient cantonées Veiga Miranda, Albertino Moreira, Godofredo Rangel et Waldomiro Silveira, et il réagit aussi contre l'urbanisme qui donnait la vision historique du polygraphe Elísio de Carvalho, l'œuvre de Thomas Lopes et João do Rio et la première phase poétique de Guilherme de Almeida.

Lobato avait une large connaissance du Brésil, ayant fait ses études à Saint-Paul et étant devenu planteur ensuite. L'œuvre de fiction si longtemps désirée après Machado de Assis, arriva avec sa création du type Jeca Tatu. C'était l'insecte inutile de la terre magnifique qui, pour se donner un spectacle et une occupation, brûlait les forêts. Le sénateur Ruy Barbosa qui était le leader des honnêtes aspirations politiques du Brésil, s'empara du symbole et le lança dans une de ses grandes campagnes électorales. Jeca Tatu devint le Brésil apathique aux sains idéalismes.

Le symbole se vengea. L'imagination populaire vit en lui le Brésil tenace, prêt aux résistances physiques et morales, "fatalisé" mais non pas fataliste et auquel s'adaptait, par les circonstances de ses origines et de son exil, cette espèce de vocation du malheur, observée inconsciemment par les ethnologues et les romanciers. Lobato dut convenir que Jeca Tatu brûlait les forêts natives pour laisser à l'immigrant nouveau la possibilité de dérouler la "houle vert" des caféiers. Il était le précurseur de la richesse américaine, ouverte à toute entreprise de races viriles.

L'influence de Lobato augmenta. Comme il s'était fait ethnologue sans le vouloir, il se fit esthéticien. Ces paroles que j'emprunte à son volume intitulé "La houle verte", où il étudie la plantation de milliers de caféiers par les "paulistas", en transformant l'ancien rêve d'or des mines lointaines en les réalités des cultures immédiates, sont le programme de l'actuelle génération littéraire du Brésil: "L'épopée, dit-il, la tragédie, le drame et la comédie du café seront les grands thèmes... sentir et raconter l'histoire de la houle verte qui digére les forêts vierges".

On commence à voir, en effet, dans les œuvres poétiques, les romans et les nouvelles de chez nous, une véritable anthologie du café, dans ses plus variées et plus lointaines conséquences. Il s'y débat toujours le problème des vieilles aristocraties en lutte avec l'invasion immigratoire des races nouvelles.

Lobato, pourtant, ne se soucie guère des recherches critiques de Suarès, de Jules Romains, d'André Salmon, d'Élie Faure, Lhote, Cocteau, Gleises, Henry Prunières et des nouvelles générations du Portugal, de l'Italie et de l'Espagne. Il n'essaie pas de vérifier si notre indianisme était tout naturel au temps de Chateaubriand, et si, pour une seconde fois, il pouvait y avoir, maintenant, une coïncidence d'étape entre notre littérature et celle de l'Europe. Il provoque même une certaine déchéance, puisqu'il met en lumière des aspects inaperçus de notre vie américaine. Son côté documentaire le passionne et il produit un retour au régionalisme, contrebalancé à peine par l'imagination de Deabreu et la verve de Léo Vaz.

Mário de Andrade publia alors ses premiers poèmes. Connaisseur du pays et de la langue, des rythmes réguliers et des recherches nouvelles, il créa la poésie libre et savante, inconnue encore au Brésil, oú pourtant avaient déjà paru quelques vers de Manoel Bandeira. Menotti del Picchia avait donné le poème de la race *Juca Mulato*. Son prestige était grand comme celui de

Ronald de Carvalho qui avait déjà deux livres couronnés par notre Académie, dont un est une histoire de la littérature brésilienne. Tous les deux, ils mènent le combat à côté de Mário de Andrade qui est attaqué par le "parnasse" et par les messieurs du document. Guilherme de Almeida, poète justement élu par la prédilection du public, se joint au mouvement novateur. Et l'arrivée de Graça Aranha, d'Europe, donne encore un plus vif intérêt au moment. C'est un de nos plus respectés littérateurs. Académicien, professeur de droit, ayant vécu longtemps au milieu des grandes civilisations, son influence est profonde. Il se rallie immédiatement à la génération constructrice. Et on arrive à produire à Saint-Paul, sous le patronnage de Paulo Prado, neveu et héritier des qualités aristocratiques et intellectuelles de l'écrivain Eduardo Prado, une semaine d'art moderne brésilien.

Le courant aboutit à des réalisations esthétiques: les *Epigrammes ironiques et sentimentaux* de Ronald de Carvalho, où la poésie brésilienne atteint sa plus haute expression nationale, et *L'homme et la mort* de Menotti del Picchia, qui par sa beauté fait songer à cette partie de l'œuvre de Claudel qui porte l'empreinte lyrique du Brésil.

De même, tout naturellement, d'autres écrivains de notre génération se rattachent plutôt à l'Amérique psychologique de Valery Larbaud, au Brésil cinématographique de Jules Romains et aux visions exactes de Joseph Conrad et Gomez de La Serna, qu'aux simples exaltations de notre anecdote régionaliste. C'est une question de réussite.

Ainsi Pedro Rodrigues de Almeida cherche même à créer, par le souci de composition de ses nouvelles, un classicisme américain. Serge Milliet rallie, par ses continuels séjours en Europe, le sens de la culture française contemporaine à la poésie libre des étendues, des mines d'or, des voyages. Et Ribeiro Couto et Affonso Schmidt apportent au calme des villes brésiliennes une particulière sensibilité de poètes modernes.

La critique du pays, par ses meilleurs représentants, Tristão de Athayde, Nestor Victor, J.-A. Nogueira, Fabio Luz, reçoit très bien et encourage les premières œuvres du movement qui prend une plus large expression dans la revue *Klaxon*. Toute une jeunesse lui apporte son enthousiasme. Elle est composée des poètes Luiz Aranha, Tacito de Almeida, Agenor Barbosa, Plinio Salgado, du conteur René Thiollier et des essayistes Rubens de Moraes, Candido Motta Filho, Couto de Barros et Sergio Buarque de Hollanda. Joaquim Inojosa introduit les idées nouvelles à Pernambuco et Carlos Drummond de Andrade et Mario Ruis à Minas.

En même temps, le théâtre, dirigé avec la faveur du public ver les sources nationales par l'œuvre de Claudio de Souza et Oduvaldo Vianna, trouve dans Graça Aranha une forte manifestation lyrique. *Malazarte*, qui est un tableau de nos énergies panthéistes, a été monté par le théâtre de l'Œuvre à Paris. Et, à côté des fervents régionalistes qui veulent un théâtre de documentation, une élite suit les travaux et les recherches de Jacques Copeau en France et Dario Nicodemi qui, en Italie, renouvelle la scène avec Pirandello.

Les autres arts subissaient aussi une évolution vers les réalités du pays et ses mesures expressives.

La sculpture avait eu, dans l'ancienne colonie, un précurseur. C'était un tailleur de pierres de l'état de Minas qu'on appelait "O Aleijadinho", réduit à la difformité par une maladie.

C'est de là et des premiers imagiers de Bahia et Rio, dont les plus célèbres sont Chagas o Cabra et Mestre Valentim, que notre sculpteur Victor Brécheret cherche à tirer son art d'aujourd'hui.

Brécheret voulut d'abord donner à Saint-Paul, où il est né, l'expression de son histoire. Le mouvement immigratoire poursuivi depuis la découverte jusqu'à nos jours par des Européens de tout climat et de toute origine, lui inspira le projet du monument "das bandeiras". Les "bandeiras" étaient les anciennes organisations des habitants de Saint-Paul qui, partant de la capitale vers l'intérieur, à la recherche de l'or, indiquèrent les limites géographiques de la patrie et les caractères ethniques de la race.

A Paris, le côté traditionaliste de l'œuvre actuelle de Victor Brécheret prend sa source dans une petite statue qu'il intitula *L'idole*, et dans laquelle il a dirigé ses lignes et son style vers la statuaire négro-indienne de la colonie.

Dans la peinture, créée à Rio par Debret qui faisait partir de la mission française de culture, appelée par Jean VI à Rio, il y eut toute une tradition du portrait et des sujets historiques. Deux précurseurs, nommés Leandro et Olympio da Matta n'ont été continués que par la bizarrerie indigène de Helios Seelinger.

Leandro qui avait peint, pour une église, la famille royale du Portugal arrivant das la colonie, avec la Saint Vierge dans les nuages et l'ange gardien à côté, fut obligé par les patriotes de 1831 à détruire ce panneau qui serait peut-être le chef-d'œuvre de notre peinture ancienne.

Si Debret eut le bon sens de rallier à ses sujets anecdotiques – il était un disciple de David – les éléments de la nationalité naissante et le sens décoratif indigène, le peintre portugais Da Silva et les autres maîtres de la mission française dirigèrent notre peinture sur un sentier de vieux classicisme déplacé qui en fit, jusqu'à nos jours, un art sans personnalité. En effet, comme dans la littérature, le souvenir des formules classiques empêcha longtemps la libre éclosio d'un véritable art national. Toujours l'obsession de l'Arcadie, avec ses bergers, des mythes grecs ou alors l'imitation des paysages de l'Europe aux routes dociles et aux champs bien peignés, dans un pays où la nature est insoumise, la lumière verticale et la vie en pleine construction.

La révolution contre les musées d'Europe qui produisirent la décadence de notre peinture officielle, se fit sentir dans la semaine d'art moderne réalisée à Saint-Paul. Nous protestions contre les procédés qui venaient aussi bien de Pedro Américo que du couple Albuquerque, et aussi contre la simple documentation nationaliste de Almeida Junior.

Les nouveaux artistes, qui ont été précédés par Navarro da Costa, commencèrent la réaction, en adoptant les procédés modernes issus du mouvement cubiste en Europe. Le cubisme était aussi une protestation contre l'art imitateur des musées. Et s'il est absurde de l'apliquer au Brésil, les lois qu'il sut dégager des anciens maîtres furent jugées acceptables par beaucoup de jeunes peintres de chez nous.

Di Cavalcanti, Anita Malfatti, Zina Aita, Rego Monteiro, Tarsila do Amaral et Yan de Almeida Prado jettent les bases d'une peinture réellement brésilienne et actuelle.

La réaction produite au Brésil par les procédés énergiques de Anita Malfatti et par la fantaisie de Di Cavalcanti, s'enrichit, à Paris, des recherches de Rego Monteiro qui se lança particulièrement dans la stylisation de nos motifs indiens, en cherchant à créer à côté d'un art personnel, l'art décoratif du Brésil, et de l'esthétique de Tarsila do Amaral qui allie les sujets de la campagne brésilienne aux procédés plus avancés de la peinture actuelle.

La musique souffrit au Brésil de cette même imitation déplacée de l'Europe. Carlos Gomes qui était jusqu'à un certain moment le plus grand musicien de chez nous, s'amoindrit devant la réaction vers nos vraies origines, aidée par les libertés rythmiques acquises après Debussy. Notre musique n'est pas dans le chant mélodique italien; elle existe dans le tambour nègre, dans la vivacité du rythme indien, dans la nostalgie du "fado" portugais. En ce sens, les compositeurs Nepomuceno, Alexandre Levy et Francisco Braga annoncent toutes nos richesses. Glauco Velasques commença la stylisation actuelle qui a trouvé en Villa-Lobos le plus fort et le plus hardi de nos représentants. Villa-Lobos prit part à la semaine d'art moderne à Saint-Paul et il ébranla les idées conservatrices du public. Il apportait, avec les procédés de l'actualité, l'âpre mélancolie de ses danses africaines, l'étendue brésilienne de ses symphonies régionalistes et la douceur de nos chants populaires.

La musique contemporaine du Brésil qui a encore là-bas en Tupinambá et Nazareth, un constant ravitaillement de productions documentaires, se trouve, à Paris, représentée par l'orientation puriste et très moderne de notre virtuose João de Souza-Lima; par celle du disciple de Villa-Lobos, Fructuoso Vianna et par celle de l'illustre cantatrice Vera Janacopulos.

Dans la musique comme dans la littérature, le vingtième siècle est dirigé vers les réalités, remonte les sources émotives, découvre les origines, en même temps concrètes et métaphysiques de l'art. La France prend un nouvel élan avec l'air vif du dehors, apporté par Paul Claudel, Blaise Cendrars, André Gide, Valery Larbaud et Paul Morand. Jamais on ne sentit si bien, dans l'ambience de Paris, l'approche suggestive du tambour nègre et du chant de l'indien. Ces forces ethniques sont en pleine modernité.

Et là-bas, sous un ciel déiste, le Brésil prend conscience de son avenir. Dans un siècle, peut-être, il y aura deux cents millions d'habitants latins en Amérique. L'effort de la génération actuelle doit être de rattacher, non aux formules vides, mais à l'esprit de ses traditions classiques, les précieuses contributions nouvelles apportées à cette greffe de latinité par les éléments historiques de la conquête.

En France, notre ambassadeur diplomatique, M. de Souza Dantas, est aussi notre ambassadeur intellectuel. Il préside, par le prestige de son intelligence et de sa culture, une délégation artistique du Brésil contemporain qui cherche à servir, de plus près, l'œuvre commune de la latinité.

O esforço intelectual do Brasil contemporâneo[1]

Oswald de Andrade
Tradução de Roberto Zular

A Península Ibérica, que criou *Dom Quixote*, criou também *Os Lusíadas*. Qual entre esses dois poemas é o maior do idealismo latino?

O Quixote teve de lutar contra a organização disciplinada dos vilarejos, a barreira das estradas, as reações dos *pueblos*. Ele embarcou nas caravelas de Vasco da Gama e foi junto com Cabral buscar Dulcinea del Toboso na América do Sul. Uma força latina de coesão, de construção e de cultura o acompanhava. Era o jesuíta.

Destruído o Império Romano, a Igreja Católica herdou seu espírito de organização e de conquista. O último legionário não se limitou, como quer a história, às fronteiras latinas da Romênia. No século XVI, ele foi lançar as bases de suas "Misiones" no Uruguai e fundar, no Brasil, a vila de Piratininga, que produziria a força e a riqueza da São Paulo de hoje.

1 Conferência pronunciada na Sorbonne em 11 de maio de 1923.

Na formação inicial do Brasil houve, portanto, três elementos diferentes: o indígena, o português e o padre latino. Pouco depois, veio o negro da África.

Reconhecendo a utilidade da fé no sucesso de seus empreendimentos, o português, sendo o único que poderia resistir ao missionário, deu a ele imediata ascendência nas primeiras assembleias do continente descoberto. O indígena politeísta não teve dificuldade de acrescentar um novo Deus à sua mitologia oral e o negro, disposto a ver manifestações sobrenaturais por toda parte, deixou-se batizar com alegria de criança. Basta pensar nos nomes das montanhas, dos rios e das vilas do Brasil para ver que o calendário romano carecia de santos para apadrinhar a terra sem limites.

Esse fenômeno da dominação intelectual do padre latino no nascimento da sociedade da América do Sul contribuiu mais do que se pensa para preservá-la dos perigos das heterodoxias do futuro.

A escolástica constituiu, portanto, muito naturalmente, o núcleo do pensamento brasileiro. Ela continuou sua longa carreira na Faculdade de Filosofia e Letras de São Paulo, nos seminários e colégios dos estados confederados e, atualmente, está na base da cultura de Alexandre Correa.

Mas, ao seu lado, um movimento nacional encontrou sua expressão superior, no começo deste século, na obra do filósofo Farias Brito.

Dois livros precedem, como documentos, a obra desse mestre. Falo da reportagem pitoresca com a qual João do Rio estreou nas letras brasileiras, *As religiões do Rio*, e desse romantismo do pensamento católico que é o livro de Severiano de Rezende intitulado *Mon flos sanctorum*.

A obra de Farias Brito não tem nenhuma relação com esses ensaios curiosos. E se podemos citá-los ao lado do esforço metafísico desse filósofo, é somente para demonstrar a mentalidade especulativa do Brasil em um gráfico que poderia ser continuado, nesses últimos anos, pela obra de Jackson de Figueiredo, Renato Almeida, Castro e Silva, Nestor Victor, Almeida Magalhães, Xavier Marques, Perillo Gomes e Tasso da Silveira.

Farias Brito foi guiado por uma alta cultura. Ele surgiu em um tempo no qual as duas mais célebres correntes de importação que nos dirigiam – a dos germanistas de Tobias Barreto e a dos positivistas de Teixeira Mendes – resultaram em um terceiro movimento que eu sequer considero uma corrente, de tão flagrante que é seu exotismo. Nas faculdades de São Paulo e do Recife, os professores pregavam o ceticismo pseudocientífico saído das escolas deterministas de direito na Alemanha e na Itália, enquanto Farias Brito, ignorado e modesto, na Faculdade do Pará, exprimia o impulso anônimo da fé panteísta da nossa raça.

A primeira parte da obra de Farias Brito é uma bela crítica das psicologias niilistas da Inglaterra, da França e da Alemanha. Sobre a "base física do espírito", ele busca estabelecer uma psicologia autêntica, para levar mais longe essas pesquisas, um pouco depois, ao "mundo interior".

O deísmo assume todas as seduções de uma natureza que não precisa de exegese. Deus é energia presente, onde ideia e realidade se fundem. O mundo é sua atividade intelectual. O mundo é Deus que pensa.

Um exemplo de nossa curiosidade intelectual e crítica pode ser encontrado no recente livro do T[eixeira]-L[eite] Penido, publicado em francês por Félix Alcan, que expressa bem o lugar do pensamento brasileiro em relação ao intuicionismo de Henry Bergson.

No campo da etnografia, Roquete Pinto ilustra o trabalho da catequese, recentemente renovada pelo general Rondon, de origem indígena, que reaproximou da civilização veloz do Rio, São Paulo e outras capitais, uma vasta região onde tribos esquecidas estavam isoladas.

Um lado da nossa história, o da conquista e do povoamento geográfico pelos exploradores de ouro que partiram de São Paulo para o interior, encontra em Washington Luís um excelente biógrafo. Affonso Taunay também elucida e critica o passado dos exploradores "paulistas". Além do livro altamente documentado de Fernando Nobre sobre as fronteiras do sul.

O sociólogo Oliveira Vianna, com seus estudos dos costumes, tradições e panoramas psíquicos, estabelece a tese do nosso idealismo, contraposto às realidades da terra.

De fato, quando Dom Quixote atravessou o mar, não se esqueceu do que tinha lido. Tinha amado até à loucura os romances de cavalaria, os sonetos, os nomes belos e preciosos e os feitos ideais.

Assim, a literatura brasileira segue inicialmente uma linha descendente que parte das imitações do classicismo ibérico para se espatifar sob o esforço nacional de Machado de Assis. É nesse ponto que ela começa a ter uma realidade ao mesmo tempo superior e nacional.

É verdade que o sentimento brasileiro se anunciava nas canções coloniais de Basílio da Gama, no instinto indianista do nosso grande poeta Gonçalves Dias e na linguagem pitoresca de José de Alencar. Os romances de Alencar continham até mesmo o esboço de tipos que ainda hoje poderiam servir como base psíquica de nossa literatura. O aventureiro Loredano, Isabel, Robério Dias, o explorador de minas ilusórias são os verdadeiros "padrões" das nossas preocupações criativas. Mas, ao lado dessas realidades, havia o falso e idealizado "Guarany", assim como Iracema, que era realmente muito chateaubrianesca.

O português ficou surpreso com a natureza do mundo descoberto e, para expressar seu entusiasmo, usou conhecimentos greco-latinos. Alencar não foi um daqueles bons colonos que escreveram nossos primeiros poemas, misturando o astuto Ulisses e a divina Aspásia com cocos e bananas. Mas ele também não soube se livrar do sentimento de importação que aumentava o espetáculo da nova terra. No Brasil, a reação contra a loquacidade sul-americana foi feita pelo sangue negro.

O negro é um elemento realista. Ainda vimos isso ultimamente nas indústrias decorativas de Dacar, na estatuária africana, destacada por Picasso, Derain, André Lhote e outros artistas famosos em Paris, na *Antologia*, muito completa, de Blaise Cendrars.

De resto, não poderia se maravilhar, ele que veio da África, diante das nossas paisagens. O português, ao chegar, fazia sonetos, o negro batia os primeiros tambores, para exprimir sua alegria e sua tristeza.

Machado de Assis, branco de pele e cheio de honras dadas pelos brancos, atinge seu equilíbrio, por causa de seu sangue negro. Nos seus romances, que ainda são nossas melhores obras de ficção, não há um só desvio inútil da paisagem, nem uma gafe lírica.

No entanto, Machado de Assis, preso às suas funções burocráticas no Rio, não pôde dar toda a dimensão do Brasil.

Então, uma excelente contribuição veio de um homem de ciência. Euclides da Cunha, escritor potente, engenheiro e geólogo, toma parte, como oficial do exército, da repressão a uma revolta mística que convulsionava o estado da Bahia. E fixou em seu livro *Os sertões*, o cenário, a alma e a vida do povo vindo do aventureiro e do mestiço.

A busca de materiais para uma literatura nacional definitiva foi continuada por Inglês de Souza, que apresentou um quadro muito rico das sociedades amazônicas, por Afrânio Peixoto e pelos naturalistas Aluísio Azevedo e Julia Lopes de Almeida.

Afrânio Peixoto foi o médico que penetrou no interior do país. O caráter perigoso da jovem do "sertão", esboçado por outros escritores, foi estudado em profundidade por sua observação, que era ao mesmo tempo clínica e divinatória. "Fruta do mato", criada por ele, é um dos tipos femininos mais interessantes da nossa literatura. Já podemos ver nela o que Alba Regina viria a ser mais tarde no drama da capital americana, produzido pelo lirismo atual de Menotti Del Picchia.

Por outro lado, Graça Aranha foi o primeiro a abordar o problema da nova imigração da Europa. Em *Canaã*, o romance do cansaço europeu, que vê crescer além o território de todas as liberdades e regenerações, se desenha e se realiza. Aqui, também, a mulher se ergue no caminho do emigrante.

Toda uma série de escritores vinha preparando o romance de hoje. Por outro lado, o sentimento anunciado pelos poetas distantes que tomaram parte na tentativa de independência de Minas estava aos poucos se libertando dos moldes clássicos de Portugal, tão bem defendidos pela cultura lusitana de Gonçalves Dias. Esse sentimento se produzia por toda parte, em cantos negros, em cantos caboclos, para se derramar na ingenuidade inicial dos ritmos pobres de Casemiro de Abreu. Ele é o primeiro cantor da nossa melancolia de raças exiladas em um paraíso mal conquistado. Da sua tristeza nascem os melhores cantos de amor do seu sucessor Olavo Bilac.

Uma outra corrente se estabeleceu: aquela das cidades emergentes que começavam a refletir os movimentos poéticos europeus. Álvares de Azevedo reproduz Lord Byron; Castro Alves imita Victor Hugo; Alberto de Oliveira, Emílio de Menezes, Raimundo Correa e Francisca Júlia seguem os procedimentos do Parnaso francês. Felix Pacheco acrescenta uma contribuição revolucionária. E depois de Cruz e Souza e Alphonsus de Guimarães, entramos em um período de musicalidade, representado por Olegário Mariano na poesia e Álvaro Moreyra na prosa.

Outros espíritos também buscam uma aproximação da pura verdade nacional, anunciada pelos cantos anônimos dos "sertões", pela "cantiga" nostálgica do boiadeiro, do tropeiro, do negro e do "caipira". O regionalismo floresce nas cenas rústicas de Ricardo Gonçalves e Cornélio Pires em São Paulo e, acima de tudo, nos poemas espontâneos e líricos de Catulo da Paixão Cearense (é como se o Cézanne de vocês quisesse se chamar Paulo da Cor Provençal). Ele canta os assassinatos calmos e a lua que encanta as panteras. Ele canta os dilúvios periódicos da Amazônia que destroem florestas e vilarejos. Esse drama das terras caídas e engolidas em seguida, é o fenômeno que ocorre no coração do brasileiro que vê sua amada partir nos braços de outro.

Nosso amor sul-americano tem um sabor totalmente diferente do amor das civilizações antigas, onde os léxicos definitivos têm todos os tipos de prescrições e regimes para casos de infortúnio e onde a tradição reproduz as mesmas soluções seculares. De modo geral, nossos homens veem em toda mulher que passa uma sabina a ser raptada, apesar de todas as consequências, porque nosso amor é feito da memória sexual da mulher branca que os primeiros navegadores deixaram na Europa, no início de suas expedições incertas.

Dada a nossa matéria psicológica e o nosso sentimento étnico, a obra do Brasil contemporâneo consistiu em aliar a essas riquezas adquiridas uma expressão e uma forma que podem levar nossa arte ao seu apogeu.

Vemos, de início, o esforço científico para criar uma língua independente, por sua evolução, da língua portuguesa da Europa.

Fomos beneficiados por todos os erros de sintaxe do romancista Alencar e do poeta Castro Alves, e o folclore não tinha alcançado apenas o domínio filosófico.

Dois filólogos cultos estão realizando os desejos anunciados pela graça sertanista de Cornélio Pires e pela potência expressiva de Catulo. Enquanto João Ribeiro tentava estabelecer uma língua nacional em trinta e duas notáveis lições, Amadeu Amaral construía nossa primeira gramática regionalista. No entanto, a obra desses dois ilustres acadêmicos deixou de lado a contribuição da gíria das grandes cidades brasileiras, onde uma surpreendente literatura de novos imigrantes está começando a crescer, especialmente em São Paulo.

O que faltava era a eclosão das realidades presentes, onde fundo e forma, matéria, sentimento e expressão pudessem dar ao Brasil de hoje a medida intelectual de sua mobilização industrial, técnica e agrícola. A estreia do escritor Monteiro Lobato, em São Paulo, finalmente anunciou que o Brasil assumia essa responsabilidade. Lobato teve a chance de sair do domínio puramente documental em que se confinaram Veiga Miranda, Albertino Moreira, Godofredo Rangel e Waldomiro Silveira, e também reagiu contra o urbanismo que deu origem à visão histórica do polígrafo Elísio de Carvalho, à obra de Thomas Lopes e João do Rio e à primeira fase poética de Guilherme de Almeida.

Lobato tinha um amplo conhecimento do Brasil, tendo estudado em São Paulo e depois se tornado fazendeiro. A obra de ficção tão almejada por Machado de Assis chegou com sua criação do tipo Jeca Tatu. Ele era o inseto inútil da terra magnífica que, para dar a si mesmo um espetáculo e uma ocupação, queimava as florestas. O senador Ruy Barbosa, líder das honestas aspirações políticas do Brasil, aproveitou o símbolo e o lançou em uma de suas principais campanhas eleitorais. O Jeca Tatu tornou-se o Brasil apático do idealismo saudável.

O símbolo se vingou. A imaginação popular viu nele o Brasil tenaz, pronto para a resistência física e moral, "fatalizado", mas não fatalista, e ao qual se adaptou, pelas circunstâncias de sua origem e de seu exílio, aquela espécie de vocação para o infortúnio, inconscientemente observada por etnólogos e romancistas. Lobato teve de concordar que Jeca Tatu estava queimando as matas nativas para dar ao novo imigrante a chance de estender a "onda verde" dos cafezais. Ele era o precursor da riqueza americana, aberta a qualquer empreendimento das raças viris.

A influência de Lobato cresceu. Assim como se fez etnólogo sem querer, também se fez esteta. Essas palavras, que tomo emprestadas de seu volume intitulado *A onda verde*, no qual ele estuda o plantio de milhares de pés de café pelos "paulistas", transformando o velho sonho do ouro das minas distantes na realidade do cultivo imediato, são o programa da atual geração literária brasileira: "A epopeia, a tragédia, o drama e a comédia do café serão os grandes temas... sentir e contar a história da onda verde que digere as florestas virgens".

Começamos a ver, de fato, nas obras poéticas, romances e contos do nosso país, uma verdadeira antologia do café, em suas mais variadas e remotas consequências. Nela se debate sempre o problema da luta das velhas aristocracias contra a invasão imigratória das novas raças.

Lobato, no entanto, deu pouca atenção às pesquisas críticas de Suarès, Jules Romains, André Salmon, Élie Faure, Lhote, Cocteau, Gleizes, Henry Prunières e às novas gerações em Portugal, na Itália e na Espanha. Ele não tenta verificar se o nosso indianismo era natural na época de Chateaubriand e se, ainda uma vez, poderia haver agora uma coincidência de estágios entre a nossa literatura e a da Europa. Ele até provoca uma sensação de que faltou algo a cumprir, ainda que tenha trazido à luz aspectos despercebidos da nossa vida americana. Seu lado documental o fascina e produz um retorno ao regionalismo, mal contrabalançado pela imaginação de Deabreu e pela verve de Léo Vaz.

Mário de Andrade publicou então seus primeiros poemas. Com seu conhecimento do país e de sua língua, dos ritmos regulares e das novas pesquisas, criou uma poesia livre e erudita, ainda desconhecida no Brasil, onde, no entanto, já tinham aparecido alguns versos de Manuel Bandeira. Menotti Del Picchia havia escrito o poema da raça *Juca Mulato*. Seu prestígio era tão grande quanto o de Ronald de Carvalho, que já tinha dois livros coroados pela nossa Academia, um dos quais é uma história da literatura brasileira. Os dois lutaram ao lado de Mário de Andrade, que foi atacado pelos parnasianos e pelos senhores documentalistas. Guilherme de Almeida, um poeta justamente preferido pelo público, juntou-se ao movimento inovador. E a chegada de Graça Aranha, vindo da Europa, tornou o momento ainda mais interessante. Ele é um dos nossos mais respeitados literatos. Acadêmico, professor de direito, tendo vivido muitos anos nas grandes civilizações, sua influência foi profunda. Ele se juntou imediatamente à geração dos construtores. E em São

Paulo, sob o patrocínio de Paulo Prado, sobrinho e herdeiro das qualidades aristocráticas e intelectuais do escritor Eduardo Prado, realizou-se uma Semana de Arte Moderna brasileira.

A tendência levou a conquistas estéticas: os *Epigramas irônicos e sentimentais* de Ronald de Carvalho, em que a poesia brasileira atinge sua mais alta expressão nacional, e *O homem e a morte*, de Menotti Del Picchia, cuja beleza lembra aquela parte da obra de Claudel que traz a marca lírica do Brasil.

Assim também, muito naturalmente, outros escritores da nossa geração se relacionam mais com a América psicológica de Valery Larbaud, o Brasil cinematográfico de Jules Romains e as visões exatas de Joseph Conrad e Gómez de La Serna, do que com as simples exaltações da nossa anedota regionalista. É uma questão de resultado.

Pedro Rodrigues de Almeida busca até mesmo criar um classicismo americano na composição de seus contos. Serge Milliet, em suas contínuas estadas na Europa, combina um senso de cultura francesa contemporânea com a poesia livre das vastidões, das minas de ouro e das viagens. E Ribeiro Couto e Affonso Schmidt trouxeram para a calma das cidades brasileiras a sensibilidade particular dos poetas modernos.

A crítica do país, por meio de seus melhores representantes, Tristão de Athayde, Nestor Victor, J.-A. Nogueira e Fabio Luz, foi muito receptiva e incentivou as primeiras obras do movimento que encontrou maior expressão na revista *Klaxon*. Toda uma geração de jovens se entusiasmou. Entre eles estavam os poetas Luiz Aranha, Tacito de Almeida, Agenor Barbosa, Plínio Salgado, o contista René Thiollier e os ensaístas Rubens de Moraes, Candido Motta Filho, Couto de Barros e Sergio Buarque de Hollanda. Joaquim Inojosa introduziu as novas ideias em Pernambuco, e Carlos Drummond de Andrade e Mario Ruis em Minas.

Ao mesmo tempo, o teatro, voltado com o favor do público para as fontes nacionais pelo trabalho de Cláudio de Souza e Oduvaldo Vianna, encontrou em Graça Aranha uma forte manifestação lírica. *Malazarte*, um retrato das nossas energias panteístas, foi encenado pelo Théâtre de l'Œuvre, em Paris. E, ao lado dos regionalistas fervorosos que queriam um teatro documental, uma elite acompanhou o trabalho e a pesquisa de Jacques Copeau na França e de Dario Nicodemi que, na Itália, renovou a cena com Pirandello.

As outras artes passam também por uma evolução em relação às realidades do país e suas medidas expressivas.

A escultura teve, na antiga colônia, um precursor. Era um entalhador do estado de Minas conhecido como "O Aleijadinho", reduzido à deformidade por uma doença.

É de lá e dos primeiros santeiros da Bahia e do Rio, entre os quais os mais famosos são Chagas, o Cabra, e Mestre Valentim, que nosso escultor Victor Brécheret extrai sua arte de hoje.

Brécheret queria primeiro dar a São Paulo, onde nasceu, a expressão de sua história. O movimento de imigrantes desde a época do descobrimento até os dias de hoje, por europeus de todos os climas e origens, inspirou-o a projetar o monumento "às bandeiras". As "bandeiras" eram as antigas organizações dos habitantes de São Paulo que, partindo da capital em direção ao interior em busca de ouro, indicavam os limites geográficos da pátria e as características étnicas da raça.

Em Paris, o lado tradicionalista da obra atual de Victor Brécheret tem sua origem em uma pequena estátua intitulada *Ídolo*, na qual direcionou suas linhas e estilo para a estatuária negro-indígena da colônia.

Na pintura, criada no Rio por Debret, que fazia parte da missão cultural francesa convocada por d. João VI para o Rio, havia toda uma tradição do retrato e de temas históricos. Dois precursores, chamados Leandro e Olympio da Matta, foram continuados apenas pela estranheza nativa de Helios Seelinger.

Leandro que havia pintado, para uma igreja, a família real portuguesa chegando à colônia, com a Santíssima Virgem nas nuvens e o anjo da guarda ao lado, foi obrigado pelos patriotas de 1831 a destruir esse painel que seria talvez a obra-prima da nossa pintura antiga.

Se Debret teve o bom senso de combinar seus temas anedóticos – ele era um discípulo de David – com os elementos da nacionalidade nascente e o senso decorativo indígena, o pintor português Da Silva e os outros mestres da missão francesa conduziram nossa pintura pelas sendas de um velho classicismo antiquado que a tornou, até hoje, uma arte sem personalidade. De fato, como na literatura, a memória das fórmulas clássicas impediu por muito tempo o livre desabrochar de uma verdadeira arte nacional. Sempre a obsessão pela Arcádia, com seus pastores, mitos gregos ou a imitação de paisagens europeias com estradas dóceis e campos bem cuidados, em um país onde a natureza era indomável, a luz vertical e a vida em plena construção.

A revolução contra os museus da Europa, que produziram a decadência da nossa pintura oficial, foi sentida na Semana de Arte Moderna realizada em São Paulo. Protestamos contra os métodos de Pedro Américo e do casal Albuquerque, e também contra a simples documentação nacionalista de Almeida Junior.

Os novos artistas, que haviam sido precedidos por Navarro da Costa, iniciaram a reação, adotando as técnicas modernas que haviam surgido do movimento cubista na Europa. O cubismo também foi um protesto contra a arte imitativa dos museus. E, embora fosse absurdo aplicá-lo ao Brasil, as leis que ele conseguiu destilar dos antigos mestres foram consideradas aceitáveis por muitos jovens pintores do país.

Di Cavalcanti, Anita Malfatti, Zina Aita, Rego Monteiro, Tarsila do Amaral e Yan de Almeida Prado lançam as bases de uma pintura realmente brasileira e atual.

A reação produzida no Brasil pelas técnicas enérgicas de Anita Malfatti e pela imaginação de Di Cavalcanti foi enriquecida em Paris pela pesquisa de Rego Monteiro, que se dedicou particularmente à estilização dos nossos motivos indígenas, buscando criar, ao lado de uma arte pessoal, a arte decorativa do Brasil, e pela estética de Tarsila do Amaral, que combinou os temas do interior brasileiro com as técnicas mais avançadas da pintura moderna.

A música no Brasil sofreu com essa mesma imitação deslocada da Europa. Carlos Gomes, até certo momento o maior músico brasileiro, ficou menor diante da reação às nossas verdadeiras origens, ajudada pelas liberdades rítmicas adquiridas depois de Debussy. Nossa música não é a canção melódica italiana; ela existe no tambor negro, na vivacidade do ritmo indígena, na nostalgia do "fado" português. Nesse sentido, os compositores Nepomuceno, Alexandre Levy e Francisco Braga anunciam todas as nossas riquezas. Glauco Velasques iniciou a estilização atual, que encontrou em Villa-Lobos seu representante mais forte e ousado. Villa-Lobos participou da Semana de Arte Moderna em São Paulo e abalou as ideias conservadoras do público. Ele trouxe, com técnicas da atualidade, a melancolia amarga das danças africanas, a abrangência brasileira das sinfonias regionalistas e a doçura das nossas canções populares.

A música contemporânea do Brasil, que encontra em Tupinambá e Nazareth uma constante revitalização das produções documentais, é representada em Paris pela orientação purista e muito moderna de nosso virtuoso João de Souza Lima, pelo discípulo de Villa-Lobos, Fructuoso Vianna, e pela ilustre cantora Vera Janacópulos.

Na música, como na literatura, o século XX foi direcionado para as realidades, rastreia as fontes emotivas, descobre as origens, ao mesmo tempo concretas e metafísicas da arte. A França recebeu um novo sopro de vida com o ar fresco do exterior, trazido por Paul Claudel, Blaise Cendrars, André Gide, Valery Larbaud e Paul Morand. Nunca se sentiu tanto no ambiente de Paris a sugestiva aproximação do tambor negro e do canto indígena. Essas forças étnicas estão no auge da modernidade.

E lá, sob um céu deísta, o Brasil toma consciência do seu futuro. Em um século, talvez, haverá duzentos milhões de habitantes latinos na América. O esforço da geração atual deve ser unir, não a fórmulas vazias, mas ao espírito de suas tradições clássicas, as novas e preciosas contribuições feitas a esse enxerto de latinidade pelos elementos históricos da conquista.

Na França, nosso embaixador diplomático, Souza Dantas, é também nosso embaixador intelectual. Ele preside, com o prestígio de sua inteligência e cultura, uma delegação artística do Brasil contemporâneo que busca servir, mais de perto, à obra comum da latinidade.

*A atualidade de Babilônia**

Oswald de Andrade

Quisera chamar a esta primeira crônica para o *Correio Paulistano* "O *shimmy* e a alma de Paris". Prefiro, porém, dar-lhe um título burguês e amável para que não se suponha ver na minha tradição de futurismo regional mais um ponto de escândalo.

Sim, Babilônia vive, renovada pelo sangue de cem portas, com torres incalculáveis, ruídos intensos, incêndios noturnos de lampadários de ruas, círculos, *squares*. Vive nos últimos andares, atapetados e claros – os ateliês; nos primeiros andares moles e penumbrosos – os apartamentos; nos *rez-de-chaussée* floridos e musicais – os restaurantes; nas caixas profundas e mágicas de teatros, circos, *music-halls*, cabarés – refúgios fantasmagóricos do noctambulismo.

Uma força secular – vinda talvez da planície árida do Eufrates (acolhedora provável da serpente que seguiu os expulsados do Éden), através da Grécia nietzscheana, através da Roma que seduzia as vestais e das depravações magníficas do

* *Correio Paulistano*, São Paulo, 30 mar. 1923, p.5. (N. O.)

Renascimento – põe agora rendas de nudezes e de apogeus carnavalais e bizarros na noite vistosa dos fogos coloridos em que se estilizam todas as paixões de Paris.

Paris, e com ela este aparatoso século do cubismo e da relatividade, parece emaranhada numa ética e numa estética que se chamarão *d'après-guerre*, pois sem dúvida, depois da angústia de quatro anos de carniçaria, houve como que uma urgência na civilização ocidental em tentar as bases de uma tranquilidade moral e intelectiva.

De fato, assistimos às irônicas consequências de um largo tempo de livre exame para a solução do problema das aglomerações humanas – cinquenta anos talvez em que três correntes se somaram na mesma profunda impressão resultada: o moralismo guiador de Kant, fortalecido por todas as religiões; a noção implacável da humana miséria, vinda das confissões de Rousseau e do Romantismo; a reação da higiene e dos direitos animais, saída dos tratados físico-terapêuticos de Sandow e Hébert.

Porque, se examinarmos com atenção e imparcialidade o homem moderno, o homem-média, o homem tipo de seu tempo, vemo-lo fazer ginástica de manhã, pregar moralidade no almoço e ir sofrer a volúpia da queda e do Éden perdido nos *dancings* lúbricos.

A decoração dessa mixórdia de músculos tratados, convencidos princípios e fragilidade sensória, só o cubismo podia realizar – qualquer coisa de espedaçado anormal e atordoante, qualquer coisa de indecifrável e lírico, de paradoxal e suspenso – uma música de pinceladas. Já dizia um pândego que, com música, a gente aceita tudo, até as atrizes do teatro Boa Vista. Não fosse o homem um animal rítmico, filho pitagórico do número...

Dessa música que envolve todos os contrassensos e os ambientes, num sentido unido de singular metafísica – o sentido da cor pura –, veio o triunfo psicológico do cubismo. Ele enrola tudo – perversões, remorsos e *knock-outs* no delírio físico dos estádios – da mesma serpentina desvairada de linhas, criando na apoteose da vibração, não mais uma científica geometria de calculadas dimensões mas uma decuplicada polimetria plástica de cores.

* * *

A pintura atravessa a mais grave das crises, é a opinião curiosa de entendidos, de críticos, de *experts*, de colecionadores.

Porque o cubismo é um beco sem saída. Dele só há a recuar. De fato, o cubismo já originou todas as escolas, até mesmo a perigosa invenção do quadro-dinamite e a curiosa corrente do sobretelhadismo. Pois que a vida se encolhe nas gaiolas cruéis que Mario Marianni tão bem devassou, ponhamos sobre os tetos os gestos ocultos das casas! E outro dia, de um quadro sobretelhadista, convictamente exposto na palhaçada emotiva do Salon dos Independentes, um homenzinho espetado numa chaminé falava: – *Je suis le chat!* De onde se poderia forçar até um horrível trocadilho poliglótico.

* * *

Sobretelhadismos, chatices (*Je suis le chat!*), variantes hospitalares da obra mestra de Picasso e das inigualáveis diversões maravilhosas de Matisse, Van Dongen, Derain, Le Fauconnier – tudo se resume num caso lógico de cenografia.

O cubismo é um beco sem saída. Dele só há a recuar!, grita o que nos resta do desmoralizado mas pertinaz instinto de perfeição. E a vida contemporânea – que mistura na mesma ética lições de ginástica, missas lacrimais ante os altos círios de St. Germain des Prés e a morna e perfumada lascívia do *shimmy* nas noites ansiosas – também é um faustoso beco sem saída, onde se acumulam, atravancam e roçam todas as glórias e todas as caravanas de misérias, todas as pompas e todas as violências de choro contido, enfim, todos os infernais figurões e todas as plutônicas alvuras da renovada mitologia babilônica de Paris.

* * *

No entanto, há quem veja uma acentuada moralização no definitivo desnudamento de instintos e de corpos que vai por toda parte, já aceitando nos graves salões a mão despida dos cavalheiros sobre o lombo quente das virginais dançarinas de sociedade (por sob o vestido de propósito rasgado da axila à cinta), já transformando as cenas de revistas, que fazem o furor cosmopolita dos lugares de escol, num sensacional concurso com música, de amas de leite de vinte anos.

Há apoteoses nos teatros, onde nada mais se pode despojar na criatura que fica ao fundo, mal deitada entre as outras, vestidas ainda de bandas multicores de chapéus – grandes e famosos chapéus, na verdade! luvas – de cano alto, sem dúvida! ou com transparências de abajur e refinados recortes por onde espiam para o público trechos até há pouco reservados ao discreto profissionalismo dos ginecologistas.

Mayol anuncia mesmo em grandes cartazes pelas ruas, a fim de aguçar a gula puritana dos saxões recém-desembarcados: *ladie's shirt off*! E ao lado disso, o que vai de franqueza por canções, *mots d'esprit*, cenas e trocadilhos de todos os tablados impuros e puros.

Agora é mais do que comum em diálogos, passagens de peças e piadas, o palavrão já decaído da velha pudicícia com que Victor Hugo imortalizou o heroísmo plebeu de Cambronne.

* * *

O culto do corpo feminino levado já a São Paulo pela modesta amostra do Ba-ta-clan e que, parece, a satânica *troupe* do Mistinguett renovará aí dentro em pouco, tornou-se portanto oficial: resultado talvez da campanha moralista do senador Béranger.

Agora, trata-se de despir o homem. Três marmanjos, arrochados em *maillots* salmão declaram todas as noites no Casino de Paris: *notre nu est chaste!* E contavam-me a desopilante cena da última revista de Mayol: Um *atelier* de mulher, a chegada imprevista de um modelo masculino, espécie de operário resmungador e de rubro nariz – *père de huit enfants!* E o grito impaciente, imperioso, definitivo da artista, diante do público divertidíssimo: –*Déshabillez-vous!*

* * *

A verdade é que o nu ginástico, transbordando das academias de pintura e da intimidade para os tablados apoteóticos cegantes de luzes, em cenários cubistas, cenários dadaístas, cenários divisionistas – bruscos sézamos para todos os sonhos de ouro dos homens –, pretende ter perdido sua secreta força desmoralizante. É considerado natural e puramente plástico. Estamos às portas de uma era jovial de castidade despida, dizia-me um sorridente filósofo de Montmartre.

* * *

E não se cuida mais, como nos bons tempos de Huysmans, de sacrílegas volúpias nem de infernais adultérios.

Nessa nudez vistosa de Paris, uma imoralidade paradoxalmente moral se desencanta – feita talvez de uma íntima emoção de livre-amor. Sob as bênçãos de Tolstói, de Ibsen, de Rousseau, dos libertários transcendentes que captaram a sua força numa mal disfarçada fonte cristã, os pares se elegem e singelamente se casam sob o céu estrelado de Kant.

E nunca a infidelidade, a prostituição e o vício consciente foram mais repudiados em Babilônia.

* * *

De modo a ser hoje o problema social de Paris um problema cubista. A moral hodierna (pois daqui ela irradia por mares e caminhos até às nossas longínquas tabas urbanas e as isbás bolchevistas), a moral de hoje é como a estética de hoje – um beco sem saída.

Terá a psicologia da carga e da baioneta dos quatro anos de guerra querido repousar-se da sua longa tensão nessa provisória ética, feita de vaga força moral, da despertada alegria de viver sem tiros nem trincheiras e da saudade da nudez? Ou será já a marcha para trás esse estado de castidade despida com que me fazia sorrir o filósofo de Montmartre?

Babilônia escapou ao *Mane Thecel Phares* dos Berthas e dos Taubes. Babilônia fez a desastrada e imbecil experiência dos folhetins de Zola e dos dramalhões de Bataille.

Babilônia lançou a hipocrisia, num saco, ao Sena. É o puro reino da humana impureza. Uma Grécia asiática nela revive pelas suas máscaras de teatro, de *boulevard*, de ficção e de psicológica realidade.

Por toda parte, clama-se por um novo classicismo. Intelectuais e artistas içam a bandeira do Almers ibseniano na procurada serenidade das acrópoles, em que Antígona ruge de novo e Molière e Shakespeare desenrolam as suas sarabandas bufonas e líricas de multicores marionetas.

Debalde! Debalde! "*On attend en valu de voir apparaître sur le front des hommes le signe flamboyant de la rédemption*", exclama esse emotivo Duhamel no seu grave estudo sobre o reacionário católico de *Partage de Midi* – Claudel, o grande, o majestoso Claudel que o Brasil mental ignorou na sua longa permanência diplomática no Rio.

* * *

Porque Babilônia é a Ville monstruosa de Claudel. Duas forças se chocam na sua disputa. Besme – o conquistador da matéria – levanta-a num sopro de esplendores mecânicos. É o novo Prometeu que, imitando os mais recônditos movimentos da natureza, os sujeitou aos usos domésticos. Ninguém mais duvida que um dia ele faça trabalhar os planetas como os bois do seu arado anacrônico. Mas o homem não sairá nunca do sepulcro que o envolve. E é sobre Cœuvre que não soçobrou no orgulhoso erro de se crer um deus, que há de descer a missão pesada de legislar para Babilônia.

* * *

Dados os acerados fatores desta modernidade paradoxalmente moral, em que um conhecimento insofismável de Deus (o Verbo ou o imperativo kantiano) erra sobre a muralha cubista dos faustosos cinismos, o drama de hoje é o problema doloroso em que se bate o herói humano de *Partage de Midi* – a realização máxima de Claudel e a obra visionadora da atualidade de Babilônia.

O homem dividiu-se, na generosa maturidade, entre a consciência e o pecado.

Não chamasse ao Cristo claudeliano, para os meus atônitos ouvidos, o filósofo montmartrois que me diverte, numa madrugada penitencial, passando ante a saudade secular de uma igreja: – "*Vous avez été en moi la victoire et la visitation et le nombre et l'étounnement et la puissance et la merveille et le son!*".

Paris, março de 1923

*Pequena tabuada do espírito contemporâneo**

Oswald de Andrade

Como a Babilônia dos Challeus e a Mênfis egípcia de Ramsés, Paris é, nos tempos modernos, a aglomeração mais petulante, sensacional e avançada da terra.

Chamam-se tempos modernos os que começaram com a difusão da imprensa e das estradas de ferro e a descoberta do cinematógrafo. Criaram-se o automóvel, o autobus, o metropolitano, que é o trem que anda nas grandes cidades por debaixo da terra, o aeroplano que anda no céu de asas imóveis e o concerto sem fio que permite à gente ouvir em pleno "boulevard des Italiens" o piano de Rubinstein, que está tocando em Praga.

Como se vê, os tempos modernos são absolutamente diversos dos tempos antigos. E a guerra química dos alemães ia levando vantagem à estratégia tradicionalista dos generais latinos no começo da grande guerra de 1914.

* * *

* *Correio Paulistano*, São Paulo, 24 maio 1923, p.3. (N. O.)

Se no íntimo fundo o homem não pode mudar (pois Deus o criou à sua imagem e o mais que ele pode fazer no sentido psíquico é repetir a desobediência e a queda de seu primeiro pai, Adão, para depois seguir a solução dos purgatórios) só na expressão ele tende a evoluir, dando marcados aspectos a civilizações, a épocas, a estilos seculares.

É na expressão, pois, que devemos procurar o aspecto típico de nosso tempo, para que mais tarde não nos confundam com os homens góticos do século XIII ou com os homens românticos do século XIX.

* * *

Devido à importância tradicional de Paris, à vitalidade que lhe é renovada todos os dias pelas manadas turistas e às vantagens que lhe advieram com a derrota atual da Alemanha, é no seu íntimo cadinho que se formam hoje e se debatem as correntes dominadoras da expressão de nosso tempo.

* * *

Se há diversos países, raças, continentes, o gosto do século é um só e a sua expressão é, graças às vozes sem fio, contemporânea em todas as latitudes pensantes. Como há um meridiano de Greenwich, há uma estética de Paris. Pior para quem ignora isso.

* * *

Existe uma música de antes do automóvel e uma música de depois do automóvel. A de antes do automóvel não tinha contra ela a concorrência desleal das buzinas, dos surdos choques da ferraria desabrida, dos roncos e das trepidações que se despejaram do íntimo peito das forjas antigas até aos nossos repousos brasílicos e que vêm bater em nossa própria mesa de meditação e de trabalho.

A viva inteligência e a honesta observação de Ibrahim Nobre produziram aí um curioso trabalho sobre nevroses provocadas pelo barulho das cidades modernas.

E o êxito crescente da arte negra em Paris faz pensar que ela já trazia – ritmado nos seus bruscos berros, nas suas síncopes trágicas e cômicas, na sua cadência desarmônica e lasciva – o sentido primitivo e eufônico das civilizações hodiernas, baralhadas, sedutoras e bruscas.

A música de depois do automóvel é representada em Paris por Poulenc, Honegger, Koechlin, Auric, Milhaud, Malipiero, Casella e pelo glorioso Igor Stravinsky.

* * *

É preciso, porém, notar que a erupção revolucionária, que tão bem caracterizou o início dos tempos modernos (o lado destrutivo, desagregador, insolente e niilista dos seus primeiros expoentes: Debussy na música, Rodin na escultura, Cézanne na pintura, Rimbaud na poesia) foi logo contida pela velha experiência humana e pela cultura que trazia em si esse paradoxal primitivismo.

Daí a já terem passado as violências diretas que no Brasil talvez se suponham moderníssimas dos srs. Debussy, Cézanne, Rodin e Rimbaud. Eles são um formidável fim de ato romântico, representando cada um o mesmo caso de oposição culminante à própria fatalidade.

E deles nascem, como máxima referência e máximo apoio, as escolas construtivas de hoje.

* * *

Porque hoje se constrói. Copio aqui da revista de vanguarda *Le Mouton Blanc*, fundada aqui há alguns meses, a seguinte elucidação:

> Alors que tout romantisme est une dispersion anarchique et personelle, tout classicisme est une synthése especifique, fruit d'une œuvre commune et volontaire. Il comporte une renovation compléte: fond et forme, matière et technique, il vise à exprimer l'essence de l'époque dans des œuvres de style. La matière du nouveau classicisme c'est la vie et l'homme moderne, conçus aussi bien sous l'aspect des collectivités que sous l'apparence de l'individu – individu tout different d'ailleurs de celui qui constituit l'object du classicisme ancien. Cette representation totale, profonde et harmonieuse sera l'œuvre du 20e. siècle.

* * *

Estabeleçamos pois três axiomas: 1. está sendo criado um novo classicismo (na Europa isso se chama outra vez Renascença, no Brasil, Anunciação, esforço em torno de Machado de Assis, Ronald de Carvalho, Menotti Del Picchia, Brecheret e outros raros); 2. esse classicismo ainda ruge e ferve por coincidir muito de perto com o primitivismo cinebuzinosemfio (recorro ao vocabulário do meu querido Mário de Andrade) dos tempos modernos; 3. a evolução desse classicismo arrasta-se ainda mais e demora, devido à irregularidade das filosofias de hoje (espiritualizadas felizmente!), não devendo ser esquecido que as grandes eras clássicas foram sempre servidas por uma serenidade ética e religiosa.

E poderá chamar-se assim a nossa época: etapa agitada dos tempos moderno-clássicos – criação e frenesi.

* * *

Um músico de há dois séculos, quando se tratava de inventar o piano, rebentou de cólera diante de um ingênuo estudo de Clementi para aquele alarmante e absurdo instrumento que criara a malícia infatigável dos homens.

O mesmo não vá acontecer aos meus venerandos confrades srs. Oscar Guanabarino e João do Norte, quando souberem que respeitáveis compositores daqui andam escrevendo sonatas para trombone, fagote e corno inglês.

É que muita gente sabida de nossa terra se recusa a compreender que há uma música de antes do automóvel e outra de depois do automóvel. E que, se naquela ressaltavam certos preciosos valores instrumentais, nesta outros se impõem. Há o nosso compatriota reco-reco, o caracaxá, e a sentimental clarineta.

* * *

Já encontrei dois casos de conversão fulminante diante da *Gioconda*, de Leonardo, no Louvre. Perante as mais cuidadas reproduções, as cabeças geralmente emperram e duvidam. Não, a celebridade da Gioconda e do seu imortal sorriso não passa de um preconceito estético. E, se se repetir a história do coitado que se apaixonou por ela a ponto de roubá-la, correndo a mais séria das aventuras, dirão, talvez expressivamente, que "o trouxa foi na onda!".

Mas, no salão em que ela de novo repousa, entre duas pequenas maravilhas de Rafael e não longe do espiritualizado Cristo do Greco, renova-se o drama mental e psíquico da Estrada de Damasco. E os amantes platônicos de Mona Lisa crescem de número todos os dias.

Levei um compatriota inteligente à exposição cubista de Juan Gris na célebre Galeria Simon, da rue d'Astorg. Diante das telas suavíssimas do irmão-poeta de Picasso, o meu homem ficou profundamente confundido: – isto não é cubismo, é beleza, é encanto! Logo depois gostou de Braque e já chega hoje a admitir André Lhote e Marie Laurencin.

Porque só se pode julgar, compreender e amar essa meia dúzia de mestres indecifráveis da moderna pintura diante da graça, da harmonia de composição, do prestígio de pincel, de linha e de cor que eles conseguem.

As reproduções dos quadros cubistas que chegam aí são quase abomináveis. E a escola... *toute école est une impasse*... dizia-me outra manhã no seu *atelier*, vivo, andaluz, inteligente, o grande Picasso. A escola conseguiu apenas – e já é o bastante – a cenografia forte e o espírito decorativo de nossos dias.

Assim as academias modernas de André Lhote e Othon Friez em Montparnasse estão longe de pretender um novo *pompierisme* que outra vez nos entristeça (como entristeceu nos Independentes deste ano) com os seus rebanhos iguais e medíocres de reproduções.

Lhote e Friez ensinam apenas a tradição da pintura clássica, perdida pelo romantismo impressionista. E os seus exemplos vão de Cézanne a Chardin e a Miguel Angelo. É a reação organizada contra a chatice fotográfica e copista que ainda domina nos países de menor cultura.

Eis o que diz André Lhote:

> La faute de tous les mauvais peintres, et notre propre faut souvent, est de trop régarder "dame nature" et pris assez "dame peinture", sa rivale. Nous sommes placés entre ces deux déesses. Il faut satisfaire simultanement à leurs exigences.
>
> L'infidelité à la première conduit au pompierisme. L'infidelité à la seconde conduit à la photographie inanimée. La nature fourait les prémisses dont il serait fou de vouloir se passer. C'est sur cette base qu'on doit operer ensuite pour rechercher des conclusions picturales.
>
> Combien de paroles faudra-t-il prononcer?
>
> Que d'encre faudra-t-il répondre?
>
> Que de mauvais tableaux tendre-t-il tolerer?
>
> ... avant de convaincre les peintres – et les amateurs – de cette Lapalisade.
>
> Le point d'arrivée n'est pas le point de départ.

* * *

Como se vê, as novas teorias tão difamadas, não passam das teorias da inteligência e da sensatez. A ignorância e a maldade fizeram aí o sacrifício imperdoável dessa grande iniciadora da moderna pintura brasileira que é Anita Malfatti.

E não fosse a provisão de Alarico Silveira e do presidente Washington Luís, Brecheret, que começa aqui a se fazer prezar nas elites do *quartier* La Boétie, estaria ainda pelas ruas tristes de São Paulo, incompreendido e apupado. Dizia-me ontem um dos notáveis *experts* de Paris: – *Heureux pays qui a un gouvernement qui comprend ses vraies artistes et les protége à cet'age!*

* * *

O teatro atual francês não se compõe de modo nenhum dos srs. Bernstein, Capus e Bataille, nem os seus melhores artistas são os que nos visitam todos os anos com um estafado e crônico repertório.

Abro o volume da história da literatura contemporânea de René Lalou, de ótima consideração, e transcrevo: "*... Bataille a tendu le miroir non à la nature mais au cabotinage*". – Sem esforço, o crítico faz ver a fraqueza da ação de Bataille que se desenrola sempre "*dans des décors qui frottent tous les snobismes, appartements parisiens meublés par les fournisseurs à la mode, Algérie de bazar, Sicile pour touristes, Bretagne d'opera comique*".

E assim são reduzidos à sua verdadeira e mesquinha importância, pela admirável independência de Lalou, os figurões em que o nosso público piamente acredita.

No entanto, há em Paris a obra tenaz e vitoriosa de Jacques Copeau. Ele dirige o pequeno e atraente teatro de Vieux Colombier, na Rive Gauche. As elites da Inglaterra e da América enchem continuamente a sua sala minúscula. É que aí, como no Atelier da place Dancourt, em Montmartre e como no Champs-Elysées (os três teatros intelectuais de Paris), se goza o melhor que vai da farsa da Idade Média às mais recentes manifestações da comédia e do drama.

Eis uma amostra do que se passa nesses três centros de vanguarda educadora:

Vieux Colombier – Leituras por Jacques Copeau: *Faust* de Goethe, *Hamlet* de Shakespeare, *Atalanta* de Swinburne, *Le Partage de Midi* de Claudel, considerada a mais alta concepção do teatro contemporâneo. Essas leituras são, na verdade, vivas interpretações, onde a arte de Copeau consegue ovações triunfais. – Cursos de poesia, romance, crítica por André Gide, Jules Romains, Valery Larbaud, Paul Valéry e outros grandes nomes da modernidade. – Espetáculos: da farsa da Idade Média *Maître Pierre Pathelin* à tragédia moderna de Jules Romains *Cromedeyre-le-vieil* e às vitoriosas peças de Mazeand e de Vildrac, passando por Shakespeare (*La Nuit des rois*), Molière (*Misanthrope* e *Medecin malgrée lui*), Guzzi (*La Princesse Turandot*), Musset, Merimée e Jules Renard.

L'Atelier-Thêatre Montmartre – Sob a direção culta de Charles Dublin – um dos melhores atores de Paris – da *Vida es sueño*, de Calderón, à evocação-croquis de *Antizone*, por Cocteau, com música de Honegger e cenário de Picasso e às peças ibsenianas do espanhol Jacinto Grau e do italiano Pirandello, que já se impõe como o mais forte realizador do teatro moderno.

Champs-Elysées – No teatro, os concertos de música moderna internacional (com executantes). Na comédia, *Monsieur le Troubadec* de Jules Romains e a mais sensacional e profunda criação cênica desses dias *Six Personnages en quête d'auteur* do grande Pirandello.

Há ainda o curioso e vivo Théâtre de la Chimère.

A literatura contemporânea tem em França três forças generosas e vivas. Romain Rolland, André Gide e Maurice Barrés. Nas pontas da gangorra político-filosófica, Anatole France e Charles Maurras.

As mais sérias tendências para um novo classicismo, adotadas mesmo antes da morte de Proust por Jules Romains, Paul Claudel, Paul Valéry, Georges Chennevière, Max Jacob, Valery Larbaud, Giraudoux, Paul Morand e Jean Cocteau (última fase), encontram-se com os altos representantes da transição simbolisto-moderna que são Francis Jammes e Paul Fort e com os teimosos independentes que continuam a ser Blaise Cendrars, Louis Aragon e os apologistas extremistas do falecido Guillaume Apollinaire e do também falecido dadaísmo.

A crítica de arte nunca subiu tão alto como pela cultura, pela segurança e pela visão de Élie Faure (*Histoire de l'art* em quatro volumes – dos primeiros fetiches humanos a Pablo Picasso) e pela graça literária e pelo talento de André Salmon.

* * *

A escultura passou do impressionismo de Rodin ao esforço construtor de Bourdelle e anda nas mãos dos cubistas Lipchitz e Laurens e dos singelos e fortes estatuários: Maillol, Manolo, Despiau, e acima de todos Joseph Bernard, que tem já uma obra-prima no Museu de Luxemburgo. A orientação vitoriosa é a da simplicidade, de que *O ídolo*, do nosso Brecheret, pode ser considerado a melhor realização americana.

* * *

Para terminar honestamente, vou mostrar aos meus compatriotas os perigos de uma iniciação profunda na direção do espírito contemporâneo. A história, talvez seja de Tristan Bernard. Foi-me contada numa mesa da Dévinnière, por Jules Romains.

Era uma vez um pescador que apanhou um peixe vivo. Levou-o para casa e o pôs num aquário.

Darwinista, pensou em fazer evoluir o peixe. Começou a dar-lhe comidas antagônicas e a esvaziar lentamente o aquário.

As barbatanas desenvolveram-se, tomaram o aspecto de pernas elementares. Um dia, o homem lembrou-se de tirar o bicho do aquário, já então totalmente seco. O peixe arrastou-se a princípio, debateu-se, caiu, levantou-se. E daí a semanas, corria pelos quartos com a graciosa *maladresse* de um toy-Tenler. O homem foi além, pensou em sair à rua com o animalejo. E o peixe passou a ser o seu fiel companheiro de *boulevard* e de cantina. Um dia, o homem lembrou-se outra vez de pescar. O peixe amigo o seguiu, trotando, até a barranqueira natal. Escorregou, caiu n'água e morreu afogado.

Paris, 19 de abril de 1923

*Anunciação de Pirandello**

Oswald de Andrade

Dario Nicodemi, no seu rico apartamento do Hotel Meurice, fala-me da Itália...

Vai levar a nova Itália ao Brasil. A companhia dramática que a sua alta competência dirige, dará toda a evolução do teatro, que vem de Goldoni a Pirandello. Ele mesmo, o Nicodemi que se fez em glórias legítimas, ao lado dos teatristas parisienses da última fase, apresentará uma peça moderna sua – *L'alba, il giorno e la sera*. E mostrará a São Paulo, além de Pirandello e Rosso di San Secondo, que atualmente entusiasmam as elites de Paris, mais uma plêiade nova da Itália renascida – Zorzi, Chiarelli, Adami e alguma coisa da melhor modernidade francesa – Vildrac, Nathanson.

* * *

Nada mais belo que esse gesto de Nicodemi, adotando e protegendo a vitória da modernidade. Ao lado dessa cooperação de

---

* *Correio Paulistano*, São Paulo, 29 jun. 1923, p.3. (N. O.)

um consagrado com as forças novas, como fica triste e tola a zanga de certos moços de minha aldeia literária contra a única coisa que pode elevar o Brasil intelectual perante o estrangeiro: a obra e a crítica dos novos.

* * *

Charles Dullin, repito, é um dos melhores atores de França. Como Jouvet, que deixou o Vieux Colombier, também ele retirou-se da escola vitoriosa de Jacques Copeau.

Jouvet foi criar nos Champs-Elysées a comédia moderno-clássica de Jules Romains *Monsieur le Trouhadec saisi par la dêbauche* e Charles Dullin fez mais, foi ser diretor de teatro e quis continuar sozinho a obra orientadora de Copeau.

Instalado no pequeno pavilhão da place Dancourt, conhecido por L'Atelier ou Théâtre Montmartre, Dullin começou, de seu lado, a obra viva que põe fim à decadência dos Bataille, Rostand e caterva. E foi ele quem trouxe Pirandello a Paris, representando pela primeira vez aqui *La Volupté de l'honneur*.

* * *

O teatro que rebenta nas mãos possantes e ágeis da modernidade toda a hipocrisia das fórmulas do último romantismo teve já os seus primeiros mártires: o grande Claudel e esse petulante e adorável Jean Cocteau, que é Voltaire menino, com veladas cadências de Racine.

L'Homme et son désir – toda a poesia noturna do Brasil – foi a crucificação de Claudel. Cocteau escapou ao linchamento com a *première* de *Parade* e mais tarde com *Les Mariés de la tour Eiffel*.

Mas a modernidade é invencível fenômeno. E hoje, no mesmo espetáculo dos Ballets Suédois, *L'Homme et son désir* e *Les Mariés de la tour Eiffel* fazem a glória da *season* parisiense.

* * *

Graça Aranha deu ao nosso país a ocasião de inaugurar um teatro intelectual e moderno. E *Malazarte* ficará na nossa história literária como marco de evolução e roteiro de novos caminhos.

Na Espanha, Benavente derramou feéricos cortejos pelas cenas, ressuscitou fadas e velhinhas dos bosques, deu sentido novo a cavaleiros antigos, príncipes, heróis. E os irmãos Quintero encaminharam o seu sugestivo psicologismo para a crise de honestidade ideológica que hoje se começa a respirar em todas as manifestações da arte, da literatura e da filosofia.

Ao lado da *Cenicienta* de Benavente e da *Cristalina* dos Quintero, apareceu esse estranho *Monsieur de Pygmalion*, de Jacinto Grau.

E foi ainda Charles Dullin quem teve a linda ideia de mostrar a Paris essa obra-prima do teatro espanhol contemporâneo.

* * *

Mas a Itália possuía Pirandello. Neste último mês, nas *terrasses* confusas dos *boulevards*, discutiu-se o gênio de Pirandello.

Porque o teatro encontrou, afinal, o seu Rodin – um homem que desagrega tudo, rebenta de alto a baixo o edifício secular dos antepassados e dos copiadores dos antepassados.

E, preparado, talvez, por Claudel, Cocteau, Grau, Benavente, o triunfo da novidade de Pirandello é um caso consumado. *Six*

Personnages en quête d'auteur, a sua grande peça revolucionária, teve ovações e, depois de cinquenta dias, ainda ontem, a Comédie des Champs-Elysées se encheu para aplaudi-la.

* * *

A primeira impressão de quem entra para ver essa assustadora reforma cênica é que não há espetáculo. O teatro está aberto e nu. Pano levantado, bastidores de costas, mangueiras previdentes, para um caso de incêndio, um piano, cartazes indicadores do horário dos artistas – toda a engrenagem anarquizada de uma caixa em dia de ensaio.

De fato, vai proceder-se ao ensaio de uma peça. Seguindo o ponto, entram os artistas aos grupos: um vai para o piano, improvisa-se um *dancing*. E chega o diretor.

Alinhados, começam a desfiar as réplicas, quando desce no fundo um estranho e inesperado elevador. O elevador para. Dentro, destacam-se tétricas, pálidas, fantasmais, seis figuras quietas: um homem, uma moça, uma viúva com duas crianças e um rapaz.

Estão todos de preto. Os atores e atrizes riem-se. Parece um enterro de primeira classe! Mas as figuras vivem, movem-se, avançam em linha. E o diretor os interroga. São seis personagens, cuja criação foi incompleta. Estão à procura do seu autor que as deixou apenas delineadas. O homem fala numa ânsia, sugestivo, emocionado. Explica melhor, para o espanto crescente da banal assembleia de artistas: – a natureza prossegue, na imaginação, num plano superior, o seu trabalho de criação. O drama daquelas pessoas existe, existe em cada uma, precisa ser ordenado e levado a cabo.

* * *

Contar Pirandello é impossível. Todo o teatro que vem de Henrik Ibsen a Ernest Mazeaud anuncia esse grande italiano.

Nunca, na minha longa carreira de espectador e de crítico, vi um público tão aflito, preso e interessado como o dessas inesquecíveis noites dos Champs-Elysées. Aquele drama que se vai pleiteando, esclarecendo, detalhando através de três atos inacreditáveis, onde a vida de um lado e a convenção artístico-teatral do outro (representada pelo diretor e pelo conjunto de atores e atrizes), procuram uma solução unida e clara – revolve as entranhas emocionais de toda a gente.

Porque, de um lado, é de fato a vida que fala, o assunto sangrento, lama e estrela, a febre da crua realidade, do outro as convenções bem-educadas que procuram dar um ritmo à matéria candente e apenas arrastam mais a sua ânsia de finalidade.

Domina o quadro a duplicidade das grandes aglomerações atuais, onde uma complicação de consciência e de cerebralismo dá a nota central.

* * *

Não estamos numa calma época de se fazer literatura para seminaristas. A nossa obrigação de escritores do começo do século XX, mesmo que os Durõezinhos da São Paulo não queiram, é dar o balanço sincero de nosso tempo – um tempo forçado a improvisar uma ética e uma estética sobre as ruínas teimosas de um século de ignorância e de erros.

* * *

Felizmente, a França de hoje tem a geração que vai de Paul Claudel a Paul Valéry; a Espanha, Benavente e Grau; e o mundo, Pirandello.

Paris, junho de 1923

*Vantagens do caos brasileiro**

Oswald de Andrade

Acha-se agora em Paris, um grupo interessante de artistas brasileiros. São moços, cheios de entusiasmo, cheios de fé: são "novos". Entre eles, ao lado de Tarsila do Amaral – cujo atelier *é um centro onde se cruzam as mais interessantes personalidades das escolas avançadas – ao lado de Brecheret, que já é em Paris uma figura de vencedor, encontram-se o nosso Di Cavalcanti e Oswald de Andrade.*

Oswald de Andrade é um dos porta-vozes desse grupo de gente nova que quer acabar com as nossas tradições artísticas, medíocres e estrangeiradas, para adaptar à arte nacional, por meio de fórmulas novas e audaciosas, tudo o que o Brasil possui de belo e forte, original e nobre. É tempo de olharmos a nossa Natureza e de aproveitarmos o tesouro que nos oferecem as nossas camadas populares. Tal é a sedução desses brasileiros, que, enquanto eles assimilam o que há de mais aproveitável nas ideias modernas da velha Europa, conseguem também interessar os europeus pelas coisas do nosso país. Di Cavalcanti, por exemplo, tem sido calorosamente louvado pelos seus trabalhos de "estilização" de costumes brasileiros. Brecheret expõe atualmente no Salon

* *Correio da Manhã*, Rio de Janeiro, 12 dez. 1923, p.1. (N. O.)

d'Automne uma obra de escultura que lhe abriu o caminho da notoriedade. E Oswald de Andrade, esse, conversa, explica, agita-se, discute... e converte. É o apóstolo, simpático e blagueur *de um pequeno cenáculo.*

O Correio da Manhã *publica hoje o primeiro artigo desse Evangelista do Brás e do Montparnasse, cujo nome, aliás, está consagrado entre nós pelo seu belo romance* Os condenados. *Nossos leitores verão que esse artigo é a afirmação de uma tendência nova na pobre história da arte brasileira.*

A persistência do soneto superlativo na poesia brasileira tem provocado em nossos meios jornalísticos diversos rolos, desde que alguns de nossos escritores, inclusive o sr. Amadeu Amaral, descobriram e cantaram que antes de começar o século, começou na Europa uma nova poesia, livre de rimas e de metros e que vem originando uma das mais ricas fases das literaturas civilizadas.

Aquele acadêmico escreveu até coisas bem sensatas num artigo intitulado "Poesia velha, poesia nova, poesia eterna". Ei-las:

> Nossos movimentos literários, lentos, hesitantes, confusos, como simples "reflexos longínquos e tardios" que são, importam de seus modelos alienígenas apenas as exterioridades mais vistosas e frequentemente menos significativas: não transplantam nem o poderiam jamais, a íntima vitalidade, a razão orgânica de sua existência. Mas esses reflexos estão sempre por aí, nos espíritos. Dispersos, errantes, incoerentes, fragmentados, estão sempre, entretanto, a presidir as contradanças da nossa atividade crítica, a embaraçar curiosamente o livre exercício do nosso juízo. [...]
>
> Os poetas *ont beau* imitam as exterioridades de lá; queiram ou não queiram, gostem ou não gostem, não se transformam radicalmente,

não deixam de ser brasileiros, bem brasileiros, brasileiros dos quatro costados, brasileiros vestidos à francesa, mas brasileiros com toda a conformação, todos os defeitos, todas as qualidades, todas as manias, todas as virtudes, todas as heranças e tendências conscientes e inconscientes que um meio e uma nacionalidade imprimem nas mais profundas entranhas das almas nativas, sujeitos, por submissão ou sem ela, às contingências da vida que se processa, independente *quand même*, dentro das fronteiras de um país geográfica, política e moralmente definido. Por grandes e persistentes que sejam, elas começam a ser nacionalizadas desde a simples e preliminar circunstância de que ninguém imita senão aquilo que pode. Os brasileiros imitam única e precisamente aquilo que a sua condição de brasileiros permite imitar.

O sucessor de Bilac na Academia e que sobre Bilac tem a vantagem de conhecer a derrota de sua própria poesia, fez talvez o processo de nossas instituições psíquicas, sociais, mentais. Felizmente é assim. Somos o caos. A nossa tolice infantil é cheia de audácia, de pesquisas, de seiva casamenteira. Dos nossos absurdos arranjos qualquer coisa de pessoal procura sair. É assim que me orgulho de nossa arquitetura que representa trezentos e trinta tipos de cidades humanas. Essa psicologia de exposição universal é que produziu um parlamento britânico num segundo império com um Marco Aurélio traduzido no trono mais democrata do século.

Apenas um perigo ameaça nosso verídico caminho: o perigo de uma lógica na submissão a certo gosto exterior apreendido. Assim, muita vez, deixamos nossa escolha natural e flutuante, para nos submeter a uma perigosa deformação aparentemente ortopédica. Devemos tirar de todos os passados, de todas as escolas, de todos os programas, de todos os estilos, os elementos brasileirantes. Nunca submeter a nossa vibrante evolução a um certo gosto de fora, a um determinado processo exterior, a um aclamado código estrangeiro.

Tratemos, além disso, de verificar a reação produzida em nosso íntimo organismo pela absorção das riquezas importadas. Possuímos, afinal, um organismo, pois é ele que procura, elege, aceita, absorve e transforma. Esse organismo já tem mesmo algumas características marcadas pela adaptação no ambiente da vitalidade orgânica de certos modelos que ou vieram nas raças de formação ou com elas melhor coincidiram.

O nosso trabalho deve ser, pois, a simples continuação nacionalizante dessas tendências já definidas e mesmo chegadas a um caráter de tradição: em música, o ritmo do índio e o canto negro; nas artes plásticas, a ingenuidade dos mulatos místicos; na literatura, o folclore. Não se evitem, porém, novas informações.

Toda a evolução partindo do simples para o complexo e daí de novo para o simples, não pode deixar de ser favorável à rixa produzida por uma repetida contenda.

Os absurdos cairão por si. E dessa possante mixórdia, indicadora de uma rica vitalidade, há de se estabelecer o aperfeiçoamento, a unidade coletiva e marcada e talvez o apogeu e o estilo.

O que precisamos evitar nessa marcha para o futuro, já disse, é a estagnação diante de um certo gosto ou de uma determinada feição trazida por aventureiros escorraçados dos meios artísticos europeus ou pela simples incultura dos nossos *globe-trotters*.

A nossa música tem, pela sua origem e pelo seu desenvolvimento, um instinto de melodia negro-portuguesa oposto ao bel-canto italiano. A nossa pintura, começada pela religiosidade ingênua e dura dos primitivos e desgraçadamente interrompida por um século de servilismo acadêmico, não pode e não deve, por motivos de luz e de geografia, seguir o impressionismo e a doçura dos mestres franceses e italianos do século passado.

Devemos dar, no entanto, uma particular atenção ao que se passa atualmente na Europa. A Europa descobriu definitivamente a América e deixou-se facilmente sugestionar pela forte novidade da vida veloz e prática do novo continente. Apenas, sendo um mais aperfeiçoado cadinho, já produziu nas suas elites o que a América ainda apresenta em bruto como arte e literatura. O cubismo francês que vai transformando pouco a pouco toda a pintura moderna nasceu da máquina americana; a música muito refinada de Satie que dia a dia se apodera de todas as velhas dispersões de estilo do impressionismo – da mesma maneira que certa orientação da música de Stravinsky – saíram das liberdades do jazz americano.

Ao contrário, é uma monstruosidade estética que ficara fixada em nossas letras, o fato de Monteiro Lobato gostar do decadente sr. Paul Chabas.

Jogadas fora intoxicações como essa, é ele, o doente, o parado das matas, o Jeca que a visão de Lobato fixou e a sanção popular transformou no cerne vivo da raça, quem merece nossa inteira atenção.

Purifiquemo-lo dessa aberração de admirar cromos franceses e convençamo-nos de que ele, Jeca, não vale menos como pintor que Corot, o grande representativo da passada doçura francesa. É o caso desse interessante primitivo baiano que se chamou Olympio da Matta e dos seus inúmeros sucessores anônimos, perdidos no país que os deprecia para admirar as borracheiras mais ou menos francesas que tanto honram a Escola Nacional de Belas-Artes.

Esperando Darius Milhaud, o conhecido músico da vanguarda parisiense, em uma visita que lhe fiz, vi na parede, ao lado de uma natureza-morta de Picasso e de um desenho de

Delacroix, duas paisagens curiosíssimas com montanhas, palmeiras e casas. Milhaud fez-me ler a assinatura "Jacaré", embaixo dos desenhos e acrescentou:

– O Brasil não sabe o que tem. Essas deliciosas pinturas que coloco, sem medo, em meu apartamento de Paris, ao lado de Picasso e Delacroix, foram compradas por quase nada no porto da Bahia. O dia em que vocês descobrirem que é esse o caminho da pintura brasileira, poderão conquistar um lugar interessante no mundo.

Está claro que não seriam os melhores quadros de Lucílio e Georgina de Albuquerque que alcançariam o lugar obtido num ambiente intelectual de Paris pelo nosso ignorado Jacaré. Porque esses não representam nem o Brasil, nem a França, nem coisa de definido sentido, sendo apenas o resultado brilhante talvez da longa escravatura artista a que nos submeteu a malfadada e pretensiosa missão de d. João VI que, com a exceção curiosa de Debret, em vez de melhorar e instituir a técnica pictórica entre nós, deu de destruir o admirável espírito de nossa pintura nascente.

É esse o perigo: o de uma lógica na submissão a certo gosto exterior apreendido. Sejamos antes caóticos, mas livres, que um dia seremos pessoais.

Paris, novembro de 1923

*Preocupações brasileiras**

Oswald de Andrade

Nossa terra tem palmeiras, o estrangeiro as descobre, e Gonçalves Dias as canta, porque vive com os olhos exilados entre pores de sol do Mondego.

Nós, artistas brasileiros, gostamos da Grécia, entupimos o crânio com as inquietações do Fausto, somos céticos por causa de Anatole France, admiramos a Arcádia, e quando queremos achar termo comparativo para a narrativa vigorosa da Laguna, salta-nos à boca o nome erudito de Xenofonte. O mar para nós é Thalassa, o amor Eros, o Norte é a Bélgica e a guerra europeia convenceu um sujeito que foi secretário do governo de meu estado, de que devia fazer conferências de propaganda em prol do voluntarismo saxão. Temos "jovens turcos" no exército, bolchevistas no largo da Lapa e ibsenianos na Academia.

Tudo isso, visto de longe, resulta em bom humor, principalmente quando os tempos atuais – pelo que de melhor os representa em literatura, música e artes plásticas – rasgaram num

---

* *Correio da Manhã*, Rio de Janeiro, 20 dez. 1923, p.1. (N. O.)

gesto definitivo tudo o que é grego, nórdico e pau, e resolveram criar artes diretas, dando a copos de mesas, batuques de tambor, vidas diárias dentro de bondes, a atenção que no século passado só se podia emprestar aos assuntos nobres: ocasos, adultérios violetas, paixões italianas, elefantes etc.

* * *

O cinema matou o exotismo. Os últimos *bluffs* de uma literatura meio parnasiana, meio idiota, meio sagrada, caem com a crescente impopularidade de Loti e Claude Farrère. O cinema do natural foi o melhor contrapeso para as visões cabotinas desses Alencares de última hora que não tiveram o valor visionário do autor das *Minas de prata*. Alencar sentiu o susto da floresta e escreveu numa alta coincidência sentimental com o seu tempo.

Alencar é maior que Chateaubriand.

* * *

No Brasil, entretanto, não se continuou a fazer arte e literatura com a noção simples e nativa que dessas coisas tinham nossos primeiros homens de letras e nossos primeiros artistas.

Os culpados são: a Escola Nacional de Belas-Artes e a Academia dos Quatrocentos. Uma faz broas. A outra divaga com precaução e cultura e toma café.

* * *

As vantagens do testamento Alves seriam maiores se a interpretação que deram ao seu texto fosse – conforme me afirmaram

– a que o simpático livreiro pretendia. De fato, o testador generosíssimo tinha exatamente as opiniões lisonjeiras que eu tenho sobre o caos brasileiro. Era sua intenção, pois, aumentar o caos, aumentando a Academia. Essa instituição passaria a ter quatrocentos membros pagos a 40$000 por cabeça.

Outra boa maneira de baralhar as poucas noções claras que se iam tendo no seio tropical da mentalidade brasileira – e esta plenamente conseguida – foi a instituição do gordo prêmio ao livro que fixasse qual a melhor maneira de disseminar o ensino primário no Brasil.

À primeira vista, isso parece piada. Mas não: é sério, é duma seriedade de esfinge de porta de Tebas. Qual é a melhor maneira de se espalhar o ensino etc.? Criando escolas, está claro! Mas também está claro que a Academia dos Quatrocentos nunca dará o grosso prêmio a quem responder tão magra verdade. É preciso escrever um calhamaço sobre essa afirmação de mr. de La Palisse. O resultado – entra aí ainda a argúcia póstuma do testador – é que essa preocupação de ensino primário passará, pela sua sugestão de jogo de enigma, a substituir o próprio ensino, produzindo na extensão relvada das florestas, sob o cruzeiro propício, melhores frutos que toda a arregimentação pestalózzica dos paulistas e mais vanguardeiros na faina cívica de educar com ciência.

* * *

A noção de tumulto, de oficina mecânica, de bateria coletivista, produzida pela vida atual das grandes cidades com metropolitanos, organização esportiva, bondes, problemas de circulação etc. já tem dado influência e reflexo nas artes e na literatura.

O Brasil, no entanto, nação ao que dizem jovem e americana, está longe de supor que a vida laboriosa e mecânica que se produz em alguns de seus núcleos, pode ser tratada por artistas e literatos.

Os livros nossos intitulam-se geralmente: *Gorjeios suaves*, *Alma da treva*, *Lady Macbeth ou a sublimação no período da puberdade*, *Sinos da Bretanha*, *Fiords*, *Miragem das areias ardentes*, *Flauta de Saturno*, *Jardins de Babilônia*, *Ocasos purpurinos*. Os livros europeus de grande linha intitulam-se simplesmente: *Cornet à dés*, *Ouvert la nuit*, *L'École des indifferents*, *Du Monde entier*, *Mort de quelq'un*, *Alcools*, *Sei personaggi in cerca d'autore*, *El joven de las sobremesas*.

Desapareceu de fato, com a falsa aristocracia do sublime que defendia de cabeleira os passos de ópera e as atitudes de cançoneta, essa mania de nobilitar ou horrificar a vida comum de nossos dias.

Assim, de Cézanne para cá, pintam-se mesas, garrafas, copos, jornais. E foi essa volta aos objetos que fez achar aos atuais artistas a grande tradição da pintura, perdida pelos cabeludos ignaros e sentimentais do último século.

* * *

No Brasil, o caos é favorável. Sujeitos queimando pestanas tropicais atrás de questões que afetam a psique mórbida do norte da Europa, são absolutamente interessantes: *c'est drôle*. Melhor, são antenas de nosso organismo pesquisador, absorvente, irrequieto.

Mas a Argentina, seguindo o esforço de uma pequena elite brasileira, já produziu um livro moderno. São os [*Veinte*] *Poemas para ser leídos en el tranvía*, de Oliverio Girondo. Será compreendida essa lição de poesia, na sua bem-humorada simplicidade, na sua liberdade inteligente de metros, pelos nossos retóricos do Pão de Açúcar, pelos nossos saturnais parnasianos?

Não creio.

É assim que, para a maioria dos brasileiros, enterrados até a goela nas suas tigelinhas de cultura, entupidos de Ruskin, Zola, Wagner e mais cacetíssimos rabequistas do passado, é ilegível a literatura direta e atualista de Max Jacob, o mestre de Saint-Benoit-sur-Loire.

* * *

Precisamos esquecer quase tudo quanto aprendemos – das maléficas ternuras de Lord Byron aos paradoxos invertidos de Wilde, das tolices materialistas de Flaubert, às estéticas embrulhadíssimas de além Reno.

Voltemos corajosamente aos mulatos místicos e urbanos da Bahia, de Pernambuco, de Minas.

De resto, aceitemos risonhamente o caos e a Academia dos Quatrocentos.

Paris, novembro de 1923

*Blaise Cendrars: um mestre da sensibilidade contemporânea**

Oswald de Andrade

É mutilado de guerra. Os jornais dizem-no cubista, moderno, dadaísta, redator do *Excelsior*.

É apenas a singular reaparição do gênio da livre poesia na França.

Quem acompanha o movimento inesperado da literatura europeia nestes últimos dez anos não ignora a revolução trazida pelos inovadores do verso à sensibilidade receptora dos povos cultos.

Cendrars não trazia somente a inovação. Era o portador da magia íntima duma percepção acima do comum.

> Ce matin est le premier jour du monde
> Isthme
> D'où l'on voit simultanément tous les astres du ciel
> et toutes les formes de la végétation

* * *

* *Correio Paulistano*, São Paulo, 13 fev. 1924, p.3. (N. O.)

Ninguém melhor do que ele sabe ver o mundo das viagens atuais, o mundo das travessias e dos mares geografados, dos trópicos e das cidades inventivas.

Os nossos dias mecânicos, industriais, catalogados em livros primários com bichos de nomes eruditos, constelações, textos algébricos, fenômenos humanos, reações químicas, haviam forçosamente de produzir um deslocamento na poesia, ocasionado pela fadiga dos assuntos antigos (cavalhadas medievais, templos gregos, amores exaustos) e pela sugestão dos dias diferentes, oferecidos pela organização coletivista e tumultuária de nosso século:

> La poésie date d'ajourd'hui
> La voie lactée autour du cou
> Les deux hémisphères sous les yeux
> A toute vitesse

Nesses como em todos os outros versos de Cendrars, nota-se sobretudo uma nova maneira de descobrir a forte e desembaraçada beleza da vida.

De fato, os verdadeiros artistas contemporâneos fecharam os olhos para o mundo fantasmal dos entusiasmos errados. E trabalham como bons operários os assuntos que passam por entre a trepidação primitivista dos motores, das engrenagens, das forças organizadas da atualidade. Essa reação apoiou-se particularmente numa diferença de assunto e de forma.

Os dois mais célebres poemas de Blaise Cendrars intitulam-se *Le Panama* e *La Prose du Transsibérien*. São cantos de viagem, não de viagem idealisto-romântica pelos alcáçares vazios ou pelas Venezas apagadas e lunares, mas de viagem em trem de ferro pelo atlas visível e com o pitoresco terra a terra das partidas autênticas.

No *Panamá*, o poeta do *Monde Entier* narra as aventuras de sete tios passados para a América, onde se dividiram no afã laborioso do mundo novo:

> Mon oncle disait
> Je suis boucher à Galveston
> Les abattoirs sont à 6 lieues de la ville
> C'est moi qui ramène les bêtes saignantes, le soir, tout le long de la mer
> Et quand je passe, les pieuvres se dressent en l'air
> Soleil couchant...
> Et il y avait encore quelque chose
> La tristesse
> Et le mal du pays

Esse refrão segue a aventura diversa de cada um dos emigrados:

> La tristesse
> Et le mal du pays

* * *

Outro livro de Cendrars, esse feito para comemorar impressões contemporâneas, intitula-se *Diex-neuf poèmes elastiques.*

É magnífico o poema que tem por sugestão a Torre Eiffel, um dos mais interessantes quadros modernos, hoje, graças à cultura paulista, nesta capital no ateliê da notável pintora patrícia Tarsila do Amaral. É a tela do pintor Delaunay, talvez historicamente a mais importante da fase destrutiva da pintura cubista, exposta no Salon des Indépendants de 1911 em Paris, com enorme repercussão.

Eis alguns trechos principais do poema de Cendrars:

O Tour Eiffel
Je ne t'ai pas chaussé d'or
Je ne t'ai pas fait danser sur les dalles de crystal
Je ne t'ai pas vouée au Python comme une vierge de Carthage
Je ne t'ai pas revêtue du peplum de la Gréce
Je ne t'ai jamais fait divaguer dans l'enceinte des menhirs
Je ne t'ai pas nommée Tige de David ni Bois de la Croix
Lignum Crucis
O Tour Eiffel
Feu d'artifice géant de l'Exposition Universelle! [...]
C'est toi qui à l'époque légendaire du peuple hébreu
Confondis la langue des hommes
O Babel!
Et quelques mille ans plus tard, c'est toi qui retombais en langues du feu
[sur les Apôtres rassemblés dans ton église
En pleine mer tu es un mât
Et au Póle-Nord
Tu resplendis avec tout le magnificence de l'aurore boréale de la
[télégraphie sans fil
O sonde céleste!
Pour le Simultané Delaunay, a qui je dédie ce poème
Tu es le pinceau qu'il trempe dans la lumière

* * *

Tendo perdido um braço na guerra, Cendrars pôde cantá-la de um modo tão direto que a sua pequena *plaquette* intitulada *J'ai tué* é considerada uma obra-prima da literatura francesa atual.

Aí, nesse pedaço de prosa aguda, telegráfica como um comunicado de batalha, violenta como uma carga de baioneta, ressalta o que disse Jean Cocteau do estilo vigorosíssimo de Cendrars: "cada frase sua é uma tatuagem indelével".

De fato, numa dúzia de páginas apenas, Cendrars traça, melhor que todos os narradores prolixos e sentimentais da grande guerra, a história psicológica da tragédia coletiva, dispersada nos assaltos e nas trincheiras:

> Ils viennent de tous les horizons,
> Jour et nuit, 1000 trains deversent des hommes et du matériel.

A literatura atual, na sua feição descritiva, é cinematográfica, precisa e abandona todo verbalismo:

> Les camions ronflent. À gauche, à droite, tout bouge lourdement, pesamment. Tout s'avance par à coups, par saccades dans la même direction. Des colonnes, des masses s'ébranlent. Tout le tremblement.

E a metáfora marca os pontos principais com a violência de sinais semafóricos:

> Uma beberagem no estômago queima como uma medalha vermelha. Um avião voa, as nuvens o engolem, a lua rola por detrás. E as árvores dos caminhos viram como os raios de uma roda vertiginosa. As colinas esboroam. A noite cede sob tamanha pressão. A cortina se rasga. Fogos, braseiros, explosões. É a avalanche do canhoneio.

> Depois desse minuto de magnésio, tudo desapareceu. Viu-se o mar fosforescente das trincheiras e dos buracos negros.

Vem em seguida a descrição angustiosa do assalto:

> On part à l'attaque, la cigarrette aux lévres. Aussitôt les mittrailleuses allemandes tic-tacquent. Les balles crépitent. On avance en levant l'épaule gauche, l'omoplate tordue sur le visage, tout le corps desossé pour arriver à se faire un bouclier de soi-même.

E o poema maravilhoso atinge o auge da emotividade superior, generalizada, terrestre, quando o soldado sente que toda a humanidade trabalhou para colocar-lhe nas mãos o punhal de Bonnot, com que ele deve tirar a vida a outro homem.

> É nisso que termina toda essa imensa máquina de guerra. Mulheres rebentam-se nas fábricas. Um povo de operários se esforça no fundo das minas. Sábios e inventores pesquisam. A maravilhosa atividade humana é posta à prova. A riqueza de um século de trabalho intensivo. A experiência de diversas civilizações. Sobre toda a superfície da terra trabalhou-se para mim. Mil milhões de indivíduos consagraram-me toda a sua atividade de um dia, a sua força, o seu engenho, a sua ciência, o seu coração. E eis que hoje eu tenho esta faca na mão, a faca de Bonnot. Viva a humanidade!

* * *

No atual momento literário francês a figura excepcional de Blaise Cendrars se caracteriza por um tom de rude e sadia franqueza e por uma emocionalidade discreta, profunda e possante.

Longe do preciosismo de Proust e Giraudoux, do malabarismo admirável de Max Jacob, Cocteau e Louis Aragon e da calculada frieza de Jules Romains, é na alma de Cendrars que se entesoura a herança sentimental de Baudelaire e a ânsia viageira de Rimbaud.

No almoço oferecido, em julho último, aos escritores e artistas modernos de Paris, pelo embaixador Souza Dantas, que prosseguia assim com brilho o seu programa de aproximação latina, Blaise Cendrars ocupou um dos lugares de honra e foi figura de relevo numa mesa em que se sentaram Jules Romains, Giraudoux, Supervielle, e os pintores André Lhote e Fernand Léger.

O Brasil para ele é o país dos empreendimentos e a pátria de meia dúzia de amigos que o cercaram sempre de carinho fraterno e de entusiasmo profundo. Ele veio nos visitar e quem sabe se morar conosco, renovando a aventura de um dos seus tios da América.

> Mon septième oncle
> On dit que je te ressemble

*Ambientes intelectuais de Paris I**

Oswald de Andrade

A Paris de antes da guerra e a Paris de hoje são duas cidades diversas, agitando-se somente no mesmo cenário. Duas mentalidades opostas construíram, na Paris de outrora, a lenda dos cafés literários; na Paris de hoje, a realidade dos *dancings*.

A atmosfera da antiga Paris era de lenda, de exageração e artificialidade. Sobre duas ou três ideias caminhadas do romantismo, a época simbolista construiu uma *féerie* magoada e viciosa. Os cafés vieram, diretamente, da boemia e do desapego, do gosto da anormalidade e da vaga aventura de todos os dias. Cultivado por seres estáticos, cabeludos e pálidos, esse nirvanismo noctâmbulo constituiu, durante anos, a ambição comovida de artistas estrangeiros e poetas provincianos.

Foram esses, aliás, que formaram, sempre, a mesa de clientes dos cafés manipuladores de celebridades. Para um poeta que

---

* *Correio Paulistano*, São Paulo, 11 abr. 1924, p.3. [Primeira parte da conferência proferida em 26 de março de 1924 no V Ciclo de Conferências da Villa Kyrial.] (N. O.)

deixou o seu nome ligado a um café, imagine-se a onda humana de *ratés*, que foi necessária, para manter a sua vida comercial e pitoresca.

Ainda agora são os falhos da Rotonde que formam o fundo básico onde os grandes artistas de Paris se destacam, como letras de reclame.

Mas, um desânimo sério invadiu esse e outros lugares de encontro noturno e coletivo. Houve a intervenção da estatística. Sabe-se que há uma desproporção enorme entre *ratés* e criadores e ninguém mais crê na genialidade dos poetas de bar. Influência da América, resultado da guerra, época prática, de *sport* e de realizações. A poesia refugiou-se nos escritórios de engenharia e nas empresas comerciais.

A seção ao ar livre, da vida contemporânea, desmoralizou o álcool e o sonho.

Quinze anos atrás, outra vida ainda se desenrolava nos quarteirões favoráveis de Paris – a vida que se acreditava superior, por ser desgraçada e anormal. Dela saíram grandes poetas e grandes desgraçados. E nos que sobrevivem à derrocada dos velhos narcóticos, produz-se ainda um fenômeno da emotividade reflexa, que os impede de ver o mundo mudado de nossos dias.

O poeta português Eugenio de Castro, convidado a fazer uma conferência na Sorbonne, logo depois da que aí realizei sobre a literatura brasileira, escolheu, para seu assunto, o movimento simbolista de que fora embaixador junto à nossa língua. Falou sobre Verlaine, Moreas, Régnier, Saint-Pol-Roux e, perdido nas suas antigas convicções, viu a mocidade literária da Paris atual, rodeando os tronos extintos dos antigos chefes de escola. Tal entusiasmo vinha da sua chegada a Paris, trinta anos atrás, do seu encontro com os revolucionários do momento, e das noites líricas em que Moreas derramava poesia dos copos, no Café Vachette. Paris, lá fora, cortada de automóveis, de exposições cubistas, de antenas telegráficas, de barulhos de jazz, estava tão longe dessa época, como Eugenio de Castro, reitor da Universidade de Coimbra, está hoje longe do portuguesito que descobriu o verso livro e amou António Nobre.

Essa Paris que aureolava poetas vagabundos e musas ingratas, gente que sentia apenas na cabeça o "vague à l'âme" de Musset, sem precisar nenhum estado certo de espírito, foi que constituiu o Lapin Agile e a Closerie des Lilas – inofensivos refúgios da decadência romântica do século findo.

A Closerie des Lilas nada tem de especial como ambiente. Um balcão comum, enviando aperitivos e chicórias pretas para mesas banais, onde se escuta uma vulgaríssima orquestra de óperas. Fez a sua celebridade a frequência de Paul Fort e dos mais inauguradores da transição simbolista-moderna. Ao seu lado, outros cafés iguais, completam [a] agitação tradicional de Montparnasse.

Ao contrário, foi do outro lado de Paris, numa encosta perdida de Montmartre, que se celebrizou o Lapin Agile – este agressivamente preparado com todas as fórmulas vindas da experiência de meio século de boemia literária e artística. As suas paredes respiram mentirosas lendas de apaches e *chansonniers*. E pelas suas mesas enegrecidas, até a chegada expressiva dos primeiros soldados aliados, desfilou tudo o que Paris produziu de amorfo e curioso em arte e poesia. O seu caráter ficou, porém, o de um ambiente preparado numa crise aguda da decadência. Em vez de ter como os cafés da Rive Gauche uma real tradição que pacificamente fosse marcando etapa, reuniu apenas os resultados teatrais de uma época quando já ela perdera sua íntima razão de existir.

Um caos impressionista de coisas esculpidas e pintadas, um Cristo mal crucificado num canto, programas dos encontros de boxe de cada ano, autógrafos suspeitos, tudo está ali, extraordinário e inútil, gritando uma celebridade de reclame.

É, pois, por um efeito já da vida contemporânea, um efeito de publicidade, que pelo seu jardinzinho terroso e pelas suas salas mal iluminadas trotam inevitavelmente todos os curiosos da tradição emotiva e lírica de Paris.

Dizia-se que aí, antes da guerra, passavam-se coisas extraordinárias. Não é verdade. Como hoje, maus atores recitavam maus poetas e entre canções e fumaças fétidas, forjavam-se artificiais romances com as primeiras mulheres de cabelo cortado. O gênero apache, nesse tempo, invadira o mundo e os *chansonners* do Chat Noir tinham ganho a esmola admirativa de Anatole France.

Se coube ao Lapin Agile um reflexo da glória vadia de Verlaine, de Charles Louis Philippe, de Jehan Rictus e do malogrado Alfred Jarry, foi no entanto, sua real vitalidade constituída sempre por uma *étalage* desconexa de poesia noctâmbula, trazida por poetas e trovadores de todos os feitios.

Artistas dos grandes teatros e mendigos da *butte* aí depunham todas as noites a sua nota desigual e barata. E uma ou outra vez, para mudar de tom, pregava-se uma formidável vaia em Paul Fort, recentemente eleito príncipe dos poetas de França.

Depois da guerra, os baluartes da população falha de Paris são ainda os cafés de Montparnasse.

Na Rotonde, continuam imperturbáveis centenas de gênios a sujarem as mesas, ao lado de Mimis evoluídas, esperando o desastre inevitável de cada novo *salon* e de cada novo poema.

Ao seu lado, abriu-se uma verdadeira organização de comunismo literário. É o Caméleon, dirigido por Alexandre Mercereau, poeta, filósofo, crítico e organista. Todo recém-chegado a

Paris, tem aí o direito de dizer uma hora de asneiras, debaixo de aclamações, contanto que pague.

* * *

Dentre os fregueses célebres do Lapin Agile destacaram-se ainda, ultimamente, alguns nomes como o de Francis Carco, representante da decadência que ainda gira em torno da sentimentalidade apache e se deixa embair pelos dramalhões de Saint-Lazare. Diferente rumo tomaram André Salmon e Pierre Mac Orlan, que representam, no entanto, o romantismo plebeu na atualidade literária francesa.

Ainda agora, no Lapin, se cantam, pois, as canções de Rictus e de Gaston Couté e se ouvem poesias de todos os poetas. Para o estrangeiro inadvertido, o aparato burlesco dado pelas bugigangas estéticas da sala interior e pela posição do *cabaret* na encosta mais rude de Montmartre, constitui um alto prestígio. E muita gente acredita ter decifrado os enigmas interiores da mentalidade parisiense por ter tomado um mau *cognac* no Lapin.

* * *

Hoje, a intelectualidade parisiense anda afastada das ambiências boêmias. Um único centro de reunião público se tornou célebre. É, porém, um *dancing*, acompanhado de restaurante, onde se janta corretamente de *smoking*. Trata-se do Bœuf sur le Toit, na rua Boissy d'Anglais, perto da Madeleine, prestigiado pela visita diária do poeta Jean Cocteau e de seus amigos.

Nada tem de extraordinário a não ser nas paredes da sala do restaurante, uma série de excelentes reproduções cubistas de

Picasso. E no *dancing*, funcionando à tarde e depois dos teatros, um desarticulado *jazz-band* de mulatos.

Aí conheci três das principais figuras da atual geração parisiense, uma delas, Raymond Radiguet, já fixada pela morte aos vinte e um anos, numa justa consagração.

Radiguet, nessa noite, jantava com Jean Cocteau e com George Auric, um dos melhores músicos do extinto Grupo dos Seis. Vi-o ainda diversas vezes no quarto bizarro de Cocteau e em Montparnasse, sempre correto e distraído, com um monóculo cego no olho direito e um ar ausente. Era particularmente tímido e bebia silenciosamente, dando a impressão de uma adolescência cansada. Conheci-o melhor através das informações comovidas de Cocteau, que reservava para ele o melhor dos seus entusiasmos. Dizia-me Cocteau que Radiguet lhe trouxera um acréscimo de poesia à vida. Esse menino lívido e quieto que faleceu de uma violenta febre em dezembro, último, deixando dois livros discutidíssimos, estou certo de que se junta à verdadeira filiação da poesia francesa e humana. Numa época em que a inversão literária se constituíra moda e se impusera como padrão de escrita, Radiguet tendo naturalmente passado pelos fenômenos de solidariedade exigidos no momento, teve, entanto, a presciência de não ficar nessa espetaculosa transição em que emperraram outros espíritos. Foi seu melhor amigo e seu melhor apoio a figura curiosa e central de Jean Cocteau.

Cocteau que reúne em torno de si um grupo de pintores, poetas e músicos, tem um dom de organização que muito deve ao seu encanto pessoal.

*Ambientes intelectuais de Paris II**

Oswald de Andrade

Na atual fase de Paris, Cocteau procura a junção de Stravinsky e Picasso. Radiguet serviu-lhe de marco orientador no seu distanciamento do grupo Dadá, não querendo ele se aproximar de Cendrars e Jules Romains que prosseguem independentemente a curva ascensional do espírito literário atual.

A convivência de Jean Cocteau supre as célebres ambiências literárias dos cafés extintos. Bem vestido, elegante, ele tem a felicidade da expressão imediata, produzindo maravilhas de sátira e poesia em sua conversa diária.

Cocteau expôs-me o fenômeno da modernidade literária e artística que aparece tão chocante aos olhos novatos, com uma adorável superstição. Disse ele: – A gente cola por troça um selo na testa de uma musa, ela se vinga. Daí todo um resultado sério: a estética da musa selada na testa. A sua inquietação,

---

* *Correio Paulistano*, São Paulo, 12 abr. 1924, p.3. [Segunda parte da conferência proferida em 26 de março de 1924 no V Ciclo de Conferências da Villa Kyrial.] (N. O.)

tão parecida com a inquietação de Picasso, ele a defende com a necessidade do artista sempre se desenvolver, virar-se sobre si mesmo, até se tornar um bloco límpido. O público, porém, não compreende, deixa isso a cargo da posteridade, mas para gozarmos os resultados desse acordo era preciso que no mínimo fôssemos póstumos.

O quarto de Cocteau contém toda a mistura produzida pela vida contemporânea, de páginas fotográficas de *sport* e aviação, tiradas de grandes revistas, a instantâneos banais, desenhos, rabiscos de grandes mestres, navios trabalhados nas galés, um piano, um retrato por Marie Laurencin, uma coleção de cachimbos e um cachorro de papelão feito por Picasso e amarrado ao pé da cama para não fugir.

Desse quarto, que faz parte dum luxuoso apartamento da rue d'Anjou, têm partido ofensivas célebres. Frequentam-no Francis Poulenc, Milhaud, Auric e os músicos novos que formam com Erik Satie a dissidência que quebrou o Grupo dos Seis; além de toda uma roda de curiosos e intelectuais, homens e mulheres caídos ali de todos os ângulos do mundo.

Outro ambiente particular, visado insistentemente pela devassa de Paris, é o *atelier* fechado de Picasso. Picasso recebe raramente mas possui a simpatia franca e a convivência amável. O seu apartamento atual, na rue La Boétie, contém alguns dos mais valiosos quadros do *douanier* Rousseau, esse divino *bon homme* morto há dez anos e cuja orientação primitivista e comovida, parece dia a dia assenhorear-se da pintura contemporânea.

Picasso, na intimidade, desorienta também os que procuram a linha diretriz de seu pensamento.

É um irrequieto, extraordinariamente persuasivo. Sobre as origens do cubismo pouco se manifesta, deixando a André

Salmon, Cocteau e Juan Gris a liberdade de criarem lendas em torno da revolução saída da sua prodigiosa fantasia.

Continua a produzir os mais arrevesados quadros cubistas ao lado de desenhos perfeitamente clássicos e de telas inéditas do século XVIII ou saídas das escavações de Pompeia.

Essa falta de lógica é a sua própria lógica de andaluz imaginoso.

Outro *atelier* curiosíssimo é o de Fernand Léger. Enquanto Albert Gleizes, o metafísico do cubismo, institui classes de geometria colorida no seu rico apartamento do Boulevard Lannes e se mantém na integralidade puritana dos quadros sem assunto, enquanto André Lhote, sem desprezar o motivo humano e dramático, procura elevar o modelo, até fazê-lo perder todo sentido anedótico, Fernand Léger tenta a grande linha central da pintura moderna. Saído da fragmentação impressionista da cor, pela fragmentação cubista da forma, ele teve uma fase de desarticulação dinâmica, em que todas as suas qualidades de cor e de técnica produziram algumas das mais notáveis telas contemporâneas, das quais algumas se acham em São Paulo. Hoje, Léger começa a articular os seus assuntos, caminhando em busca da forma de apogeu que deva caracterizar o nosso século.

Fernand Léger melhor do que ninguém, explica como chegou a produzir a pintura espantosa que o celebrizou. As escolas impressionistas tinham atingido o auge da dissolvência colorista. Depois do pontilhismo e de Signac, só havia dois caminhos, ou voltar a David ou pintar locomotivas e motores. Léger tomou este último rumo a fim de chegar a uma equivalência de David, através de uma pesquisa mecanista que correspondesse à nossa época.

Na convivência desses guias da atualidade estética, desfaz-se todo o preconceito criado diante do aparente absurdo das correntes modernas. É uma simples questão de explicação e de hábito.

Assim, Brancusi é considerado pelas elites mentais de todo o mundo o maior escultor de nossos dias. E qualquer espírito desprevenido se revoltará no primeiro contato com o seu extraordinário *atelier* da Impasse Ronsin. Estátuas sintéticas, cabeças lisas como ovos perfeitos, linhas puras de mármore e de bronze, constituem o rico e esplêndido aspecto de sua forja. Apenas a presença de Brancusi desfará qualquer ideia de blague. É um apóstolo de barbas brancas e tamancos. Abandonou situações oficiais e fáceis vitórias públicas para trabalhar doze anos num pássaro vertical que acaba cantando na maravilhosa oficina criadora de onde saiu.

A palestra de Brancusi é extraordinária. Viajado, culto, experimentado por todos os caminhos de uma grande vida artística e humana, ele possui acima de tudo a vigorosa consciência do que faz. É o único homem que ouvi desassombradamente se opor à estética de Fídias e à estética de Miguel Ângelo. Buscando num canto do seu *atelier* um relevo resumido do Parthenon, ele me pôs diante dos olhos da grande razão, que fez o apogeu grego. Havia uma unidade de pensamento coletivo anônima e sincera, que teria fatalmente de produzir a estatuária nula[?] e equilibrada dos frisos. Foi o que fez mais tarde a época das catedrais.

Hoje, isso não é possível. Resta-nos, para evitar a cópia, criar um mundo novo de objetos e de cores. Quanto à anatomia heroica de Miguel Ângelo, Brancusi apenas a ela opõe uma espiritualizada série de realizações plásticas que atingem outra sublimidade.

A escassez de tempo não me permite vos fazer visitar a galeria de quadros modernos de Léonce Rosenberg, onde se desenvolve o movimento avanguardista da pintura de Paris.

Teria também vontade de vos levar à livraria de mlle. Monnier, na rue de l'Odeon, onde Jules Romains, Valery Larbaud, Leon Paul Fargue e outros poetas reúnem os seus amigos e onde Claudel e Gide têm lido, pela primeira vez, as suas obras.

Larbaud e Romains recebem ainda em seus apartamentos. Aquele, o milionário psicólogo, de Barnabooth, possui uma curiosa coleção de soldados de chumbo, onde vi um estado-maior brasileiro feito sob modelos de José Wasth Rodrigues.

Jules Romains é chefe de escola. A sua influência, aumentada pelo sucesso de suas últimas peças, estende-se a toda uma propaganda sedutora e vigorosa de renovação moderno-clássica, de que insensivelmente se aproxima o movimento Cocteau-Radiguet, sob a bênção distante de Max Jacob, o solitário e delicioso exilado de Saint-Benoît.

* * *

Se os franceses se mantêm numa contínua e viva atmosfera intelectual, alguns artistas deste lado do Atlântico também têm conseguido a ambiência melhor que se pode desejar em Paris.

Nós, brasileiros, tínhamos ocasião de nos avistar com as maiores personalidades da França intelectual no *atelier* de uma compatriota, a pintora paulista Tarsila do Amaral. Aí, Erik Satie, Jean Cocteau, Jules Romains, Léger, Gleizes, Lhote, Cendrars, mantiveram estreito contato com os nossos artistas que tinham além disso o prazer do convívio de d. Olívia Guedes Penteado e de Paulo Prado.

E sem dúvida foi uma das melhores demonstrações de que o Brasil não ignora o momento estético de Paris, o almoço oferecido pelo embaixador Souza Dantas ao grupo mais avançado dos artistas e escritores de França.

Jules Supervielle, o grande romancista de *L'homme de la Pampa*, nascido no Uruguai, constituiu em sua casa outro núcleo da intelectualidade parisiense.

E em todas essas reuniões, fazia centro pela sua alta simpatia humana e pela sua prodigiosa mentalidade, a figura de Blaise Cendrars.

Deixei para o fim Blaise Cendrars, pois que ele está aqui entre nós e melhor do que ninguém serve para ilustrar esta palestra, mostrando o quanto pode produzir a Paris intelectual de nossos dias.

A sua simplicidade, o seu lirismo em ação, a sua cultura, a sua visão direta, eis todo o discutido milagre da modernidade.

Não vos falo de Cendrars em Paris porque se ele é o poeta mais benquisto e o mais procurado da capital francesa, é o que menos se encontra. Anda sempre na Austrália, no Canadá, no Polo Norte, como aqui agora, fazendo e escutando conferências.

(De uma conferência)

*De Paris [I]**

Di Cavalcanti

Chegávamos ao Havre!...

O navio entrou pelo labirinto das docas; dez minutos depois, atracávamos.

Era o fim da viagem... Uma viagem de 22 dias é uma vida...

Despedimo-nos do homem de *casquette* amarela que ainda ficava, num apego amoroso, gozando a insipidez dos tombadilhos, até Hamburgo.

Os guindastes silvavam. As sereias dos imensos navios anunciavam partidas, enquanto os caminhões rolavam, pesados, sobre o asfalto do cais. Olhei a cidade, a cidade industrial, suja como um carvoeiro...

O trem corria, corria para Paris! M. Jourdain trazia um papagaio de Santos. E mostrava aos amigos a preciosidade. O papagaio olhava de longe, com olhos tristes, saudoso da pátria.

Gare St. Lazare! Um táxi! Hotel!

---

* *Correio da Manhã*, Rio de Janeiro, 7 out. 1923, p.2. (N. O.)

Aqui estou no meu hotel. Vim para ele alegre como uma criança...

Defronte, uma praça minúscula recebe os meus primeiros olhares ansiosos.

É o bairro sossegado de Montparnasse, cheio de artistas, de estudantes, de gente pobre e honesta.

Minha Paris, boa-noite!

Domingo – A Torre Eiffel está repleta...

Primeira viagem de *metro*, aos solavancos do progresso. Ordem e progresso!

O Obelisco, Concorde, St. Michel, Opera, Magdalena...

Um garoto, como os de Paulbot, esfuraca o nariz...

Segunda-feira – Vou escrever a minha primeira crônica. Abro os jornais, abro as janelas: minha sentimental *rue du Maine*, confidente... Batem à porta...

– Você!?

A surpresa do primeiro amigo! Saímos felizes e ingênuos, como se estivéssemos nos tempos do colégio. Olhei os doces de todos os confeiteiros, olhei os livros ilustrados, olhei os cavalos, olhei as mulheres...

Depois sentamo-nos num café; e até as três horas na madrugada construímos castelos...

Terça-feira – Passam americanos, aboletados num enorme, num gordíssimo auto de excursão...

Vou jantar com um poeta, em Montmartre. E eu sei que depois, andarei pelos *cabarets*, contente da minha ingenuidade de recém-vindo.

Montmartre! Que bom, se eu ainda acreditasse em Montmartre!...

Quarta-feira – Chá no Hotel Ritz. A estátua de Napoleão bate os pés, indignada com o Mussolini... Tive que comprar luvas. Paris aristocrática! Eu sou brasileiro do morro do Kérozène... Saio bufando; tenho que escrever a crônica.

Quinta-feira – Leiam o que escrevi na terça, e acrescentem este pedacinho precioso: fui convidado por um compatriota para jantar no restaurante mais caro de Paris! Viva o Brasil!

Sexta-feira – Nos jardins do Luxemburgo, as crianças atiram os seus barquinhos à vela, na grande piscina. O meu amigo previne-me que é muito bom namorar as *bonnes*: "ganham-se os biscoitos da petizada"...

No jardim do Luxemburgo, Verlaine passeou a sua vida de sonho...

Sábado – Semana inglesa. As *midinettes*, de tão alegres, parecem pular na corda...

Rue de La Gaité! Glória do operariado contente! Os bailes do Luna-Park! La Java!

Primeira semana de Paris, da Paris esperada, com seus olhos tentadores de mulher!

Reflexões que hei de fazer mais tarde, no sossego do meu canto, lá na velhice:

"Era uma vontade imensa que eu tinha. Um dia pude realizá-la. E, chegando pela primeira vez, tive a impressão de encontrar um amigo, um amigo dos bons tempos. Saí olhando para tudo e dizendo que tudo era como eu imaginava... Eu nunca tive a superstição de Paris, achava que Paris seria para mim uma boa amizade. E um dia cheguei a Paris, confiante: acreditando em mim e acreditando em Paris!

Depois, comecei a viver..."

Vida intelectual – É com imenso prazer que anunciamos, para as correspondências de outubro, uma série de entrevistas com os modernos escritores de França: Cocteau, Blaise Cendrars, Élie Faure, Jules Romains etc.

Pomos, desta forma, os leitores do *Correio*, ao par do mais intenso movimento literário destes últimos tempos.

No mês de novembro, iniciaremos outra série de *enquêtes*, entre os escritores políticos e também com os que se preocupam particularmente de ideias sociais mais avançadas. No mês de dezembro, procuraremos os escritores teatrais.

Nossos leitores terão também informações de todas as exposições de arte e as opiniões dos pintores e escultores mais célebres, assim como uma resenha do movimento musical, logo que comece a *season*.

O inverno e outono deste ano serão férteis em livros novos. Para que os leitores desta seção fiquem cientes de todas as novidades literárias e científicas do momento, conseguimos das livrarias editoras uma lista de obras a saírem de seus prelos. Dessa forma, antes dos livros chegarem ao Brasil, os nossos leitores saberão qual o mais moderno:

A Nouvelle Revue Française anunciava para o outono os seguintes livros: *Amants, heureux amants*, novela de Valery Larbaud;

Thomas l'imposteur, história de Jean Cocteau; *L'Imprudent*, romance de Henri Debenly; *Le Bergsonisme, 3me partie de 30 ans de Vie Française*, crítica de Albert Thibaudet; *Les Souvernirs*, poesias de Rabindranath Tagore; *Les Chambres du plaisir*, romance de Eugéne Massau; *Robevel*, romance de Lucien Fabre; *L'Equipage*, romance de J. Kevel; *Le Libertinage*, contos de Louis Aragon; *Les Enfants perdues*, contos de Georges Gobory; *Les Pincengrain*, contos de Johandenu; *La Journée kurde*, romance de Jean Richards Bloch; *Miracles*, contos de Alain Fournier; *Moama, Voyage sentimental chez les Mars viagers* [*sic*], de mme. Celine Rott; *Les Pas perdues*, romance de André Breton; *L'Homme de la Pampa*, costumes por J. Supervielle.

As livrarias Crés, Flammarion etc. fornecerão para a próxima correspondência suas listas.

Livros em voga: Giovani Papini, *Le Crépuscule des philosophes: Kant, Hegel, Schopenhauer, Comte, Spencer, Nietzsche*. Tradução de mme. Bertrand.

A crítica acha o livro de Papini pouco profundo, mas não deixa de reconhecer ótimas qualidades no fogoso escritor italiano. O seu paradoxo sobre o pragmatismo é, no entanto, extraordinário: – "O pragmatismo é um corredor de hotel. Inúmeros quartos dão sobre este corredor. Num quarto mora um homem que se acha, num trabalho, em favor do ateísmo; defronte desse quarto mora um defensor da fé; no terceiro quarto um químico; no seguinte, um filósofo metafísico-idealista; no quinto quarto mora justamente quem contradiz o metafísico idealista. Toda essa gente utiliza-se do corredor, para entrar ou sair dos seus quartos...".

Papini, parece, fica no corredor, embora classifiquem-no como neocatólico praticante.

Os melhores livros da estação são, na opinião da maioria dos críticos: *Grand Écart*, de Jean Cocteau; *Le Bon Apôtre*, de Philippe Soupault; *Anicet*, de Louis Aragon, e o *Diable au corps*, de Radiguet. Do primeiro tenho a impressão de ser parisiense demais, tomando-se parisiense no sentido superficial da palavra. Mas não se pode negar a Cocteau uma verve extraordinária. O estilo é rápido e incisivo, cinematografando tudo vertiginosamente.

O livro de Soupault foi também uma revelação. Não se esperava do ex-dadaísta uma obra de tão clara e sutil análise. Soupault, porém, nada perdeu em pertencer à extinta casa de Dadá, adquiriu, pelo contrário, uma audácia de expressão que empolga.

Anicet, de Louis Aragon, é um livro discutidíssimo. Alguns exaltados veem, no autor, um menino de vinte anos, o gênio. Outros negam-lhe toda espécie de talento. Aragon é, no entanto, uma revelação. Ainda lhe falta serenidade, mas o calor da inteligência já existe.

Diable au corps, de Radiguet, é um livro simples, com algumas passagens cínicas, mas repleto de um forte conhecimento da vida.

Todos estes livros são livros de feição moderna e contêm ideias novas; livros de uma liberdade de expressão infinita. Creio que os seus autores têm razão. A arte (permitam-me esta comparação melancólica) é um barbante... Deram-lhe tantos nós através dos séculos que só resta aos novos artistas – desatá-los... E quem sabe que fazer outros nós não é a única forma de desfazer os antigos?

Os escritores modernos pensam que terão o barbante livre de embaraço e continuam trabalhando pelo novo ideal...

*Figuras do mundo moderno. Cendrars, o mutilado genial**

Di Cavalcanti

Encontrei no poeta patrício Serge Milliet uma ótima apresentação para o grande mutilado Blaise Cendrars, considerado o tipo talvez mais forte da modernidade literária de Paris.

Cendrars, que teve a sua fulminante celebridade com a publicação dos seus poemas anteriores à guerra, é um homem dos seus trinta e tantos anos, alto, forte, o braço direito decepado.

Recebeu-me ele com a mais simples afabilidade. De há muito, disse-me ele, acompanha o movimento intelectual do Brasil e tem pelo nosso país o maior entusiasmo.

Cendrars é sincero. O seu espírito formou-se em longas viagens. Percorreu todo o Canadá, a América do Norte, a América Central, conhece a Europa inteira.

Servindo-se dessas inúmeras impressões, preparou sua personalidade, admiravelmente, para vencer nos dias de hoje.

---

* *Correio da Manhã*, Rio de Janeiro, 28 out. 1923, p.2. (N. O.)

A sua concepção da vida é forte, sem exageros de sensibilidade, sem sombras de romantismo, sem pieguices... A sua arte não poderia deixar de ser violenta e livre:

> Christ
> Voici plus d'un an que je n'ai plus pensé à Vous...
> Depuis que j'ai écrit mon avant-dernier poème Pâques
> Ma vie a bien changé depuis
> Mais je suis toujours le même,
> J'ai même voulu devenir peintre
> – Voici les tableaux que j'ai faits et qui ce soir pendent aux murs
> Ils m'ouvrent d'étranges vues sur moi-même qui me font penser à Vous

De fato, qualquer dos grandes poemas de Cendrars, *Prose du Transsibérien*, *Panamá*, *La Fin du monde*, representa os tempos modernos, na sua feição inesperada. E ele afirma: "La poésie date d'aujourd'hui".

O que pretende Cendrars, e com ele um forte grupo de poetas, pintores, escritores e músicos, é tirar dos mais absurdos ritmos da vida atual – vida intensamente brotada do motor, da máquina, da velocidade – uma poesia nova. E eles avançam, contra o exército abastecido do passadismo, numa alegria esportiva...

O triunfo intelectual de Cendrars aureolou-se de glória com a sua atitude, partindo para as primeiras fileiras de combatentes, num heroico desapego pela possibilidade de postos mais cômodos, o que lhe permitia a sua reputação literária.

Numa sangrenta manhã, na Champagne, assaltando o campo inimigo, tombou ferido, o braço esmigalhado, a cabeça aberta.

No outro dia, a mão que escreveu a bíblia da poesia moderna atolou-se no valado imundo das trincheiras.

Hoje, a figura de Cendrars coloca-se à margem de todas as capelas, numa invejável situação de escritor. Prepara dois romances, um cuja inventividade sobrepuja a de Wells, intitula-se *Moravagine* e é o resultado de dois anos de trincheira.

A estação que começa este mês tem como *première* mais esperada uma produção de Cendrars – um bailado. Trata-se da *Criação do mundo*, inspirado numa lenda negra da África Ocidental, que Cendrars visitou e onde recolheu a admirável documentação da sua *Anthologie nègre*.

A obra de Cendrars às vezes irônica – "mes yeux sont des kilos qui pésent la sensualité des femmes" –, às vezes duramente trágica – "La vie qui j'ai menée, m'empêche de me suicider" –, é das mais estimadas do mundo moderno. Enquanto os cubistas, os dadaístas, todos os istas são violentamente atacados e negados, o poeta mutilado é respeitado até pelos seus mais decididos adversários.

Em breve, Cendrars irá visitar a América do Sul. Passará aí no Brasil longos meses, contemplando a grandeza da nossa terra, solitário como um bom *touriste*.

Não fará conferências, não dirá versos, não importunará os intelectuais, e aos seus amigos e com quem fizer conhecimento, ele dirá – "Je suis l'autre, trop sensible".

Outubro de 1923

*De Paris [II]**

Di Cavalcanti

Chegou do campo corada.

O ar do campo, as refeições de nove pratos – ovos, galinhas, compotas, maçã, leite de vaca, leite de cabra...

Tem os olhos grandes.

Chama-se Maria, simplesmente.

Somos seis à mesa. Ela e Eu, o escultor Vicky, mlle. Hélène datilógrafa; mr. Niccolof, rumaico e bacteriologista; mlle. Leone, filha da dona da pensão. A dona da pensão serve à mesa. Mlle. Anita, brasileira, chegou atrasada. Somos sete à mesa. Mme. Odette não vem. Mme. Aglaia e a pequena Marcelle já jantaram:

Pensão familiar para os amantes da boa comida francesa – Pensionistas reduzidos. (Tradução literal)

Abro os jornais da tarde. Não há notícias sensacionais. Mr. Niccolof está persuadido de que me interesso por política

---

* *Correio da Manhã*, Rio de Janeiro, 4 nov. 1923, p.2. (N. O.)

internacional e canta-me a carta dos sucessos políticos da Europa.

– A Turquia, fazendo-se república, acabará com os haréns?...

Ela olha-me – de seus olhos saem turcas ofertantes, dançando.

– O harém é uma instituição honesta.

– O senhor é turco?

– Não, mlle. Hélène. Sou rumaico.

M. Niccolof esforça-se, tem a voz fanhosa, não sabe explicar-se.

Ela para os olhos nos meus e os nossos olhos juntam-se, juntam-se...

– Voulez-vous de la salade?...

Mlle. Hélène viu uma vez, em Deauville, o rei Afonso com uma condessa. Um escândalo!

– Eu adoro o rei Affonso! A exclamação é de mlle. Anita, brasileira.

– O rei Affonso?... O escultor Vicky não sabe quem é...

Sobre a crise espanhola, mr. Niccolof foi exuberante: não se podia compreender uma ditadura militar, de caráter autocrático, dirigindo uma nação da Europa do século XX! Ninguém liga importância.

Mlle. Leone passa-me o queijo.

– Nós, brasileiros, somos muito amorosos. Não é verdade, mlle. Anita?

Maria atira a cabeça num gesto feliz; os cabelos cortados à *la garçonne*, abrem-se como uma flor.

Afinal, o *flirt* vai longe: as palavras são ditas lentamente, saboreadas...

Ela chegou do campo – compota, galinha, leite, correrias pelo trigal. Mora num sexto andar, é um pequenino herói para romances sentimentais. Há outras que têm o mesmo nome simples, mas sentam-se nos cafés, vão aos *dancings* de Montmartre.

Meu tio Ernesto, quando nos despediu, deu-me um abraço tranquilo e suspirou longe da tia América:

– Montmartre! Uma grenadina, sobrinho, umazinha para o teu tio, no Moulin. Meu tio Ernesto esteve aqui, no outro século.

O escultor Vicky é noivo, mas está amando a filha da dona da pensão.

Mlle. Hélène quer que eu lhe faça o retrato grafológico.

A pequena Marcelle, que almoça e janta mais cedo, é como um passarinho. Tem um pai oficial da marinha mercante. Entrou na minha vida, para personagem de uma novela.

Maria despede-se. Vai dormir.

Carpentier venceu Beckett. Isso interessa o mundo inteiro.

Depois das "fitas" de Carlito, é o boxe o que mais emociona a humanidade. Eu tenho uma profunda ojeriza à palavra humanidade.

Humanidade, *todo universal*, *consciência*, são coisas que atrapalham e não podemos pôr num bailado. E a vida é um bailado cubista. A consciência é como o *Édipo Rei*...

Estou fazendo a digestão.

Os carrosséis da feira giram velozes!

Ciúme! Vejo Maria encarrapitada num porco. Não foi dormir.

Maliciosa! Na outra volta eu pego-a.

Depois iremos a todas as barracas...

Os irmãos Fratellini são uma alegoria ao Riso. Uma bofetada – um calombo.

Serenata, caem as calças de um, outro entra de apache. Maria ri.

Viva a civilização dos *clowns* Fratellini!

Liberdade, igualdade, *fratellinidade*!

Há um outro lado na alma que olha com olhos de sangue.

Os homens de bonezinhos pretos aparecem, insubmissos. Seguem uma rua diferente que atravessa a cena, em diagonal, numa listra preta e branca, e vão para as usinas e as fábricas, roer a emoção subterrânea da vida.

O vento do Outono zune.

Trépido como um aeroplano – Maria é uma bandeira de luz na *nocelle*.

As escadas para o sexto andar giram, embriagadas...

– São assim os contos de Paris moderno?

– O que existe ainda do passado, mergulhou nessas emoções novas, como um decassílabo na poesia de Cendrars.

– Nós somos, aqui, solitários, neste café de quarteirão, sócios contribuintes da *Cooperativa internacional do espírito moderno*...

Positivamente, sou um *cabaretier*.

Os *jazz-bands* perpétuos desmaiam.

Radiola! Destino de Radiola!

O sr. Poincaré vai pronunciar um discurso. – É o último "samba" argentino... Quero protestar: samba é brasileiro.

Sobre os *boulevards* espelhantes atravessa uma multidão arregimentada. Maria no meio, caixa de chapéu verde-amarela.

Os homens de bonezinho preto riscam a cena, ligeiros como um apito.

Suíte final...

Vira a página de tua emoção...

Paris, outubro

*De Paris [III]**

Di Cavalcanti

Caricaturas – Há certos cafés de Paris que parecem pequenos templos, onde poderíamos rezar pela nossa absolvição: ficam sempre num canto isolado, numa rua deserta.

Na mesa do fundo, senta-se um homem barbudo e filosófico; às vezes há outros sem barba ou de óculos, poucos; o zinco com o patrão gordo parece um *décor*... Mas, na mesa menor, na meia obscuridade, ela tem o seu lugarzinho – pobre cartaz, um cigarro ordinário na boca, os olhos pequeninos como dois pingos de tinta...

Certo chegaram da terra sem um vintém.

Sabiam apenas dançar. Um é pequeno, do Minho, o outro absolutamente Chiado.

Sabiam dançar e era tudo...

Hoje no coração de Paris instalaram a tenda de trabalho, um curso de dança perfeito. Não temem concorrentes.

---

* *Correio da Manhã*, Rio de Janeiro, 9 dez. 1923, p.2. (N. O.)

A clientela abrilhantada, pagando 100, 200, 500 francos a hora, exulta com as piadas, em mau francês, do minhoto, com a sisudez calculada do lisboeta.

Da minha mesa, onde pago também o meu tributo aos heróis, olho encantado...

É a velha raça conquistadora – as naus armadas para o desconhecido!

O minhoto passa sorridente, guiando uma soberba matrona, amarrada nas pérolas.

O outro faz uma explicação teórica, a dois cavaleiros sisudos.

Na saída perguntei a renda da tarde; pouca coisa, uns três mil francos.

Conquistadores!...

Há semelhanças irresistíveis entre as coisas e as pessoas. Aquela vitrine de objetos usados é um membro da Academia de Letras...

– Por que cortaste os cabelos assim?!...

O homem romântico, meio zangado, temendo contrariar, olhava desolado a cabecinha adolescente daquela figura fugitiva, de mulher última hora.

Ela cortou os cabelos assim porque é moda. Sendo moda é delicioso.

Depois chegaram outras mulheres, os cabelos cortados como os dela, e na sala uma de bandós líricos parecia não possuir o sexo provocante das outras.

O Salão de Outono é atualmente o *salon* mais cotado de Paris.

Este ano o seu valor avoluma-se pelo fato de colocarem-no, definitivamente, com a *modernidade*.

É a vitória das tendências novas, em todas as modalidades da arte, desde a grande composição pictural e o monumento escultórico, até as mais insignificantes formas de arte industrial. Em tudo vive a força do ineditismo, e tudo guarda uma harmonia simples: que é a característica predominante, da feição atual.

Greco e Cézanne – Há uma sala no Salon dedicada aos precursores do movimento moderno. Lá estão Greco, Cézanne, Gauguin, Renoir, Lautrec, Ingres, Carrière, Manet, Pizarro etc.

Servia esta retrospectiva para pôr em evidência, as duas maiores figuras da pintura de todos os tempos – Greco e Cézanne.

Podemos considerar a arte primitiva com Giotto, Fra Angelico, uma grande força espiritual que em Paolo Uccello toma a sua grande altura; assim como podemos amar Da Vinci ou Miguel Ângelo, Tiziano ou Murillo, uns como homens de gênio, outros como poetas, cheios de lirismo imortal.

Mas quando consideramos a pintura na sua expressão pura, sem nenhum desvio, Greco e Cézanne, tão distanciados cronologicamente, unem-se pela pureza absoluta da forma, pela personalidade acentuada de pintores que ambos possuem.

A expressão de seus quadros vem da própria matéria, sem nenhum ressaibo literário.

Greco e Cézanne, mais uma vez fica provado, são os pintores que mais influem na arte moderna.

Cézanne, infelizmente, é desconhecido no Brasil, onde os pintores continuam preocupados com o academismo; ele seria, no entanto, para os pintores brasileiros, o maior guia, pela sua pureza de paisagista e pela sua concepção rude da figura... É inútil dar conselhos, eu já ouvi de um professor de nossa Belas-Artes, que Cézanne não sabia desenho...

A pintura em geral – Nada mais difícil que fazer um juízo crítico, em poucas linhas; sobretudo de uma exposição moderna, onde o culto da personalidade vai ao extremo.

Cada expositor apreciável é um motivo separado de estudo, uma afirmação particular.

Ensaiemos.

Dividamos em partes, por *tendências* e por *origens*.

Duas são as *tendências* predominantes: a *decorativa* e a *regional*. Na tendência *decorativa* estão os quadros religiosos e os chamados de gênero, na tendência *regional* estão os quadros de costume, que são muitos.

Quanto às origens: – uns (a maioria) vêm do expressionismo, passando diretamente pela forma construtiva de Cézanne – Lierrow, Kvapil, R. Barboe, Brabo, cujos quadros reproduzimos, exemplificam; outros são os que *sentiram o cubismo*, isto é, os que sofreram influência dessa escola, aproveitando o que ela tem de racional.

Destas reproduzimos quadros de Lhote, ainda bem cubista, Goerg, Olga Sacharoff, Quelvée, Mancy.

Fora desses há os pintores como Matisse, Bonnard, Utrillo, Fuenta, Van-Dongen, pintores ainda impressionistas, apenas sobressaindo pela bizarria da forma, pela inteligência do arranjo ou pela fantasia das cores. Pintores que estão na moda e que não se discutem.

Próxima crônica: A poesia francesa de hoje – entrevista com Dominique Braga. Victor Brecheret, o grande escultor brasileiro. Os móveis modernos.

De Paris [IV].
*Domenique Braga fala-nos sobre a moderna poesia de França**

Di Cavalcanti

Paris, a tão decantada cidade dos prazeres fáceis para o inexperto viajante de bolso cheio e cabeça vazia, é a terra, para um espírito superior, digna de veneração pelo que encerra de pensamento.

A sua permanente elevação intelectual, renovada sempre por essa luta de ideias, abre-nos um ambiente apropriado às manifestações mais puras do gênio humano. Ela é, além, a moderna acolhedora de braços abertos, o sorriso de beleza nos lábios serenos. Assim o homem de qualquer raça, de qualquer país, que possuir a fascinação da inteligência, chegando a Paris, ficará um pedaço desta cidade, tão diferente da que se imagina quando se tem a ingenuidade de acreditar em cidades viciosas...

Domenique Braga, brasileiramente Domingos Braga, veio de nossas terras para enriquecer as letras francesas com o seu espírito forte de escritor. Aqui guardando ainda a generosidade do seu sangue novo de americano, é o defensor corajoso das ideias

---

* *Correio da Manhã*, Rio de Janeiro, 29 dez. 1923, p.2. (N. O.)

modernas que ele estimula com sinceridade, mostrando sempre uma forte construção moral tão necessária ao homem de letras.

As críticas de Braga, de uma honesta sobriedade de forma, encerram sempre um ponto de vista novo, onde o seu brilhante espírito de ensaísta, de romancista e de poeta, aparece com originalidade particular.

Colaborando nas revistas da Europa, sobretudo nas revistas de espírito internacional (internacional no sentido de antichauvinista), ele é sempre o escritor aberto e curioso que se faz, cada vez mais digno de atenção: ninguém melhor nos poderia dizer da poesia francesa moderna, e, por isso, encontramos no patrício tão orgulhoso da nossa terra, um informante precioso.

Domenique Braga traça-nos *o quadro da poesia francesa moderna*, nas suas linhas essenciais:

– Duas correntes parecem atravessar a poesia francesa no século XX, uma que compreende os poetas *tradicionalistas*, desejosos de manter a prosódia francesa, dentro da inflexibilidade da rima e da regularidade do ritmo; outra, por oposição, é revolucionária, partidária de todas as liberdades poéticas. Entre essas duas correntes colocam-se dois grupos de poetas: um, com Jules Romains adota o verso branco, colocando-se mais com os clássicos, outro com Paul Claudel, emprega o grande versículo bíblico e tende a juntar-se aos revolucionários.

É interessante notar que os melhores poetas clássicos, assim como os poetas revolucionários, descendem de Mallarmé, que com Arthur Rimbaud, são os poetas do século XIX que exercem maior influência sobre os contemporâneos. Assim os simbolistas, cujos primeiros protagonistas como Gustave Kahn, Henri de Régnier, Édouard Dujardin, Francis Vielé-Griffin, vivem ainda ao lado de Jean Royére e de seus amigos, demonstra sua importância histórica, pela excelência dos poetas que o ilustraram e pelos vestígios profundos que ele deixou.

Os clássicos

Não queremos que esta rubrica seja pretexto para citar fazedores de alexandrinos, mesmo acadêmicos, que acreditam, alinhando sílabas ritmadas e rimadas, ser poetas. A poesia necessita de uma preocupação de arte, de uma procura de perfeição nova, mesmo dentro do quadro regular do classicismo, o que nada tem a ver com "la ritournelle millitaire". Os dois mais célebres poetas clássicos são, sem dúvida, Paul Valéry e Comtesse de Noailles. Mme. de Noailles não inovando nada (seus versos têm ainda a monotonia sonorante de Lamartine), possui, no entanto, um temperamento realmente lírico e sua generosidade verbal lhe permitiu descrever no seu primeiro volume *Le Cœur innombrable*, o seu melhor livro, poemas de música lasciva.

Paul Valéry tem muito mais arte, mais estilo e personalidade. Discípulo de Mallarmé, levou a previsão elíptica e a preciosidade de expressão a uma altura em que se torna obscura, apesar de sempre perfeitamente eufônica. Paul Valéry e a Comtesse de Noailles fazem parte de um grupo de poetas líricos, batizado La Pléiade, que foi fundado por Joachin Gasquet, morto há dois anos.

Mais clássicos ainda do que estes são os poetas que declamam a tradição estrita de Jean Moréas. Maurice du Podessis e Raymond de La Tailhède deveriam herdar essa posição.

Henri Charpentier, artista de inspiração elevada, fundou uma publicação semianual, colocada sob os auspícios de *Phoebus* que reúne poetas dessa tendência, ou de tendências aproximadas.

Estão ainda com os clássicos, homens de política realista, como Charles Menna e Xavier de Magallon, que se consagrando aos versos, não poderiam deixar de compô-los de maneira tradicionalista, quem sabe mesmo reacionária. É bom citar ainda poetas como Francis You, Guy Lavou, Paul Fort (que apesar de ajuntar seus versos consecutivamente, como frases de prosa, não consegue nos iludir) e sobretudo o grupo numeroso que convém chamar *o grupo dos poetas fantasistas*.

Os poetas fantasistas têm de comum a vontade de reagir contra o austero mitológico que apaixona os tradicionalistas puros. Conservando o verso de metros históricos, eles o adocicaram...

A emoção neles é sempre irônica. Suas musas afetam a boemia e às vezes o deboche. Muitos fantasistas habitam as alturas livres da Butte Montmartre. Paul-Jean Toulet, morto há pouco tempo, parece ser o melhor representante desta tendência, à qual pertencem também Jean Pellerin, Francis Carco, Tristan Derème e quem sabe Max Jacob, um pouco.

Os poetas do grupo de L'Abra e os que se filiam a este grupo podem servir de intermediários entre os clássicos e os *versolibristas*. Jules Romains, escritor de grande autoridade e que ocupa um lugar importante nas letras francesas contemporâneas (é um dos *leaders* de Nouvelle Revue Française), foi o fundador do *Unanimismo*, em volta do qual reuniram-se alguns amigos. Hoje alguns deles como Jorge Duhamel e Charles Vildrac separaram-se. Eles protestam, dizendo conhecerem somente os indivíduos que o *Unanimismo* pretende substituir, como assunto poético, pelo grupo ou a sociedade.

No entanto, será sempre necessário agrupar historicamente poetas como Jules Romains, Jorge Duhamel, Charles Vildrac, René Arcos etc., que abandonando completamente a torre de marfim mallarmeana, o isolamento da arte pela arte, quiseram mergulhar na humanidade atual, para revivificar suas emoções.

É bom notar que Jules Romains, apesar de usar do verso branco, pretende-se neoclássico, enquanto Duhamel e Vildrac mais sensíveis, mais elogiosos, defendem o verso livre.

Os revolucionários

A revolução na poesia pode ser realizada sobre o fundo ou sobre a forma. Em geral, nos movimentos de grande importância, a forma e o fundo mudam conjuntamente. Mas, veremos no período que nos interessa, as coisas não se passam exatamente deste modo. No ponto de vista do fundo, com certo número de poetas, começou a antever desde os primeiros anos do século XX a necessidade de reagir contra a palidez e a clorose, para onde a estética simbolista arriscava conduzir o lirismo francês. Eles quiseram se reconciliar com os interesses do século, como o deviam fazer os *unanimistas*, mas enquanto estes usavam da inspiração no plano humano, nossos revolucionários abandonavam este domínio; não é mais a alma humana que eles querem cantar, porém, o mundo moderno, sua beleza e atividade mecânica, tão bem prevista por E. Verhaeren na *Multiple explender*.

O poeta italiano F. T. Marinetti, inventor do futurismo, exerceu uma grande influência nesta mudança de fronte.

Em França – Guillaume Apollinaire que conhecia Marinetti, publicando seu poema *Zone*, onde ele celebrava a Torre Eiffel, introduziu a poética moderna.

Porém, o mais dotado e o mais apaixonado, desses inovadores, parece ser Blaise Cendrars, suíço de nascimento e cosmopolita de temperamento, cujas obras são de uma grande beleza.

Um tal terremoto no assunto devia necessariamente trazer uma modificação da forma. Foi o que aconteceu. Os modernistas rejeitaram a canga do verso regular clássico, deslocaram a sintaxe, e, para seguir melhor o movimento da sensibilidade mecanista, adotaram mesmo o processo das palavras em liberdade, introduzido pelos futuristas, e que consistia em alinhar substantivos consecutivos, sem verbos. Cada qual trazia a sua inovação revolucionária e floresceram numerosos grupos, como os *simultaneístas*, *paroxistas* e *cubistas*.

Deu-se então um fenômeno singular. Estas modificações de expressão poética que deveriam depender de uma nova inspiração, começaram a dominá-la. Não havendo coisas fortemente novas a dizer, vários poetas procuraram exprimir o que quer que fosse, numa forma extravagante. O modo de distribuição tipográfica tomou a maior importância e no movimento impropriamente denominado cubista (termo que define uma nova escola de pintura), assentaram praça artistas de toda laia. Alguns destes como Jean Cocteau, haviam composto versos absolutamente tradicionalistas, antes de se converterem a uma estética abandonada, atualmente, por eles próprios.

A pós-guerra nos mostrou um novo impulso do cubismo literário. Entre os poetas que brilharam então nos meios da jovem literatura avanguardista, convém notar Paul Morand, hoje no caminho do romance, com sucesso. Pouco depois formou-se um novo grupo, cujo órgão foi a revista *Littérature*: – os dadaístas.

Estes foram os verdadeiros extremistas da arte avançada. Julgando que no momento que se rejeitavam tantas regras da língua, seria melhor rejeitá-las todas.

Eles tomaram por missão exteriorizar imediatamente tudo que lhes passava pela cabeça, tudo que lhes propunha o inconsciente enlouquecido, sem fazer intervir julgamento de controle ou escolha, em que se acreditava consistir a arte. O resultado foi um niilismo total. E se alguém lhes perguntasse o que significava Dadá, eles, logicamente, respondiam: nada!

Esta tentativa levando ao absurdo a teoria estética que dá à expressão um valor próprio, independente do objeto a exprimir, este subjetivismo absorvente, não podia achar conclusão nem durar muito. Atualmente, o grupo Dadá está deslocado, e os seus membros mais talentosos, deixando de lado a poesia, acabam de passar para o romance onde prometem coisas fortemente tranquilas.

Isso não quer dizer que haja triunfo dos tradicionalistas, ao contrário, pois entre os poetas que adotaram por forma o verso livre, há muitos que se recusaram às divagações dadaístas e tomaram posição excelente, entre eles convém citar Jules Supervielle em quem vejo um dos melhores artistas contemporâneos.

Doutro lado, como já dissemos, certos literatos seguiam o exemplo de Claudel, usando o versículo bíblico que lhes permite grandes efeitos de força.

Termina assim o quadro da poesia francesa moderna, onde encontramos lugar para os mais decididos e para os menos inteligentes...

Novembro de 1923

*Carta de Paris [I]**

Sérgio Milliet

Aspectos do banquete com que o ministro Souza Dantas fez a sua entrada em Paris – Comunhão de artistas franceses e brasileiros – Futuristas d'aquém e d'além Atlântico – O célebre Grupo dos Seis – Visita ao *atelier* de um pintor cubista – Uma série de opiniões sobre arte

No Paris brilhante e festivo que precede ao Grande Prêmio, o novo embaixador brasileiro Souza Dantas fez sua estreia oferecendo um banquete à vanguarda artística e literária francesa. Homem de rara distinção, ele junta a essa qualidade a de ser inteligente – coisa menos apreciável na diplomacia – e a de possuir grande experiência social.

Sua partida de Roma foi uma das mais importantes manifestações de apreço até hoje tributadas a diplomata estrangeiro na Itália. Dele se despediram pessoalmente o presidente do

* *Ariel: Revista de Cultura Musical*, São Paulo, ano I, n.1, p.15-8, out. 1923. (N. O.)

Conselho, sr. Mussolini, e a nobreza do Circolo della Caccia. Por isso não deixa de ser significativo o gesto do nosso embaixador em França. Quis se afirmar intelectual em uma sociedade onde o pensador e o artista são prestigiados pelo elemento oficial, pela aristocracia e pelo povo. Para a sua festa também convidara artistas e literatos brasileiros então em Paris, como Tarsila do Amaral, Rego Monteiro, Brecheret, Pinheiro Júnior, Oswald de Andrade e eu. Para mim foi uma feliz ocasião para fazer o meu juízo acerca de certas personalidades. Assim, pude discorrer longamente com Darius Milhaud, do Grupo dos Seis. Esse músico de valor foi secretário de Claudel, no Rio, onde ambos passaram desapercebidos e, curiosa coincidência, durante a sua permanência aí, tornou-se amigo do nosso grande Villa-Lobos, tal como de Souza Dantas quando foi nosso chanceler. Note-se de passagem ter sido esse fato no momento em que o maior artista brasileiro era por todos hostilizado. Da terra que tão mal o acolheu, Milhaud conservou a intensa poesia, o ritmo nostálgico e a estranha beleza, que em França se transformaram em pedras preciosas, desconhecidas para os pretensos gênios nacionais.

Ao lado do embaixador sentou-se Jean Giraudoux, que é funcionário do Ministério do Exterior francês. Correto, moderado, diplomata, assemelha-se mais, com seu nariz arrebitado, olhos de um azul claro e modo de trajar, a um *lord* inglês amador de cavalos e *cocktails*, do que ao precursor desse tremendo modernismo que tanto escandaliza o dr. Porchat. Conversa simples, sem sombra do riquíssimo vocabulário e das imagens que fervem nos seus romances. De vez em quando, um ameaço de ironia no sorriso. É tudo. Quem leu *Siegfried et le Limousin* espera inutilmente por um moço petulante, falador, uma espécie de bisbilhoteira que tivesse lido Swift e saboreado Rimbaud. É tão grande a desilusão que eu mesmo, chegando à casa, reli o *Siegfried* na esperança de encontrar alguma página detestável. Não a encontrei; procure-a o leitor.

À sua frente, Tarsila do Amaral cortava a carne para Blaise Cendrars, poeta e mutilado da guerra. Mas antes de chegarmos a ele, vamos falar da talentosa pintora patrícia. Tarsila hoje dispõe de seguríssima técnica, permitindo-lhe realizar as mais ousadas concepções.

Quem viu o retrato pintado por Modigliani, viu Cendrars – não por ser fotográfico, que isso não tem a mínima importância – mas porque o pintor soube criar a exata atmosfera do escritor.

E Cendrars descobriu Modigliani! Ambos talentos de síntese, ambos donos da fantasia. O poeta escreveu-me esta frase sobre um livro seu: "Tirez sur ces élastiques". Referia-se aos seus *Poèmes élastiques*. Eu aceitei o seu conselho. E os elásticos não rebentaram.

Talvez não se possa dizer o mesmo dos nossos parnasianos, salvo Amadeu, Bilac e, dos novos, o santista Schmidt. Por quê? Falta de condensação.

Vai um poeta pelas ruas, caminha a esmo, de repente para; sobre a sarjeta de sua imaginação brilhou uma chave de ouro. Ei-lo satisfeito, feliz; pode com ela fazer um soneto bem acabadinho, abrir um coração. Pois não abre. Faz de treze versos um papel de embrulho, e o resultado é que o leitor poderá ter uma impressão favorável quanto à técnica, mas não ressentirá nenhuma comoção profunda. Esse poeta moderno desconhece o papel de embrulho, já há muito se retirou dos secos e molhados e, quando encontra uma chave de ouro, guarda-a à espera de outra. Um dia terá formoso conjunto onde o leitor encontrará a sua entre as muitas chaves que lá estão. Assim é Cendrars.

Ao seu lado, estava Fernand Léger, o pintor das locomotivas. Comia com apetite; alto, forte, bigodes à americana, sobrancelhas carregadas, tem alguma coisa do *boxeur* peso-pesado. No seu *atelier* de Montparnasse – onde estivemos todos incorporados depois do banquete – há rodas, chaminés, *klaxons* e serras de aço, formando ornamentação bem moderna. É considerado pelos seus admiradores como o mais puro dos cubistas e hermético aos profanos; nele, dizem, tem o século da máquina seu pintor. Não procura, como Picasso, idealizar a matéria de que é obrigado a utilizar-se; Léger tenta traduzir na tela a bruteza da massa inerte. Também são originalíssimos os seus Carlitos desengonçados e cinematográficos com que ilustrou o livro de Ivan Goll. Quando se lhe faz perguntas sobre a arte, ele se diz arquiteto, comprazendo-se em afirmar: "Donnez moi la matière, je vous donnerai un temple".

André Lhote, outro desenhista presente, não se aparenta aos outros cubistas; embora seguindo certos princípios, faz cada vez mais concessões ao gosto do público. Na sua fase atual parece-nos um pintor que, não desprezando chamar a atenção sobre si, quer ao mesmo tempo agradar gregos e troianos.

Mais adiante – entre Oswald de Andrade e Rego Monteiro, outro artista brasileiro que tem realizado grandes progressos – estava Jules Romains, o mestre-escola da jovem literatura que... segue regras. Inteligência fria, sem arroubos nem arrojos, preocupado com pesos e medidas, dest'arte agrada aos tradicionalistas. Ele completava com Jules Supervielle – poeta amável e fantasioso – o lote dos franceses.

Dizem que a honra de participar de uma reunião dessas suscita uma dose de ingratidão pelo menos igual à intensidade do prazer ressentido; resultaria pois o eu falar mal do anfitrião. Difícil tarefa quando se trata de Souza Dantas, seja dito sem lisonja. Imaginem se ele fizesse como um dos convidados, pacato provinciano bisonho em modernismos, que se pasmou tanto na visita feita ao Léger que, à saída, disse-me um francês: – "Il était comme deux ronds de frites, votre compatriote!".

É impossível descrever a cortesia, o tato e a perfeita distinção com que foi presidido o banquete. Grande ventura seria termos no exterior representantes idênticos. Nosso prestígio aumentaria sem necessidade de canhões nem de custosos efetivos bélicos.

*Carta de Paris [II]**

Sérgio Milliet

A melhor definição possível do atual movimento estético deu o espirituoso e fino Erik Satie.

"A arte era um barbante bem lisinho. Deram-lhe tantos nós que não resta lugar para mais nós. – Que fazer? Procurar um outro barbante."

Efetivamente, Debussy, Ravel e outros complicaram a música. Ia-se tornando psicológica após ter sido impressionista. O Grupo dos Seis, mais tarde, trouxe com o jazz e a música negra uma nova complicação. A influência de Stravinsky agiu também nesse sentido, e Cendrars e Cocteau dizem hoje serem ambos os fundadores do Grupo dos Seis. O fato de Cocteau continuar ao lado de Poulenc, Auric etc. não confirma ter sido ele o descobridor dos geniozinhos de então. – Que hoje cresceram...

Por outra, Cendrars exagera também suas aventuras e influência. Essa questão, de interesse para a moderna História da

---

* *Ariel: Revista de Cultura Musical*, São Paulo, ano I, n.2, p.52-4, nov. 1923. (N. O.)

Música, torna-se assim um problema. Um problema a mais nas artes contemporâneas que, embora podendo ter consequências relativamente desagradáveis (polêmicas, livros grossos, *interviews*), não espanta ninguém. Vivemos no tempo dos problemas. O problema Rimbaud, o problema Mallarmé, o problema Wagner etc.

No século dos problemas e das entrevistas, todo artista que se respeita tem um e não lhe faltam arguidores sobre sua arte.

Do Grupo dos Seis, todos não se tornaram igualmente conhecidos apesar de todos talentosos. Darius Milhaud foi quem mais se salientou. A moda da música negra o impôs. Nosso país, com suas modinhas que servem de fundo melódico em várias obras desse compositor, também contribuiu para o sucesso. Um crítico musical antigo chegou a escrever: "o que salva o sr. Milhaud é a linha melódica". Justamente o que não é dele. Outros consideram-no como o mais profundo e sério dos Seis. Mais do que Satie! É verdade que a sátira e a música cômica o atraem menos que os outros, mas isto por si só não é prova de talento.

Ao contrário de Milhaud, Poulenc tornou-se quase popular pela comicidade das suas paródias. Prefiro a essa comicidade a leve ironia do autor de *Socrate*.

Os bailados suecos e russos, que são os melhores divulgadores da nova orientação, são também, indiretamente, os melhores críticos.

Um bailado é uma música sobre a qual caiu um sopro de vida. Ela vibra e desnuda-se. No palco, as *Bodas* de Stravinsky impressionam tal um trecho religioso. Força, calma, serenidade, que só se encontram numa grande fé ou num profundo ceticismo: que resulta ser uma fé às avessas. No entanto as *Bodas* representam uma simples cerimônia de aldeia. Já *Parade* de Satie entra em cena com sorriso e com beijos à francesa. As danças do malabarista, do palhaço etc. são duma síntese e sutileza tão civilizadas que o gênio ainda selvagem da nossa raça não a apreende. O nosso povo, como o povo russo e em geral todos os povos recém-nascidos, necessita ainda de um sentimento trágico da vida. A alegria fina e pousada, a tristeza medida, o pudor bem-humorado, parecem-lhe sentimentos pouco honrados de gente decadente. Os *Mariés de la Tour Eiffel* cuja música foi composta pelos Seis, agradaria mais facilmente. É um bailado sem pretensões e francamente cômico, onde Poulenc e Auric brilham sobremodo pelo espírito e pela verve. O "Discurso do General", por Poulenc, é irresistível. O talento de Honnegger e de Germaine Taillefer é menos apreciado, em parte por serem mal compreendidos, o que aliás acontece a todos os outros. Esse Grupo dos Seis, esse famigerado grupo subversivo, acaba de apresentar por intermédio de Satie, quatro jovens compositores que serão os dignos sucessores desses mestres difíceis. Mas não serão continuadores porque desde já não existe na música dos srs. Désormière, Cliquet, Jacob e Sauguet, nada lembrando a técnica ou o fundo dum Poulenc, por exemplo. Eles apresentam uma música quase infantil, de tão singela e clara. É de crer-se que acharam o barbante.

Em literatura o mesmo se dá com Raymond Radiguet, tido por gênio nos salões do editor Bernard Grasset.

Villa-Lobos chegando agora com um temperamento robusto, com uma originalidade pouco influenciada, agradará seguramente. Triunfará. Chegou na hora oportuna. Por isso, eu quis saber qual a sua opinião sobre os Seis: "Satie – respondeu ele – é um caso sério, e Milhaud um menino genial; os outros são rebuscados e mais fracos. Brincam demais com a Arte. Mas acima de todos, acima de escolas e agremiações plana o gênio de Stravinsky".

Creio ser essa a melhor opinião sobre o avançado grêmio francês e o momento musical.

PS: No momento em que acabava esta carta, recebi um convite para os Bailados Suecos. Levam à cena atualmente a *Criação do mundo*, bailado negro de Blaise Cendrars, música de Darius Milhaud, cenários de Fernand Léger. Fui a esse delicioso espetáculo que começava com uma primeira audição de músicas de Koechlin e de Erik Satie.

Satie aparece mais espirituoso e interessante que nunca. Seu bailado teve merecido sucesso pois é uma verdadeira obra-prima.

Seguiu-se uma audição das obras dos quatro jovens da Escola d'Arcueil. Confirmou-se minha opinião, a saber: que Maxime Jacob é o melhor deles. Completava o programa um bailado norte-americano que não obteve os mesmos aplausos. E foi justo. É uma verdadeira cena de revista barata, com alegorias e mulheres vestidas de colares.

*Carta de Paris [III]**

Sérgio Milliet

A arte brasileira entrou num período dos mais interessantes: período de apresentação e de divulgação. Paris já nos olha com curiosidade e até mesmo com simpatia. Isso significa que, dentro de pouco tempo, nos orgulharemos dos nossos artistas. A capital francesa é a consagração: as obras aqui aprovadas espalham-se pelo mundo inteiro.

Tornou-se Paris, após a derrocada da Alemanha, Áustria e Rússia, o supremo árbitro. Sua sentença é lei: aqui se resolve se um artista tem gênio ou não o tem. O gosto e a sedução da França justificam em parte essa supremacia talvez injusta. O fato é que essa supremacia existe. Podemos, portanto, nos regozijar de nos suceder agora o mesmo que a russos e alemães em tempos passados. A ocasião também nos é propícia. Temos atualmente uma excelente embaixada intelectual na Europa. É a embaixada que necessitamos: não a embaixada do ouro, mas a que é presidida por

---

* *Ariel: Revista de Cultura Musical*, São Paulo, ano I, n.6, p.214-6, mar. 1924. (N. O.)

um esforço sincero e remunerador. Compõe-se ela de Brecheret, Tarsila do Amaral, Anita Malfatti, Souza Lima, Maria Antonia, Alonso da Fonseca e, principalmente, Villa-Lobos.

Este último, hoje em pleno sucesso, foi apresentado à França, por Darius Milhaud, na *Revue Musicale*, juntamente com Tupinambá e Nazareth, já conhecidíssimos em Paris. Milhaud, embora os louvasse publicamente, como Tupinambá, a quem chama gênio, deles se aproveitou com a maior sem-cerimônia. *L'Homme et son désir* é um habilíssimo desenvolvimento de *O meu boi morreu* e *Le Bœuf sur le toit* um *pot-pourri* dos nossos sambas e maxixes.

O fato de serem as músicas brasileiras compreendidas e admiradas pelos artistas estrangeiros, prova as famosas palavras dum célebre crítico, escrevendo sobre o grande compositor espanhol Manuel de Falla: "Quanto mais uma obra é regional, mais ela é universal". Temos neste exemplo, e no dos modernos russos, o melhor ensinamento e o maior estímulo para os músicos genuinamente nacionais.

É um grande erro considerar-se o maxixe música sem importância. Ele representa parte de nossa alma, e a alma de uma raça é coisa seríssima. Justamente, o que devemos cultivar são os elementos espontâneos brotados em nosso povo. Devemos partir dos seus característicos, a ingenuidade, a sensualidade, a melancolia e o chiste da modinha para, com estes dados, chegarmos a uma música nossa, e portanto, universal. Tupinambá, Nazareth e Souto, não devem esquecer o que sucedeu a Catulo da Paixão Cearense, nosso maior poeta somente enquanto foi "caboclo".

A propósito de Villa-Lobos: no dia 7 de abril, os "Concerts Wiéner", em Paris, darão um grande espetáculo em cujo programa figuram apenas três compositores: Stravinsky, Villa--Lobos e Milhaud. Não é possível desejar-se maior consagração para o brasileiro. Quem conhece o atual movimento artístico e sabe a significação dos nomes que o acompanham, pode medir a altura alcançada. É curiosa e digna de nota aquela profecia de um cronista do *Diário* que, durante a Semana de Arte Moderna em São Paulo, previa o nome de Villa-Lobos ao lado do russo, tido hoje como o maior gênio musical de seu tempo. Será igualmente curioso vermos os que vaiaram a mesma Semana, aplaudirem o maestro consagrado, de volta de Paris. Apesar da pecha de parisianismo, renovar-se-á a história de todo o novo movimento estético.

Já antes de nós, Cruz e Souza fazia a experiência das oposições, onde os que menor autoridade têm, maior bulha fazem. Até aqui nenhuma novidade, mas o que dá para lastimar é a agressiva hostilidade que perdura imutável desde esse autor até nossos dias. O progresso material não parece ter influído muito nos nossos costumes literários, acanhados e provincianos como nos tempos da proclamação da República. Mas isso não me leva ao desânimo. Tenho um amigo que costuma dizer: "Desde a invenção das locomotivas, o gado olha com a mesma estupefação rancorosa o desfilar do comboio".

* * *

O Grupo dos Seis está realizando atualmente um trabalho interessante, ocupando-se em rever, terminar e editar as obras póstumas de Gounod. É uma reabilitação pelo menos imprevista. A esse propósito deu-se um fato cômico. O grupo revolucionário, antes de começar essa reabilitação, teve de pedir e obter licença dos herdeiros de Gounod. Não foi fácil. Satie, encarregado pelos outros, recebeu da família do falecido compositor uma resposta negativa. Não se conformou com a recusa e obteve, a muito custo, uma audição privada das novas músicas. A família, que se apresentou acompanhada de alguns amigos de Gounod e críticos do Conservatório, ouviu e... reconheceu nas adaptações dos Seis, a alma do autor da "Ave-Maria"! Foi um extraordinário sucesso! Isso prova mais uma vez que os modernos, quando querem, também sabem fazer música antiga.

*La Poésie moderne au Brésil**

Serge Milliet

Mon ami Oswald de Andrade a analysé longuement et avec clairvoyance, dans une conférence prononcée à la Sorbonne et publiée dans cette *Revue*,[1] le mouvement intellectuel brésilien, depuis sa naissance jusqu'à sa phase actuelle provoquée par un groupe de São Paulo.

Ceux qui entendirent cette conférence ont dû remarquer que c'est de São Paulo que partent toujours les colonnes conquérantes du Brésil. São Paulo fût le berceau des premiers explorateurs, chasseurs d'indiens et chercheurs d'or. São Paulo fut la province choisie par d. Pedro pour proclamer l'indépendance et celle où prit naissance l'idée républicaine.

Est-ce l'influence du climat, est-ce celle du courant immigratoire, je ne sais, mais São Paulo apparaît toujours dans la Confédération brésilienne le porte-drapeau d'une culture et d'une

---

* *Revue de l'Amérique Latine*, Paris, ano II, v.6, n.24, p.346-55, dez. 1923. (N. O.)

1 Voir la *Revue de l'Amérique Latine* du 1er juillet 1923.

force formidables quoique encore embryonnaires. Il ne faut donc pas s'étonner d'y voir naître et grandir le mouvement de libération des lettres nationales. Ce mouvement éclata en 1922 par une semaine d'art moderne réalisée au grand théâtre de la ville.

Rio de Janeiro s'associa dès les premiers jours aux efforts paulistes et l'influence de ces jeunes se fit sentir peu à peu dans tout le pays, notamment à Pernambouc et à Minas.

Après cette semaine d'art moderne bruyante et naturellement incomplète, il fallait maintenir n'importe comment l'influence naissante et surtout combattre par tous les moyens l'académisme. Le capital manquant pour un quotidien, il fallut se contenter d'une mince petite revue de 16 pages: *Klaxon*, qui naquit au prix de grands sacrifices collectifs. Elle fit la joie facile des uns et la haine inutile des autres. Mais malgré la conspiration du silence, et plus tard les insultes, *Klaxon* vécut et fit son œuvre: secouer les esprits.

Autour de cette première revue se sont réunis les plus beaux talents de la génération. Des aînés même, déjà populaires, comme Graça Aranha, Ronald de Carvalho, Guilherme de Almeida, se joignirent au groupe et combattent aujourd'hui pour la bonne cause d'un art indépendant et original.

Il faut dire, avant d'analyser rapidement les œuvres nouvelles, quelques mots de la littérature brésilienne d'avant *Klaxon*.

Vicente de Carvalho, le premier, osa écrire des poèmes dont la forme n'était pas l'unique préoccupation et, à ce point de vue, c'est déjà un précurseur. Cruz e Souza, Alphonsus de Guimaraens, symbolistes, et le parnassien Amadeu Amaral furent aussi des poètes de grand talent dont les noms restent dans la mémoire des jeunes. Après eux, Olegario Mariano et Alvaro Moreyra donnent quelques beaux livres empreints d'un sentiment profond et fondus dans un moule moins serré.

Alvaro Moreyra surtout sut chanter avec bonheur les petites misères de la vie et en tirer une philosophie mélancolique et très haute qui charme encore. Son style, très souple, est un des plus personnels de notre littérature. Le seul reproche qu'on puisse lui adresser est celui d'abuser de l'adjectivation symboliste et de chanter quelquefois les jets d'eau verlainiens et la chute des feuilles, dans un pays où les jets d'eau sont des cascades et où l'automne est uniquement la saison des pluies.

Lors de la parution du premier numéro de *Klaxon*, Guilherme de Almeida avait déjà publié trois volumes de vers. *Nous*, recueil de sonnets amoureux, d'une facture impeccable mais d'un romantisme mal venu. *La danse des heures*, poème symboliste délicieusement coloré et suave, et enfin *Soror Dolorosa*, symboliste encore et mystique. Il y a déjà dans ce dernier livre des pages d'un sentiment tropical bien évident. Jugez-en par cette simple citation:

> Oui, change en beauté ta douleur!
> L'oiseau en cage se souvient si bien du ciel
> qu'il ne pleure jamais: il chante.
> Dans la grâce coloniale de ce couvent,
> derrière les murs de faïence claire,
> entre les fentes des rosaces
> et sous la bénédiction
> de ces larges façades couvertes de mousse
> mes yeux amers
> ont des douceurs de miel pour regarder le monde.
> ....
> Il y a sur le parapet
> d'une fenêtre ouverte
> un édredon languissant au soleil;

et une couverture,
avec un rire limpide de lin,
raconte la vie d'une alcôve.
. . . .
Plus loin encore sur le sable
un enfant joue
et boit le ciel avec ses doux yeux de pervenche.
Puis dans la rue un homme passe
et, sifflant des folies,
mêle à la pudeur du matin
des souvenirs impurs...

Narcisse, que le poète avait déjà écrit, se rattache à la période symboliste de son œuvre. C'est une espèce de lutte entre la Vérité et la Beauté. La Beauté c'est Narcisse, fleur inutile à la légende mystérieuse, attirante par cela autant que par son harmonieuse intelligence. Narcisse parle:

Ce qui existe dans le monde
c'est une nécessité constante
de Beauté.
Et il suffit de croire en la Beauté.

Est c'est parce que tous se taisent et croient en elle que le silence est né. "Ce fut le premier enfant de la Beauté." D'autres furent engendrés à leur tour

Et le Rêve trouva le ciel,
créa les Dieux.
Mais il les fit à son image

invisibles et beaux.
Or sur les genoux
de l'homme qui fait un Dieu
pèse la tentation de se prosterner.
C'est la nostalgie de la terre.

Cette conception de la Beauté, bien qu'un peu romantique, était nouvelle.

Survint ensuite un retour au classicisme avec ses *Chansons grecques*. Très simplement, sans exagérations ni métaphores forcées, il renouvelle encore ce genre de poésie.

Dans la poussière du cirque les discoboles jettent le disque et:

Tous les yeux le suivaient
dans sa trajectoire éphémère
et restaient allumés
de l'éclat métallique du petit soleil.
Et ils ne voyaient même pas l'autre,
le vrai,
qui était inaccessible
et paraissait plus petit.

Et enfin arriva la période actuelle et brésilienne. Son livre *Mien*, qui doit paraître bientôt, contient des épigrammes et des poèmes dans ce genre:

Immigrant, contemple mon pays,
et vois comme il est beau.
Et regarde ce soleil violent:
il a l'air d'une livre sterling!

Voici encore une poésie du même volume:

Sieste

Chaleur.
Les éventails des palmiers et des bananiers
éventent lentement,
inutilement,
dans la lumière perpendiculaire.
Les choses sont plus réelles, plus humaines;
il n'y a ni papillons bleus,
ni colombes lyriques...
A peine quelques chenilles
coulent, liquides,
sur l'herbe qui craque comme un émail;
et au loin, un dernier romantique,
– l'oiseau-forgeron métallique –
frappe,
de son boc de bronze, l'atmosphère tympanique.

Guilherme de Almeida fut encore le premier à introduire, dans la poésie brésilienne, le vers libre et l'assonance.

Ronald de Carvalho se rallia aussi au mouvement moderne dont il avait d'ailleurs été un des précurseurs avec Alvaro Moreyra et Olegario Mariano. Il vient de publier un livre *Epigramas irônicos e sentimentais* qui peut être considéré comme un des chefs-d'œuvre de notre littérature. Bien que moderne, Ronald de Carvalho n'est pas obsédé par la machine. Il l'ignore. Il lui suffit de vivre son époque et de refléter dans ses poèmes ce qu'elle a d'anti-romantique et de constructif. Il éprouve comme les autres le même besoin de nouveauté. Mais il fouille un autre horizon. C'est une question de tempérament. Ronald de Carvalho possède une veine classique qui fait de lui le plus pur poète brésilien.

Intérieur

Poète des tropiques, ta salle à manger
est simple et modeste comme un tranquile potager;
dans l'aquarium transparent, rempli d'eau boueuse,
des poissons nagent, rouges et dorés.
A travers les persiennes vertes une poussière lumineuse
entre; une poussière de soleil, tremblante, silencieuse,
Une poussière de lumière qui augmente la solitude...
Ouvre ta fenêtre toute grande!
Dehors sous le ciel d'été
les arbres chantent tous. Chaque feuille
est une cigale, chaque feuille est un oiseau, chaque feuille
est un son... L'air des villas sent l'herbe mielleuse,
l'herbe foulée, la vanille, la forêt chaude et suffocante...
Poète des tropiques,
donne-moi un peu d'eau dans ton verre coloré.
(Comme il est beau le paysage que l'on voit
Au travers du cristal d'un verre d'eau!)

Mário de Andrade, auteur de la *Paulicea desvairada* fut sans doute celui qui scandalisa le plus la littérature officielle du Brésil. C'est, avec Luiz Aranha, celui qui se rapproche de la gauche littéraire française et universelle. Car il y a une poésie universelle, un courant qui s'alimente des apports de tous les continents. En France, si Cocteau est un poète moderne français par excellence, Cendrars et d'autres sont des poètes universaux.

Dans un de mes poèmes j'écris: "Cendrars est un poète brésilien!", et je ne crois pas me tromper. Il est brésilien aussi bien qu'américain ou polonais. Il est universel comme Léger en peinture alors que Marie Laurencin, par exemple, est bien française, ce qui ne diminue en rien le talent de Marie Laurencin ni le charme de Cocteau. Mário de Andrade chante la vie moderne: le cinéma, les voyages, les locomotives, les machines, les sports, etc... Souvent il part d'une hallucination ou d'une idée fixe, et une partie de l'univers se réfléchit en son poème. D'autres fois c'est un simple petit tableau d'une ville, un équilibriste de cirque, un match de football, le carnaval. Il emploie tous les procédés mis en usage par les modernes: associations d'idées, développement par répétition, calembours, etc... Mais il se défend d'un trop grand hermétisme:

> Mes amis veulent de la chair saignante,
> images crues, truculents, dissonantes...
> Manque de classicisme!...

Je traduis son poème "Machine à écrire" qui est très caractéristique de sa manière:

> **Machine à écrire**
> B. D. G. Z. Remington.
> Pour toutes les lettres...
> Réflexe mécanique
> des sentiments rapides, torturés...
> Rapidité! Rapidité!
> 200 mots à la minute!
> On a volé un jour la machine à écrire de mon frère

et ceci est aussi de la poèsie
car il ne pouvait pas en acheter une autre.

Egalité machinale:
Amour, Haine, Tristesse
et les sourires de l'ironie
pour toutes les lettres...
Les bandits et le président de la République
ont la même écriture.

Liberté,
Egalité,
Fraternité: point.
Unification de toutes les mains.
Toutes les amours,
commencent par des A A qui se ressemblent.

Le mari qui trompe l'épouse.
L'épouse qui trompe le mari.
Les amants, les enfants, les amoureux.
"Condoléances.
Situation très difficile...
Mon cher ami, et les 50 francs?
Amitiés.
Cordialement à vous."
Et le signature manuscrite.

Tric! Désastre!
C'est la lettre O.
Privation des pâmoisons

pour les âmes ébahies devant la vie!
Ne plus pouvoir dire mon extase!
Multicoloration de mes élans passionnels
devant ces cheveux couleur de flamme!

Le point d'interjection est sorti tout de travers!
Mon émotion a tapé un espace...
Un fil, un trait en est resté
comme le sillage d'une larme
et un point après la larme...
Mais je n'ai pas eu de larmes,
j'ai crié "oh!"
devant ces cheveux couleur de flamme...

La machine a menti!

"Sais-tu que je suis très gai;
mais j'adore tes cheveux...
A mercredi, onze."

Je tape deux JJ majuscules.
Et la signature manuscrite.

Oswald de Andrade, auteur des *Condamnés*, roman qui a remporté un gros succès au Brésil, s'avère, dans ses dernières œuvres, un poète très fin, d'une ironie profonde, desservie par un style absolument original dans la langue portugaise. Je traduis ici un poème intitulé "Sorrente" où la mélancolie paresseuse de l'Italie se mêle aux réminiscences des fêtes "piedigrottes" célèbres par les chants populaires napolitains.

Sorrente

Vieilles voiles cigales
brumeuses dans la mer des Vésuves.
Des jardins lézards et des femmes dorées.

Les murs aux vignes des potagers fertiles.
Des insectes "piedigrottes"
rongent les boîtes d'allumettes.

Trigonométries blanches
dans le crêpe bleu perlé d'eaux napolitaines.

Parmi les écharpes distendues des côtes
pointillent les gris indigos des montagnes.
Lointaine ville.
Sieste quiète.

Un vieil Anglais dormait la bouche ouverte comme
une bouche noire de tunnel sous les lunettes
civilisées.
Le Vésuve attendait de l'agence Cook l'ordre
d'éruption.
Et une femme en jaune affirmait à un
sportsman en bras de chemise que le mariage
est un lien indissoluble.

Luiz Aranha est le plus jeune de nos poètes mais non pas le moins intéressant. Son œuvre, encore inédite en grande partie, contient des pages qui augurent d'un heureux avenir. Lui aussi est obsédé par le sifflement rauque des trains et des usines. Lui auissi chante les aéroplanes et les maisons de Banque. D'aucuns ne trouveront aucune poésie dans le poème que je citerai tout à l'heure. Moi j'y vois, au contraire, un sentiment ému de la vie telle qu'elle est aujourd'hui: un engrenage terrible, un machinisme rapide et déformateur. Et pourtant quelle harmonie! Avec Luiz Aranha je ne gâche pas mes loisirs à pleurer le bon vieux temps. Je me réjouis d'être né au siècle de l'acier, de la TSF et des pillules Pink. Les nourrices d'aujourd'hui chantent, pour endormir les enfants, la Java ou le dernier shimmy; je ne sais pourquoi les poètes seraient obligés de s'arrêter aux contes de fée. Les fées c'est très beau, mais une course de 110 mètres haies c'est plus beau.

Crépuscule

Panthéon en béton armé.
La lumière tombe.
Reflux de couleurs.
Miel est ambre.
Il y a des lyres d'Orphée dans toutes les autos.
Bétail des nuages au galop.
Ciels abattoirs de la "Continental".
Toutes les femmes sont translucides.
Je marche.
Marcher avec la force de toutes les automobiles,
avec la force de toutes les usines,
avec la force de toutes les associations commerciales et industrielles,
avec la force de toutes les banques
et celle de toutes les entreprises agricoles,
avec la force des Compagnies de chemins de fer,
des capitaux entassés en piles électriques,

la force de l'horizon volcanique,
les forces présidentielles et diplomatiques,
les forces violentes et tumultueuses de Verhaeren.
Je suis un train.
Un paquebot.
Un aéroplane.
Je suis la force centrifuge.
Toutes les forces de la terre.
Toutes les distensions et toutes les libertés.
Je sens la vie sonner en moi une diane de métal.
Mon corps est un clairon.
Beaucoup de lumière.
Beaucoup d'or.
Beaucoup de rouge.
Mon sang.
Je suis l'encre qui colore le soir!

Tacito de Almeida, frère de Guilherme de Almeida est aussi un jeune dont l'œuvre s'annonce brillante. Comme chez son frère, tout en lui est sentiment et rythme. Une grande mélancolie, un profond sarcasme, sont les caractéristiques de ses poèmes. J'y vois aussi un sentiment de la nuance trop subtil et qui me déplaît chez un compatriote. Par contre une abondance d'images vraiment tropicale. La nuance est d'importation. Elle vient de France. Le poète brésilien doit la repousser, comme une mauvaise tentation, s'il veut refléter son pays et l'âme de son pays. Ce qui prime cependant chez Tacito de Almeida et qui fait de lui un beau poète et un de ceux qui m'émeuvent le plus, c'est la pensée toujours forte, toujours inattendue et qui jaillit de la plus profonde humanité.

Le Sourcier

Sources souriant parmi les feuillages froids;
fleuves énormes fuyant désespérément;
ruisseaux découpant les plaines vertes;
chutes de verre moulu,
moulu par les pierres rigides;
lacs passifs
absorbés par le soleil;
Océan ivre,
titubant sur les plages,
affolé entre les rochers,
mordu et déchiré
dans tout son corps
par ses propres vagues...
O Monde!
Parmis ces vies divergentes
qui se mêlent et s'écartèlent
dans ton scénario invincible,
comme il est doux
de trouver le sourcier qui cherche encore,
qui connaît encore,
dans le fond vierge de tes entrailles,
de nouvelles sources obscures,
de nouvelles vies souterraines...

Menotti Del Picchia, dont l'œuvre est fort longue, est un mystique. C'est un des fondateurs de *Klaxon* et celui qui par sa campagne, dans un grand quotidien de São Paulo, joua le rôle peut-être le plus important. Il sut, avec Oswald de Andrade, défendre le sculpteur Brecheret, le peintre Anita Malfatti, le musicien Villa-Lobos, etc... Bien qu'ayant publié quelques volumes de vers il apparaît surtout comme un des meilleurs romanciers de la génération. Son *Homem e a morte* est un livre d'une grande envolée et d'une puissance majestueuse.

Je n'ai malheureusement de lui que des choses anciennes. Voici malgré tout quelques extraits d'un poème intitulé "le lac":

. . . .

Je naquis dans le ventre en pierre
de la montagne.
Depuis mon enfance, j'ai soif de liberté.
Et dès que j'ai pu marcher, je partis
parmi les cailloux
à la recherche d'aventures.

. . . .

Je marchais sur la terre sans but,
attiré par les distances.
Et Quelqu'un m'appelait au delà du continent...

. . . .

Comme un saltimbanque
je faisais des cabrioles
sur le tremplin des cascades.

. . . .

La nuit, je rêve que la lune m'appartient.
Elle descend vers moi
et je la prends avec mes mains mouillées.

. . . .

Autrefois, je jouais à la ronde
dans les tourbillons rapides.
Et je riais comme un bouffon

en couvrant mes lèvres d'écume.
Et la touffe des "ipês"
faisait tomber sur moi une pluie de corolles d'or...
Les biches au museau tendre
se regardaient
dans le miroir errant que j'étaits.
Je faisais marteler les pilons
et tourner les roues des moulins.
....
Mes pieds humides sont devenus paralytiques.
Ils sont rivés à l'ergastule des ravins.
Hydropique et stupide
je réfléchis l'ennui d'un unique paysage.
Connaissez-vous par hasard
la fascination de la voix qui m'appelle ?
Elle a la rumeur des coquillages,
l'harmonie des harpes de corail et de nacre.
....
Personne ne résiste à son commandement!
Je veux fuir la prison que m'entoure!
Un jour je ressusciterai dans l'évasion d'une crue.
La tempéte brisera la porte de ma cellule.
Et je courrai comme un fou
à l'appel de la voix qui commande,
jusqu'à fondre mes eaux dans les bras du monstre vert,
et agoniser dans un spasme
en sentant l'étreinte de ses muscles de vagues,
bercé par l'illusion irisée de son rêve d'écumes!
Voilà le chant de ma Haine!
Voilà le cantique de mon Espoir!

A.-C. Couto de Barros est un philosophe et un humoriste. Esprit anglais, il vit, mange et parle en anglais. Mais dans ses poésies il redevient brésilien. Peut-être m'en voudra-t-il de le dire, mais cela est. On n'échappe pas plus à l'influence de son pays qu'à celle de son âge. Et je retrouve le brésilien en lui dans cette mélancolie mélangée de sensualité qui est comme le paraphe de la race. Voici des stances encore inédites:

O Vie! Je me suis trompé.
Ta bouche qui me semblait,
sur ta face sans couleurs, une fête de sang,
est froide aussi... froide
comme cette médaille ancienne...

Apocalypse

Mais un jour doit venir où tout cela s'eteindra.
Et l'ombre qui marche vers nous, sur nous,
comme une énorme vague
roulera...
Et ce silence emplira, comme une paille neuve,
nos âmes vidées
pour le musée de l'éternité...
Et l'ange qui n'a pas de nom viendra
avec son éponge, imbibée
de l'eau d'un fleuve silencieux et sans rides,
pour effacer de nos bouches
la tache rouge de la vie,
et de nos yeux étonnés
l'éclat cabalistique du rêve...
Et un vent uniforme, apocalyptique,

balayera l'univers,
en emportant,
avec la méme indifférence,
l'ombre et la couleur,
la rumeur la plus lourde et le parfum le plus léger.

Je n'ai pas voulu parler des prosateurs. Qu'il me soit permis de citer quelques noms parmi les plus intéressants: Oswald de Andrade, Paulo Prado, Menotti Del Picchia, Plinio Salgado, Rubens de Moraes, Mário de Andrade, A.-C. Couto de Barros, Pedro Rodrigues de Almeida, Graça Aranha, etc...

Le groupe qui réunit autour de ce noyau littéraire des peintres et des musiciens comme Villa-Lobos, Yan, Anita Malfatti, Tarsila do Amaral, Brecheret, Rego Monteiro, Di Cavalcanti, etc., est réprésenté à Paris par un nombre assez élevé de ses membres.

Voici résumé, le plus brièvement possible, le nouveau mouvement artistique brésilien. Il est déjà plus qu'une promesse: un grand pas vers l'indépendance des arts nationaux. Or il faut, comme dit Eric Satie, faire crédit à la jeunesse; et j'ajouterai: surtout lorsque cette jeunesse se révèle avec tant de force et tant de santé.

A poesia moderna no Brasil

Sérgio Milliet
Tradução de Regina Salgado Campos

Meu amigo Oswald de Andrade analisou, amplamente e com perspicácia, numa conferência proferida na Sorbonne e publicada nesta *Revista*,[1] o movimento intelectual brasileiro, desde seu surgimento até a fase atual provocada por um grupo de São Paulo.

Aqueles que assistiram a essa conferência devem ter notado que é de São Paulo que sempre partem as tropas conquistadoras do Brasil. São Paulo foi o berço dos primeiros exploradores, caçadores de indígenas e garimpeiros. São Paulo foi a província escolhida por d. Pedro para proclamar a Independência e onde surgiu a ideia republicana.

Não sei se por influência do clima ou por influência da corrente migratória, mas São Paulo sempre aparece na confederação brasileira como o porta-estandarte de uma cultura e de uma força formidáveis, embora ainda embrionárias. Não é necessário, portanto, se surpreender ao ver nascer e crescer aí o

1 Ver *Revue de l'Amérique Latine*, 1º jul. 1923.

movimento de libertação das letras nacionais. Esse movimento veio a público em 1922, por meio de uma Semana de Arte Moderna realizada no grande teatro da cidade.

O Rio de Janeiro associou-se desde os primeiros dias aos esforços paulistas e a influência desses jovens se fez sentir pouco a pouco em todo o país, notadamente em Pernambuco e em Minas.

Depois dessa Semana de Arte Moderna barulhenta e naturalmente incompleta, era preciso manter de qualquer maneira a influência nascente e sobretudo combater por todos os meios o academismo. Por falta de capital para publicar um jornal, foi preciso contentar-se com uma magra pequena revista de dezesseis páginas: *Klaxon*, que nasceu às custas de grandes sacrifícios coletivos. Fez a alegria fácil de uns e a execração inútil de outros. Porém, apesar da conspiração do silêncio, e mais tarde dos insultos, *Klaxon* viveu e desempenhou seu papel: abalar as mentes.

Em torno dessa primeira revista reuniram-se os mais belos talentos dessa geração. Mesmo alguns mais velhos, já populares, como Graça Aranha, Ronald de Carvalho, Guilherme de Almeida, juntaram-se ao grupo e hoje combatem pela boa causa de uma arte independente e original.

Antes de analisar rapidamente as obras novas, é preciso dizer algumas palavras sobre a literatura brasileira anterior a *Klaxon*.

Vicente de Carvalho foi o primeiro que ousou escrever poemas cuja forma não era a única preocupação e, desse ponto de vista, já é um precursor. Cruz e Souza, Alphonsus de Guimaraens, simbolistas, e o parnasiano Amadeu Amaral foram também poetas de grande talento cujos nomes permanecem na memória dos jovens. Depois deles, Olegário Mariano e Álvaro Moreyra publicaram alguns belos livros marcados por um sentimento profundo, e fundidos num molde menos restrito.

Álvaro Moreyra, sobretudo, soube cantar com sucesso as pequenas misérias da vida e disso tirar uma filosofia melancólica e muito elevada que ainda encanta. Seu estilo, muito maleável, é um dos mais pessoais de nossa literatura. A única objeção que lhe pode ser feita é a de abusar da adjetivação simbolista e de cantar por vezes os jatos d'água verlainianos e a queda das folhas num país onde os jatos d'água são cascatas e onde o outono é apenas a estação das chuvas.

Quando da publicação do primeiro número de *Klaxon*, Guilherme de Almeida já havia publicado três volumes de versos. *Nós*, coletânea de sonetos amorosos, de construção impecável, mas de um romantismo inoportuno. *A dança das horas*, poema simbolista deliciosamente colorido e suave, e finalmente *Soror Dolorosa*, ainda simbolista e místico. Já há nesse último livro páginas de um sentimento tropical bem evidente. Julguem por esta simples citação:

> Muda em beleza a dor! A ave presa tem tanta
> saudade do seu céu, que já não chora: canta.
>
> Na graça colonial deste claustro, atrás destas
> paredes de azulejos claros, entre as frestas
> das rótulas & sob a bênção destes largos
> beirais verdes de musgo, os meus olhos amargos
> têm doçuras de mel para olhar este mundo,
> [...]
> [...] no peitoril de uma janela aberta
> há um lânguido edredon ao sol. & uma coberta,
> contando, com seu riso alvíssimos de linho,
> a vida de uma alcova [...]

mais longe, uma mulher de branco, muito loura,
colhe, na sombra verde, uma flor tentadora:
mais além, sobre a areia, uma criança brinca,
bebendo o céu pelos seus olhos de pervinca;
na rua, um homem passa &, assobiando loucuras,
no pudor da manhã põe saudades impuras...*

Narciso, que o poeta já havia escrito, está ligado ao período simbolista de sua obra. É uma espécie de luta entre a Verdade e a Beleza. A Beleza é Narciso, flor inútil de lenda misteriosa, atraente tanto por isso quanto por sua harmoniosa inteligência. Diz Narciso:

O que há, no mundo, é uma necessidade
constante de Beleza. E basta acreditar
na Beleza. [...]**

E, porque todos se calam e acreditam nela, é que nasceu o silêncio. "Ele foi o primeiro filho da Beleza". Por sua vez, outros foram engendrados

E o sonho achou o céu e fez os deuses: fê-los
invisíveis como ele – e belos. Mas nos joelhos

---

* Guilherme de Almeida, "A cadeia de cristal", em *Livro de horas de Soror Dolorosa*. São Paulo: Edição da Revista do Brasil, 1920, p.14-5. Exemplar pertencente à Casa Guilherme de Almeida. (N. T.)

** Id., *A flor que foi um homem* (*Narciso*). São Paulo: Irmãos Marrano Editores, 1925, p.43. Exemplar pertencente à Casa Guilherme de Almeida. (N. T.)

> do homem que faz um deus pesa uma tentação
> de prostrar-se por terra: é a saudade do chão.*

Essa concepção da Beleza, se bem que um pouco romântica, era nova.

Adveio em seguida um retorno ao classicismo com suas *Canções gregas*. Muito simplesmente, sem exageros nem metáforas forçadas, ele ainda renova esse gênero de poesia.

Na poeira do circo os discóbolos lançam o disco e:

> Todos os olhos
> seguiam-no na trajetória efêmera e aérea
> e ficavam acesos
> do fogo metálico do pequeno sol.
> E nem viam o outro sol – o verdadeiro – porque ele era
> inatingível e parecia menor.**

E finalmente chegou o período atual e brasileiro. O livro *Meu*, que deve ser lançado em breve, contém epigramas e poemas deste gênero:

> Immigrant, contemple mon pays,
> et vois comme il est beau.
> Et regarde ce soleil violent:
> il a l'air d'une livre sterling!***

---

* Ibid., p.44. (N. T.)

** Id., "Os discóbolos", *Klaxon: Mensário de Arte Moderna*, São Paulo, n.3, p.5, jul. 1922. (N. T.)

*** Não foram localizados versos correspondentes a estes no livro mencionado: id., *Meu*. São Paulo: José Nápoli, 1925. Exemplar pertencente à Casa Guilherme de Almeida. É possível que Milliet tenha tido acesso a versões preliminares dos poemas que integram essa edição. (N. T.)

Temos ainda uma poesia do mesmo volume:

Mormaço

Calor. E as ventarolas das palmeiras,
e os leques das bananeiras
abanam devagar,
inutilmente, na luz perpendicular.
Todas as coisas são mais reais, são mais humanas:
não há borboletas azuis nem rolas líricas...
Apenas as taturanas
escorrem, quase líquidas,
na relva que estala como um esmalte;
e longe, uma última romântica
– uma araponga metálica – bate
o bico de bronze na atmosfera timpânica...*

Guilherme de Almeida foi ainda o primeiro a introduzir, na poesia brasileira, o verso livre e a assonância.

Ronald de Carvalho ligou-se também ao movimento moderno do qual, aliás, ele havia sido o precursor com Álvaro Moreyra e Olegário Mariano. Acaba de publicar um livro: *Epigramas irônicos e sentimentais*, que pode ser considerado uma das obras-primas de nossa literatura. Embora seja moderno, Ronald de Carvalho não é obcecado pela máquina. Ignora-a. Basta-lhe viver sua época e refletir em seus poemas o que ela tem de antirromântico e de construtivo. Ele sente, como os outros, a mesma necessidade de novidade. Busca, porém, um outro horizonte. É uma

* Id., "Mormaço", *Klaxon: Mensário de Arte Moderna*, São Paulo, n.8-9, p.11, dez. 1922-jan. 1923. (N. T.)

questão de temperamento. Ronald de Carvalho possui uma veia clássica que faz dele o mais puro poeta brasileiro.

Interior

Poeta dos trópicos, tua sala de jantar
é simples e modesta como um tranquilo pomar;

no aquário transparente, cheio de água limosa,
nadam peixes vermelhos, dourados e cor de rosa;

entra pelas verdes venezianas uma poeira luminosa,
uma poeira de sol, trêmula e silenciosa,

uma poeira de luz que aumenta a solidão.

Abre a tua janela de par em par. Lá fora, sob o céu de verão,
todas as árvores estão cantando! Cada folha
é um pássaro, cada folha é uma cigarra, cada folha
é um som...

O ar das chácaras cheira a capim melado,
a ervas pisadas, a baunilha, a mato quente e abafado.

Poeta dos trópicos,
dá-me no teu copo de vidro colorido um gole d'água
(Como é linda a paisagem no cristal de um copo d'água!)*

---

* Ronald de Carvalho, "Interior", em *Epigramas irônicos e sentimentais*. 2.ed. Rio de Janeiro: Anuário do Brasil, 1925, p.43-5. Exemplar pertencente à Casa Guilherme de Almeida. (N. T.)

Mário de Andrade, autor de *Pauliceia desvairada*, foi sem dúvida quem mais escandalizou a literatura oficial do Brasil. É, com Luís Aranha, quem se aproxima da esquerda literária francesa e universal. Pois há uma poesia universal, uma corrente que se alimenta das contribuições de todos os continentes. Na França, se Cocteau é um poeta moderno francês por excelência, Cendrars e outros são poetas universais. Em um de meus poemas, escrevi: "Cendrars é um poeta brasileiro!", e não creio ter me enganado. Ele é tão brasileiro quanto norte-americano ou polonês. É universal como Léger na pintura, enquanto Marie Laurencin, por exemplo, é bem francesa, o que em nada diminui o talento de Marie Laurencin, nem o charme de Cocteau. Mário de Andrade canta a vida moderna: o cinema, as viagens, as locomotivas, as máquinas, os esportes etc. Com frequência parte de uma alucinação ou de uma ideia fixa, e uma parte do universo se reflete em seu poema. Outras vezes é uma simples cena de uma cidade, um equilibrista de circo, uma partida de futebol, o Carnaval. Emprega todos os procedimentos utilizados pelos modernos: associação de ideias, desenvolvimento por repetição, trocadilhos etc. Mas ele se previne contra um hermetismo muito grande:

> Mes amis veulent de la chair saignante,
> images crues, truculents, dissonantes...
> Manque de classicisme!...*

---

* Estes versos integram o poema "Obsession", em francês, do qual há um manuscrito no Arquivo Mário de Andrade, IEB-USP. Recolhido em Mário de Andrade, *Poesias completas*. Org. de Tatiana Longo Figueiredo e Telê Ancona Lopez. Rio de Janeiro: Nova Fronteira, 2013, v.II, p.311-2. Agradecemos a informação a Marcos Antonio de Moraes. (N. T.)

Traduzi seu poema "Máquina de escrever" que é muito característico de sua maneira de compor:

Máquina de escrever
B D G Z, Remington
Pra todas as cartas da gente.
Eco mecânico
De sentimentos rápidos batidos.
Pressa, muita pressa.
Duma feita surripiaram a máquina de escrever de meu [mano.
Isso também entra na poesia
Porque ele não tinha dinheiro pra comprar outra.

Igualdade maquinal,
Amor ódio tristeza...
E os sorrisos da ironia
Pra todas as cartas da gente...
Os malévolos e os presidentes da República
Escrevendo com a mesma letra...
Igualdade
Liberdade
Fraternité, point.
Unificação de todas as mãos...

Todos os amores
Começando por uns AA que se parecem...
O marido que engana a mulher,
A mulher que engana o marido,
Os amantes os filhos os namorados...

"Pêsames"

"Situação difícil.
Querido amigo... (E os 50 mil reis.)
Subscrevo-me
admor obgo"
E a assinatura manuscrita.

Trique... Estrago!
É na letra O.
Privação de espantos
Pras almas especulas diante da vida!
Todas as ânsias perturbadas!
Não poder contar meu êxtase
Diante dos teus cabelos fogaréu!

A interjeição saiu com o ponto fora de lugar!
Minha comoção
Se esqueceu de bater o retrocesso.
Ficou um fio
Tal e qual uma lágrima que cai
E o ponto final depois da lágrima.

Porém não tive lágrimas, fiz "Oh!"
Diante dos teus cabelos fogaréu.
A máquina mentiu!
Sabes que sou muito alegre
E gosto de beijar teus olhos matinais.
Até quarta, heim, 11.

Bato dois LL minúsculos.
E a assinatura manuscrita.*

Oswald de Andrade, autor de *Os condenados*, romance que teve um enorme sucesso no Brasil, revela-se, em suas últimas obras, um poeta muito fino, de uma ironia profunda, servida por um estilo absolutamente original na língua portuguesa. Traduzo aqui um poema intitulado "Sorrento" em que a melancolia preguiçosa da Itália se mistura às reminiscências das festas "piedigrottes", famosas pelos cantos populares napolitanos.

Sorrento

Velhas velas cigarras
Brumais no mar vesuviano
Com jardins lagartixas e douradas mulheres

Entre muros de uvas aleias
[De fartos pomares]
Insetos piedigrottas
Roendo caixas de fósforo

Trigonometrias brancas
No crepe azul de água napolitana

* Mário de Andrade, "Máquina de escrever", em *Losango cáqui ou afetos militares de mistura com os porquês de eu saber alemão*. São Paulo: Casa Editora Tisi, 1926, [s.p.]. Exemplar pertencente à Biblioteca Brasiliana Guita e José Mindlin (BBM-USP). É provável que Milliet tenha feito a tradução a partir de versão anterior à publicada, pois o poema difere sensivelmente do que foi incluído na edição consultada. (N. T.)

Longe cidade sesta quieta
Entre *écharpes* tiradas de costas
Ponteando cinzas índigos de montes

Um velho inglês dormia de boca aberta como uma boca enegrecida de túnel sob óculos civilizados.

O Vesúvio esperava ordens eruptivas de Thomas Cook & Son.

E uma mulher de amarelo informava a um esportivo em camisa que o casamento é um contrato indissolúvel.*

Luís Aranha é o mais jovem de nossos poetas, mas não o menos interessante. Sua obra, ainda em grande parte inédita, contém páginas que prometem um futuro de sucesso. Também ele é obcecado pelo apito rouco dos trens e das fábricas. Também ele canta os aeroplanos e as casas bancárias. Alguns não encontrarão nenhuma poesia no poema que vou citar mais adiante. Vejo, ao contrário, um sentimento comovido pela vida tal como ela é atualmente: uma engrenagem terrível, um maquinismo rápido e deformador. E, no entanto, que harmonia! Com Luís Aranha não desperdiço meu tempo chorando o passado. Alegro-me por ter nascido no século do aço, do telégrafo sem fio e das pílulas Pink.** As babás de hoje cantam, para adormecer as crianças, a java ou o último *shimmy*; não sei por que os poetas seriam obrigados a se deter nos contos de fadas. Falar de

* Oswald de Andrade, *Memórias sentimentais de João Miramar*. São Paulo: Livraria Editora Independência, 1924, p.34-5. Exemplar pertencente à Casa Guilherme de Almeida. (N. T.)

** As "pílulas rosa para pessoas pálidas" do dr. Williams (1850-1920) eram anunciadas como ricas em ferro para o sangue e os nervos. (N. T.)

fadas é muito bonito, mas uma corrida de 110 metros com barreiras é ainda mais bonito.

Crepúsculo
Panthéon de cimento armado
A luz tomba
Refluxo de cores
Mel e âmbar
Há liras de Orfeu em todos os automóveis
Reses das nuvens em tropel
Céu matadouros da Continental
Todas as mulheres são translúcidas
Ando
[Músculos elásticos]
Andar com a força de todos os automóveis
Com a força de todas as usinas
Com a força de todas as associações comerciais e industriais
Com a força de todos os bancos
Com a força de todas as empresas agrícolas e as explorações de
[linhas férreas
Os capitais amontoados em pilhas elétricas
Forças presidenciais e forças diplomáticas
A força do horizonte vulcânico
As forças violentas as forças tumultuosas de Verhaeren
Sou um trem
Um navio
Um aeroplano
Sou a força centrífuga e centrípeta
Todas as forças da terra
Todas as distensões e todas as liberdades

Sinto a vida cantar em mim uma alvorada de metal
O meu corpo é um clarim
Muita luz
Muito ouro
Muito rubro
Meu sangue
Eu sou a tinta que colore a tarde!*

Tácito de Almeida, irmão de Guilherme de Almeida, é também um jovem cuja obra se anuncia brilhante. Como na obra de seu irmão, tudo nele é sentimento e ritmo. Uma grande melancolia, um profundo sarcasmo são as características de seus poemas. Vejo aí também um sentimento da nuance sutil demais que me desagrada num compatriota. Por outro lado, uma abundância de imagens verdadeiramente tropical. A nuance é de importação. Vem da França. O poeta brasileiro deve rejeitá-la como uma má tentação, se quiser refletir seu país e a alma de seu país. O que se destaca, no entanto, na obra de Tácito de Almeida e faz dele um belo poeta e um dos que mais me emocionam é o pensamento sempre forte, sempre inesperado e que brota da mais profunda humanidade.

Sourcier

Fontes sorrindo entre folhagens frias;
rios enormes, fugindo desesperadamente;
regatos retalhando as planícies verdes;
cachoeiras de vidro moído,

* Luís Aranha, "Crepúsculo", *Klaxon: Mensário de Arte Moderna*, São Paulo, n.6, p.3-4, out. 1922. (N. T.)

moído pelas pedras rígidas;
lagos passivos,
arrepiados ou sorvidos pelo sol;
oceano bêbedo,
caindo nas praias,
enlouquecido entre as rochas,
mordido e rasgado,
em todo o corpo,
pelas próprias ondas...

Ó mundo!

Entre essas vidas desencontradas
que se embaraçam e se espedaçam
no teu cenário invencível,
ó como é suave o sourcier que ainda procura,
que ainda conhece,
na massa virgem de tuas entranhas,
novas fontes obscuras,
novas vidas subterrâneas!...*

Menotti Del Picchia, cuja obra é bastante extensa, é um místico. É um dos fundadores de *Klaxon* e aquele que, por sua campanha num grande jornal de São Paulo, talvez tenha desempenhado o papel mais importante. Soube, com Oswald de

* Tácito de Almeida, "Sourcier", em *Túnel e poemas modernistas: 1922/23*. Estabelecimento de texto e estudo de Telê Porto Ancona Lopez. São Paulo: Art Editora, 1987, p.43-4. Exemplar pertencente à Casa Guilherme de Almeida. (N. T.)

Andrade, defender o escultor Brecheret, a pintora Anita Malfatti, o músico Villa-Lobos etc. Embora tenha publicado alguns volumes de versos, surge sobretudo como um dos melhores romancistas da geração. Seu *O homem e a morte* é um livro de grande inspiração e de majestosa potência.

Infelizmente, dele só tenho coisas antigas. Eis, apesar de tudo, alguns fragmentos de um poema intitulado "O lago":

> [...]
>
> Nasci no ventre de pedra de uma montanha. Desde menino tive sede de liberdade. Mal engatinhava entre os pedrouços, saí à busca de aventuras...
>
> [...]
>
> Eu caminhava na terra sem rumo, atraído pelas distâncias. Alguém me chamava para lá do continente...
>
> [...] Cabriolava como um saltimbanco no trampolim das cachoeiras. [...]
>
> [...]
>
> De noite sonho que sou dono da lua. Ela desce do alto e eu a seguro com minhas mãos de água. [...]
>
> Outrora brincava de roda no corrupio das corredeiras. E ria como um jogral até cobrir de espuma meus lábios. E a copa dos ipês fazia cair sobre mim uma chuva de corolas de ouro...
>
> Corças de focinhos tenros miravam-se no espelho errante que eu era. Fazia martelar os monjolos e rodar a estrela giratória das rodas dos moinhos. [...]

Meus pés de água ficaram paralíticos. Prenderam-me no ergástulo dos barrancos. Estou hidrópico e bronco e espelho o tédio de uma única paisagem...

[...]

Conheceis acaso a fascinação da voz que me chama? Tem o ruído das conchas, a harmonia de harpas de coral e madréporas. [...]

Ninguém resiste ao seu chamamento! Eu quero fugir à prisão que me prende! Um dia ressuscitarei na evasão de uma enchente. A tempestade quebrará a porta do meu presídio. Hei de correr como um doido, acorrendo ao apelo da voz que me chama, até fundir minhas águas nos braços do monstro verde, e agonizar no espasmo ao sentir a pressão dos seus músculos de ondas, embalado pela ilusão irisada do seu sonho de espumas!

Esta é a canção do meu Ódio!

Este é o cântico da minha Esperança!*

A.-C. Couto de Barros é um filósofo e um humorista. Mentalidade inglesa, vive, come e fala em inglês. Mas em suas poesias volta a ser brasileiro. Talvez fique bravo comigo por dizer isso, mas é isso. Não se escapa da influência de seu país nem da de sua idade. E encontro o brasileiro nele nessa melancolia

---

* Menotti Del Picchia, *O homem e a morte*. São Paulo: Monteiro Lobato & C., 1922, p.187-90. Exemplar pertencente à Biblioteca Brasiliana Guita e José Mindlin (BBM-USP). (N. T.)

mesclada de sensualidade que é como a marca da raça. São estrofes ainda inéditas:

O Vie! Je me suis trompé.
Ta bouche qui me semblait,
sur ta face sans couleurs, une fête de sang,
est froide aussi... froide
comme cette médaille ancienne...*

Apocalipse
E o dia há de chegar, em que tudo se acaba... E a sombra que caminha
[para nós, sobre nós
como uma enorme vaga
rolará...
E o silêncio encherá, como uma palha nova,
as nossas almas esvaziadas,
para o museu da eternidade...
E o Anjo que não tem nome há vir
com a sua esponja embebida
na água de um rio silencioso e sem rugas,
para apagar das nossas bocas
a mancha vermelha da Vida,
e dos nossos olhos espantados
o brilho cabalístico do sonho...
E um vento uniforme apocalíptico,
varrerá o universo, carregando
com a mesma indiferença,

* Estes versos não foram localizados em nenhuma das publicações consultadas. (N. T.)

a sombra e a cor,
e o ruído mais pesado e o perfume mais leve...*

Não quis falar dos prosadores. Que me seja permitido citar alguns nomes dentre os mais interessantes: Oswald de Andrade, Paulo Prado, Menotti Del Picchia, Plínio Salgado, Rubens de Moraes, Mário de Andrade, A.-C. Couto de Barros, Pedro Rodrigues de Almeida, Graça Aranha etc.

O grupo, que reúne em torno desse núcleo literário pintores e músicos como Villa-Lobos, Yan, Anita Malfatti, Tarsila do Amaral, Brecheret, Rego Monteiro, Di Cavalcanti etc., está representado em Paris por um número bastante elevado de seus membros.

Eis em resumo, da maneira mais breve possível, o novo movimento artístico brasileiro. Já é mais do que uma promessa: um grande passo em direção à independência das artes nacionais. Ora, é preciso, como diz Erik Satie, acreditar na juventude; e acrescentarei: sobretudo quando essa juventude se revela com tanta força e tanta saúde.

---

* Apud Maria Eugenia Boaventura, *Couto de Barros: a elite nos bastidores do modernismo paulista*. Cotia (SP): Ateliê Editorial; Campinas: Editora da Unicamp, 2022, p.155-7. (N. T.)

Fontes dos textos

Oswald de Andrade

L'Effort intellectuel du Brésil contemporain. *Revue de l'Amérique Latine*, Paris, ano II, v.5, n.19, p.197-207, jul. 1923. (Conferência pronunciada na Sorbonne, 11 de maio de 1923.)

A atualidade de Babilônia. *Correio Paulistano*, São Paulo, 30 mar. 1923, p.5.

Pequena tabuada do espírito contemporâneo. *Correio Paulistano*, São Paulo, 24 maio 1923, p.3.

Anunciação de Pirandello. *Correio Paulistano*, São Paulo, 29 jun. 1923, p.3.

Vantagens do caos brasileiro. *Correio da Manhã*, Rio de Janeiro, 12 dez. 1923, p.1.

Preocupações brasileiras. *Correio da Manhã*, Rio de Janeiro, 20 dez. 1923, p.1.

Blaise Cendrars: um mestre da sensibilidade contemporânea. *Correio Paulistano*, São Paulo, 13 fev. 1924, p.3. (Publicada em EULÁLIO, Alexandre. *A aventura brasileira de Blaise Cendrars*. 2.ed. rev. e atual. Carlos Augusto Calil. São Paulo: Edusp; Imprensa Oficial do Estado; Fapesp, 2001. p.379-83.)

Ambientes intelectuais de Paris I. *Correio Paulistano*, São Paulo, 11 abr. 1924, p.3. (Primeira parte da conferência proferida em 26 de março de 1924 no V Ciclo de Conferências da Villa Kyrial.)

Ambientes intelectuais de Paris II. *Correio Paulistano*, São Paulo, 12 abr. 1924, p.3. (Segunda parte da conferência proferida em 26 de março de 1924 no V Ciclo de Conferências da Villa Kyrial.)

Di Cavalcanti

De Paris [I]. Chegávamos ao Havre!... *Correio da Manhã*, Rio de Janeiro, 7 out. 1923, p.2.

Figuras do mundo moderno. Cendrars, o mutilado genial. *Correio da Manhã*, Rio de Janeiro, 28 out. 1923, p.2.

De Paris [II]. Chegou do campo corada. *Correio da Manhã*, Rio de Janeiro, 4 nov. 1923, p.2.

De Paris [III]. Caricaturas. *Correio da Manhã*, Rio de Janeiro, 9 dez. 1923, p.2.

De Paris [IV]. Domenique Braga fala-nos sobre a moderna poesia de França. *Correio da Manhã*, Rio de Janeiro, 29 dez. 1923, p.2.

Sérgio Milliet

Carta de Paris [I]. *Ariel: Revista de Cultura Musical*, São Paulo, ano I, n.1, p.15-8, out. 1923. (Publicada em BATISTA, Marta Rossetti et al. (orgs.). *Brasil*: 1º tempo modernista – 1917/29. Documentação. São Paulo: IEB-USP, 1972. p.81-3.)

Carta de Paris [II]. *Ariel: Revista de Cultura Musical*, São Paulo, ano I, n.2, p.52-4, nov. 1923. (Publicada em BATISTA, Marta Rossetti et al. (orgs.). *Brasil*: 1º tempo modernista – 1917/29. Documentação. São Paulo: IEB-USP, 1972. p.316-8.)

Carta de Paris [III]. *Ariel: Revista de Cultura Musical*, São Paulo, ano I, n.6, p.214-6, mar. 1924. (Publicada em BATISTA, Marta Rossetti et al. (orgs.). *Brasil*: 1º tempo modernista – 1917/29. Documentação. São Paulo: IEB-USP, 1972. p.318-20.)

La Poésie moderne au Brésil. *Revue de l'Amérique Latine*, Paris, ano II, v.6, n.24, p.346-55, dez. 1923.

II
Paris é uma festa brasileira?

1923 e os modernistas no primeiro e movimentado ano de Souza Dantas como embaixador em Paris

Orlando de Barros
Fábio Koifman

O presente artigo tem como tema o primeiro ano de Souza Dantas como embaixador do Brasil em Paris, 1923. Em especial, aborda a atuação do diplomata em prol das relações culturais entre o Brasil e a França, seus esforços em acolher e, não raro, até patrocinar eventos envolvendo os modernistas brasileiros durante a temporada deles na Europa naquele ano.

No ano seguinte à Semana de Arte Moderna de 1922, alguns dos mais importantes modernistas estavam ou estiveram em Paris: Oswald de Andrade, Tarsila do Amaral, Victor Brecheret, Anita Malfatti, Emiliano Di Cavalcanti, Vicente do Rego Monteiro, Sérgio Milliet e Heitor Villa-Lobos. Os impactos, as influências e o legado da atuação deles na Semana e no ano de 1923 em Paris produziram desdobramentos bastante expressivos nos anos e décadas seguintes. O presente texto ocupa-se tão somente de 1923, procurando descrever e contextualizar aquele exato momento, buscando cair o mínimo possível no anacronismo que tende a aparecer quando são tratados os fatos subsequentes, sobre os quais os personagens aqui mencionados não tinham como saber naquele momento.

Nesse mesmo ano, nas memórias e nos estudos relacionados produzidos até aqui, o embaixador Souza Dantas é mencionado como importante apoiador em Paris do grupo modernista, assim como nos anos subsequentes.[1] Os indivíduos desse grupo acabaram ficando para a história das artes brasileiras e para a posteridade entre os nomes mais importantes surgidos no país. Em 1923, ainda estavam em relativo início ou em processo de consolidação das respectivas carreiras, com alguns deles apresentando como razão da ida a Paris o aprofundamento em estudos, em alguns casos apoiados financeiramente por verbas privadas ou públicas. Em outros, como Di Cavalcanti, como correspondente de um jornal brasileiro.[2]

Luiz Martins de Souza Dantas nasceu em 17 de fevereiro de 1876 no Rio de Janeiro.[3] Com 21 anos incompletos e com menos de um mês de formado em Direito, foi nomeado em 1897 adido da legação brasileira em Berna, Suíça. A partir daí,

---

1 Entre muitos outros, mencionaram Souza Dantas e os modernistas brasileiros: Amaral, A., *Tarsila: sua obra e seu tempo*, p.103-11; Bardi, *O modernismo no Brasil*, p.42; Suppo; Lessa, *A quarta dimensão das relações internacionais*, p.147; Rivas; Artico; Alcoforado, *Encontro entre literaturas: França, Portugal, Brasil*, p.20-1; Andrade, O. de, *Telefonema*, p.788. Nesta última publicação, está mencionado na "Cronologia" incluída no final da obra, assim como em várias reedições de livros do autor, lançadas pela Editora Globo, tendo sido elaborada originalmente por Orna Messer Levin.

2 Di Cavalcanti em 1923 viajou a Paris como correspondente do *Correio da Manhã*, tendo publicado o primeiro artigo, a que se referiu como "crônica", em 7 out.1923, p.2. Reproduzido na Parte I deste livro.

3 Arquivo Histórico do Itamaraty (AHI), 34.270, "Maço Pessoal".

"galgou rapidamente os altos postos",[4] tendo servido em São Petersburgo, Roma, Buenos Aires, como subsecretário das Relações Exteriores e ministro interino das Relações Exteriores. Em 1919 foi nomeado embaixador do Brasil na Itália, posto que assumiu no dia 1º de dezembro daquele ano. Quando assumiu a embaixada brasileira em Paris, em 23 de dezembro de 1922, já era um diplomata experiente.[5]

O cargo de embaixador do Brasil em Paris era o mais ambicionado e o mais cobiçado da carreira diplomática, pois as elites brasileiras há muito cultivavam especial admiração pela cultura francesa. Além de destino obrigatório na Europa para os membros das famílias brasileiras mais abastadas, uma indicação para servir em Paris era disputada de forma acirrada.[6] Quando a nomeação para a capital francesa foi anunciada, um articulista manifestou que Souza Dantas "vai ser removido de Roma para Paris. Removido não é bem o termo. Promovido, podemos dizer, e com justiça".[7]

Souza Dantas não só conseguiu ser nomeado para "a Cidade-Luz", como também permaneceu por vinte anos no posto de embaixador do Brasil na França, sendo que por quase dezoito anos em Paris e por pouco mais de dois anos, entre 1940 e 1942, na cidade de Vichy, sede do governo francês depois do armistício com o regime nazista. Nos dias de hoje, o embaixador é lembrado especialmente pelo tempo em que esteve em Vichy e

4 Guimarães, *Dicionário biobibliográfico brasileiro: de diplomacia, política externa e direito internacional*, p.155.

5 Koifman, *Quixote nas trevas: o embaixador Souza Dantas e os refugiados do nazismo*, p.39-66.

6 Entre outros, Lyra, *Minha vida diplomática*, tomo I, p.308.

7 *Hoje: Periodico de Acção Social*, Rio de Janeiro, 11 nov. 1922, p.4.

foi responsável pela emissão de vistos irregulares para o Brasil, concedidos a centenas de pessoas que fugiam do nazismo, em especial, judeus, comunistas e homossexuais.[8]

A importância do apoio do embaixador em 1923 é mais conhecida na perspectiva dos modernistas.[9] Bem menos estudado e conhecido é estabelecer em que âmbito das múltiplas atividades de Souza Dantas esse apoio se enquadrava e no que exatamente consistiu, em quais oportunidades e situações os modernistas então em Paris puderam se aproximar de certos círculos artísticos e intelectuais franceses. Tratamos aqui de sinalizar de quais recursos e estratégias o embaixador fez uso em 1923 para introduzir os modernistas nesses grupos parisienses. Afinal, se naquele momento os modernistas ainda buscavam afirmação no Brasil e eram praticamente desconhecidos na capital francesa, em tese o mesmo se poderia dizer de Souza Dantas, recém-empossado no cargo.

A capital francesa era destino regular e constante de brasileiros ilustres[10] – e influentes – que ao chegarem à cidade demandavam

---

8 Koifman, *Quixote nas trevas*, op. cit., p.191-383.

9 Entre outros, Amaral, A., *Tarsila: sua obra e seu tempo*, op. cit., p.103-11. A mesma obra reproduz, além das impressões de Tarsila, as de Sérgio Milliet (p.110), publicadas na revista *Ariel: Revista de Cultura Musical*, São Paulo, ano I, n.1, p.15-8, out. 1923 – artigo reproduzido na Parte I deste livro.

10 Broca, *A vida literária no Brasil: 1900*, p.141-52. O peso da cultura literária francesa na vida intelectual brasileira, conforme Brito Broca, precedia as demais formas de influência da França na vida brasileira. Alguns autores, mais tarde, trataram dessa propensão brasileira a valorizar a "civilização francesa", em que Paris aparece como modelar aos brasileiros em tudo. Dentre esses autores, citemos Needell, *Belle Époque tropical*, p.83-6, 121-3, *passim*; Sevcenko, *Orfeu extático na metrópole: São Paulo, sociedade e cultura nos frementes anos 20*, p.277-98, *passim*; Carvalho, *Cidade porosa, dois séculos de história cultural do Rio de Janeiro*, p.172-80, *passim*.

atenção formal e protocolar da embaixada ou a recebiam em razão das estratégias e articulações políticas relacionadas à manutenção no posto.

Esse primeiro ano à frente da embaixada foi especialmente repleto de visitantes importantes. O primeiro deles, Epitácio Pessoa (1865-1942), que, em novembro de 1922, ou seja, meses antes, encerrara o mandato presidencial. Sendo muito próximo de Souza Dantas, não por acaso foi sob sua presidência que se deu a nomeação do diplomata para o posto em Paris.[11] Além de políticos, oficiais das Forças Armadas e personalidades importantes, também em 1923 e na mesma época em que o ex-presidente se encontrava na cidade, chegou a delegação brasileira de médicos, chefiada por Carlos Chagas, naquele momento diretor do Departamento Nacional de Saúde Pública. A delegação tinha como propósito participar dos eventos relacionados ao centenário de nascimento de Pasteur, comemorado naquele

11 *O Jornal*, Rio de Janeiro, 27 maio 1938, p.5. Além do ex-presidente e a esposa dele, encontrava-se também em Paris com a família o ex-ministro da Guerra, Pandiá Calógeras, *Jornal do Commercio*, Rio de Janeiro, 17 jul. 1923, p.1. Souza Dantas acompanhou Epitácio Pessoa até Bordéus, cidade na qual o ex-presidente embarcou em regresso para o Brasil, *Jornal do Commercio*, Rio de Janeiro, 21 jul. 1923, p.1; *Jornal do Commercio*, Rio de Janeiro, 28 jul. 1923, p.1; *Correio Paulistano*, São Paulo, 29 jul. 1923, p.2; e *A Rua*, Rio de Janeiro, 27 jul. 1923, p.4. Outros tantos políticos e membros do governo encerrado em 1922 estiveram na capital francesa, entre outros, o ex-ministro das Relações Exteriores, Azevedo Marques, que chegou a Paris no dia 20 de agosto de 1923, *Correio Paulistano*, São Paulo, 21 ago. 1923, p.2. Esses políticos permaneciam por meses na capital francesa. Azevedo Marques e a esposa, por exemplo, permaneceram até 1º de novembro de 1923, *O Jornal*, Rio de Janeiro, 21 ago. 1923, p.5; *O Jornal*, Rio de Janeiro, 2 nov. 1923, p.5; e *Correio Paulistano*, São Paulo, 2 nov. 1923, p.1.

ano, e da Exposição Internacional de Higiene. Esses visitantes ilustres, por exemplo, permaneceram sob as atenções de Souza Dantas por mais de um mês, contando com o apoio do embaixador. Entre outros esforços, o diplomata ofereceu um banquete ao grupo e seus pares cientistas franceses no sentido de realizar apresentações e aproximações.[12] Ainda assim, foi asperamente criticado pelo jornal carioca *Correio da Manhã* em razão de ter optado por dar atenção a Epitácio Pessoa e não ter acompanhado a delegação de médicos brasileiros no dia da abertura da exposição brasileira em Estrasburgo.[13]

A esses compromissos se somavam outros tantos relacionados ao posto propriamente dito, tais como estar presente nas solenidades nacionais francesas e brasileiras mais importantes, como também nas demais funções de representação.

No mesmo ano de 1923, o embaixador foi designado pelo presidente da República para representar o país no Conselho Executivo da Liga das Nações, função essa que envolvia atividades relacionadas ao organismo, sediado em Genebra.[14]

No presente texto, traremos uma parte pequena da agenda do ano de 1923 de Souza Dantas, a que sinaliza para as estratégias e esforços do embaixador em aproximar brasileiros e franceses. Tão somente a descrição completa de todos os banquetes

---

12 *Gazeta de Notícias*, Rio de Janeiro, 16 ago. 1923, p.3. O mesmo grupo participou da Exposição de Higiene realizada na cidade de Estrasburgo, na qual houve um "pavilhão brasileiro", *Pacotilha*, Maranhão, 13 jun. 1923, p.1; e *Correio Paulistano*, São Paulo, 3 ago. 1923, p.5.

13 *Correio da Manhã*, Rio de Janeiro, 19 jul. 1923, p.4; *Gazeta de Notícias*, Rio de Janeiro, 20 jul. 1923, p.1; e *Hoje: Periodico de Acção Social*, Rio de Janeiro, 21 jul. 1923, p.6.

14 AHI, 34.270, "Maço Pessoal". Despacho telegráfico n.98 de Félix Pacheco para Souza Dantas em 19 out. 1923.

que ofereceu e de que participou como convidado já seria suficiente para ultrapassar o limite razoável de um capítulo de livro, que é sua proposição. Mas estão aqui mencionados os informes que chegaram ao conhecimento público por meio da imprensa e que de algum modo podem ajudar a explicar a eficiência de Souza Dantas em projetar os modernistas naquele momento em Paris.

Recolher parte dos registros das atividades do embaixador, especialmente na imprensa brasileira, ao longo de 1923, já dá uma boa ideia para se estabelecer de que maneira a presença dos "modernistas" se encaixou nas estratégias de diplomacia cultural de Souza Dantas e como ele buscou apoiar os então jovens intelectuais e artistas que estavam naquele ano em Paris.

A todos Souza Dantas buscava apoiar, atender e, especialmente, agradar. A permanência em Paris, em termos práticos, dependia de apoio político e esse apoio era obtido com bons contatos e boas impressões de pessoas influentes ou potencialmente influentes que foram recebidas e ficaram bem impressionadas com a atenção que o embaixador dispensou a cada uma delas durante a estadia na cidade. Uma vez de volta ao Brasil, os frutos colhidos eram especialmente as matérias publicadas na imprensa, reconhecendo a eficiência e as qualidades de Souza Dantas como representante do país, assim como os elogios manifestados a membros do governo e do meio político, estratégia que funcionou bastante bem até o embaixador acabar sendo aposentado por limite de idade.

Se Souza Dantas tinha essa estratégia – entre outras – para permanecer no posto em Paris, na capital francesa os círculos de aproximação com as personalidades locais ocorriam, especialmente, por meio de eventos culturais, recepções e banquetes. Essa também era a estratégia de introduzir os intelectuais e artistas nos círculos culturais franceses. O embaixador compreendia o exercício da diplomacia viabilizado ou facilitado por meio dos atalhos criados mediante aproximações e contatos pessoais. Empregava todos os recursos que tinha nesses eventos. Segundo um contemporâneo luso que conviveu com Souza Dantas, o embaixador "dissipou três ou quatro fortunas herdadas, sem falar nos altos vencimentos do seu posto",[15] produzindo esses acontecimentos. Segundo Maurício de Medeiros,

> Souza Dantas assumiu a chefia da nossa representação em Paris sucedendo a três representantes que se tinham notabilizado por seu espírito econômico: Gastão da Cunha, Olinto de Magalhães e Pires de Almeida, este último célebre porque só abria os salões da então legação do Brasil aos 15 de novembro para oferecer aos brasileiros um "chá com torradas"... Souza Dantas era precisamente o inverso de tudo isso. Gastava em almoços e jantares a celebridades francesas toda a verba da representação e todos os seus vencimentos. Mas colhia os frutos dessa prodigalidade nas excelentes relações que ia cimentando. Evidentemente não é só com acepipes que se criam amizades e se faz prestígio. É que Souza Dantas, com sua vasta cultura literária e sua inteligência privilegiada – era e continua a ser um admirável *causer*, que encanta e anima qualquer reunião onde esteja presente.[16]

---

15 AHI, 34.270, "Maço Pessoal". Joaquim Leitão, "Editorial", *Diário Popular*, Lisboa, 25 abr. 1954.

16 *Diário Carioca*, Rio de Janeiro, 20 fev. 1951, p.4. Olinto Máximo da Cunha assumiu a legação em Paris em 30 de abril de 1912. Gastão da Cunha foi o embaixador que precedeu Souza Dantas no cargo. Pires de Almeida, a quem o articulista faz referência, provavelmente se trata de Gabriel de Toledo Piza e Almeida, que assumiu o posto na então legação em Paris em 2 de agosto de 1890 e esteve à frente da representação por mais de uma década. AHI, "Relatórios Anuais do MRE".

Mesmo antes de ser nomeado embaixador, Souza Dantas já havia tido oportunidade de permanecer em Paris, e na cidade desfrutava da amizade de figuras dos mais diferentes meios, político, artístico e literário. Entre os grandes escritores com os quais nutria amizade, estavam Anatole France, que havia recebido o prêmio Nobel de Literatura em 1921,[17] e Claude Farrère.[18]

Entre os projetos de Souza Dantas, estava o de se empenhar com energia no que hoje chamamos diplomacia cultural.[19] A estratégia, além do apoio e divulgação da cultura brasileira, consistia em estabelecer contatos de natureza pessoal, aproximando nossos nacionais então em Paris aos pares locais, conforme descreveu um articulista brasileiro já nos primeiros meses do novo embaixador na capital francesa: ele "muito se tem esforçado para que mais íntimas se tornem as relações de amizade entre brasileiros e franceses, em proveito das duas nacionalidades, cujos interesses as harmonizam sob todos os aspectos".[20]

Além dos assuntos que de maneira breve sinalizamos no presente artigo, o ano de 1923 do embaixador foi ocupado, segundo se pode constatar pelos registros na imprensa, por recepcionar e homenagear inúmeras vezes Santos Dumont,[21]

---

17 *Correio Paulistano*, São Paulo, 12 jan. 1923, p.2; e 8 fev. 1923, p.1.

18 *Correio Paulistano*, São Paulo, 10 fev. 1923, p.1. No dia 9 de fevereiro de 1923, Farrère ofereceu um jantar em homenagem a Souza Dantas.

19 Ribeiro, *Diplomacia cultural: seu papel na política externa brasileira*; e Dumont, "Le Brésil au prisme de sa diplomatie culturelle (1920-1945)", em Dumont; Fléchet; Velloso (orgs.), *Histoire culturelle du Brésil: XIX*^{e}*-XXI*^{e} *siècles*, p.291-315; disponível em: <https://books.openedition.org/iheal/8767>; acesso em: 18 jun. 2023.

20 *Correio Paulistano*, São Paulo, 24 jan. 1923, p.2.

21 Por exemplo, *Jornal do Brasil*, Rio de Janeiro, 20 mar. 1923, p.6; 4 maio 1923, p.8; e *Diário de S. Luiz*, Maranhão, 9 maio 1923, p.2. Os dois

pelos assuntos de natureza diversa, como os reiterados esforços em fazer propaganda da farinha de mandioca brasileira para os franceses,[22] de se aproximar das autoridades responsáveis pelas reparações de guerra[23] – o Brasil encarregaria os diplomatas por vários anos de seguir reivindicando reparações ao país referentes à Primeira Guerra – e, muito especialmente, participar de um número muito expressivo de banquetes: os que ele mesmo ofereceu, os que foram oferecidos a ele e como convidado. Tratamos de mencionar apenas aqueles que possam ter nexo com a temática do presente artigo. Embora a imprensa brasileira nem sempre tenha registrado a presença dos modernistas nesses eventos, na maioria das vezes se limitando a mencionar apenas a "colônia brasileira", sem citar os nomes, por meio de memórias, depoimentos e outros registros essa presença é constatada.[24]

O primeiro dos banquetes a respeito do qual encontramos registro ocorreu no dia 7 de janeiro, oferecido ao embaixador

---

últimos dão conta de que em 3 de maio de 1923 Souza Dantas ofereceu um banquete na embaixada para 250 pessoas em homenagem a Santos Dumont.

22 Entre muitos textos na imprensa a respeito dos esforços em vender mandioca, ver, por exemplo, *O Jornal*, Rio de Janeiro, 3 mar. 1923, p.2; *A Tribuna*, São Paulo, 18 ago. 1923, p.2; *Gazeta de Notícias*, Rio de Janeiro, 19 ago. 1923, p.2; e *O Paiz*, Rio de Janeiro, 1º set. 1923, p.5.

23 Entre outros, *Jornal do Commercio*, Rio de Janeiro, 8 jan. 1923, p.1; e 7 fev. 1923, p.1.

24 Entre outros exemplos, Aracy Amaral reproduz depoimento de Souza Lima no qual ele descreve sua presença e de Tarsila do Amaral em banquete oferecido por Souza Dantas a Santos Dumont, assim como há nesse mesmo livro registro da presença de Sérgio Milliet e de outros modernistas no mesmo evento. Amaral, A., *Tarsila: sua obra e seu tempo*, op. cit., p.103-11.

brasileiro pelo Comité France-Amérique.[25] Os jornais parisienses informaram que o banquete foi presidido pelo importante político Louis Barthou, com a presença de "quinhentos convivas".[26] No discurso que fez na ocasião, Souza Dantas manifestou "a esperança de que a união franco-brasileira seja sempre mantida, intelectual e economicamente".[27]

Com um mês no posto, no dia 23 de janeiro de 1923, "a colônia brasileira", ou seja, os numerosos brasileiros que residiam naquele tempo em Paris – a referência a essa "colônia" e a presença dela nos eventos aparece de forma recorrente na imprensa do Brasil ao longo de 1923 –, participou de "um sarau de arte exclusivamente brasileira", realizado pelo "escritor e jornalista" Eliezeu Montarroyos na "sala da Estrella do Oriente", que ali proferiu uma conferência sobre o Brasil, "considerado em todos os seus vários aspectos". De acordo com um jornal paulista, "na assistência, além de numerosos homens de letras, cientistas, economistas e figuras de destaque social, notava-se a presença do dr. Luiz de Souza Dantas, embaixador do Brasil". Após a conferência, realizou-se "um concerto exclusivamente de compositores brasileiros, interpretados pela pianista senhorita Maria do Carmo, cantora senhorita Siegrid Nepomuceno e violonista sr. Nicolino Milano, todos brasileiros".[28]

No dia 25 de janeiro, a Sociedade dos Amigos da Literatura Francesa – conforme a imprensa brasileira traduziu Les

---

25 *Jornal do Commercio*, Manaus, 3 jan. 1923, p.3.

26 *Jornal do Commercio*, Manaus, 11 jan. 1923, p.3; e *Gazeta de Notícias*, Rio de Janeiro, 10 jan. 1923, p.2.

27 *O Jornal*, Rio de Janeiro, 10 jan. 1923, p.5.

28 *Correio Paulistano*, São Paulo, 13 fev. 1923, p.1; e *Jornal do Commercio*, Manaus, 3 fev. 1923, p.3.

Amis des Lettres Françaises – ofereceu um "laudo banquete" ao embaixador do Brasil. Falou pela sociedade o general Charles Mangin. No discurso que Souza Dantas fez em agradecimento, "rendeu um alto tributo de admiração aos escritores da França que, segundo afirmou, têm exercido enorme influência na formação intelectual e na cultura do seu país".[29]

Em 3 de fevereiro, a imprensa registrou que Souza Dantas ainda não estava "devidamente instalado" em Paris. Entretanto, mesmo assim, estava oferecendo "numerosas oportunidades" à sociedade francesa e "aos membros proeminentes da colônia brasileira aqui residente, para a continuação e desenvolvimento das boas relações de civilidade existentes entre as duas nacionalidades. Com esse propósito, o dr. Souza Dantas tem oferecido inúmeros almoços e jantares". A nota registra ainda que, no dia 1º de fevereiro, o diplomata realizou "o primeiro almoço de uma série de reuniões" oferecidas "durante o inverno aos brasileiros de destaque e às personalidades francesas".[30]

No dia 9 de fevereiro, o romancista Claude Farrère ofereceu um jantar ao embaixador Souza Dantas, tendo comparecido à festa "um núcleo de homens de letras, jornalistas e amigos do ilustre diplomata brasileiro".[31]

Também em fevereiro de 1923, a revista *America Brasileira* reproduziu artigo da *Revue de l'Amérique Latine* que descreve Souza

---

29 *Jornal do Brasil*, Rio de Janeiro, 20 jan. 1923, p.1; *O Paiz*, Rio de Janeiro, 27 jan. 1923, p.1; e *O Brasil*, Rio de Janeiro, 23 jan. 1923, p.1.

30 *Jornal do Brasil*, Rio de Janeiro, 3 fev. 1923, p.6; e *O Paiz*, Rio de Janeiro, 3 fev. 1923, p.1. Ambos os jornais reproduzem o mesmo texto enviado pela "A. A.", a Agência (de notícias) Americana. No dia anterior, Souza Dantas visitara a Agência Americana, *O Paiz*, Rio de Janeiro, 2 fev. 1923, p.1.

31 *Gazeta de Notícias*, Rio de Janeiro, 10 fev. 1923, p.4.

Dantas como um "parisiense no sentido o mais largo, isto é, não só um *boulevardier* que todos cumprimentam entre a rua Drouot e a Concordia, como também um homem sensível a todas as manifestações da vida intelectual, um artista, um admirador da França, estimado, ouvido pelos nossos homens de letras, pelos nossos atores e também pelas nossas atrizes".[32]

No dia 12 de fevereiro, "continuando as reuniões que iniciou, depois que assumiu" o posto, o embaixador ofereceu, na sede da embaixada, "mais uma festa" bastante concorrida, reunindo "boa parte da elite social francesa". Repetindo frase publicada semanas antes no *Correio Paulistano*, o que sugere se tratar de conteúdo de nota distribuída por agência de notícias, registrou que "Souza Dantas muito se tem esforçado para que mais íntimas se tornem as relações de amizade entre brasileiros e franceses, em proveito das duas nacionalidades".[33] A reunião teve como tema a realização de uma homenagem a Barthou (presidente da comissão de reparações), a De Fouqueres (chefe do protocolo do Estado francês) e ao artista plástico Guirand de Scevola. A nota foi concluída afirmando que Souza Dantas "tem proporcionado à colônia brasileira o incremento desta amizade em reuniões frequentes na embaixada".[34]

Diversos jornais franceses – como o *Le Matin*, *Le Figaro*, *Le Gaulois* e *L'Homme Libre* –, nas edições de 18 de fevereiro, publicaram notas, reportagens e alguns até mesmo fotos registrando

32 "Notas diplomáticas", *America Brasileira*, Rio de Janeiro, ano II, n.14, p.63, fev. 1923.

33 *O Brasil*, Rio de Janeiro, 13 fev. 1923, p.4; e *O Paiz*, Rio de Janeiro, 18 fev. 1923, p.2. Os dois jornais e outros registraram o nome do senador francês como "Jouvenal" e não "Jouvenel".

34 *O Paiz*, Rio de Janeiro, 12-13 fev. 1923, p.1.

que no dia anterior ocorrera uma "festa da União das Grandes Associações Francesas oferecida ao embaixador brasileiro sr. Souza Dantas, dizendo que este pela sua coragem política, finura diplomática e maravilhoso conhecimento da língua e da literatura francesa, merece o reconhecimento da França, concretizado nessa homenagem".[35] Foram registradas as presenças de uma "numerosa assistência, na qual se notavam eminentes personalidades da sociedade parisiense e da colônia brasileira".[36] Entre as autoridades francesas presentes, estava o senador Henry de Jouvenel que, no discurso proferido, disse que "se o dr. Souza Dantas não fosse embaixador teria sido um professor da Sorbonne". Discursaram ainda o deputado Georges Géo-Gérald, que visitara o Brasil diversas vezes, e o próprio embaixador.[37] Um articulista de *Les Annales* registrou que "o embaixador possui um profundo conhecimento dos recursos da nossa língua e serve-se dela com grande arte. Ele é um parisiense de espírito e de coração".[38]

Em 20 de fevereiro, a imprensa noticiou a inauguração, em Paris, do "curso de estudos brasileiros", na Faculdade de Letras da Sorbonne. Presentes no "vasto anfiteatro" no qual o evento se realizou, "professores, estudantes e numerosas personalidades do mundo social e literário". A cerimônia foi presidida pelo embaixador Souza Dantas. Falaram os professores universitários Ernest Martinenche, Ferdinand Brunot e Georges Dumas "e, por último, o professor [Georges] Le Gentil que expôs o

35 A nota foi traduzida e publicada no dia seguinte em *A Federação*, Porto Alegre, 19 fev. 1923, p.4.

36 *Jornal do Commercio*, Rio de Janeiro, 7 mar. 1923, p.6.

37 *Jornal do Brasil*, Rio de Janeiro, 18 fev. 1923, p.8.

38 *Jornal do Brasil*, Rio de Janeiro, 4 abr. 1923, p.10.

programa dos estudos" e fez um resumo histórico "das relações intelectuais entre França e Brasil".[39] A esse respeito, Dumas publicaria semanas depois um artigo no qual expressou que

> Para mim, que sou tão bom brasileiro quanto possa ser, conservando-me um bom francês, reunião de sentimentos esta que não é difícil, não poderia nunca dizer quanto me foi suave esta festa brasileira. Finalmente, eis o Brasil na Sorbonne! Finalmente, eis os nossos estudantes autorizados a apresentar para seus diplomas, memórias sobre a literatura e a filosofia brasileiras! Eis, finalmente, Machado de Assis, Olavo Bilac e Joaquim Nabuco, admitidos entre os clássicos dos quais tem a nossa mocidade o dever de ocupar-se. Oh! Meus bons amigos paulistas, fostes vós que começastes esta obra, há quinze anos, em 1908, na pequena sala da *Rotisserie Sportman*. E si vós e eu conseguirmos conservar a saúde, a mocidade e a vida, ainda faremos lindas cousas pelo Brasil e pela França.[40]

A *Gazeta de Notícias*, ao anunciar "a cadeira luso-brasileira em Paris", destacou: "Finalmente, eis o Brasil na Sorbonne".[41]

---

39 *Correio Paulistano*, São Paulo, 20 fev. 1923, p.2. Ver também *Gazeta de Notícias*, Rio de Janeiro, 30 mar. 1923, p.2; e "O curso brasileiro na Sorbonne", *America Brasileira*, Rio de Janeiro, ano II, n.16, p.30, abr. 1923.

40 Publicado originalmente no *Correio Paulistano*, São Paulo, 29 mar. 1923, p.3. O texto de George Dumas foi reproduzido em outras publicações, como a revista *America Brasileira*, Rio de Janeiro, ano II, n.16, p.30, abr. 1923. Conforme *O Paiz* registrou, a Academia Brasileira de Letras ofereceu à Sorbonne – e foi aceita pelo conselho diretor da universidade – uma subvenção anual destinada à manutenção de conferências sobre estudos brasileiros. A esse respeito, ver *O Paiz*, Rio de Janeiro, 7 fev. 1923, p.2.

41 *Gazeta de Notícias*, Rio de Janeiro, 30 mar. 1923, p.2.

Em 28 de fevereiro de 1923, a cantora brasileira Bellah de Andrada – "descendente de José Bonifácio de Andrada [e Silva], o ilustre patriarca da independência do Brasil" – realizou um recital de canto em Paris "sob o patrocínio do s. exc. o dr. Luiz de Souza Dantas". Uma "numerosa assistência, quase exclusivamente francesa", compareceu ao evento.[42]

Em 4 de março, a agência de notícias Havas distribuiu o registro da realização de um jantar na Sociedade dos Homens de Letras oferecido na véspera. O evento contou com a presença dos representantes diplomáticos das nações sul-americanas. O escritor Charles Le Goffic louvou a latinidade do continente e relembrou sua passagem pelos países nos quais foi bem recebido "em toda parte". Concluiu a fala elevando uma taça em honra de "Baudrillart, Mangin, Lévy-Bruhl e Georges Dumas e de todos aqueles que tão dignamente representaram a França e o pensamento francês na América do Sul". Baudrillart usou da palavra logo em seguida e, do mesmo modo, enalteceu e agradeceu "o caloroso acolhimento" nos países sul-americanos, "fazendo a propósito uma narrativa da viagem e salientando a brilhante recepção que lhe foi feita na Academia Brasileira de Letras". Souza Dantas a seguir "proferiu algumas palavras", mencionando "a amizade que os brasileiros nutrem pela França". Falaram ainda na solenidade Lévy-Bruhl, o general Mangin, o professor Dumas e os representantes do Peru e do Chile.[43]

---

42 *Correio Paulistano*, São Paulo, 1º mar. 1923, p.1; e *O Jornal*, Rio de Janeiro, 1º mar. 1923, p.9.

43 *A Tribuna*, São Paulo, 5 mar. 1923, p.1.

No dia 7 de março de 1923, os Amigos das Letras Francesas ofereceram um banquete ao embaixador brasileiro.[44] No dia 29 de março, o escritor Alphonse Daudet ofereceu um banquete a Souza Dantas.[45]

Em 1º de abril, *O Paiz* publicou breve registro das apresentações na França do pianista brasileiro João de Souza Lima, sendo a primeira realizada "sob a direção do maestro Witkowski" em um festival "organizado pela Universidade dos Annaes" e, depois no "Salão Erard", ao qual assistiram "entre outras pessoas, o dr. Souza Dantas", especialmente convidado para a ocasião.[46] O pianista vivia em Paris desde 1919 e era pessoa próxima ao círculo dos modernistas, tendo sido ajudado pelo pai de Tarsila do Amaral e, anos depois, se casado com uma parente desta.[47]

Por ocasião dos festejos relativos ao centenário de nascimento do intelectual francês Ernest Renan, cujas solenidades "tomaram maior vulto no Trocadéro" e na Sorbonne, "onde se reuniu a elite intelectual", o único "estrangeiro convidado para assistir essas duas festas, não como embaixador, mas como simples particular, foi o dr. Souza Dantas", em razão da amizade com os professores da Sorbonne, "onde foi recebido com o maior apreço" e discursou, segundo registrou a imprensa. A mesma nota deu conta de que "a filha de Renan deu uma recepção em honra do embaixador Souza Dantas".[48]

---

44 *Gazeta de Notícias*, Rio de Janeiro, 8 mar. 1923, p.3.

45 *Jornal do Commercio*, Manaus, 30 mar. 1923, p.3.

46 *O Paiz*, Rio de Janeiro, 1º abr. 1923, p.6.

47 Disponível em: <http://www.revista.brasil-europa.eu/121/Souza_Lima.html>; acesso em: 16 jun. 2023.

48 *Gazeta de Notícias*, Rio de Janeiro, 3 abr. 1923, p.2.

Em 7 de abril, o embaixador ofereceu um almoço na embaixada para um grupo do qual fizeram parte Georges Lacour-Gayet, do Instituto de França, e o presidente da Academia de Ciências Morais e Políticas, Ernest Martinenche, Albert Lapradelle e Georges Dumas, professores da Sorbonne.[49] No dia 6 de maio, Souza Dantas foi nomeado "membro do conselho da Sociedade de História Geral e de História Diplomática" em Paris.[50]

No dia 11 de maio, sob a presidência de Souza Dantas, em uma das salas da Sorbonne, foi realizada a conferência "do literato brasileiro, sr. Oswald de Andrade, que decorreu sobre a intelectualidade do Brasil contemporâneo". O conferencista fez "uma resenha das obras de cientistas e homens de letras do Brasil" e concluiu "prestando uma homenagem ao ilustre embaixador"; segundo a imprensa, teria dito que Souza Dantas "não é só um diplomata aprimorado, mas um verdadeiro embaixador intelectual, cujos sucessos literários na Sorbonne são tão assinalados como em todas as cidades onde s. ex. tem tido a representação da sua pátria".[51] O elogio algo exagerado certamente tinha relação com a gratidão de Andrade para com o diplomata

---

49 *Jornal do Brasil*, Rio de Janeiro, 8 abr. 1923, p.8; e *O Paiz*, Rio de Janeiro, 8 abr. 1923, p.2. Uma semana antes, Souza Dantas havia comparecido a uma sessão do Instituto de França em evento em homenagem a Ruy Barbosa, recém-falecido, cf. *O Paiz*, Rio de Janeiro, 24 mar. 1923, p.6.

50 *Gazeta de Notícias*, Rio de Janeiro, 3 maio 1923, p.6; e *Jornal do Commercio*, Manaus, 6 maio 1923, p.3.

51 *O Jornal*, Rio de Janeiro, 12 maio 1923, p.5; *Correio Paulistano*, São Paulo, 12 maio 1923, p.2; e *Jornal do Commercio*, Rio de Janeiro, 12 maio 1923, p.1. O mesmo texto foi publicado pela imprensa brasileira com ligeiras diferenças. A conferência "L'Effort intellectuel du Brésil contemporain", publicada na *Revue de l'Amérique Latine*, está reproduzida na Parte I deste livro.

que lhe abriu as portas para uma palestra na prestigiada universidade francesa.

No dia 15 de maio, os jornais registraram que havia acontecido dias antes, no Café Carinal, um banquete oferecido pelo Club des Amis du Septième Art, presidido pela escritora romena Hélène Vacaresco e o jornalista e escritor Maurício de Waleffe, com a presença de Souza Dantas – que foi um dos que discursaram – e de "numerosos representantes das letras, das artes, da imprensa".[52]

No mesmo dia, *O Jornal* publicou longo texto intitulado "Homenagem a Ronald de Carvalho". Relatava a realização no dia 13 de maio, no Hotel do Lido, no Rio de Janeiro, de um "chá que um numeroso grupo de intelectuais ofereceu ao sr. Ronald de Carvalho", que estava em vésperas de viagem para o México, a convite do governo local. Em meio a muitos elogios ao escritor, o articulista não identificado expressou que "a renovação que acentuadamente se faz nestes últimos meses, é o fato mais curioso do nosso país. Há alguma coisa de novo que transforma o espírito nacional e foi lógico que a iniciativa coubesse à arte. É pela arte, unida em todas as suas expressões, que começa a transfiguração da alma brasileira". A partir daí, citou como "transcendente e sublime Villa-Lobos, a escultura magnificente e vibrante de Brecheret", a poesia "livre e mágica" de Ronald de Carvalho, Mário de Andrade, Manuel Bandeira, Guilherme de Almeida, Sérgio Milliet, Tácito de Almeida, Ribeiro Couto e a "pintura audaz e real de Anita Malfatti, o romance hipersensível de Oswald de Andrade, o verbo febril de Menotti Del Picchia",

52 *O Jornal*, Rio de Janeiro, 15 maio 1923, p.5; e *O Paiz*, Rio de Janeiro, 15 maio 1923, p.2.

citando ainda Renato Almeida e Couto de Barros. Considerou o autor que essa "evolução das ideias" é uma "metafísica da Arte Moderna, e neste sentido, ela é gloriosamente 'futurista'". E externando o orgulho ou o argumento de sucesso ou correção do dito movimento, registrou, dando alguma dimensão da recepção entre os brasileiros que ocorrera em Paris, que "ontem mesmo o 'futurismo' brasileiro se fez ouvir na passadista Sorbonne pela palavra de Oswald de Andrade".[53]

Em 22 de maio de 1923, chegou a Paris a delegação médica para representar o Brasil nas festas comemorativas do centenário de nascimento de Louis Pasteur. A delegação era presidida por Carlos Chagas, fazendo também parte dela Eduardo Rabello, Gastão Riedel, Eduardo Borges da Costa e Eurico Villela. Foram recebidos na estação de trem pelo embaixador Souza Dantas.[54]

Ao longo de maio, os jornais registraram a realização em Paris, com a presença de Souza Dantas, da palestra "O Brasil de hoje e as explorações do general Rondon", proferida por Sylvio Rangel de Castro na Sociedade de Geografia de Paris.[55] No dia 25 de maio de 1923, chegou a Paris o ex-presidente Epitácio Pessoa.[56]

Em 10 de junho, foi inaugurada em Estrasburgo a "Exposição de Higiene", organizada pelo Departamento Nacional de

---

53 *O Jornal*, Rio de Janeiro, 15 maio 1923, p.2.

54 *O Jornal*, Rio de Janeiro, 22 maio 1923, p.5; e *A Rua*, Rio de Janeiro, 22 maio 1923, p.4. A delegação ficou hospedada no Grande Hotel. Coincidentemente, o hotel foi a última residência de Souza Dantas, que ali faleceu em 16 de abril de 1954.

55 *O Paiz*, Rio de Janeiro, 15 maio 1923, p.1; *Gazeta de Notícias*, Rio de Janeiro, 15 maio 1923, p.2; e *Jornal do Recife*, Recife, 27 maio 1923, p.1.

56 *Correio Paulistano*, São Paulo, 25 maio 1923, p.7.

Saúde Pública do Rio de Janeiro. A inauguração contou com a presença do "ilustre cientista brasileiro" Carlos Chagas e do embaixador Souza Dantas.[57]

No dia 15 de junho de 1923, uma foto de Souza Dantas apareceu na primeira página do *Jornal do Recife*. O texto, um longo elogio, destacava que em poucos meses na capital francesa, "Dantas tem sido festejado pela alta sociedade, pelas letras, pelo teatro, pela Sorbonne". O articulista previu que a "embaixada marcará uma data feliz para as relações intelectuais entre a França e o Brasil".[58]

A imprensa brasileira registrou que, na véspera, o ex-presidente do Brasil Epitácio Pessoa e o embaixador Souza Dantas haviam partido juntos para a cidade francesa de Creusot, de onde voltariam no dia seguinte.[59]

Naqueles dias, a revista *L'Europe Nouvelle* publicou longo artigo sobre o embaixador brasileiro, no qual registrou que aqueles que se aproximavam dele, "ficaram impressionados com o conhecimento perfeito de que dá provas a respeito da literatura e da arte francesas da fineza de sua apreciação".[60]

A imprensa brasileira registrou, em alguns casos com semanas de atraso, o almoço oferecido pelo embaixador do Brasil, no dia 24 de julho em Paris, aos membros da delegação oficial brasileira das festas comemorativas do centenário de nascimento de Pasteur. Presentes Carlos Chagas, Eduardo Rabello e Eurico

---

57 *Correio Paulistano*, São Paulo, 9 jun. 1923, p.2. Houve polêmica em relação à presença ou não do embaixador na abertura do evento.

58 *Jornal do Recife*, Recife, 15 jun. 1923, p.1.

59 *O Jornal*, Rio de Janeiro, 19 jun. 1923, p.5; e *A Federação*, Porto Alegre, 19 jun. 1923, p.4.

60 *Correio Paulistano*, São Paulo, 19 jun. 1923, p.1.

Villela, "um lauto almoço, no qual também tomaram parte, além de muitos professores da Faculdade de Medicina e eminentes médicos", várias "personalidades da ciência francesa". Entre "os cientistas franceses", falaram Jeanselme[61] e Émile Marchoux, do Instituto Pasteur de Paris.[62]

Em fins de julho de 1923, desembarcaram no Rio de Janeiro dois professores franceses que vieram inaugurar "entre nós os cursos do Instituto de Altos Estudos" na Escola Politécnica do Rio de Janeiro. Descritos como de "notória competência", os dois eram docentes da Universidade de Paris e a estadia no Brasil era prevista para durar três meses. Eram eles os professores Martin, da Faculdade de Direito, e Henri Abraham, da

---

61 Acreditamos que se trate de Antoine Édouard Jeanselme (1858-1935).

62 *Correio Paulistano*, São Paulo, 25 jul. 1923, p.2; *Jornal do Commercio*, Rio de Janeiro, 25 jul. 1923, p.1; *Gazeta de Notícias*, Rio de Janeiro, 25 jul. 1923, p.3; *A Rua*, Rio de Janeiro, 14 ago. 1923, p.1; *Brazil-Medico: Revista Semanal de Medicina e Cirurgia*, Rio de Janeiro, v.II, n.11, p.180-2, 15 set. 1923, também registrou o almoço e reproduziu os discursos proferidos na ocasião. O evento ocorreu no Hotel de Crillon. Listou entre os presentes "professores Jeanselme, Aloysio de Castro, diretor da Faculdade de Medicina do Rio de Janeiro; drs. Carlos Chagas, Eduardo Rabello e Gustavo Riedel, membros da delegação brasileira às festas do Centenário de Pasteur; os professores Jeanselme, Labbé, Marchoux, Toulouse, Gougerot, Weisweller, Louis Queyrat, Léon Bernard, L. Mesnil, Darier, os drs. Shiko-Kusama, Rabello Júnior, Botelho Júnior, Sá Valle, o sr. Monteiro de Barros Lima, membro do Tribunal de Contas do Rio de Janeiro; o sr. dr. Octavio N. Brito, o sr. dr. Koenig, o sr. dr. Pedro Leão Velloso, conselheiro da embaixada do Brasil; o cônsul Jayme Brito, os srs. Fourcadel, Courtial e Muscat d'Orsay". Os nomes foram grafados de diferentes formas nos jornais brasileiros. O *Jornal do Commercio*, Rio de Janeiro, 11 set. 1923, p.3, reproduziu a íntegra dos discursos em francês proferidos pelo embaixador e por Carlos Chagas.

Faculdade de Ciências e da Escola Normal Superior, ambos de Paris. Eles trouxeram as respectivas famílias.[63]

Nos primeiros dias de agosto de 1923, um jornal brasileiro reproduziu um texto muito elogioso publicado em Paris, assinado por Marcel Muscat d'Orsay, no qual o jornalista listava as muitas atividades do embaixador brasileiro que, segundo ele, recebia com a "amabilidade de sempre, os amigos e os visitantes distintos, e os anônimos". Registrou a presença de Souza Dantas na Sorbonne, nos banquetes políticos ou em "qualquer assembleia ilustre, literária ou artística, ou ainda em um camarote de teatro". De acordo com o articulista

> Infatigável, está em toda parte onde deve estar, e se um dos seus compatriotas expõe um quadro em uma academia internacional, se uma cantora ou um músico brasileiro se fazem ouvir em alguma sala parisiense, se um orador de seu país realiza uma conferência, o embaixador ali está. Está em Estrasburgo inaugurando o pavilhão do Brasil na Exposição de Higiene, como está no Creusot para acompanhar o ex-presidente Epitácio Pessoa [...].[64]

Carlos Chagas e alguns dos membros do grupo de médicos partiram de Paris no dia 2 de agosto, tendo Souza Dantas os acompanhado até a estação de trem que os levaria para Cherbourg, de onde embarcaram de volta para o Brasil.[65]

Em 14 de agosto, a imprensa paulista registrou que o jornal parisiense *Figaro* havia publicado matéria relativa à conferência

---

63 *O Paiz*, Rio de Janeiro, 31 jul. 1923, p.5.

64 *Jornal do Commercio*, Manaus, 2 ago. 1923, p.5.

65 *O Jornal*, Rio de Janeiro, 3 ago. 1923, p.5; e *A Rua*, Rio de Janeiro, 2 ago. 1923, p.1. Gustavo Riedel retornou no mesmo dia.

de Oswald de Andrade na Sorbonne, realizada no dia 11 de maio, que teve como objeto o movimento intelectual brasileiro e como título "O esforço intelectual do Brasil contemporâneo".[66] O escritor modernista citou Farias Brito, Jackson de Figueiredo, Roquette Pinto, Oliveira Vianna, Washington Luís e Afonso de Taunay. Mencionou também, na área da literatura, Machado de Assis, Euclides da Cunha, Afrânio Peixoto, Graça Aranha, Monteiro Lobato e Paulo Prado. A partir daí, fez referência à Semana de Arte Moderna realizada em São Paulo, segundo ele, "na qual as novas forças mentais procuraram orientar o país". Passou então a citar Ronald de Carvalho, Menotti Del Picchia e Mário de Andrade, que produziram "as primeiras obras do movimento, sendo muito bem recebidas pela crítica". Na sequência, Andrade passou a tratar do que chamou de "evolução do teatro e das belas artes", citando Anita Malfatti, Di Cavalcanti, Tarsila do Amaral e Rego Monteiro; a escultura teria "um grande representante: Victor Brecheret", considerado pelo palestrante como "o verdadeiro criador da moderna escultura brasileira". Na área musical, mencionou Siegrid Nepomuceno, Alexandre Levy, Francisco Braga e Villa-Lobos, que o palestrante considerava como expressão da "música nacionalizada". Estando naquele momento "como seus melhores representantes Souza Lima e Fructuoso Vianna". Andrade citou, ao lado desses artistas, o poeta Sérgio Milliet e a cantora Vera Janacópulos. Estes estariam formando na França "uma delegação do Brasil contemporâneo que tem no embaixador Souza Dantas seu 'líder'".[67] Oswald de Andrade era zeloso em colaborar com

---

66 *Correio Paulistano*, São Paulo, 14 ago. 1923, p.2.

67 Id.

a divulgação do grupo com o qual se identificava e, ao mesmo tempo, em registrar publicamente agradecimento ao embaixador brasileiro que os apoiava.

Com a chamada "A ciência médica brasileira perante o mundo" e o subtítulo "a exposição de Strasburgo – O Brasil foi o concorrente mais notável – mais de mil médicos de todos os países julgam o pavilhão brasileiro como o mais completo – homenagens excepcionais ao Brasil", o *Correio Paulistano* destacou de maneira muito elogiosa a representação do Instituto Oswaldo Cruz e do Departamento Nacional de Saúde Pública na exposição então realizada na França. A reportagem encerrou-se registrando que alguns congressistas haviam enviado ao embaixador brasileiro telegramas de cumprimentos, uma vez que ele fora "incansável em tudo promover para o maior brilho da representação do Brasil".[68]

No dia 26 de setembro, o *Jornal Pequeno* publicou um texto com a chamada: "A 'vanguarda' brasileira em Paris à vanguarda francesa". A matéria registrou que o embaixador Souza Dantas oferecera na capital francesa um almoço "em nome da vanguarda brasileira à vanguarda francesa". O evento está descrito como "uma festa elegantíssima num dos *restaurants* mais *chics* de Paris", o Chez Joseph. Entre os franceses, participaram os escritores Jean Giraudoux, Jules Romains, os poetas Blaise Cendrars, Jean Cocteau e Jules Supervielle, o músico Darius Milhaud e os pintores Fernand Léger e André Lhote. Dos brasileiros, além de

68 *Correio Paulistano*, São Paulo, 3 set. 1923, p.3. Além da exposição em Estrasburgo, as atividades científicas foram complementadas naquele mesmo país pelos "Congressos de Câncer, de Dermatologia e Sifiligrafia e da Conferência da Lepra".

Souza Dantas, estavam presentes o jornalista Pinheiro Júnior, o poeta Sérgio Milliet, os pintores Tarsila do Amaral e Vicente do Rego Monteiro, o escultor Victor Brecheret e o músico Souza Lima. A festa foi organizada por Oswald de Andrade, "jovem e brilhante escritor paulista".[69]

Em cartas que escreveu e enviou de Paris ao longo de 1923, Tarsila do Amaral fez referência entusiasmada aos eventos organizados por Souza Dantas naquele ano. Em relação a esse almoço de confraternização, disse que teria sido sugestão de Oswald de Andrade a Souza Dantas a realização dessa reunião de vanguardas artísticas e literárias.[70] A pintora e outros modernistas eram convidados para diversos banquetes patrocinados pelo embaixador, como os oferecidos em homenagem a Santos Dumont, aqui já mencionados.[71] Em relação ao evento, escreveu ao pai que "há oito dias tivemos o almoço com o embaixador. A elite dos artistas franceses e uma elite brasileira". Descreveu que "Giraudoux, escritor notável e diplomata eminente, ao lado direito do embaixador. Eu à esquerda, a única mulher [...] Cendrars, o grande poeta mutilado de guerra, à minha esquerda".[72] Em 8 de outubro, escreveu que "sábado próximo virão almoçar comigo Paulo Prado, Villa-Lobos e outros. Ótimas amizades. Vou convidar nosso embaixador para ver meus trabalhos". Em fins do mesmo mês, relatou "agora penetrei nos grandes meios tão fechados daqui" e que estava "otimamente relacionada com

---

69 *Jornal Pequeno*, Recife, 26 set. 1923, p.1; *Diário de Pernambuco*, Recife, 26 set. 1923, p.3. A mesma lista de nomes aparece em artigo publicado por Sérgio Milliet na revista *Ariel*, reproduzido na Parte I deste livro.

70 Amaral, A., *Tarsila: sua obra e seu tempo*, op. cit., p.109.

71 Ibid., p.103-11.

72 Ibid., p.110.

os melhores artistas franceses". Assinalou já nos primeiros dias de novembro: "ando nesses últimos dias consolidando minhas relações em Paris. Estou ficando com fama".[73]

Sérgio Milliet registrou a respeito do almoço, em artigo publicado em outubro de 1923, que "No Paris brilhante e festivo que precede ao Grande Prêmio, o novo embaixador brasileiro Souza Dantas fez sua estreia oferecendo um banquete à vanguarda artística e literária francesa. Homem de rara distinção, ele junta a essa qualidade a de ser inteligente – coisa menos apreciável na diplomacia – e a de possuir grande experiência social" e a partir daí fez uma descrição dos presentes e de outros detalhes.[74]

No dia 4 de outubro, pela "primeira vez na história da França o embaixador de uma nação estrangeira, pronunciou um discurso na rádio-telefone para ser transmitido a todo o país". A honra coube a Souza Dantas. Além de falar das "riquezas, desenvolvimento e progresso" do Brasil, o embaixador arranjou para que, antes da fala dele, vários artistas brasileiros cantassem e tocassem peças "de autores patrícios".[75]

A revista *Mauricéa*, do Recife, registrou, sem precisar a data, que "sem nenhum convite, apenas com as credenciais do seu talento", Oswald de Andrade havia estado na Sorbonne e teria ali expressado o "esforço intelectual do Brasil contemporâneo".[76] De acordo com a revista, o "esteta" autor da obra *Os condenados*

73 Casarin, *O guarda-roupa modernista: o casal Tarsila e Oswald e a moda*, p.97-103.

74 "Carta de Paris [I]", reproduzida na Parte I deste livro.

75 *Diário de Pernambuco*, Recife, 6 out. 1923, p.1; *O Jornal*, Rio de Janeiro, 9 out. 1923, p.5; e *Gazeta de Notícias*, Rio de Janeiro, 26 out. 1923, p.3.

76 *Mauricéa*, Recife, ano I, n.1, p.41, 10 nov. 1923.

"significou destarte seu amor à pátria longínqua" e não teria se seduzido pelos *boulevards* de Paris, mas antes, teria procurado "nos círculos intelectuais, assoalhar os nossos valores, de que é, não há [como] negá-lo, representante de mérito". A mesma edição registrou que fora organizado na capital francesa "um banquete intelectual", a que compareceram "vultos eminentes das letras francesas, o embaixador do Brasil, Tarsila do Amaral e Serge Milliet, pintora e poeta paulistas, trocando-se, nessa convivência espiritual de tão alta significação, ideias sobre a inteligência das suas pátrias sobre os meios mais fáceis de se conhecerem mutuamente". O texto registra que Oswald de Andrade "espontaneamente, em viagem à Europa, aplica a cultura adquirida nestas plagas em tornar um poucochinho conhecido o Brasil, mostrando que também aqui se escreve e que a mentalidade brasileira possui atualmente tendências próprias, sem as macaqueações copísticas do século passado". Informou que teria sido por influência de Oswald de Andrade, que Villa-Lobos "o nosso músico mais moderno" estava levando para a França a música brasileira, assim como

> Tarsila do Amaral, o seu pincel de vigorosa inspiração e uma coletânea de versos em que se reflete uma das facetas de sua alma de artista: Serge Milliet traduz obras de Guilherme de Almeida e Menotti Del Picchia para a língua brônzea de Verlaine. Para complemento da obra encontram um embaixador de talento, o dr. Souza Dantas, que, como poucos embaixadores nossos, não abandona de todo os livros pelos empreendimentos práticos.[77]

77 Id.

Em 25 de outubro, a imprensa publicou matéria dando conta da realização de um festival brasileiro em Paris naquele mesmo mês. As artistas Vera Janacópulos, cantora, e Maria Antonia de Castro, pianista, executaram:

> "O Guarany (ouverture)" de Carlos Gomes; "Légende", Elpidio Pereira, violino e piano; "Virgens Mortas", Francisco Braga; "Trovas", de A. Nepomuceno, canto; "Caprice", F. Braga, flauta; a) "Saudade", H. Oswald; b) "La Ronde qui passe", Barroso Netto; c) "Le Poulain du petit pierrot", Villa Lobos; d) "Tango Brésilien", Alex Levy, piano; "Romance sans Paroles", Elpídio Pereira, violoncelo; a) "Viola", Villa-Lobos; b) "A casinha pequenina", canções populares brasileiras harmonizadas por Ernani Braga e cantadas pela sra. Vera Janacópulos; "Calabar", seleção para orquestra, Elpídio Pereira.[78]

Também em 25 de outubro, a imprensa brasileira registrou que foi realizado no Club du Faubourg um banquete "em honra do conhecido escritor Michel Corday, no qual tomaram parte numerosos homens de letras, jornalistas e personalidades da alta sociedade". Falaram os escritores presentes, "a senhora Sévérine, e os escritores Louis Bonnardi e Georges Ploch", e Souza Dantas "especialmente convidado", uma vez "que há longos anos mantém relações de amizade com Michel Corday e com o ilustre escritor Anatole France, de quem é íntimo amigo", sendo reservado "o lugar de honra entre as sras. Michel Corday e Sévérine" à mesa.[79] O evento foi "exclusivamente consagrado"

---

78 *A Noite*, Rio de Janeiro, 25 out. 1923, p.7; e *O Jornal*, Rio de Janeiro, 26 out. 1923, p.5.

79 *O Jornal*, Rio de Janeiro, 26 out. 1923, p.5; e *Jornal do Brasil*, Rio de Janeiro, 26 out. 1923, p.20.

à música brasileira. Na ocasião, Souza Dantas fez uma palestra sobre "O Brasil e a França".

No dia 5 de dezembro, a Comissão de Cooperação Intelectual se reuniu em Paris "sob a presidência do professor Bergson. A delegação latino-americana achava-se representada pelo sr. Serega Fombona". A propósito de grupos de cooperação intelectual, Bergson fez referência a um telegrama que recebeu de Souza Dantas que dava conta da "organização no Brasil, sob a presidência do professor Aloysio de Castro, diretor da Faculdade de Medicina da Universidade do Rio de Janeiro, de uma comissão de Cooperação Intelectual".[80]

No dia 7 de dezembro de 1923, foi oferecido em Paris um jantar em homenagem a Oswald de Andrade. O título escolhido por *O Jornal* para a nota foi "Brasileiros em Paris". Quem presidiu a solenidade foi a escritora francesa "Rachilde (mme. Alfred Vallette)", com a presença de vários membros da Société des Amis des Lettres Françaises, "que ofereceram um jantar em honra do romancista brasileiro". Tomaram parte do jantar, o embaixador Souza Dantas e "vários membros da colônia brasileira". Ao discursar, Oswald de Andrade "fez um espirituoso improviso, que foi aplaudidíssimo pela seleta companhia que se reuniu para festejá-lo".[81]

O registro desse mesmo jantar apareceu próximo a uma nota publicada na primeira página do *Jornal do Commercio*, dividindo o espaço com um banquete do Comité France-Amérique

80 *O Jornal*, Rio de Janeiro, 29 dez. 1923, p.2.

81 *Correio Paulistano*, São Paulo, 8 dez. 1923, p.1; *O Paiz*, Rio de Janeiro, 8 dez. 1923, p.1; e *O Jornal*, Rio de Janeiro, 8 dez. 1923, p.12. Rachilde era o pseudônimo de Marguerite Vallette-Eymery (1860-1953). Alfred Vallette era o nome do marido dela.

oferecido pelo marechal Pétain ao general Gouraud, que contou com a presença de Souza Dantas, dando conta de que estava sendo "visitada por crescido número de pessoas a exposição de pintura da artista brasileira sra. Tarsila do Amaral, cujas produções têm merecido elogios por parte da imprensa e dos visitantes que têm afluído à exposição".[82]

Um jornal carioca registrou na coluna "Exterior" de meados de dezembro de 1923 que a "Sociedade Amigos das Letras Francesas ofereceu um jantar em honra do romancista brasileiro Oswald de Andrade". A seguir, registrou que Souza Dantas havia presidido "uma das mesas de 300 talheres no banquete que o Comité France-Amérique ofereceu ao General [Henri] Gourand". Depois dessa nota, outra a seguir deu conta de que "tem sido muito visitada a exposição de pintura da artista brasileira sra. Tarsila do Amaral, cujas produções têm merecido elogios por parte da imprensa e visitantes". Ainda sobre os eventos em Paris, publicou nota dando conta de que Luiz Guimarães Filho, diplomata brasileiro lotado no Uruguai e membro da Academia Brasileira de Letras, fora recebido naqueles dias em Paris na Academia Francesa, "onde foi saudado pelo presidente da mesma, sr. Marcel Prévost, por monsenhor Baudrillart e René Doumic".[83]

Nesse mesmo momento, em 12 de dezembro, o *Correio da Manhã* publicou o que descreveu como "o primeiro artigo desse Evangelista do Brás e do Montparnasse, cujo nome, aliás, está consagrado entre nós pelo seu belo romance *Os condenados*. Nossos leitores verão que esse artigo é a afirmação de uma tendência

---

82 *Jornal do Commercio*, Rio de Janeiro, 8 dez. 1923, p.1.
83 *A União*, Rio de Janeiro, 13 dez. 1923, p.3.

nova na pobre história da arte brasileira". O texto, de autoria de Oswald de Andrade, intitulado "Vantagens do caos brasileiro", escrito em novembro em Paris, é precedido por essa entusiasmada introdução, não assinada.[84]

Dando uma dimensão da experiência que foi a ida de Oswald de Andrade a Paris em 1923, o articulista António Ferro publicou no *Correio do Povo* de Porto Alegre o texto "A nova literatura brasileira". Nele, destacou que "Oswald de Andrade, o grande romancista de *Os condenados*, é o animador do movimento, o guerrilheiro mais audacioso... Foi a Paris, conviveu com Jean Cocteau, Jules Romains, Max Jacob e convenceu Blaise Cendrars, o inominável Blaise Cendrars, a ir ao Brasil fazer uma *tournée* de conferências".[85]

Nos anos seguintes, até a invasão da França pela Alemanha em maio de 1940, Souza Dantas seguiu no posto e mantendo as estratégias dele para permanecer no cargo, assim como apoiando artistas e literatos brasileiros, muitos deles em situação financeira frágil. O pintor Cícero Dias, por exemplo, chegou a ser contratado como bibliotecário da embaixada.[86] Circulou no Itamaraty, por algum tempo, um "boato de corredor", que escutamos de antigos embaixadores já aposentados em fins da década de 1990. Dizia respeito a uma significativa coleção de objetos de arte, que incluiriam, especialmente, quadros comprados por Souza Dantas de pintores então desconhecidos, em início de carreira e em dificuldade financeira, adquiridos por filantropia

84 *Correio da Manhã*, Rio de Janeiro, 12 dez. 1923, p.1. Reproduzido na Parte I deste livro.

85 Texto reproduzido em *O Jornal*, Rio de Janeiro, 11 jul. 1924, p.6.

86 Koifman, *Quixote nas trevas*, op. cit., p.467.

e com o único intuito de ajudá-los a ter sustento. Uma boa parte desses quadros, anos depois, teria alcançado grande valor em razão de alguns desses artistas – de diferentes nacionalidades – terem se tornado mundialmente reconhecidos.[87] Acreditamos ser possível que o embaixador de fato possa ter em algum momento adquirido pinturas para ajudar artistas. Se o fez, esses quadros não permaneceram na posse dele por muito tempo. Souza Dantas conservou consigo poucos objetos pessoais ao longo da vida e, ao falecer, em 16 de abril de 1954, não tinha consigo qualquer objeto de arte.[88]

Referências bibliográficas[89]

AMARAL, Aracy A. *Tarsila*: sua obra e seu tempo. São Paulo: Editora 34, 2003.

ANDRADE, Oswald de. *Telefonema*. São Paulo: Globo, 2007.

BARDI, Pietro Maria. *O modernismo no Brasil*. São Paulo: Banco Sudameris, 1978.

BROCA, Brito. *A vida literária no Brasil*: 1900. 5.ed. Rio de Janeiro: José Olympio; ABL, 2005.

CARVALHO, Bruno. *Cidade porosa, dois séculos de história cultural do Rio de Janeiro*. Rio de Janeiro: Objetiva, 2013.

CASARIN, Carolina. *O guarda-roupa modernista*: o casal Tarsila e Oswald e a moda. São Paulo: Companhia das Letras, 2022.

---

87 Depoimento do embaixador Roberto Assumpção em 17 de abril de 1998.

88 Koifman, *Quixote nas trevas*, op. cit., p.425. No livro, reproduzimos o documento contendo a relação de objetos encontrados no quarto do hotel no dia do falecimento de Souza Dantas.

89 Não foram incluídos aqui os artigos de jornais, cujas referências bibliográficas completas estão nas notas de rodapé.

DUMONT, Juliette. Le Brésil au prisme de sa diplomatie culturelle (1920-1945). In: ______; FLÉCHET, Anaïs; VELLOSO, Mônica Pimenta (orgs.). *Histoire culturelle du Brésil*: XIXᵉ-XXIᵉ siècles. Paris: Éditions de L'Iheal, 2019. Disponível em: <https://books.openedition.org/iheal/8767>. Acesso em: 18 jun. 2023.

GUIMARÃES, Argeu. *Dicionário biobibliográfico brasileiro*: de diplomacia, política externa e direito internacional. Rio de Janeiro: Edição do Autor, 1938.

KOIFMAN, Fábio. *Quixote nas trevas*: o embaixador Souza Dantas e os refugiados do nazismo. Rio de Janeiro: Record, 2002.

LYRA, Heitor. *Minha vida diplomática*. t.I. Brasília: Editora UnB, 1972.

NEEDELL, Jeffrey. *Belle Époque tropical*. São Paulo: Companhia das Letras, 1993.

RIBEIRO, Edgard Telles. *Diplomacia cultural*: seu papel na política externa brasileira. Brasília: Fundação Alexandre de Gusmão, 1989.

RIVAS, Pierre; ARTICO, Durval; ALCOFORADO, Maria L. G. *Encontro entre literaturas*: França, Portugal, Brasil. São Paulo: Hucitec, 1995.

SEVCENKO, Nicolau. *Orfeu extático na metrópole*: São Paulo, sociedade e cultura nos frementes anos 20. São Paulo: Companhia das Letras, 1995.

SUPPO, Hugo R.; LESSA, Mônica L. *A quarta dimensão das relações internacionais*. Rio de Janeiro: Contra Capa, 2017.

*Os artistas brasileiros nas exposições inaugurais da Maison de l'Amérique Latine em Paris, em 1923 e 1924**

Michele Greet

Em meados da década de 1920, viviam e trabalhavam em Paris artistas de quase toda a América Latina, sendo que a maior concentração vinha dos maiores países latino-americanos, como o Brasil e a Argentina. Essa presença não resultou automaticamente numa comunidade artística latino-americana coesa. Embora a ideia de América Latina como um conceito geopolítico existisse desde os dias de Simón Bolívar um século antes, as escolas de arte e os governos que as tinham fundado eram claramente nacionalistas, e se esperava que os artistas exaltassem essa identidade nacional. Porém, à medida que um número crescente de artistas e intelectuais passou a se dirigir a Paris, as relações transnacionais se tornaram mais relevantes e levaram à criação de dois espaços culturais importantes: a Académie Internationale des Beaux-Arts e a Maison de l'Amérique Latine. Como atividade inaugural, essas instituições prepararam em 1923 uma pequena exposição de arte moderna latino-americana, seguida,

* Tradução de Fernando Santos. (N. O.)

em 1924, por um extenso panorama da arte latino-americana da era pré-colombiana à era moderna, a primeira exposição do gênero realizada em qualquer lugar do mundo. O conceito dessa exposição, organizada em torno da identidade geopolítica, e não de um movimento ou estilo, obrigou o público e os críticos a levarem em conta quais características deveriam aproximar e diferenciar a arte latino-americana da arte europeia, e se uma identidade estética latino-americana poderia ou até mesmo deveria existir. A criação desses espaços culturais em Paris estabeleceu uma nova dinâmica entre os artistas latino-americanos e seus pares europeus, levando-os a considerar o papel da arte na definição das noções de lugar. Os artistas brasileiros tiveram uma participação importante em ambas as exposições, estabelecendo normas para definir a arte latino-americana em Paris.

Em 29 de dezembro de 1922, o economista argentino Alejandro de Olazabal e o intelectual brasileiro Pedro Luis Osório fizeram uma proposta ao governo francês: criar uma Académie Internationale des Beaux-Arts, que estaria localizada num prédio doado por Olazabal, na rue de Presbourg, n.9 e seria constituída por um conservatório musical e alas destinadas à pintura, escultura, arquitetura, gravura e filosofia da arte. A escola seria voltada para a formação de artistas da América Latina e seria dirigida em conjunto com a recém-criada Maison de l'Amérique Latine.[1] Enquanto a missão da academia era a educação, a Maison funcionaria como um centro cultural e espaço para apresentação de arte, música e literatura latino-americanas, com o objetivo de "atrair artistas [latino-]americanos a Paris, para grande

1 "Les Arts: l'Académie Internationale des Beaux-Arts", *Revue de l'Amérique Latine*, Paris, ano II, v.4, n.15, p.286-7, mar. 1923.

proveito de sua cultura".[2] Partia-se do princípio de que Paris seria como um arquétipo do progresso cultural para as cidades latino-americanas. Em fevereiro de 1923, Olazabal e Osório se reuniram para discutir essas propostas e planejar sua implementação.

Os projetos da Académie e da Maison avançaram rapidamente. Durante o verão de 1923, os comitês diretores da Académie Internationale des Beaux-Arts foram indicados e convencidos a definir a missão da escola. Entre os membros do comitê da seção de pintura, estavam artistas franceses de destaque como Maurice Denis, Roger de La Fresnay, Albert Gleizes, Paul Albert Laurens, Jacques Mathey, Lucien Simon e André Dunoyer de Segonzac. Artistas latino-americanos residentes em Paris também foram escolhidos como delegados para a seleção de países latino-americanos.[3] Devido à sua ligação com estudantes de arte latino-americanos da Académie de la Grande Chaumière, Antoine Bourdelle organizou em sua casa a primeira reunião da seção de escultura, que contou com a presença de delegados da Argentina (Pablo Curatella Manes), Brasil (Victor Brecheret), Colômbia (Marco Tobón Mejía) e Uruguai (José Luis Zorrilla de San Martín e Pablo Mañé). Também foi decidido que deveriam ser criados comitês em cada cidade grande da América Latina com a missão de:

2 "Manifestations artistiques", *Revue de l'Amérique Latine*, Paris, ano II, v.5, n.17, p.95, maio 1923.

3 Brasil: Mme. Dampt, Alipio Dutra, Manoel Madruga; Argentina: Horacio Butler, Juan Manuel Gavazzo; México: Angel Zárraga, Georges de Zayas; Cuba: Juan Emilio Hernández Giro; Chile: Luis Alberto de Sangroniz; Venezuela: Carlos Otero; El Salvador: Pierre Montalvo de Matheu. "A l'Académie Internationale des Beaux-Arts", *Revue de l'Amérique Latine*, Paris, ano II, v.6, n.21, p.94, set. 1923.

1. Divulgar os recursos e as instalações que a Académie Internationale des Beaux-Arts poderia oferecer aos artistas e estudantes da América Latina.
2. Selecionar obras a serem incluídas nas grandes exposições que a Académie iria organizar em Paris.
3. Preparar e organizar exposições de arte francesa na América Latina.[4]

Como sua declaração de princípios indica, Olazabal e Osório vislumbravam um amplo intercâmbio transatlântico de arte, educação e recursos.

A exposição de 1923, embora estivesse longe de ser tão abrangente como a exposição oficial que teria lugar no ano seguinte, se destacou pelo fato de constituir-se na primeira vez em que obras de artistas contemporâneos residentes em Paris foram reunidas para serem expostas como um grupo coeso.[5] Esses artistas representavam onze países: Argentina, Brasil,

---

4 Id.

5 Entre os artistas participantes da exposição, estavam: Argentina: Alfredo Bernier, Juan Manuel Gavazzo Buchardo, José A. Merediz, Tito Saubidet, Manuel Villarubia-Nory; Brasil: Tarsila do Amaral, Victor Brecheret, (?) Duara, Alipio Dutra, Gaston Infante, Manoël Madruga, Anita Malfatti, Vicente do Rego Monteiro, Domingos Viegas Toledo-Piza; Chile: Luis Alberto de Sangroniz; Colômbia: Marco Tobón Mejía; Costa Rica: Max Jiménez; Cuba: Juan Emilio Hernández Giro; Equador: Manuel Rendon Seminario; Peru: José Felix; El Salvador: Pierre Montalvo de Matheu; Venezuela: Manuel Cabré, Carlos Otero; Espanha: Servando del Pilar; não identificado: Manuel Reinoso, (?) Arriaran. A lista foi extraída de duas fontes: Magellan, "La Maison de l'Amérique Latine", *Revue de l'Amérique Latine*, Paris, ano II, v.5, n.19, p.288, jul. 1923; Cogniat, "Les Artistes de l'Amérique Latine: a la Galerie G.-L. Manuel et à la 'Maison de

Chile, Colômbia, Costa Rica, Cuba, Equador, Peru, El Salvador, Venezuela e, curiosamente, Espanha (com a obra de Servando del Pilar). A maioria dos artistas selecionados expunha regularmente nos salões parisienses e trabalhava com estilos relativamente conservadores. Entre os artistas brasileiros, estavam o escultor Victor Brecheret e os pintores Tarsila do Amaral, Alipio Dutra, Gaston Infante, Manoel Madruga, Anita Malfatti, Vicente do Rego Monteiro e Domingos Viegas Toledo Piza. Infelizmente, como parece não ter sido publicado um catálogo da exposição, é impossível determinar precisamente quais obras foram expostas.

Embora o título da maioria das obras não tenha sido mencionado na imprensa, a *Revue de l'Amérique Latine* identificou duas pinturas extraordinárias de autoria de artistas femininas já renomadas: *Woman with Fruit Basket*, conhecida agora como *Tropical* (*c.* 1916), de Anita Malfatti, e *Portrait of M. de Andrade*, de Tarsila do Amaral, *Retrato de Oswald de Andrade* (1923).[6] Como as duas únicas artistas mulheres na exposição, ambas fizeram escolhas ousadas.

Malfatti escolheu apresentar uma obra realizada sete anos antes.[7] O quadro *Mulher com cesto de frutas*[8] traz uma mulher de pele escura carregando um cesto de frutas tropicais. Ela distorceu e achatou as dimensões da mulher à maneira expressionista, e reduziu as frutas a suas formas geométricas básicas. Os marrons, amarelos

---

l'Amérique Latine'", *Revue de l'Amérique Latine*, Paris, ano II, v.5, n.20, p.365, ago. 1923.

6 Magellan, "La Maison de l'Amérique Latine", op. cit., p.288.

7 Não se sabe quem trouxe a Paris as obras propostas por Malfatti, já que ela só chegou à cidade em outubro de 1923.

8 Pertencente ao acervo da Pinacoteca de São Paulo, a tela *Tropical* pode ser vista no *site* da instituição: <https://acervo.pinacoteca.org.br/online/ficha.aspx?ns=201000&id=8605&lang=BR&IPR=4450>.

e verdes quentes das frutas e da folhagem conferem às laterais da tela uma vibração que está ausente da figura simples vestida de branco, criando um contorno decorativo ao redor da imagem central. Igualmente, o acentuado formato em V do decote, que é invertido no contorno do cabelo, cria uma moldura ao redor de seu rosto e chama a atenção para seu olhar distante. Ela não é uma camponesa tranquila, satisfeita com sua vida simples; seus pensamentos e sonhos estão em outro lugar, talvez muito distantes do imaginário paraíso do Brasil. Portanto, a pintura simultaneamente recria e sutilmente subverte visões idealizadas projetadas na zona rural brasileira. As experimentações de Malfatti com a cor e a forma refletem seu conhecimento dos avanços modernistas na Alemanha e nos Estados Unidos, onde ela passara algumas temporadas antes de sua estada em Paris. No entanto, essa pintura era uma espécie de anomalia na obra de Malfatti, já que é uma de suas poucas pinturas que faz referência à identidade brasileira. E talvez tenha sido justamente por essa razão que ela decidiu apresentá-la nessa exposição de arte latino-americana: atendia à expectativa do público estrangeiro por temas exóticos, ao mesmo tempo que ressaltava sua desenvoltura com as técnicas modernistas europeias.

Amaral, pelo contrário, decidiu apresentar um retrato de seu companheiro, o escritor e intelectual de vanguarda, Oswald de Andrade [p.471]. A pintura é um retrato do busto de Andrade, apresentado como um cavalheiro distinto usando terno escuro e gravata.[9] Ele olha para o alto à direita, como se estivesse imerso

9 Eu tinha identificado anteriormente esta pintura como o retrato que Tarsila fez de Mário de Andrade em 1922. Agradeço a Gênese Andrade por apontar essa identificação mais acurada, conforme indicado em

em pensamentos. Pintado com pinceladas largas, o corpo de Andrade é claramente delineado contra um fundo facetado em tons de cinza. Apesar das pinceladas bastante imprecisas, o retrato permanece perfeitamente compreensível.

Consequentemente, a imagem de Tarsila combina as convenções da retratística tradicional com a simplificação da forma que ela tinha aprendido sob a tutela de André Lhote. Ao contrário de Malfatti, Tarsila escolheu um tema que enfatizava o modernismo intelectual brasileiro, em vez de explorar noções do tropical e do exótico. Curiosamente, porém, essas duas artistas iriam inverter a tática nos anos seguintes. Outra pintura de Tarsila mencionada no *New York Times Herald* foi *Un Arbre doré de lumière*, que talvez pudesse ser a obra identificada em seu catálogo *raisonné* como *Árvore* (1922), uma representação de uma árvore retorcida levemente inclinada com ramos irregulares de folhagem verde, cujo tronco estriado é iluminado pelo brilho dourado do sol poente.[10] Ambas as imagens indicam as explorações iniciais e meio experimentais da técnica modernista feitas por Tarsila antes de desenvolver um estilo próprio.

Visivelmente, os artistas brasileiros na mostra eram dos poucos cujas obras punham em destaque a exploração de questões formais modernistas como uma apresentação adequada da arte latino-americana. O *New York Times Herald* também menciona o título das obras apresentadas pelos modernistas brasileiros Victor Brecheret – *Tête de femme* e a escultura *Temple de Mayas* – e Vicente do Rego

---

Batista, *Os artistas brasileiros na Escola de Paris: anos 1920*, p.191-2, que cita como fonte "Inauguration de la Maison de l'Amérique Latine", *Académie Internationale des Beaux Arts*, Paris, n.3, 1º jul. 1923.

10 Devo a Gênese Andrade esta identificação.

Monteiro – *Combat d'indiens*.[11] *Tête de femme* poderia ser a obra hoje conhecida como *Cabeça Mme. X* (1922) ou talvez um busto diferente do mesmo ano, *Inspiração*.[12] E o título *Temple de Mayas* muito provavelmente foi um erro de transcrição do resenhista, já que não existe nenhuma obra com esse título na produção artística de Brecheret. O autor provavelmente estava se referindo a *Templo de minha raça* [p.472], um monumento ambicioso em grande escala, homenageando a "raça brasileira", constituído por um cortejo de figuras e animais num elegante estilo *art déco*, em frente a uma coluna triunfal. Embora jamais finalizado, Brecheret expôs um fragmento esculpido do templo no Salon d'Automne de 1921, ao lado de uma maquete de sua ideia para o monumento ampliado.[13]

Combat d'indiens refere-se, muito provavelmente, à obra que Rego Monteiro apresentou no Salon des Indépendants na primavera de 1923, intitulada *Fim de combate* [p.472], sobre a qual Cogniat escreveu:

> [...] em *Fin de combat* dos Indépendants ele revelara, entretanto, uma orientação muito diversa; e podíamos adivinhar as possibilidades que ele tem dentro de si e não ceder ao comentário de que é um artista interessante, mas cujo estilo original não pode ser copiado, sem se tornar rapidamente uma imitação que corre o risco de afetar a personalidade de quem se deixar levar por ele.[14]

---

11 "L'Amérique Latine", *The New York Herald*, Paris, 21 maio 1923, p.5.

12 Cogniat, "La Vie artistique: les artistes américains au Salon d'Automne", *Revue de l'Amérique Latine*, Paris, ano II, v.4, n.13, p.70-2, jan. 1923. Cogniat observa que Brecheret apresentou um busto no Salon d'Automne de 1922.

13 Alvarado, *Brecheret e a Escola de Paris*, p.30-1.

14 Cogniat, "La Vie artistique: les artistes américains aux salons", *Revue de l'Amérique Latine*, Paris, ano II, v.5, n.19, p.269, jul. 1923.

Como abordo a seguir, Cogniat valorizava a representação da diferença cultural como uma expressão de originalidade artística, e a representação feita por Rego Monteiro do ritual indígena teria atendido a esse critério, ao mesmo tempo que também correspondia aos fetiches do público francês pelo primitivismo. Hoje desaparecida e reproduzida apenas numa foto em preto e branco granulada, a pintura retrata uma figura central alongada, com a cabeça jogada para trás em triunfo, segurando exultante pelos longos cabelos negros a cabeça decapitada de seu inimigo.[15] Os rostos de seus seguidores se voltam horrorizados para a borda da arena na qual o ritual sangrento ocorreu. O sangue escorre da cabeça decepada, pingando nos vultos que estão embaixo, e o corpo decapitado ainda não chegou ao chão, transmitindo a proximidade e a crueldade da cena. Apresentada no elegante estilo sinuoso presente no livro *Légendes, croyances et talismans des indiens de l'Amazone* [p.474], que os críticos geralmente comparavam ao de Tsuguharu Foujita, a pintura foi uma das únicas obras da mostra a retratar temas indígenas. Nesse ponto, porém, parece que Rego Monteiro adotou estereótipos acerca da natureza primitiva abjeta dos povos indígenas em vez de questionar ou confrontar esse tipo de imaginário, como ele começaria a fazer nos anos seguintes. Juntas, as obras apresentadas por Malfatti, Brecheret e Rego Monteiro estabeleceram um parâmetro para a representação de temas nacionais, utilizando um estilo modernista como forma

---

15 Zanini, *Vicente do Rego Monteiro: artista e poeta*, p.166. Aracy Amaral também escreveu a respeito do paradeiro da pintura, em Amaral, A., "Resposta tardia: Vicente do Rego Monteiro", *O Estado de S. Paulo*, São Paulo, 13 jun. 1970, Suplemento Literário, p.5.

de diferenciar a produção artística latino-americana daquela de seus anfitriões franceses.

Essa exposição inaugural na Maison de l'Amérique Latine foi uma iniciativa relativamente limitada e feita às pressas que atraiu pouca atenção da crítica. Contudo, acabou sendo um prenúncio da exposição muito mais extensa que teria lugar no ano seguinte. O crítico francês Raymond Cogniat, que tinha começado a escrever uma coluna regular sobre arte latino-americana na recém-lançada *Revue de l'Amérique Latine*, registrou uma das únicas avaliações conhecidas da mostra. Sua crítica introduziu a questão que viria a pautar os debates sobre arte latino-americana ao longo das décadas seguintes: a existência ou a ausência de uma estética latino-americana. Para Cogniat, essa estética era incipiente, mas pouco desenvolvida, ainda dominada pelas ideias e influências europeias:

> O que nos resta é esperar que essas exposições se repitam com frequência para nos permitir acompanhar o esforço evolutivo do artista que, embora muito influenciado por nossas fórmulas, mantém uma certa independência que talvez possibilite o despontar de seu estilo.[16]

Embora não defina exatamente o que estava procurando, Cogniat sugere nessa passagem que os artistas latino-americanos deveriam se diferenciar de seus pares europeus dando destaque a seu estilo inato.

No dia 1º de janeiro de 1924, o gabinete da Direction des Beaux-Arts et des Musées da cidade de Paris anunciou que, de 14 de março a 15 de abril, iria disponibilizar o Museu Galliera

16 Cogniat, "Les Artistes de l'Amérique Latine", op. cit., p.365.

para que a Maison de l'Amérique Latine e a Académie Internationale des Beaux-Arts organizassem uma exposição oficial de arte latino-americana muito maior, que iria apresentar o conjunto completo do que o continente tinha a oferecer e "tornar a arte latino-americana conhecida na França em suas manifestações mais originais... sem diferenciação por tendência ou escola".[17] Ao renunciar a "tendência ou escola" como um critério de organização, os organizadores estabeleceram os parâmetros de uma nova categoria de exposição de arte, determinada pela identidade geopolítica, e não pela questão estética. Essa mudança para uma exposição de arte nacional ou regional surgiu em resposta à presença crescente de estrangeiros em Paris no período entreguerras, e aos temores de que essa presença diluísse a "arte francesa".[18] Desse modo, embora a mostra oferecesse uma oportunidade única para que os artistas latino-americanos expusessem em Paris, ela também serviu para segregar e classificar sua obra como "diferente".

O comunicado à imprensa referente à exposição serviu como um chamado à participação, convidando os artistas latino-americanos residentes em Paris, bem como os colecionadores de arte latino-americana de todos os períodos, a apresentar obras para serem incluídas. Talvez como deferência ao país anfitrião, um comitê de seleção, composto por um grupo eclético de artistas franceses, entre os quais o cubista Albert Gleizes, o pintor acadêmico e professor da Académie Julian, Paul Albert

17 Ville de Paris; Direction des Beaux-Arts et des Musées; Musée Galliera, "Carta à 'Maison de l'Amérique Latine' e Académie Internationale des Beaux-Arts", 10 jan. 1924. Arquivos do Museu Galliera.

18 Musée d'Art Moderne de la Ville de Paris, *L'École de Paris, 1904-1929: la part de l'Autre*, p.31.

Laurens, o estilista e ilustrador George Lepape e o ilustrador e gravurista *art déco* Pierre Brissaud, avaliaram as pinturas apresentadas e, juntamente com Bourdelle e Charles Despiau, responsáveis pela seção de escultura, definiram o escopo da mostra.[19] Nos anos de entreguerras, houve um movimento para profissionalizar a equipe dos museus e separar os departamentos de educação dos departamentos de curadoria, mas muitos museus continuaram a organizar exposições com critérios específicos, o que parece ter ocorrido nesse caso. Considerando a variedade de estilos e a qualidade da exposição final, parece que, se não todas, a maioria das obras apresentadas foi aceita. Os organizadores também programaram uma série extensa de concertos e palestras para acompanhar a exposição durante o mês em que esteve em cartaz. Concebida como um grande evento destinado a exibir o melhor do talento artístico latino-americano, a exposição se esforçou para apresentar uma visão da região como sofisticada e culturalmente relevante.

Pedro Osório, que tinha assumido um papel de liderança na organização da mostra, recorreu diretamente à elite cultural de Paris, convidando todo o corpo diplomático da América Latina, bem como estrangeiros da elite associados à arte e o mundo político e ilustrado da sociedade parisiense, para uma elegante recepção e um concerto na prefeitura no dia 15 de fevereiro, para promover a exposição. Nessa ocasião, ele fez um discurso apaixonado sobre suas expectativas quanto ao projeto e os motivos para criar essas instituições culturais:

---

19 "L'Exposition d'Art Américain-Latin", *Revue de l'Amérique Latine*, Paris, ano III, v.7, n.26, p.189-90, fev. 1924.

Há cerca de cem milhões de pessoas ali [na América Latina] que herdaram ao nascer uma cultura milenar... Cabe à nossa raça, cuja trajetória não destruiu nossa fé e cujo sofrimento não encolheu nosso coração, legitimar nosso destino histórico criando para o mundo as soluções libertadoras do futuro. Há quase cem milhões de pessoas cuja etnia, religião, tradição histórica, costumes e ideais democráticos semelhantes irão se intensificar num mundo de aspirações comuns... Contudo, ainda somos apenas números, dispersos pelos quatro cantos para seguir nossos sonhos individuais... Por que essas pessoas não conseguem, apesar dos esforços que fazem diariamente nesse sentido, construir "os órgãos centrais de um sistema nervoso" de vida continental que vem sendo esboçado de forma tão poderosa? Não se trata de escolher a capital de um dos países da América Latina para ser a capital da "Nação-Continente". Jamais admitiremos qualquer forma de união continental que confira a um de nós a preeminência internacional que esse privilégio de fato implicaria. Alguns sugerem construir uma nova capital localizada numa zona neutra... O que precisamos não é de uma capital, é de um "cérebro" latino-americano, que proclame e que exerça no mundo nossa vontade continental suprema de assumir um papel ativo e pessoal na missão histórica do futuro da humanidade... Onde encontrar a instituição que irá encarnar todas essas aspirações? Paris está à frente da ponte que chega a todos os lugares. Paris é, para os latino-americanos, o ancestral incontestável de nossas democracias... É por isso que cruzamos o Oceano Atlântico para vir para seu país, para fundar nossa casa latino-americana.[20]

---

20 "La Maison de l'Amérique Latine", *Revue de l'Amérique Latine*, Paris, ano III, v.7, n.28, p.380, abr. 1924.

Osório deixou explícita em seu discurso a noção de uma comunidade cultural de latino-americanos em Paris. Ele até sugeriu Paris como a capital cultural da América Latina, uma capital que não poderia ser estabelecida no continente porque privilegiaria um país em detrimento dos demais.[21] Embora esse conceito de uma cultura latino-americana unificada tenha origem numa longa história de pan-americanismo ideológico, a sugestão explícita de Osório de que Paris se tornasse praticamente a capital dessa região estabelece uma aliança transnacional única entre a França e cada uma das nações da América do Sul e Central. A França não exerceria nenhuma autoridade política sobre a América Latina, mas serviria de terreno neutro, bem como de arquétipo cultural, para a formação e a promoção das artes da América Latina.

Osório ofereceu mais uma justificativa para a escolha de Paris como a capital latino-americana das artes, afirmando: "É necessário, porém, que em breve sejamos capazes de dizer latino-americano, do mesmo modo que sempre dissemos norte-americano".[22] Ao concentrar essa iniciativa exclusivamente na América Latina, a região poderia se diferenciar dos Estados Unidos, cuja hegemonia cultural e política cada vez maior era uma fonte crescente de conflito. A ocupação de Cuba pelos Estados

---

21 Essa retórica de Paris como a capital da América Latina logo tomou conta do mundo artístico parisiense. O texto que acompanha a exposição do artista argentino Roberto Raumaugé na Galerie Georges Petit em 1927, por exemplo, diz o seguinte: "Paris, graças a seus recursos inesgotáveis, seu merecido prestígio, bem como à liberdade que oferece a todo tipo de educação e pesquisa, realmente se tornou a capital desses intercâmbios anteriormente considerados quixotescos". Ramaugé, *Roberto Ramaugé.*

22 "La Maison de l'Amérique Latine", op. cit., p.381.

Unidos em 1898, seguida pelas invasões do Panamá, em 1903, e da Nicarágua, em 1912, tinha levado os latino-americanos a considerarem seu vizinho do norte como uma ameaça imperialista, em vez de um modelo a ser imitado. Na década de 1920, as empresas americanas dominavam a maior parte da indústria petrolífera na América Latina, levando a um crescente sentimento antiamericano e a uma ênfase contínua na especificidade. Tendo experimentado o poder dos Estados Unidos para impor sua vontade sobre as repúblicas divididas ao sul, os intelectuais latino-americanos começaram a se concentrar na criação de uma identidade pan-latino-americana coesa, enfatizando a raça e a cultura comuns como uma forma de estreitar os laços entre cada um dos países e diferenciá-los das sociedades anglo-saxãs. Ao escolher Paris como base de operações, Osório alinhou a herança mediterrânea da América Latina – sua língua e cultura de origem latina – com a sociedade do Velho Mundo, como uma forma de rejeitar o imperialismo norte-americano. Essa foi a primeira proposta coerente do gênero a apresentar a arte latino-americana como um instrumento de transmissão dessa cultura para o mundo.

A Exposition d'Art Américain-Latin abriu com grande pompa no dia 15 de março de 1924 no Museu Galliera, na avenue Pierre-Ier de Serbie, n.10. Entre os convidados ilustres para a abertura, estavam os embaixadores do Chile, Venezuela, Bolívia, Equador e Peru, além de Luiz Martins de Souza Dantas, embaixador do Brasil, e a princesa de Orleans e Bragança, filha do ex-imperador do Brasil.[23] Mais de 260 obras de arte

23 Musée Galliera; La Maison de l'Amérique Latine; l'Académie Internationale des Beaux-Arts, *Exposition d'Art Américain-Latin, mar. 15-apr. 15, 1924.*

contemporânea de 42 artistas latino-americanos residentes em Paris, coleções inteiras de arte pertencentes a importantes colecionadores parisienses e latino-americanos, bem como uma seção de retrospectiva de arte pré-colombiana e arte popular, tomaram as galerias e receberam uma grande atenção da imprensa. Programas culturais semanais atraíram novos visitantes durante o mês de duração do evento, incluindo palestras sobre literatura latino-americana, leituras de poemas, espetáculos musicais e uma palestra sobre arte latino-americana feita por Louis Hourticq, professor da Escola de Belas-Artes. Devido ao abrangente escopo geográfico, cronológico e estilístico da exposição, a mostra tanto encantou o público como o deixou perplexo.

A seção de arte contemporânea incluía pinturas, esculturas, projetos arquitetônicos e artes decorativas em diversos suportes, apresentados por artistas latino-americanos de catorze países. Cada artista inscreveu de uma a oito obras, e as pinturas representavam, de longe, a maior categoria. Executadas numa grande variedade de estilos, as pinturas apresentavam uma visão eclética da arte latino-americana. Numa extremidade do espectro, estavam as obras cubistas dos artistas argentinos Emilio Pettoruti e Alejandro Xul Solar, e, no outro, as paisagens naturais e urbanas impressionistas de Manuel Cabré (Venezuela) e as composições cezannescas de Manuel Ortiz de Zárate (Chile). Curiosamente, os brasileiros mais vanguardistas que tinham participado da exposição de 1923, Tarsila do Amaral e Vicente do Rego Monteiro, resolveram não participar da mostra maior de 1924. Talvez eles tenham percebido a perspectiva conservadora e relativamente convencional da apresentação e preferiram se associar a espaços mais modernistas.

Malfatti foi a única dos artistas brasileiros de inclinação mais modernista a participar da exposição de 1924, com *Etudiante russe*, *L'Américaine* e *A ventania* (*paysage*). Ela pintou duas versões de *A estudante russa* por volta de 1915, muito provavelmente quando estudava em Nova York. É impossível determinar qual versão expôs em Paris, mas ambas incluem um fundo abstrato impreciso, leves distorções figurativas e uma forma achatada que reflete sua experimentação com procedimentos vanguardistas. Os temas de *A ventania* (1915), representação de uma paisagem varrida pelo vento na costa do Maine, nos Estados Unidos, e de *L'Américaine*, que não foi possível identificar, indicam que a artista optou por rejeitar representações da identidade nacional, escolhendo três obras que refletiam sua experiência internacional. Essa recusa a fazer referência à identidade nacional foi uma característica da exposição como um todo.

Obras de artistas que costumavam frequentar os salões franceses dominaram a exposição. Nos diversos artigos sobre a mostra, Manuel Ortiz de Zárate, Domingos Toledo Piza, Manuel Rendón Seminario (Equador), Marcial Plaza Fernand (Chile) e Manuel Cabré foram citados várias vezes. O catálogo destaca que Toledo Piza inscreveu três pinturas, uma intitulada *La Cueillette* e as outras duas simplesmente mencionadas como "paisagem". Embora não tenham sido identificadas de maneira precisa, é bem provável que essas obras tenham sido pintadas num estilo semelhante ao de *L'Étang de Malvat sous la neige*, uma paisagem de inverno que se encontra atualmente no Centre Georges Pompidou, em Paris. Pintada com uma paleta limitada de marrons, cinzas e brancos, a cena retrata uma estrada rural que leva a um pequeno grupo de casas vistas a distância. As árvores estão nuas e a representação que Toledo Piza faz do céu capta a atmosfera lúgubre do inverno francês. Não há nada na pintura que faça alusão à identidade cultural de Toledo Piza; pelo contrário, o artista mergulhou no ambiente que o rodeava. Em sua crítica da exposição de 1924, Phil Sawyer observa que Toledo Piza "se inspirou em Cézanne".[24] Esse tipo de pintura podia parecer modernista em suas pinceladas, mas permanecia acessível ao público em geral, não familiarizado com as formas experimentais da vanguarda. Como o objetivo da exposição era exaltar a arte latino-americana para o público francês, provavelmente se evitou, de propósito, apresentar autores cuja obra estava na crista da onda da inovação; sendo assim, os organizadores deram destaque às pinturas de artistas que podiam imitar os estilos franceses. No entanto, essa tática fez os críticos lamentarem que a exposição não tenha revelado nenhum talento, e que muitas das pinturas fossem banais e sentimentais.[25]

Obras que retratavam temas latino-americanos eram a exceção, não a regra, levando os críticos a condenarem a falta de originalidade dos artistas latino-americanos. Em seu longo comentário sobre a exposição, Cogniat ressaltou:

> Diversas vezes neste artigo, mencionamos a falta de personalidade de muitos artistas americanos. Observamos, porém, que as nações que têm tradições populares diferenciadas, origens específicas e clima, vegetação e zona rural geralmente muito diferentes daqueles a que estamos habituados na Europa, que aquelas que têm esse passado

---

24 Sawyer, "In Color and Clay", *The Chicago Tribune* e *The Daily News*, Nova York, 23 mar. 1924, p.4.

25 Cogniat, "La Vie artistique: Exposition d'Art Américain-Latin au Musée Galliera", *Revue de l'Amérique Latine*, Paris, ano III, v.7, n.29, p.436, maio 1924.

e esses exemplos diante dos olhos, não podem carecer totalmente de originalidade, e provavelmente seria preciso muito pouco para despertar nelas gostos mais instintivos, mais espontâneos e menos tolhidos por influências estrangeiras.[26]

Para Cogniat, a originalidade não se refere à visão singular de um artista, e sim ao desejo desse artista de representar características "nativas" em sua obra. Quanto menos uma obra de arte se parecer a modelos europeus, mais "original" será considerada por ele. Além do mais, o tom condescendente das observações de Cogniat e a insinuação de que os artistas precisam simplesmente se conectar com sua resposta instintiva (e não cultivada ou aprendida) ao seu ambiente, relega os artistas latino-americanos ao papel de crianças ignorantes que necessitam da orientação esclarecida de um crítico perspicaz. No entanto, os artistas latino-americanos não aceitaram passivamente essa crítica. O artista cubano Armando Maribona, por exemplo, escreveu de forma depreciativa a respeito dos preconceitos inerentes aos pressupostos dos críticos franceses:

Quanto aos pintores e escultores [latino-americanos], não foram poucos os que chegaram sabendo executar obras à perfeição; mas para os críticos franceses, faltava "personalidade" ao seu conceito de formas, cores e composição. Eles apresentaram ou não apresentaram algo de NOVO? Era NOVIDADE que se exigia deles.[27]

---

26 Id., "La Vie artistique: les Américains au Salon des Indépendants", *Revue de l'Amérique Latine*, Paris, ano III, v.7, n.29, p.433-4, maio 1924.

27 Maribona, *El arte y el amor en Montparnasse: documental novelado, París, 1923-1930*, p.241-2.

A seção de escultura era ainda mais desprovida de referências estereotipadas à identidade latino-americana. A única peça que fazia referência a essa herança era o medalhão *Perfil dos Andes*, de Marco Tobón Mejía. Em sua maioria, as obras apresentadas pelos doze escultores que viviam e trabalhavam em Paris eram imagens de bustos, como as apresentadas pela artista brasileira Wolkowyski-Janacópulos, elogiadas por Sawyer por sua "bela simplicidade" ou por suas "cenas alegóricas".[28] Várias esculturas receberam elogios da crítica na imprensa, incluindo as obras do brasileiro Victor Brecheret, do argentino Pablo Curatella Manes e do costa-riquenho Max Jiménez, apesar da temática e das técnicas "europeias". Brecheret apresentou duas esculturas: *Sentinela* (chapa de prata) e *Ritmo* (bronze). *Ritmo* é uma escultura de bronze de pequeno porte de uma mulher nua agachada sobre um dos joelhos. Como o título sugere, Brecheret não tentou captar uma imagem de seu modelo, e sim a essência de seu movimento. Reduzido a formas geométricas simples, o corpo da mulher forma uma curva em C com as costas, que foram alongadas e distorcidas para criar um padrão rítmico. O joelho dobrado se encaixa perfeitamente debaixo da curva do braço, e uma linha reta delineia seu perfil. Os seios foram reduzidos a pequenas saliências para não interferir no ritmo linear das dobras e das curvas do corpo. A escultura é um estudo de forma e energia guiado pelos contornos do corpo feminino. Os críticos saudaram o "talento progressista" de Brecheret, e o crítico mexicano José Frías chegou mesmo a se referir à sua obra (juntamente com a de Wolkowyski-Janacópulos) como a salvação da

---

28 Sawyer, "In Color and Clay", op. cit.

escultura latino-americana.[29] O respeito de Frías por Brecheret era tão grande que, além de seu comentário sobre as obras em exposição, sua crítica reproduziu imagens de várias outras esculturas do artista que não estavam expostas em Paris, entre as quais *A chegada dos conquistadores ao Brasil*, *Despertar de glória* e *Fonte*. Cogniat, apesar de sua exigência de temas nativistas, não poupou elogios às peças apresentadas por Brecheret, afirmando que suas esculturas "foram concebidas no mais interessante espírito decorativo. As linhas são simples e belas, suaves e harmoniosas, o conjunto não carece nem de força nem de equilíbrio, e tem um caráter arquitetônico consolidado que infelizmente é muito raro na escultura".[30]

Na seção de artes decorativas, estavam os projetos de cenários e figurinos apresentados pelo artista argentino Alfredo Guido, baseados em trajes coloniais peruanos para a ópera *La Cruz del Sud*, do compositor uruguaio Alfonso Broqua, e um conjunto de sala de jantar do *designer* brasileiro José de Andrada. Embora as reproduções desses projetos já não existam, as reações dos críticos revelam uma vez mais até que ponto os parâmetros da exposição ditavam a interpretação das obras. Embora Jean-Gabriel Lemoine observasse que os projetos de Andrada não eram particularmente brasileiros, ele elogiou o estilo e o lirismo da obra de Guido.[31] E Henri Clouzot fez uma observa-

29 Sawyer, "In Color and Clay", op. cit.; Frías, "La Exposición Latinoamericana en el Museo Galliera", *Revista de Revistas*, México, v.15, n.733, p.35, 25 maio 1924.

30 Cogniat, "La Vie artistique: Exposition d'Art Américain-Latin au Musée Galliéra", op. cit., p.435.

31 Lemoine, "Une Exposition d'Art Américain-Latin", *Beaux-Arts: Chronique des Arts et de la Curiosité*, v.2, n.8, p.117, 15 abr. 1924.

ção semelhante, elogiando o gosto de Guido pelo pitoresco, mas procurando uma maneira de compreender Andrada:

> José de Andrada, que é brasileiro, é o único representante das artes aplicadas, com uma mesa de sala de jantar em madeira coral e preta de padrão excelente. Não diria que ele se inspirou na arte indígena, nem na arte colonial de Quito. Seu móvel elegante é definido por sua "preeminência". Isso quer dizer que ele é francês e parisiense.[32]

Ironicamente, era a "maestria" com que Andrada executara a mesa que impedia que ela tivesse uma identidade latino-americana, pois, na mente dos críticos, deveria tê-la feito tosca e primitiva. Revelando um conhecimento extremamente limitado da tradição artística latino-americana, Clouzot faz uma tentativa frustrada de relacionar o projeto de Andrada à arte indígena ou, estranhamente, à arte colonial de Quito, num esforço para equiparar seu conceito imaginário da América Latina com a arte em questão.

A exposição recebeu uma grande atenção por parte da imprensa, com pelo menos nove jornais estampando críticas sobre ela. Embora os comentários fossem amplamente favoráveis, a opinião geral era que a arte exposta era uma "imitação da arte francesa",[33] e que a tradição latino-americana ainda estava em processo de formação. Como declarou Cogniat: "É evidente que a grande maioria dos habitantes da América do Sul tem origem latina, e, sem dúvida nenhuma, precisa de mais alguns anos,

32 Clouzot, "Les Arts: la première exposition de l'Amérique Latine", *L'Europe Nouvelle*, n.24, p.447, abr. 1924.

33 Sawyer, "In Color and Clay", op. cit.

mais refinamento, antes que essas raças transplantadas consigam encontrar para si mesmas uma fórmula ou um meio de expressão próprio".[34] Desde sua primeira crítica da exposição preliminar de arte latino-americana em 1923, Cogniat tinha refletido sobre como isso poderia ser feito. Ele afirma que a arte pré-colombiana serve de modelo para essa busca de originalidade e expressão regional. Henri Clouzot faz uma avaliação semelhante:

> A bem da verdade, temos a impressão, ao visitar o salão da exposição, que esse contato [entre a França e a América Latina] se estabeleceu há muito tempo. Isso é porque desta vez o comitê só pôde solicitar obras de artistas e colecionadores residentes em Paris. No ano que vem, eles vão nos apresentar obras nascidas do solo latino-americano, e vão permitir que julguemos as características e as tendências de uma arte autóctone. O que nos é apresentado no Galliera é um pouco demais de "nós mesmos"... Consequentemente, não podemos dizer que é uma arte argentina, uma arte brasileira, uma arte uruguaia. É tudo arte de influência francesa.[35]

Para Clouzot, o problema não era que os artistas precisavam de mais tempo para desenvolver uma voz original, mas que os organizadores haviam selecionado artistas que tinham uma experiência europeia excessiva. Esse era o grande dilema dos artistas latino-americanos: para provar que eram modernos e universais em seu país, tinham de estar familiarizados com as

---

34 Cogniat, "La Vie artistique: Exposition d'Art Américain-Latin au Musée Galliéra", op. cit., p.434.

35 Clouzot, "Les Arts: la première exposition de l'Amérique Latine", op. cit., p.447-8.

linguagens visuais europeias; na Europa, porém, considerava-se que os sinais desse conhecimento e dessa formação impediam a possibilidade de uma perspectiva original ou nativa.

A organização da exposição no Museu Galliera em torno do conceito geopolítico de América Latina obrigou tanto os artistas como os críticos a considerarem a existência de uma estética latino-americana. Os críticos tenderam a concordar que tal estética não existia, e julgaram que a possibilidade futura de definir características que unificassem a arte da região era um objetivo desejável. Eles divergiam, porém, quanto ao modo como esse objetivo deveria ser alcançado. Enquanto os artistas e os críticos latino-americanos enalteciam a formação europeia como um caminho para a inovação regional, os críticos europeus pressionavam pelo isolacionismo, por um retorno às raízes anteriores à Conquista e por uma rejeição das técnicas europeias. Isso, naturalmente, era um objetivo impossível que coincidia mais com as fantasias europeias de um primitivismo autêntico e inalterado do que com a realidade de uma cultura que era o resultado de centenas de anos de domínio colonial espanhol e português.

Os artistas brasileiros foram uma presença significativa nas duas versões da exposição (1923 e 1924). Sua obra foi elogiada na imprensa, especialmente a de Tarsila, Anita, Toledo Piza e Brecheret, mas, em sua maioria, suas contribuições não se referiam à identidade brasileira, nem eles se alinhavam às tendências mais experimentais vigentes em Paris. No entanto, depois de 1924, talvez em reação aos debates provocados pela exposição, vários artistas brasileiros residentes em Paris (principalmente Tarsila e Rego Monteiro) começaram a retratar a moderna identidade brasileira mais explicitamente em sua obra, como uma forma de se destacar no cenário mundial.

Referências bibliográficas

A L'ACADÉMIE Internationale des Beaux-Arts. *Revue de l'Amérique Latine*, Paris, ano II, v.6, n.21, p.94, set. 1923.

ALVARADO, Daisy V. M. Peccinini de. *Brecheret e a Escola de Paris*. São Paulo: Instituto Victor Brecheret (IVB); FM Editorial, 2011.

AMARAL, Aracy. Resposta tardia: Vicente do Rego Monteiro. *O Estado de S. Paulo*, São Paulo, 13 jun. 1970. Suplemento Literário, p.5.

BATISTA, Marta Rossetti. *Os artistas brasileiros na Escola de Paris*: anos 1920. São Paulo: Editora 34, 2012.

CLOUZOT, Henri. Les Arts: la première exposition de l'Amérique Latine. *L'Europe Nouvelle*, n.24, p.447-8, abr. 1924.

COGNIAT, Raymond. La Vie artistique: Exposition d'Art Américain-Latin au Musée Galliera. *Revue de l'Amérique Latine*, Paris, ano III, v.7, n.29, p.434-7, maio 1924.

______. La Vie artistique: les américains au Salon des Indépendants. *Revue de l'Amérique Latine*, Paris, ano III, v.7, n.29, p.433-4, maio 1924.

______. La Vie artistique: les artistes américains au Salon d'Automne. *Revue de l'Amérique Latine*, Paris, ano II, v.4, n.13, p.70-2, jan. 1923.

______. La Vie artistique: les artistes américains aux salons. *Revue de l'Amérique Latine*, Paris, ano II, v.5, n.19, p.268-71, jul. 1923.

______. Les Artistes de l'Amérique Latine: a la Galerie G.-L. Manuel et à la "Maison de l'Amérique Latine". *Revue de l'Amérique Latine*, Paris, ano II, v.5, n.20, p.363-5, ago. 1923.

FRÍAS, José D. La Exposición Latinoamericana en el Museo Galliera. *Revista de Revistas*, México, v.15, n.733, p.35-6, 25 maio 1924.

INAUGURATION de la Maison de l'Amérique Latine. *Académie Internationale des Beaux Arts*, Paris, n.3, 1º jul. 1923.

L'AMÉRIQUE Latine. *The New York Herald*, Paris, 21 maio 1923, p.5.

LA MAISON de l'Amérique Latine. *Revue de l'Amérique Latine*, Paris, ano III, v.7, n.28, p.380-1, abr. 1924.

LEMOINE, Jean-Gabriel. Une Exposition d'Art Américain-Latin. *Beaux-Arts: Chronique des Arts et de la Curiosité*, v.2, n.8, p.117, 15 abr. 1924.

L'EXPOSITION d'Art Américain-Latin. *Revue de l'Amérique Latine*, Paris, ano III, v.7, n.26, p.189-90, fev. 1924.

LES ARTS: L'Académie Internationale des Beaux-Arts. *Revue de l'Amérique Latine*, Paris, ano II, v.4, n.15, p.286-7, mar. 1923.

MAGELLAN. La Maison de l'Amérique Latine. *Revue de l'Amérique Latine*, Paris, ano II, v.5, n.19, p.288, jul. 1923.

MANIFESTATIONS artistiques. *Revue de l'Amérique Latine*, Paris, ano II, v.5, n.17, p.95, maio 1923.

MARIBONA, Armando. *El arte y el amor en Montparnasse*: documental novelado, Paris, 1923-1930. México: Botas, 1950.

MUSÉE D'ART Moderne de la Ville de Paris. *L'École de Paris, 1904-1929*: la part de l'Autre. Paris: Paris Musées, 2000.

MUSÉE GALLIERA; La Maison de l'Amérique Latine; Académie Internationale des Beaux-Arts. *Exposition d'Art Américain-Latin, mar. 15-apr. 15, 1924*. Paris: Musée Galliera, 1924.

RAMAUGÉ, Roberto. *Roberto Ramaugé*. Org. Galerie Georges Petit. Paris: Galerie Georges Petit, 1927.

SAWYER, Phil. In Color and Clay. *The Chicago Tribune* e *The Daily News*, Nova York, 23 mar. 1924, p.4.

VILLE DE PARIS; Direction des Beaux-Arts et des Musées; Musée Galliera. Carta à "Maison de l'Amérique Latine" e Académie Internationale des Beaux-Arts, 10 jan. 1924. Arquivos do Musée Galliera.

ZANINI, Walter. *Vicente do Rego Monteiro*: artista e poeta. São Paulo: Empresa das Artes; Marigo, 1997.

*Rego Monteiro: Paris, 1923**

Jorge Schwartz

Rego Monteiro é um verbo irregular na gramática da vida.

Gilberto Freyre[1]

Légendes, croyances et talismans des indiens de l'Amazone (1923) e *Quelques Visages de Paris* (1925), livros de artista do pernambucano Vicente do Rego Monteiro, publicados em Paris e em francês, representam alguns dos mais belos exemplos bibliográficos produzidos pelas vanguardas latino-americanas.[2] Além da

---

* Este texto foi escrito originalmente em francês para uma conferência na Maison de l'Amérique Latine, em junho de 2006. Uma versão em português, revista e ampliada, foi publicada com o título "Rego Monteiro, antropófago?", em Schwartz, *Fervor das vanguardas: arte e literatura na América Latina*, p.34-46. A partir dessa versão, novamente revista e ampliada, elaboramos o texto para esta publicação.

1 Freyre, "Notas a lápis sobre um pintor indiferente", *Revista do Brasil*, São Paulo, ano VIII, v.22, n.87, p.236, mar. 1923.

2 Duchartre (adap.), *Légendes, croyances et talismans des indiens de l'Amazone*, ilustrações de Rego Monteiro; Rego Monteiro, *Quelques Visages de Paris*.

extraordinária beleza plástica, os dois títulos revelam questões inerentes às correntes artísticas e literárias dos modernismos europeus e das vanguardas periféricas. *Légendes...*, regiamente ilustrado, narra mitos e crenças amazônicos [p.474]; *Quelques Visages...* [p.475] é uma espécie de diário de viagem imaginária de um chefe indígena a Paris, que, na melhor tradição dos viajantes, ilustra, com dez magníficos desenhos, pontos arquitetônicos e turísticos clássicos, numa mistura estilística de um *art déco* geométrico, aliado a um traço de inspiração marajoara. A descrição, em letras góticas, da paisagem e dos monumentos, ilustra o ponto de vista do amazonense que visita o Velho Mundo.[3]

Por que o "primitivo", ou as "artes primeiras" (denominação francesa mais recente, considerada politicamente correta), transforma-se no canto da sereia da modernidade? Por que Paris se converte no centro de produção da estética ameríndia de Rego Monteiro, da afro-brasileira de Tarsila do Amaral, ou de boa parte da pintura afro-uruguaia de Pedro Figari e mesmo da estética ortogonal de origem incaica de Joaquín Torres García ou asteca de Diego Rivera?[4] Já sabemos que aquilo que os europeus procuraram com ávido olhar na África, na Oceania ou na Polinésia, nossos artistas extraíram do próprio passado, das geografias e dos imaginários de origem. "Bárbaro e nosso", como diria

---

Ed. fac-similar em Schwartz (org.), *Do Amazonas a Paris: as lendas indígenas de Vicente do Rego Monteiro*.

3 Para uma análise detalhada de *Quelques Visages de Paris*, ver Atik, *Vicente do Rego Monteiro: um brasileiro da França*, p.97-105.

4 Em 1928, ano de intensa produção de Rego Monteiro em Paris, inaugura-se a grande exposição Les Arts Anciens de l'Amérique, no Museu do Louvre, organizada por Alfred Métraux e Georges Rivière. Nesse mesmo ano, o grande etnógrafo Métraux publicaria *La Civilisation matérielle des tribus tupi-guarani*. Dificilmente Rego Monteiro teria ignorado esses fatos.

Oswald de Andrade, ao propor uma poética de exportação, e não de importação, como criativa resposta de *là bas* ao movimento centrífugo e etnocêntrico das vanguardas europeias. Seja como resistência à onda modernólatra decorrente da cultura pós-industrial, seja como rechaço formal ao figurativismo, a essencialidade do primitivismo responde de maneira formidável às novas exigências da arte. Por um lado, a assimetria da estatuária africana, devorada por artistas como Picasso, Braque, Brancusi, Giacometti e Klee; por outro, o desenho abstrato e geométrico das culturas ameríndias que vão ao encontro das necessidades estético-ideológicas de artistas como Vicente do Rego Monteiro e Joaquín Torres García, em particular. Os tecidos, a cerâmica, as urnas funerárias, a cestaria e a pintura no corpo refletem aquilo que Wilhelm Worringer denominou, em seu clássico *Abstração e natureza* (1908), de *afã da abstração*.[5] De Frank Lloyd Wright até a Bauhaus (penso na pureza da pintura quadrangular de Josef Albers e nos tecidos de sua companheira Anni), exemplos que se alimentaram das formas da arquitetura asteca, para fazer do ângulo reto, da bidimensionalidade e da planimetria princípios quase sagrados da produção artística do período.

Chama muito a atenção que, nos estudos canônicos sobre primitivismo e abstração na América Latina, o Brasil tenha sido sistematicamente excluído das visões panorâmicas ou continentais, ignorando a tradição indígena da ilha de Marajó, para a qual se voltou Vicente do Rego Monteiro.[6] Ele foi o único

---

5 Worringer, *Abstracción y naturaleza*.

6 Estou me referindo aos catálogos de Ashton, *Abstract Art before Columbus*; e *"Primitivism" in 20th Century Art*. Também Braun, *Pre-Columbian Art and the Post-Columbian World*; e *Abstracción: el paradigma amerindio*.

artista brasileiro capaz de produzir uma linguagem indianista de vanguarda. Mário de Andrade tinha consciência dessa espécie de ocultamento, quando afirma que o modernismo produz a "procura das tradições que obumbra Marajó e favorece o Aleijadinho, ignora o indianismo e revitaliza o ameríndio, desdenha o 'porque me ufano' e busca fixar a ressonância histórica de nossa tristeza".[7] Rego Monteiro encarna o momento vanguardista resultante de uma arraigada tradição indianista brasileira do século XIX, na poesia de Gonçalves de Magalhães e de Gonçalves Dias, na narrativa de José de Alencar e mesmo nos *Contos amazônicos* de Inglês de Souza, na música de Carlos Gomes, na pintura de Victor Meireles e Rodolfo Amoedo. Não consta, nas cronologias consultadas, que o pintor pernambucano tivesse visitado os locais de origem na ilha de Marajó: suas descobertas derivam principalmente de pesquisas realizadas na coleção marajoara do Museu Histórico da Quinta da Boa Vista no Rio de Janeiro e também no Museu de Etnografia de Paris, o Trocadéro. É a versão tupiniquim dos roteiros museográficos à procura do "primitivo" que a vanguarda europeia trilhou ao visitar os museus etnográficos de Hamburgo, Dresden, Berlim e Paris. A precocidade de Rego Monteiro surpreende: em 1913, ou seja, aos treze anos de idade, ele expõe pela primeira vez no Salon des Indépendants, em Paris.[8] Sua produção indianista inicia-se no final dessa mesma década, quando começa a desenhar as

7 Em Andrade, M. de, *Aspectos da literatura brasileira* apud Proença, *Roteiro de Macunaíma*, p.35.

8 Em 1923, um admirado Gilberto Freyre publicaria um artigo na *Revista do Brasil*, afirmando que "desde pequeno que esse Rego Monteiro é um verbo irregular da gramática da vida". Freyre, "Notas a lápis sobre um pintor indiferente", op. cit., p.236.

imagens figurativas que compõem o livro *Légendes*... As aquarelas originais, das quais ainda se conserva um bom número (especialmente no Museu de Arte Contemporânea da Universidade de São Paulo), percorreram o Brasil no início da década. Afirma Walter Zanini:

> A exposição seguinte, de caráter itinerante e nas mesmas técnicas, percorreu São Paulo, Rio e Recife em 1920, trazendo, junto ao seu repertório "chic", a novidade da temática das lendas e costumes dos índios da Amazônia. Os primeiros sinais em desenho dessa inclinação devem remontar a 1919 [...]. Em 1921, Vicente utilizou o *hall* do Teatro Trianon, do Rio de Janeiro, para a terceira das exposições, na qual seus últimos desenhos e aquarelas acusavam intensa repercussão da figuração geometrizada da arte marajoara.[9]

É possível comparar algumas das aquarelas originais da série indianista do início dos anos 1920 e as equivalências gráficas das mesmas imagens, reproduzidas poucos anos mais tarde no livro. Em alguns casos, descobrimos que o trabalho gráfico supera a qualidade da aquarela (por exemplo, *Curupira*).

No monumental livro de Walter Zanini, encontramos reproduzidas duas fotografias da exposição de Rego Monteiro no Teatro Trianon, no Rio de Janeiro, em 1921.[10] Trata-se de setenta obras de dimensões pequenas com motivos indígenas, elencadas

9 Zanini, "Restituição de Vicente do Rego Monteiro", em *Vicente do Rego Monteiro (1899-1970)*, p.10-1. Numerosos desenhos e estudos de figuras, motivos e pictogramas indígenas, a maior parte deles datados como sendo do início da década de 1920, aparecem fartamente reproduzidos em Zanini, *Vicente do Rego Monteiro: artista e poeta*.

10 Zanini, *Vicente do Rego Monteiro: artista e poeta*, op. cit., p.86.

pelo crítico com os respectivos títulos.[11] Nas fotos mencionadas, descobrimos algumas das aquarelas que foram a base das ilustrações de *Légendes...* [p.474], publicado dois anos mais tarde: uma delas, por exemplo, serve de inspiração para *O boto*; a importante *Mani-Oca*, ou ainda a excepcional *A cobra-grande manda buscar a noz de Tucumã*. Nem todas as aquarelas se transformaram em ilustrações, como o *Cenário para bailado da Lua-Iaci* [p.473], de 1921, e foram produzidas novas ilustrações para o livro.[12]

A aquarela *O boto*, de 1921, aparece reproduzida com uma das lendas, que integra a seção *Génies et pouissances de l'amour*. Já *A cobra-grande...* merece página inteira, toda vermelha, ilustrando a primeira das lendas do livro: "Mai Pituna Ana", com o subtítulo "Comment est née la nuit". A análise que Walter Zanini faz das aquarelas serve também para as ilustrações do livro, já que seguem o mesmo estilo, embora em suporte diferente. O preto e o vermelho são as duas cores predominantes, além dos ocres usados para os motivos marajoaras na capa e nas vinhetas internas. A técnica utilizada para as ilustrações é provavelmente fotogravura ou litografia:

> Características gerais dessas obras, de conformação compósita, são as imagens alongadas e magras, de desenho elegante inspirado na gravura japonesa do século XVIII, sensível também nos traços fisionômicos orientalizantes. Mas detecta-se ainda influências da

---

11 Ibid., p.89-91.

12 O próprio Rego Monteiro, em entrevista concedida em 1957, rememora a publicação em Paris "com texto e desenhos novos". Cf. "Para um artista brasileiro o mandato dos artistas franceses", *Jornal do Brasil*, Rio de Janeiro, 28 maio 1957, p.12 apud Zanini, *Vicente do Rego Monteiro: artista e poeta*, op. cit., p.99.

caligrafia sinuosa de Beardsley, das silhuetas e do espírito decorativista de Klimt...[13]

No que se refere às influências, também merece ser mencionada a obra de Foujita, cujo impacto sobre o artista brasileiro é apontado por vários críticos.

As aquarelas antecederam as ilustrações. Num artigo de Gilberto Freyre, "Notas a lápis sobre um pintor indiferente", publicado na *Revista do Brasil*, em março de 1923, o autor afirma ter visto em Paris "os originais das suas ilustrações para um livro de P. L. Duchartre. É esse livro uma adaptação em francês não sei se bem-feita ou malfeita, de lendas da Amazônia. Ilustrou-as Rego Monteiro, (que há dois anos vem pacientemente estudando a arte do índio brasileiro)".[14] Os dois eram pernambucanos e amigos, sendo que Freyre escreveu mais de um artigo sobre o pintor.

Tudo indica que, embora impresso em Paris, Rego Monteiro semeou as pesquisas e buscou os materiais textuais e iconográficos no Brasil. Mais ainda, em 1922, ele teve dez obras na exposição da lendária Semana de Arte Moderna, em São Paulo. Duas delas têm como título *Lenda brasileira*.[15]

Embora as duas únicas fontes explícitas das lendas reproduzidas em *Légendes...* sejam as referências a J. Capistrano de Abreu e à relação do padre Yves d'Evreux sobre os ídolos da ilha de Marajó, Regina Salgado Campos, com a pesquisa para a esmerada tradução da obra, revela transcrições diretas de textos de *O selvagem*, de Couto de Magalhães, ou do *Vocabulário de crendices*

13 Zanini, *Vicente do Rego Monteiro: artista e poeta*, op. cit., p.91.

14 Freyre, "Notas a lápis sobre um pintor indiferente", op. cit., p.238.

15 Cf. *Catálogo da exposição da Semana de Arte Moderna*. Ed. fac-similar, em Schwartz (org.), *Caixa modernista*.

amazônicas, de Osvaldo Orico. Acreditamos que boa parte das lendas provenha também da obra clássica de Couto de Magalhães.[16] Além do amplo universo do imaginário indígena, da iconografia ornamental e ritualística, da flora e da fauna amazonense, Rego Monteiro revela conhecimento da língua tupi, provavelmente inspirado também no vocabulário recolhido por Ollendorf e anexado ao volume *O selvagem*.

Surpreende, na introdução a *Légendes*..., o conhecimento histórico que Rego Monteiro tinha do olhar europeu voltado para os trópicos, assim como dos indígenas na Europa. Desde os clássicos viajantes ("Henrique II proibiu os navios de Dieppe, Brest, Quimper ou Morlaix de navegarem em direção ao Brasil") até fatos históricos marcantes, como foi a memorável festa de Rouão, em outubro de 1550. Não apenas ela é mencionada na introdução, como rememorada em sua última entrevista:

> Estavam lá [na exposição de 1920 em São Paulo] as lendas indígenas, o folclore brasileiro. E se não me engano, nessa exposição eu incluí um quadro de muito maior formato que representava a índia Paraguaçu na corte de Catarina, ela então fazendo uma espécie de *striptease*, despindo a roupa de índia e causando escândalo àquelas princesas do século XVI, todas vestidas de saias com corpetes.[17]

---

16 Couto de Magalhães, *O selvagem*, v.I: Curso de língua geral, segundo Ollendorf, compreendendo o texto original de lendas tupis.

17 Em Boghici, *Vicente do Rego Monteiro: pintor e poeta*, p.249. Não podemos deixar de lembrar aqui o poema-piada de Oswald de Andrade, "Erro de português", de 1925: "Quando o português chegou/ Debaixo duma bruta chuva/ Vestiu o índio/ Que pena!/ Fosse uma manhã de sol/ O índio tinha despido/ O português", em Andrade, O. de, *Poesias reunidas*, p.183. Sobre a índia Paraguaçu, diz Leyla Perrone-Moisés: "Em 1547, nossa famosa Paraguaçu foi apresentada à corte em Paris. Mas Paraguaçu

Os registros dessa festa são extraordinários: 50 índios e mais 250 marinheiros bretões nus, com os corpos pintados, encenam para os reis Henrique II e Catarina de Médici uma luta entre as tribos tabajara e tupinambá, em meio a uma "floresta amazônica" reconstituída cenograficamente com árvores pintadas e com animais também trazidos da América (macacos, papagaios, cotias, saguis etc.). O manuscrito do século XVI, descoberto, reproduzido e comentado no século XIX por Ferdinand Denis (1798-1890), termina com a seguinte afirmação: "Como prova de que a coisa parecera ser verdadeira e não simulada, várias pessoas deste reino de França, em número suficiente, e que tinham longamente frequentado o país do Brasil e dos Canibais, atestaram de boa-fé que o efeito da figuração procedente era o simulacro certo da verdade".[18] Acreditamos que, além da bibliografia mencionada explicitamente, dificilmente Rego Monteiro

---

não foi levada nas mesmas condições que os outros índios. Foi como turista, acompanhada pelo marido Diogo Álvares Correia, o Caramuru, a convite de Henrique II e Catarina de Médicis. Na França, onde permaneceu por dois anos, ela foi batizada e se casou com Diogo Álvares", em *Vinte luas*, p.167.

18 Denis, *Uma festa brasileira*, p.22. Bibliotecário de profissão, Ferdinand Denis passou quatro anos no Brasil. Na introdução a *Uma festa brasileira*, comenta Basílio de Magalhães: "Não foi perdido o tempo que passou no Brasil, onde colheu informações que de muito lhe serviram posteriormente [...]. Ferdinand Denis, arguto observador dos usos e costumes do nosso povo (além do Rio de Janeiro, esteve ele ainda na cidade de Salvador), foi um dos precursores do abolicionismo, pois que já em 1829 verberava, daqui do Brasil, o infando instituto de escravidão africana" (p.IV). Ver a excelente análise da iconografia de época dessa festa lendária em Belluzzo, "O índio brasileiro na França", em *O Brasil dos viajantes*, v.I: Imaginário do Novo Mundo, p.26-35; e, também sobre essa festa, Perrone-Moisés, "Outros índios brasileiros na França", em ibid., p.166-75.

desconhecia os textos franceses em que se faz referência a índios brasileiros. Penso no clássico "Des Cannibales", de Michel de Montaigne, ou nos conhecidos relatos de André Thevet, Jean de Léry, Claude d'Abbeville, Villegaignon e M. Auguste de Saint-Hilaire, entre outros. Contemporâneos de Rego Monteiro, e mencionados no prefácio, Paul Claudel e Darius Milhaud, que estiveram no Rio de Janeiro, são magníficos exemplos de artistas europeus que tropicalizam seus modernos repertórios.[19]

A questão autoral de *Légendes...* despertou minha curiosidade. Embora os créditos mencionem "Adaptações de P. L. Duchartre. Ilustrações de V. de Rego Monteiro", algumas considerações se fazem necessárias. Nada, absolutamente nada na bibliografia do crítico francês Duchartre indica interesse pelo primitivismo, ou aproximação sequer, seja do universo brasileiro, seja do ameríndio; pelo contrário, sua bibliografia remete à cultura europeia em geral e à francesa em particular, de que ficam excluídas as vanguardas.[20] No extenso depoimento de 27 de outubro de 1969, dado a Walmir Ayala e a Ricardo Cravo Albim, poucos meses antes de seu falecimento em junho de 1970, afirma Rego Monteiro: "[...] em Paris encontrei um escritor chamado P. L. Duchartre [1894-1983] que se interessou pelo meu trabalho e me conseguiu um editor. Naturalmente ele fez a introdução e eu figurei apenas como ilustrador, apesar de ter sido praticamente o organizador do livro que foi publicado em 1923".[21] Em carta manuscrita a Pietro Maria Bardi, no final dos anos 1960,

19 Ver a nota 1 da tradução do "Prefácio" de *Légendes...*, op. cit.

20 Entre outros, *La Comédie italienne* (1925), *L'Imagerie populaire: les images de toutes les provinces françaises du XVe siècle au second empire* (1925), *L'Imagerie parisienne* (1944), *L'Imagerie bretonne* (1952).

21 Recolhido em Boghici, *Vicente do Rego Monteiro*, op. cit., p.252.

Rego Monteiro deixa claro seu desejo de ver reeditada essa obra no Brasil e em português, eliminando dessa vez a participação de Duchartre:

> Da minha exposição (1921) no Rio de Janeiro, no saguão do Trianon, Avenida Rio Branco, trouxe 39 quadros, pequeno formato, que deram lugar à edição em Paris em 1923, do livro *Légendes, croyances et talismans des indiens de l'Amazone*. Tenho um exemplar do livro, edição Tolmer, esgotada. Livro a ser reeditado com as minhas ilustrações e lendas em português com o título "Lendas indo-brasileiras escolhidas e ilustradas por V. do R. Monteiro".[22]

É para nós inexplicável a coautoria dada por Rego Monteiro ao amigo francês, que teve, sim, o mérito de apresentá-lo ao editor Tolmer, de Paris, permitindo assim a feitura do magnífico livro de artista.[23] Poderíamos até pensar que Duchartre traduziu os textos, mas sabemos que Rego Monteiro não era apenas bilíngue, como também produziu poesia da melhor qualidade em língua francesa. "Monteiro é um poeta francês, assim como um pintor da Escola de Paris. Sua desenvoltura no manejo dessa língua é espantosa", é a afirmação peremptória de Leyla Perrone-Moisés.[24] O conhecimento da arte e da religião marajoaras, das

---

22 Reproduzida em Bruscky et al., *Vicente do Rego Monteiro: poeta tipógrafo pintor*, p.508.

23 Dessa relação pessoal, existe a reprodução do óleo extraviado *Retrato da Senhora P. L. Duchartre*, de 1922, em Zanini, *Vicente do Rego Monteiro: artista e poeta*, op. cit., p.163.

24 Perrone-Moisés, "O poeta Vincent Monteiro", em Zanini, *Vicente do Rego Monteiro (1899-1970)*, [s.p.]. Não é esse o caso de alguns escritores latino-americanos que, em certo momento de suas produções literárias, motivados por uma veleidade de perfil colonialista – e não

ricas e detalhadas "lendas, crenças e talismãs" que compõem as séries narrativas ilustradas do livro, da língua tupi, dos nomes da flora e da fauna amazônica, e a admiração pela política indigenista no Brasil (as várias menções ao marechal Rondon e suas descobertas e observações pontuais) revelam uma familiaridade e cultura extraordinárias por parte do pintor e poeta brasileiro. Mais ainda, nas quatro últimas páginas da introdução, há uma lista de 42 "Caracteres simbólicos comparados" em que Rego Monteiro, em pesquisa realizada no Museu Nacional do Rio de Janeiro, e provavelmente no Musée de l'Homme, reproduz e coteja a iconografia marajoara com a mexicana, a chinesa e a egípcia, revelando conhecimentos que extrapolam em muito os limites da ilha de Marajó.

O projeto visual de *Légendes...* é estilisticamente bifurcado. Como dissemos, as imagens dos índios que ilustram as lendas são figurativas e, como foi bem observado por Gilberto Freyre, há um orientalismo próprio ao *art nouveau*, com influência de Foujita.[25] A força e a beleza da arte marajoara surgem na capa e na contracapa do livro, e nas inúmeras vinhetas que ilustram a quase totalidade de suas páginas. É ali que encontramos as

---

por ser fruto de uma vivência bicultural, como foi o caso de Rego Monteiro –, resolveram escrever literatura em um francês canhestro. Penso, por exemplo, nos casos de Vicente Huidobro ou de Oswald de Andrade. Diferente também foi o caso de Sérgio Milliet, que, ainda na revista *Klaxon* (1922-1923), publica poemas em francês e assina Serge Milliet.

25 "Era sob sugestões orientais [de um então emergente pintor japonês: Foujita] que Vicente, irredutivelmente brasileiro, e como brasileiro, bem eurotropical, estava pintando. Pintando em seda. Um paradoxo e até uma contradição". Freyre, "Introdução", em Boghici, *Vicente do Rego Monteiro*, op. cit., p.24.

formas pré-colombianas, na abstração unidimensional e geométrica que relembra, em alguns momentos, traços de pintura rupestre, e em outros, o desenho construtivista de Joaquín Torres García.[26] O pintor uruguaio também elabora uma espécie de dicionário de símbolos pré-hispânicos, que reencontramos depois em boa parte de sua pintura e nos textos e manifestos, entremeados desses símbolos. Diversamente de Rego Monteiro, Torres García faz desse repertório uma ideologia de consciente resistência aos valores europeus, indo ao encontro das raízes americanas, por intermédio da linguagem pictórica de origem pré-hispânica.

Légendes... e *Quelques Visages de Paris* sugerem um movimento unidirecional: do Brasil para a França, do primitivo para o civilizado, da floresta amazônica para a Cidade-Luz, do imaginário mitológico para a *ratio* cartesiana, ou, nas palavras de Lévi-Strauss, do cru para o cozido. Em *Légendes...*, Rego opera como tradutor de uma cultura, levando para a França verdadeiras joias da mitologia amazonense. Em *Quelques Visages...*, ele opta pela máscara do personagem indígena que registra, por escrito e pelo desenho, uma espécie de exótico bem-comportado. Nesse livro, o *design art déco*/marajoara do cacique parodia a kodak do *globe-trotter* vanguardista. Não é o primeiro caso do que se poderia

---

26 Houve um momento excepcional, em que Rego Monteiro, Torres García, Pedro Figari, Diego Rivera e José Clemente Orozco, entre outros, se encontraram, na Iere Exposition du Groupe Latino-Américain de Paris, de 11 a 24 de abril de 1930. Ver reprodução do catálogo da Galerie Zak de Paris, com a participação de 21 artistas latino-americanos, em Zanini, *Vicente do Rego Monteiro: artista e poeta*, op. cit., p.120. Aliás, o único latino-americano de quem Rego Monteiro se aproximou, conforme as cronologias, foi o escultor argentino Pablo Curatela Manes.

denominar, em um olhar invertido, de "A Europa dos viajantes", contada por índios. O mais famoso deles, nesse tipo de literatura, são os *Comentários reais* (1609), do Inca Garcilaso de la Vega, ou a *Relação da viagem do capitão de Gonneville às novas terras das Índias, 1503-1505*. Essomericq, índio que sobreviveu à desastrada viagem pioneira do capitão Binot Paulmier de Gonneville ao Brasil, tornando-se depois seu afilhado, nunca mais voltou à terra de origem, convertendo-se no "primeiro brasileiro e provavelmente o primeiro americano em solo francês", afirma Leyla Perrone-Moisés.[27] Outros clássicos franceses servem-se do artifício da alteridade para criticar a própria sociedade. É o caso das fictícias *Cartas persas*, de Montesquieu, que serviram para realçar os costumes franceses considerados exóticos, quando não bárbaros, por intermédio do olhar dos viajantes persas.[28] Ou *L'Ingenue*, de Voltaire, em que um índio huroniano de origem canadense satiriza os costumes franceses do século XVII.[29] Também Rego Monteiro inventa uma viagem indígena fictícia:

---

27 Perrone-Moisés, *Vinte luas*, op. cit., p.162. Sobre outros relatos de índios brasileiros na Europa, ver p.166-70.

28 Afirma Montesquieu na introdução: "Uma coisa me causou muita estranheza: foi ver esses persas tão informados às vezes quanto eu sobre os costumes e modos da nação, a ponto de conhecer suas menores circunstâncias e de notar coisas que, tenho certeza, terão escapado a muitos alemães que viajaram pela França. Atribuo isso a sua longa permanência entre nós; sem contar que é mais fácil um asiático se instruir em um ano sobre os costumes dos franceses do que um francês conhecer os modos asiáticos em quatro – porque uns se abrem tanto quanto os outros se calam". Montesquieu, *Cartas persas*, p.14.

29 Os huronianos, da Hurânia, são uma tribo indígena encontrada pelos franceses ao chegar ao Canadá, hoje no sul de Ontário. M. L'Ingénue é o personagem criado por Voltaire para fazer uma crítica feroz aos abusos da monarquia no *Ancien Régime*. Assim como em Montaigne, o

> Um dia, um chefe indígena deixou a floresta e veio incógnito a Paris. Depois de alguns dias, cansado de tantas grandezas retornou a sua oca. Numa de minhas últimas viagens ao interior da Amazônia, tive a felicidade de conhecê-lo. Confiou-me suas impressões sobre Paris, e ao mesmo tempo deu-me alguns croquis feitos *in loco* que reuni com o título *Quelques Visages de Paris.*

Embora use o recurso do discurso indireto para tornar a narrativa verossímil à maneira dos exemplos mencionados, a finalidade de Rego Monteiro está desprovida do agudo senso crítico de Montesquieu ou de Voltaire, que usam o *alter ego* para fazer uma crítica feroz da própria cultura. O indígena de Rego Monteiro se compraz no olhar e na descrição plástica de Paris. Os momentos humorísticos do discurso indígena sugerem um tom paródico dos diários de viagem. Aliás, surpreende nos textos a utilização da letra gótica, em contraposição aos modernos caracteres dos títulos. Provavelmente, trata-se de uma contaminação do estilo gótico de Notre Dame ou do Louvre. Índio "exogótico", conforme qualificação de Haroldo de Campos.[30] Artista gráfico e tipógrafo por excelência,[31] é provável que a opção de Rego Monteiro pela letra gótica do texto indígena tenha por finalidade acentuar o encontro de culturas por intermédio do olhar

---

"primitivo" é utilizado para criticar o "civilizado". *L'Ingénue: histoire véritable tirée des manuscrits du P. Quesnel* foi publicado por Voltaire em 1767, de forma anônima, em Genebra. Censurado, o livro teve 37 edições entre 1767 e 1785. Voltaire, *L'Ingenu*.

30 Agradeço a informação a Leyla Perrone-Moisés.

31 "A tipografia, cuja história, no Brasil – a ser escrita –, não poderá, com toda a certeza, omitir seu nome", afirma Zanini em "Introduzindo Monteiro", em *Vicente do Rego Monteiro (1899-1970)*, op. cit., [s.p.].

do "selvagem", que reproduz graficamente a paisagem "civilizada". Reverbera aqui o conhecido verso de Mário de Andrade de 1922, "Sou um tupi tangendo um alaúde!".[32]

Da bibliografia publicada por Rego Monteiro em Paris e em francês durante os anos 1920, são estes os únicos dois títulos que tratam diretamente de temática indígena brasileira, mais especificamente a amazonense.

Macunaíma foi publicado em 1928, ou seja, cinco anos após *Légendes*... Encontra-se na biblioteca de Mário de Andrade um exemplar deste, mas não traz nenhuma dedicatória nem data de incorporação ao acervo. É provável que alguém o tenha presenteado a Mário, ou que ele mesmo tenha encomendado da França um dos seiscentos exemplares impressos na ocasião. A ausência de qualquer dedicatória reduz a possibilidade de ter sido presente do próprio Rego Monteiro. Os numerosos estudos teóricos sobre *Macunaíma* mencionam diversas fontes para as lendas amazônicas utilizadas no romance, especialmente os vários volumes de *Vom Roraima zum Orinoco* (1917, 1923-1924), de Theodor Koch-Grünberg, pertencentes à biblioteca e anotados por Mário de Andrade, mas em nenhuma das bibliografias críticas sobre o romance aparece mencionado o livro de Rego Monteiro.[33] Surpreende assim encontrar, cinco anos antes da publicação do grande clássico modernista, a descrição das lendas do

32 Andrade, M. de, "O trovador", em *Paulicea desvairada*, p.45. Ed. fac-similar em Schwartz (org.), *Caixa modernista*, op. cit.

33 Nem no clássico *Roteiro de Macunaíma*, de Cavalcanti Proença, nem na edição crítica organizada por Telê Ancona Lopez, *Macunaíma*. O segundo livro de Rego Monteiro pertencente à biblioteca de Mário de Andrade é *A Chacun sa marotte*, com dedicatória do autor assinada em 16 de setembro de 1943, data de publicação do livro.

Muiraquitã, do deus Macunaíma, do deus Tupã, de Rudá, da origem da mandioca (Mani-oca, ou seja, a casa de Mani), da deusa Ci, de Perudá, exemplos da flora e da fauna em língua tupi (o boto, o curupira, o matitaperê, a sururina etc.), sem uma única menção sequer ao que também poderia ter sido simples leitura ou uma das fontes de inspiração de Mário.

Rego Monteiro, antropófago?

Rego Monteiro tem o mérito de haver antecipado e introduzido a temática indianista no âmbito do modernismo. Mais do que isso, ele reivindica ter sido o precursor da Antropofagia modernista. Em carta do fim dos anos 1960 a Pietro Maria Bardi, afirma:

> Trouxe vários quadros de pequeno formato e formato médio, período pré-Antropofagista, que abriram caminho à famosa "Antropofagia" do Oswald de Andrade "Tupi or Not Tupi". Vide conferência do Oswald de Andrade na Sorbonne, a 11 de maio de 1923:[34] "A reação produzida no Brasil pelos processos enérgicos de Anita Malfatti e pela fantasia de Di Cavalcanti enriqueceu-se <u>em Paris, com as pesquisas de Rego Monteiro</u>, que se lançou de maneira particular na estilização de nossos motivos indígenas, procurando criar, ao lado de uma arte pessoal, a arte decorativa do Brasil".[35]

---

34 Acreditamos que, pela precisão da data, Rego Monteiro tenha assistido à conferência na Sorbonne, "L'Effort intelectuel du Brésil contemporain". Reproduzida na Parte I deste livro.

35 A carta vem intercalada pela reprodução, em formato reduzido, de três imagens. Esses óleos, de abstração geométrica marajoara, aparecem

> Essas pinturas, desconhecidas no Brasil, Oswald de Andrade as conheceu no meu *atelier*, rue Gros, em Paris, em 1923, antes da citada conferência.[36]

Mas a visão "antropófaga" de Rego Monteiro, inspirada provavelmente nas descrições de canibalismo do ensaio de Montaigne, nos relatos e iconografias de Hans Staden e de Theodore de Bry, é uma interpretação literal da antropofagia, diferindo totalmente das várias outras vertentes do período. (Aliás, também Montaigne fez do canibalismo um meio para criticar as práticas de tortura dos tribunais da Inquisição.) Tarsila do Amaral, nos magníficos *Abaporu* (1928) e *Antropofagia* (1929), mergulha numa espécie de inconsciente surrealista de temática indígena. Oswald de Andrade, por sua parte, faz desse discurso ponta de lança de uma política de descolonização, tanto na *Revista de Antropofagia* quanto nos textos de tese, especialmente no famoso manifesto. No final da década, foi Raul Bopp quem batizou o quadro *Abaporu* (o homem que come) e foi redator da *Revista de Antropofagia*, além de publicar o poema épico amazônico *Cobra Norato* (1931). Rego Monteiro, assim como a maior parte de sua crítica (Zanini, Boghici, Atik), nunca desistiu de se considerar precursor do movimento, embora, a nosso ver, ele esteja totalmente dissociado ideologicamente da proposta oswaldiana de uma "américa descolombizada".

Em 1921, faz uma série de desenhos de esculturais corpos indígenas, um deles denominado justamente *Antropófago*, um

---

reproduzidos em Zanini, *Vicente do Rego Monteiro: artista e poeta*, op. cit., p.170-2.

36 Reproduzida, em *fac-símile*, em Bruscky et al., *Vicente do Rego Monteiro*, op. cit., p.507 (grifo do autor).

índio deitado e saboreando um fêmur.[37] "Meu primeiro tema realmente antropófago", afirma Rego Monteiro em sua última entrevista, "é *A caçada* ou *A caça* [*La Chasse*, Nice, 1923], uma luta entre os índios robôs com um animal fabuloso de inspiração marajoara. Esse trabalho se encontra no Museu de Arte Moderna de Paris [atual Centre Pompidou]".[38] O fato de Rego Monteiro ser pioneiro na introdução do indianismo de vanguarda, de fazer em 1921 um desenho denominado *Antropófago* ou de introduzir em *A caçada* [p.473] a extraordinária imagem do bárbaro tecnizado de Keyserling – este mencionado por Oswald no "Manifesto Antropófago", em 1928 – não é suficiente para fazer do pintor um pioneiro da Antropofagia, nos moldes formulados pelo poeta paulista no final da década. O movimento oswaldiano não pode ser dissociado de uma proposta revolucionária e utópica.

O indianismo de Rego Monteiro não ultrapassa os limites estéticos e até decorativos que imprime à sua extraordinária obra. Sem dúvida, Oswald e Tarsila frequentaram o ateliê de Rego Monteiro em Paris, e é bem provável que tenham visto seu admirável quadro.

---

37 *Antropófago*, 1921, lápis sobre papel, 14 cm x 38,5 cm, Coleção Elza Ajzenberg, São Paulo; reproduzido em Schwartz (org.), *Da Antropofagia a Brasília: Brasil 1920-1950*, p.53.

38 A entrevista está reproduzida em Boghici, *Vicente do Rego Monteiro*, op. cit., p.254-5. Além de *A caçada*, que talvez seja a obra de maiores dimensões (202 cm x 259,2 cm) entre as catalogadas por Zanini, o Pompidou possui ainda *O menino e os bichos*, óleo de 1925, adquirido em 1937, e *Le Jongleur* [*O malabarista*], aquarela e lápis sobre papel, de 1929, com dedicatória manuscrita: "Très sympatiquement Monteiro" e cuja procedência é a coleção do famoso *marchand* parisiense Léonce Rosenberg. As duas últimas obras refletem um acentuado estilo e motivos caros ao *art nouveau* da época.

Sabemos que Oswald e Tarsila compraram em 1923 o óleo *Fim de combate* [p.472] de Vicente do Rego Monteiro. Seu único registro fotográfico, reproduzido em preto e branco, encontra-se no livro de Walter Zanini.[39] Rego Monteiro lembra com nitidez a venda dessa obra diretamente ao casal Tarsiwald:

> Oswald e eu tivemos muito boas relações em Paris. Várias vezes ele veio ao meu ateliê na rua Gros [...]. Lá recebi a visita de Oswald de Andrade, Tarsila e Brecheret. Iam comer a minha famosa macarronada [...].
>
> Em 1923, Tarsila, aconselhada por Oswald de Andrade, adquiriu duas telas minhas, [...] foram *Fim de combate*, uma imensa tela representando uma luta entre dois guerreiros tupis, tipicamente antropofágica,[40] e a outra, um miniquadro, *Cabeleireiro penteando um cliente.* [...]
>
> A venda foi feita em três parcelas, num total de 5 mil francos. Tarsila achou que eu ia gastar tudo se recebesse de uma vez. Com este dinheiro, fui viver algum tempo em Nice, no sul da França, para tratamento de saúde. Sofria então de úlcera no duodeno. Estava tão magro que meu irmão, o pintor Joaquim do Rego Monteiro, que era esguio, chegando de Pernambuco nessa época, podia usar minha roupa.[41]

Algumas décadas mais tarde, em 13 de junho de 1970, Aracy Amaral registra em um artigo que entrevistou o pintor pernambucano e narrou o destino dessa obra, que havia sido contado a ela por Tarsila do Amaral:

---

39 Zanini, *Vicente do Rego Monteiro: artista e poeta*, op. cit., p.166.

40 Esta afirmação é muito discutível. Já tínhamos observado o esforço de Rego Monteiro em afirmar ser pioneiro da Antropofagia anos antes dos momentos fundacionais de Tarsila e Oswald nesse sentido.

41 Apud Batista, *Os artistas brasileiros na Escola de Paris: anos 1920*, p.255.

> Nesse único encontro [com Rego Monteiro] relatei-lhe – passado tanto tempo, julgava, esquecendo-me da suscetibilidade própria dos artistas, que lhe pareceria uma curiosidade – a destruição de seu quadro *Fim de combate*, adquirido por Tarsila em Paris, na década de 1920. Segundo depoimento da pintora, esse quadro foi alvo de superstições de Oswald, na época do fim do casamento de ambos. Oswald de Andrade – talvez por temores de ameaças de crise – tinha nesse tempo um feiticeiro, Antenor, que vivia com ele na casa de Tarsila, à rua Barão de Piracicaba, a fim de prever fatos desagradáveis. Certo dia, Oswald, muito crédulo, ao ouvir de uma amiga da casa o comentário de que a tela "devia dar azar" por seu assunto meio escabroso (um homem segurando a cabeça de outro, degolado, em cores intensas), sem nada dizer a Tarsila levou o quadro ao quintal, pondo-lhe fogo. Rego Monteiro, a quem narrei o fato como curiosidade, ficaria profundamente chocado com o feito de Oswald, tendo mesmo relatado a outros esse ato, que não deixaria de ser um atentado contra uma obra sua.[42]

A obra está realmente desaparecida, e a personalidade contraditória do Oswald é coerente com o que nos é narrado, além do que, foi contado pela própria Tarsila.

Antecipar a temática indianista ou incorporar a estética marajoara são méritos reconhecidos de Rego Monteiro no panteão do cânone modernista, mas tudo isso não é suficiente para torná-lo um precursor ou incorporá-lo ao projeto da "razão antropofágica", como a denominaria Haroldo de Campos.

---

42 Amaral, A., "Resposta tardia: Vicente do Rego Monteiro", *O Estado de S. Paulo*, São Paulo, 13 jun. 1970, Suplemento Literário, p.5 apud Ayala, *Vicente inventor*, p.21-2.

E se 1922 foi um divisor de águas no Brasil para o modernismo brasileiro, 1923 foi um *annus mirabilis* para os brasileiros em Paris: é o ano de *A negra* [p.477], de Tarsila, de *A caçada* [p.473], da publicação de *Légendes...* e é também quando Rego Monteiro "desenha os costumes e máscaras de *Légendes indiennes de l'Amazone* para o recital de dança do bailarino tcheco Malkovsky, no teatro Femina".[43]

A caçada também dialoga com *Légendes...* Assim como as aquarelas servem de base para produzir as ilustrações dessa obra, o ser sobrenatural do óleo é reproduzido em forma de vinheta no início do livro, que abre justamente com a imagem desse ser totêmico.[44]

François Malkovsky (1889-1982) foi mais um dos dançarinos na Paris dos anos 1920 influenciado enormemente pelos Ballets Russes, por Isadora Duncan e provavelmente por Rolf de Maré. Em quase todos os programas de Malkovsky, são dançadas lendas amazônicas, inspiradas no livro de 1923 de Rego Monteiro. Como registro histórico, na biografia de Malkovsky, publicada por Suzanne Bodak e Karin Hermes-Sunke, e cuja capa tem uma ilustração de autoria do artista brasileiro,[45] encontramos algumas das ilustrações estilizadas de dançarinos e, uma verdadeira raridade, a foto de um bailarino vestindo o figurino criado por Monteiro para dançar as *Légendes...* [p.475]. Além

43 Boghici, *Vicente do Rego Monteiro*, op. cit., p.283.

44 Walter Zanini, o maior especialista em Rego Monteiro, reproduziu essa obra na capa de seu monumental *Vicente do Rego Monteiro: artista e poeta*, op. cit., assim como no pequeno, mas importante catálogo da exposição *Vicente do Rego Monteiro (1899-1970)*, no Museu de Arte Moderna de São Paulo, em 1997, op. cit.

45 Bodak; Hermes-Sunke, *Living Heritage: François Malkovsky's Free Dance*.

dos vários programas, há um pôster da escola de Malkovsky com ilustração do pintor pernambucano.

A pesquisa nos levou ao livro de Fernand Divoire, *Découvertes sur la danse*, de 1924, uma edição luxuosa e numerada.[46] Um ano mais tarde, Divoire publica uma pequena introdução a *Quelques Visages de Paris*: "Rego Monteiro é, como os grandes revolucionários da arte, um homem de tradição e estilo. Mas sua tradição não é a nossa, nem aquelas da península ibérica". No livro *Découvertes sur la danse*, encontramos nada menos do que 29 ilustrações de Rego Monteiro, quase todas consistem em perfis de dançarinos, dezenove delas inéditas.[47]

Por questões de espaço, reproduziremos neste artigo apenas cinco inéditas, reveladoras do envolvimento de Rego Monteiro com o mundo da dança em geral[48] e com Malkovsky em particular na Paris daquela época: Nijinsky, Anna Pavlova, Isadora Duncan, Fokine e uma das várias ilustrações de Malkovsky [p.476]. Na excepcional obra de Walter Zanini, encontramos dezesseis dessas ilustrações, muito provavelmente retiradas do livro de Divoire. Na obra clássica de Marta Rossetti Batista, *Os artistas brasileiros na Escola de Paris*, embora não esteja reproduzida nenhuma das ilustrações de Rego Monteiro, ela faz a seguinte observação:

---

46 Divoire, *Découvertes sur la danse*, com ilustrações de Vicente do Rego Monteiro.

47 Pode ser que haja mais ilustrações. Num dado momento, Zanini afirma existir uma "coleção de dezenas de desenhos de coleção particular de Paris". Cf. Zanini, *Vicente do Rego Monteiro: artista e poeta*, op. cit., p.91.

48 Zanini observa: "Sua baixa estatura não era apropriada ao bailarino que ambicionava ser, ao assistir os espetáculos de Diaghilev. Mas o físico não foi obstáculo para que se tornasse um dançarino virtuose no restaurante La Coupole nos anos 20". Zanini, *Vicente do Rego Monteiro (1899-1970)*, op. cit., p.7.

Em 1923 Malkovsky dançava as *Légendes indiennes de l'Amazone* – provavelmente imaginadas a partir do livro que nosso pintor executava – com figurino e máscaras projetadas por Monteiro, no Teatro Femina, a 5 e 12 de maio. Depois, apresentou-as no Théâtre des Champs Elysées, em 10 e 24 de julho de 1925, e, também neste teatro, a 23 de março de 1928, dançou o coro *La Musique indigène*, com figurino desenhado por Monteiro [referências tomadas dos "Dados biográficos" do livro de Walter Zanini].[49]

Muito curiosamente, o projeto de um balé inspirado nas *Légendes*... não nasceu em Paris, mas no Rio de Janeiro, em 1921. O próprio Rego Monteiro rememora, em 1957:

> Apresentei no palco do Trianon um espetáculo denominado *Lendas, crenças e talismãs dos índios do Amazonas*, com bailados, os artistas em costumes estilizados, poemas etc. Ronald de Carvalho viu e escreveu um longo artigo, em que não apenas dizia que gostou como propunha ao maestro Villa-Lobos que escrevesse a música para o libreto.
>
> Mas viajei para a França nessa época, sem me avistar com o Maestro e meu *ballet* continuou letra morta. [...]
>
> Aquele espetáculo no Trianon foi uma espécie de introdução ao indianismo, [...].[50]

Infelizmente não houve registros da apresentação do balé no Trianon e – nas palavras de Ronald de Carvalho[51] – os "bailados

---

49 Batista, *Os artistas brasileiros na Escola de Paris*, op. cit., p.252-3.

50 Cf. "Para um artista brasileiro o mandato dos artistas franceses", op. cit. O artigo mencionado de Ronald de Carvalho foi publicado em "Duas exposições de pintura", *O Jornal*, Rio de Janeiro, n.744, 3 jul. 1921, p.1.

51 Cf. ibid. apud Zanini, *Vicente do Rego Monteiro: artista e poeta*, op. cit., p.98.

admiráveis" com os "cenários e a curiosíssima indumentária que desenhou Rego Monteiro" combinados com "os motivos musicais" dos indígenas brasileiros, aproveitados por Villa-Lobos, também não se concretizaram no Brasil. Mas certamente seriam muito bem recebidos, neste centenário do livro e do espetáculo de Malkovsky em torno das lendas indígenas, que Paris acolheu em 1923.

Referências bibliográficas

AMARAL, Aracy. Resposta tardia: Vicente do Rego Monteiro. *O Estado de S. Paulo*, São Paulo, 13 jun. 1970, Suplemento Literário, p.5.

ANDRADE, Mário de. *Aspectos da literatura brasileira*. Rio de Janeiro: Americ-Edit, 1943.

_______. *Macunaíma*: o herói sem nenhum caráter. Ed. crítica Telê Porto Ancona Lopez. 2.ed. Madri: Archivos; Allca XX, 1996.

_______. O trovador. In: *Paulicea desvairada*. São Paulo: Casa Mayença, 1922, p.45. [Ed. fac-similar em SCHWARTZ, Jorge (org.). *Caixa modernista*. 2.ed. São Paulo: Edusp, 2022.]

ANDRADE, Oswald de. Erro de português. In: *Poesias reunidas*. São Paulo: Companhia das Letras, 2017, p.183.

ASHTON, Dore. *Abstract Art before Columbus*. 2v. Nova York: Andre Emmerich Gallery, 1957.

_______. *"Primitivism" in 20th Century Art*. Org. William Rubin. Nova York: Museum of Modern Art; Thames and Hudson, 1984.

ATIK, Maria Luiza Guarnieri. *Vicente do Rego Monteiro*: um brasileiro da França. São Paulo: Mackenzie, 2004.

AYALA, Walmir. *Vicente inventor*. Rio de Janeiro: Record; Funarte, 1980.

BATISTA, Marta Rossetti. *Os artistas brasileiros na Escola de Paris*: anos 1920. São Paulo: Editora 34, 2012.

BELLUZZO, Ana Maria de Moraes. O índio brasileiro na França. In: *O Brasil dos viajantes*. v.I: Imaginário do Novo Mundo. São Paulo: Metalivros; Objetiva, 1994, p.26-35.

BODAK, Suzanne; HERMES-SUNKE, Karin. *Living Heritage*: François Malkovsky's Free Dance. Bonneuil: Mouvement-Musique, *c.* 2001.

BOGHICI, Jean. *Vicente do Rego Monteiro*: pintor e poeta. Rio de Janeiro: Quinta Cor, 1994.

BRAUN, Barbara. *Abstracción*: el paradigma amerindio. Org. César Paternosto. Valência: Ivam, 2001.

______. *Pre-Columbian Art and the Post-Columbian World*. Nova York: Harry N. Abrams, 1993.

BRUSCKY, Paulo et al. *Vicente do Rego Monteiro*: poeta tipógrafo pintor. Recife: Cepe, 2004.

CARVALHO, Ronald. Duas exposições de pintura. *O Jornal*, Rio de Janeiro, n.744, 3 jul. 1921, p.1.

CAVALCANTI PROENÇA, Manoel. *Roteiro de Macunaíma* (1950). Rio de Janeiro: Civilização Brasileira, 1987.

COUTO DE MAGALHÃES, José Vieira. *O selvagem*. v.I: Curso de língua geral, segundo Ollendorf: compreendendo o texto original de lendas tupis; v.II: Origens, costumes, região selvagem, método a empregar para amansá-los por intermédio das colônias militares e do intérprete militar. Rio de Janeiro: Typographia da Reforma, 1876.

DENIS, Ferdinand. *Uma festa brasileira* (1859). Trad. Cândido Jucá Filho. Rio de Janeiro: Epasa, 1944.

DIVOIRE, Fernand. *Découvertes sur la danse*. Ilust. Vicente do Rego Monteiro. Paris: G. Grès, 1924.

DUCHARTRE, Pierre-Louis (adap.). *Légendes, croyances et talismans des indiens de l'Amazone*. Ilust. V. de Rego Monteiro. Paris: Tolmer, 1923. [Ed. fac-similar em SCHWARTZ, Jorge (org.). *Do Amazonas a Paris*: as lendas indígenas de Vicente do Rego Monteiro. Trad. Regina Salgado Campos. 2.ed. São Paulo: Edusp, 2023.]

FREYRE, Gilberto. Introdução. In: BOGHICI, Jean. *Vicente do Rego Monteiro*: pintor e poeta. Rio de Janeiro: Quinta Cor, 1994, p.19-54.

______. Notas a lápis sobre um pintor indiferente. *Revista do Brasil*, São Paulo, ano VIII, v.22, n.87, p.236-8, mar. 1923.

MÉTRAUX, Alfred. *La Civilisation matérielle des tribus tupi-guarani*. Paris: Librairie Orientaliste Paul Geuthner, 1928.

MONTESQUIEU. *Cartas persas* (1721). Trad. Renato Janine Ribeiro. São Paulo: Pauliceia, 1991.

PARA UM ARTISTA brasileiro o mandato dos artistas franceses. *Jornal do Brasil*, Rio de Janeiro, 28 maio 1957, p.12.

PERRONE-MOISÉS, Leyla. Outros índios brasileiros na França. In: BELLUZZO, Ana Maria de Moraes. *O Brasil dos viajantes*. v.I: Imaginário do Novo Mundo. São Paulo: Metalivros; Objetiva, 1994, p.166-75.

______. O poeta Vincent Monteiro. In: ZANINI, Walter. *Vicente do Rego Monteiro (1899-1970)*. São Paulo: MAC-USP, 1971, [s.p].

______. *Vinte luas*. São Paulo: Companhia das Letras, 1992.

REGO MONTEIRO, Vicente do. *A Chacun sa marotte*. Recife: Renovação, 1943.

______. *Quelques Visages de Paris*. Paris: Imprimérie Juan Dura, 1925. [Ed. fac-similar em SCHWARTZ, Jorge (org.). *Do Amazonas a Paris*: as lendas indígenas de Vicente do Rego Monteiro. Trad. Regina Salgado Campos. 2.ed. São Paulo: Edusp, 2023.]

SCHWARTZ, Jorge. *Fervor das vanguardas*: arte e literatura na América Latina. São Paulo: Companhia das Letras, 2013.

______ (org.). *Caixa modernista*. 2.ed. São Paulo: Edusp, 2022.

______ (org.). *Da Antropofagia a Brasília*: Brasil 1920-1950. Valência: IVAM; São Paulo: Faap; Cosac & Naify, 2002.

VOLTAIRE, *L'Ingenu*. Ed. anot. Jean Varloot. Paris: Éditions Sociales, 1955.

WORRINGER, Wilhelm. *Abstracción y naturaleza*. Trad. Mariana Frenk. México: Fondo de Cultura Económica, 1953.

ZANINI, Walter. *Vicente do Rego Monteiro (1899-1970)*. São Paulo: MAC-USP, 1971, [s.p.].

______. *Vicente do Rego Monteiro (1899-1970)*. São Paulo: Museu de Arte Moderna, 1997.

______. *Vicente do Rego Monteiro*: artista e poeta. São Paulo: Empresa das Artes; Marigo, 1997.

O rapaz mais simples do mundo

Carlos Augusto Calil

A repercussão da Semana de Arte Moderna, ocorrida em fevereiro de 1922, extrapolou as expectativas. Mesmo seus mais ferrenhos articuladores, como Mário de Andrade, apontaram, em retrospectiva, a fragilidade do "entusiasmo sincero, ilusão engraçada, ingênua, moça, mas duma ridiculez formidável".[1] A Semana foi uma bem-sucedida operação publicitária de lançamento de uma nova geração ambiciosa por protagonismo, que não dispunha de uma plataforma única. Segundo Di Cavalcanti, Paulo Prado, o "fautor" da Semana, tinha plena consciência do efeito que se buscava: "É preciso que seja uma coisa escandalosa, nada de festinha no gênero ginasial tão ao nosso gosto".[2]

---

1 Andrade, M. de, "Crônicas de Malazarte VII", *América Brasileira*, Rio de Janeiro, ano III, n.28, p.115, abr. 1924, apud Marcos Antonio de Moraes, "A Semana de Arte Moderna revisitada por Mário de Andrade", em Moraes (org.), *Semana de vinte e dois: olhares críticos*, p.44.

2 Di Cavalcanti, *Viagem da minha vida*, apud Bortoloti, *Di Cavalcanti: modernista popular*, p.142.

O restante do ano de 1922 foi dedicado a consolidar o projeto modernista a partir da revista *Klaxon*, que congregava Mário de Andrade, os irmãos Tácito e Guilherme de Almeida, Couto de Barros, Yan de Almeida Prado, Rubens Borba de Moraes, Luís Aranha, Sérgio Milliet e Oswald de Andrade. Apesar de efêmera, a experiência provou que o grupo possuía convergência em torno de ideias estéticas e política cultural. Estavam unidos contra a pretensa hegemonia de Graça Aranha e seus seguidores no Rio de Janeiro. Mário de Andrade chegou a declarar: "A hegemonia artística da Corte não existe mais".[3]

Em paralelo, apostava-se alegremente na sociabilidade. O Grupo dos Cinco, composto por Tarsila do Amaral, Anita Malfatti, Menotti Del Picchia, Mário de Andrade e Oswald de Andrade, reunia-se regularmente no ateliê de Tarsila para falar de literatura, arte, cantar, tocar piano e se possível namorar, com Oswald de olho gordo em Tarsila e Anita sonhando com Mário.

O romance entre Oswald e Tarsila engrenou, mas se mantinha em segredo; separada do marido, ela ainda não estava liberada dos compromissos conjugais. A saída para o casal foi planejar uma viagem sentimental à Europa, em que ela aproveitaria para tornar-se modernista, no convívio em Paris com alguns dos artistas expoentes da época, André Lhote, Albert Gleizes, Fernand Léger e Constantin Brancusi.

Em 1923, com a moeda brasileira valorizada na França, concentrou-se em Paris a tropa de choque modernista – Sérgio Milliet, Victor Brecheret, Sousa Lima, Villa-Lobos, Anita Malfatti, Vicente do Rego Monteiro, Antônio Gomide, Celso Antônio, Tarsila, Oswald –, enquanto Paulo Prado chegava, como era seu

3 Bortoloti, *Di Cavalcanti: modernista popular*, op. cit., p.153.

hábito, para aí passar o verão. Comissionado como correspondente pelo jornal carioca *Correio da Manhã*, em setembro, Di Cavalcanti, acompanhado da mulher Maria, juntava-se ao grupo.[4]

"Há brasileiros demais na nossa colônia artística", escrevia Milliet a Mário de Andrade.[5] Uma clivagem de classe logo se estabeleceu entre eles. O casal Tarsiwald, Paulo Prado, d. Olívia Guedes Penteado eram ricos, hospedavam-se em hotéis de luxo ou se estabeleciam em Montmartre; os outros mantinham-se com modestos recursos pelos lados de Montparnasse. Brecheret e Anita Malfatti viajaram graças a uma generosa bolsa de estudos do Pensionato Artístico do Estado de São Paulo, controlado pelo senador Freitas Valle. Di Cavalcanti e Maria sobreviviam com a magra remuneração do jornal.[6]

O fervilhante ambiente intelectual de Paris estimulava os brasileiros a consolidar e ampliar as conquistas da primeira hora. Travaram conhecimento com Jean Cocteau, Jules Romains, Juan Gris, Jules Supervielle, Valéry Larbaud, Paul Morand, Jean Giraudoux, Ivan Goll etc., mas a simpatia foi imediatamente dirigida a Blaise Cendrars, que, pobretão em meio a ricaços e artistas sul-americanos, compartilhava com eles uma disponibilidade feroz. E, sobretudo, lhes fornecia os bons endereços de Paris e facultava o acesso ao mundo da vanguarda artística.

---

4 Em 11 de agosto, o *Correio da Manhã* anunciava o comissionamento: "Em Paris, [Di] estudará os mestres, conviverá com os jovens de talento, visitará os museus, assistirá cursos famosos. Mas, sobretudo, apreenderá, com seu poder de originalidade, o tumulto da vida vertiginosa da cidade magnífica. Ele, em suma, beberá o ar de Paris" (apud Bortoloti, *Di Cavalcanti: modernista popular*, op. cit., p.170).

5 Carta de Sérgio Milliet a Mário de Andrade, Paris, 4 out. 1923. Fundo Mário de Andrade, Arquivo do IEB-USP.

6 Bortoloti, *Di Cavalcanti: modernista popular*, op. cit., p.177.

Sérgio Milliet, o melhor cronista desses dias fabulosos, relatou – em francês – ao amigo Yan de Almeida Prado, que havia permanecido no Brasil:

> Oswald deu uma conferência na Sorbonne. Auditório lotado. Embaixadores, artistas. [...] Cendrars está muito interessado em nós. Um desses dias devo ir à casa dele para ler poemas brasileiros de Mário, Tácito, Guy, Couto, Aranha, Ronald, Menotti etc...[7]
>
> Visita a Cendrars antes de ontem – gloriosamente simples...[8]

Blaise Cendrars não tinha residência fixa nessa época. Morava em hotéis, conforme recebia adiantamentos para livros a escrever ou remuneração episódica de serviços prestados para publicidade, filmes ou balés. Numa especial deferência, em 28 de maio, ele recebia Tarsila e Oswald para jantar em sua intimidade, o modesto apartamento em que viviam a atriz Raymone, sua musa e amada, e a mãe dela, "Mamanternelle", na rue du Mont-Dore.

Com a dedicatória "à Madame Tarsila do Amaral en souvenir de sa bonne visite au Mont-Dore", Blaise oferecia à amiga nova um raro presente: um óleo sobre cartão (*Tour Eiffel*) que pintara – com a mão direita – em 1913, quando ficou imobilizado

7 "Oswald a fait une conférence à la Sorbonne. Auditoire nombreux. Ambassadeurs, artistes. [...] Cendrars c'est beaucoup intéressé à nous. Je dois un de ces jours aller chez lui en lire des poèmes brésiliens de Mário, Tácito, Guy, Couto, Aranha, Ronald, Menotti etc... [...]." Almeida Prado, *A grande Semana de Arte Moderna*, p.56-8.

8 "Visite à Cendrars avant-hier – glorieusement simple..." (maio de 1923). A correspondência entre Sérgio Milliet e Yan de Almeida Prado foi doada à Biblioteca da Academia Paulista de Letras, São Paulo.

num quarto do Hôtel du Palais por quase um mês, devido a uma perna quebrada. Robert Delaunay vinha vê-lo todos os dias; foi ele quem lhe forneceu tintas e pincéis para que também tentasse captar a torre. "Eu via pela janela a torre Eiffel como uma garrafa de água cristalina...."[9]

Para exibir os avanços internacionais do casal, Oswald anuncia a proeza em carta a Mário de Andrade:

> Jantarei *lundi* com Cendrars, *dans la maison*.
>
> Camaradas intuitivos.
>
> [...] Perdeu um braço na guerra, o direito. Perdeu os dentes na paz da vida.
>
> Irá ao Brasil cinematograficamente. Manda-te um autógrafo «– A mes amis du Brésil, La Tour de Babel – Blaise Cendrars».[10]

O anúncio não é apenas da intimidade conquistada, mas da viagem ao Brasil já definida, com a promessa de realização de um filme. Nessa época, Cendrars havia abandonado a poesia pelo cinema, onde sonhava ganhar dinheiro.

A camaradagem com Cendrars não é exclusiva do casal Tarsiwald. Cendrars é convidado a um jantar brasileiro com feijoada e parati pelo grupo que envia carta coletiva a Mário de Andrade. Com autógrafos de Di Cavalcanti, sua mulher, Maria, e Sérgio Milliet, o clima de confraternização é pouco francês. Blaise encanta os novos amigos ao demonstrar seus conhecimentos de russo, adquiridos

---

9 Cendrars, *Aujourd'hui. Tout autour d'aujourd'hui*, t.11, p.74.

10 Fundo Mário de Andrade, Arquivo do IEB-USP (apud Casarin, *O guarda-roupa modernista: o casal Tarsila e Oswald e a moda*, p.105). O desenho da Torre de Babel está reproduzido em Eulálio, *A aventura brasileira de Blaise Cendrars*, p.386.

em sua estada em São Petersburgo. Assina o próprio nome em cirílico, abaixo da frase "*Ia vas liubliu*" ("Amo vocês"). Estavam em plena "torre de Babel". Em contraponto ao "Viva Paris" dos brasileiros, Cendrars exclama "Vive Rio", que conheceria no ano seguinte.[11]

Outra carta coletiva, escrita no "quarto do Brecheret, depois de um jantar com o Cendrars onde nos divertimos à grande", é despachada a Mário de Andrade. Redigida, desenhada e assinada por Sérgio Milliet, Di Cavalcanti e Brecheret, traz um desenho de Di, "O Cendrars tem uma cabeça de *boxeur*, uma cabeça assim: ...".[12]

Em junho, os contatos se intensificaram. Em seu ateliê perto da place Clichy – "umbigo do mundo", segundo Paulo Prado, de onde Oswald "descobriu deslumbrado a própria terra"[13] –, Tarsila oferecia um almoço brasileiro a Cendrars. Em carta à família, a pintora se refere ao convidado como o "maior poeta francês atual: o mutilado de guerra Blaise Cendrars que com toda a sua incontestada grandeza é o rapaz mais simples do mundo".[14]

No mesmo mês, a investida brasileira adquiriu ares oficiais. O embaixador Souza Dantas, recentemente transferido de Roma, oferecia um jantar para dezesseis convidados, combinando artistas franceses e brasileiros. Cendrars sentou-se ao lado de Tarsila para que esta pudesse cortar a carne de seu prato. Presentes Cocteau, Paul Morand, Giraudoux, Jules Romains, Darius Milhaud, Picasso, Brecheret, Rego Monteiro, Souza Lima, Oswald de Andrade e Vera Janacópulos.

---

11 Eulálio, *A aventura brasileira de Blaise Cendrars*, op. cit., p.364.

12 Carta de 13 de setembro, Fundo Mário de Andrade, Arquivo do IEB-USP. Reproduzida em Batista et al. (orgs.), *Brasil: 1º tempo modernista – 1917/29. Documentação*, p.76-7.

13 Prado, "Poesia Pau Brasil", em Andrade, O. de, *Pau Brasil*, p.5.

14 Apud Amaral, A., *Tarsila: sua obra e seu tempo*, p.104.

O horizonte alarga-se: a *Revue de L'Amérique Latine* encomenda a Milliet traduções de poetas brasileiros. Confiante, ele diz ao amigo em São Paulo que os modernistas estão em boas relações com todo mundo na França e na Bélgica. "Graças a Oswald, a Tarsila e a mim, nós começamos a ser um pouco menos desconhecidos na Europa".[15]

Em Paris, Tarsila desabrocha como artista e como mulher. Apura a beleza natural numa imagem elaborada sobre o rosto oval, o cabelo repuxado a partir da testa desenhada em V, lábios bem demarcados e vibrantes na mancha vermelha, faces rosadas, sombras expressionistas nos olhos. Veste-se com apuro e luxo, nos melhores costureiros, estimulada e financiada pelo noivo orgulhoso. O autorretrato *Manteau rouge* [p. 479], em que se exibe coberta pelo casaco teatral encarnado, com o colo à mostra, tem a força do ícone que construíra para ser sua marca registrada.

Segundo o testemunho de Souza Lima, num jantar de quinhentos talheres oferecido a Santos Dumont por Souza Dantas

---

15 Carta de Sérgio Milliet a Yan de Almeida Prado, Paris, 13 de junho de 1923. Acervo da Biblioteca da Academia Paulista de Letras.
"Lundi prochain l'ambassadeur Souza Dantas offre à l'avant-garde française un dîner de seize couverts: J. Cocteau, B. C., Paul Morand, Giraudoux, Romains, D. Milhaud, Picasso, Brecheret, Rego Monteiro, Souza Lima, Tarsila do A., Oswald, Souza Dantas, moi et Vera Janacopoulos. Je crois que cela ne manquera pas d'intérêt.
La *Revue de l'Amérique Latine* vient de me demander quelques pages de traduction de poètes brésiliens. Je lui donne de groupe Klaxon représenté par: Guy – Tacito – Mario – Luiz – Ronald – Couto – Menotti et moi. Le Disque d'Ivan Goll public aussi des poèmes à nous. Moi, je travaille Le Coq et le Perroquet qui plaît beaucoup ici.
En résumé nous sommes au mieux avec tout le monde soit en France, soit en Belgique. Grâce à Oswald, à Tarsila et à moi, nous commençons à être um peu moins méconnus en Europe."

no Hotel Claridge, Tarsila atrasou-se convenientemente e "com sorrisos de ouro" fez entrada triunfal portando o Manteau Rouge, para deleite dos convidados.[16]

É dessa leva o *Retrato azul* de Sérgio Milliet, em que ela captura a timidez do moço que hesita entre duas línguas, o retrato viril de Oswald [p.471], decidido a conquistar Paris, e a paisagem estilizada de Veneza, em que irrompe em plena baía um enorme falo.[17]

Com seu talento crítico, Milliet reconhece: "Tarsila aluna dos cubistas faz progressos fantásticos. Ela acaba de realizar meu retrato de uma maneira surpreendente. [...] É a maior pintora brasileira".[18]

A empatia que então se estabelece é também de natureza estética e Cendrars se tornou o guru da moçada brasileira. Mais uma vez, é Sérgio Milliet, na "Carta de Paris", quem melhor compreende o despojamento dele:

> Vai um poeta pelas ruas. Caminha a esmo, de repente para: sobre a sarjeta de sua imaginação brilhou uma chave de ouro. Ei-lo satisfeito, feliz; pode com ela fazer um soneto bem acabadinho, abrir um coração. Pois não abre. Faz de treze versos um papel de embrulho, e o resultado é que o leitor poderá ter uma impressão favorável quanto à

---

16 Apud Amaral, A., *Tarsila: sua obra e seu tempo*, op. cit., p.103, 127.

17 Id., p.101, 107, 120. Nesse período de intenso erotismo, Tarsila desenhou mais de um retrato de Oswald nu. Em posição alerta (De 239) ou relaxada (De 240), Oswald fazia jus à alcunha de homem do Pau-Brasil. Barros; Saturni, *Catálogo raisonné. Tarsila do Amaral,* v.II, p.240.

18 "T. élève des cubistes fait des progrès fantastiques. Elle vient de réussir mon portrait d'une façon étonnante. L'autre jour un diner chez elle réunissait Cendrars, Oswald, Souza Lima et moi. Charmante après-midi", Carta de junho de 1923. "A T. fazendo coisas adoráveis! Verão! É a maior pintora brasileira!", Carta de 11 de outubro de 1923. Acervo Yan de Almeida Prado. Biblioteca da Academia Paulista de Letras.

> técnica, mas não ressentirá nenhuma comoção profunda. Esse poeta moderno desconhece o papel de embrulho, já há muito se retirou dos secos e molhados e, quando encontra uma chave de ouro, guarda-a à espera de outra. Um dia terá formoso conjunto onde o leitor encontrará a sua entre as muitas chaves que lá estão. Assim é Cendrars.[19]

Criado o elo espontâneo e natural, a influência de Cendrars se fez sentir imediatamente. A convite de Blaise, Sérgio Milliet assiste ao balé *A criação do mundo*, encenado pelos *Ballets Suédois*. Esse balé "negro" tinha libreto de Cendrars, música de Darius Milhaud e cenários de Fernand Léger.

Nosso cronista, em carta a Yan, menciona a perspectiva de criação de um "bailado brasileiro", que se chamaria *Morro da Favela*, para ser encenado pelos Balés Suecos. O libreto estaria a cargo de Paulo Prado, desenhos e figurinos de Di Cavalcanti, música de Villa-Lobos. A iniciativa parece ter sido de Oswald; Cendrars, consultado, achou a "ideia boa e possível".[20] O projeto gorou; "O Villa recusa-se a fazer música negra e diz que não é fabricante de operetas", escreveu Milliet a Mário de Andrade.[21]

Além do balé negro, Cendrars havia publicado uma *Anthologie nègre*, em 1921, e os *Poèmes nègres*, no ano seguinte. O tema da arte negra estava em voga e foi Tarsila, com a liberação de seu inconsciente, quem sinalizou o alinhamento à nova onda ao dar forma à *Negra* [p.477], entidade propiciatória da nova fase de sua pintura, que ainda absorvia a lição cubista de Léger.

---

19 Milliet, "Carta de Paris [I]", *Ariel: Revista de Cultura Musical*, São Paulo, ano I, n.1, p.15-8, out. 1923. Reproduzida na Parte I deste livro.

20 Almeida Prado, *A grande Semana de Arte Moderna*, op. cit., p.71-2.

21 Carta de Sérgio Milliet a Mário de Andrade, Paris, 4 de outubro de 1923. Fundo Mário de Andrade, Arquivo do IEB-USP.

Cendrars sentiu o impacto da confirmação do talento da amiga, a quem devotava um especial afeto. A partir desse momento, irá acompanhar de perto os passos dela na construção de sua obra, que será publicamente reconhecida na exposição da galeria Percier, em 1926, realizada sob estrita vigilância do escritor. Mas Cendrars guardará fidelidade – apesar de seu encantamento com *Morro da Favela*, tela que aliás lhe pertenceu – a essa *Negra* inaugural, para quem reservaria a capa de seu livro de poemas sobre a viagem brasileira: *Feuilles de route* [p.477], publicado em 1924. Em torno de seu tema, Blaise esboçou sucessivas capas para o boneco de seu livrinho.

Mário de Andrade recebia informes de várias fontes. Estava particularmente interessado nas encomendas de obras visuais, com as quais constituiu sua preciosa coleção. Tarsila em seu nome negociava as aquisições, apesar do dinheiro curto... dele. Diante da agitação e do deslumbramento dos colegas brasileiros em Paris, Mário decidiu contra-atacar, advertindo para o perigo do colonialismo cultural:

> Vocês foram a Paris como burgueses. Estão *épatés*. E se fizeram futuristas! Hi! Hi! Hi! Choro de inveja. Mas é verdade que considero vocês todos uns caipiras em Paris. Vocês se parisianizaram na epiderme. Isso é horrível! [...] Abandona Paris! Tarsila! Tarsila! Vem para a mata-virgem, onde não há arte negra, onde não há também arroios gentis. Há MATA VIRGEM. Criei o matavirgismo. Sou matavirgista. Disso é que o mundo, a arte, o Brasil e minha queridíssima Tarsila precisam.[22]

---

22 Carta de Mário de Andrade a Tarsila do Amaral, Paris, 15 de novembro de 1923. Fundo Mário de Andrade, Arquivo do IEB/USP (apud Amaral, A., *Tarsila: sua obra e seu tempo*, op. cit., p.138).

Nesse agitado meio, Paulo Prado observou com gosto a desenvoltura dos artistas patrícios. Aproximou-se de Oswald de Andrade, a ponto de devotar-lhe a amizade tanto requerida por este – não se pode esquecer que vinte anos separavam os dois escritores –, apresentou d. Olívia Guedes Penteado ao casal Tarsiwald, e Tarsila, num movimento simétrico ao do noivo, afeiçoou-se à jovem viúva. Prado estava particularmente atento à confirmação do talento da geração de 22.

Para ele, Tarsila estaria "suprindo uma grande lacuna na arte brasileira, sendo genuinamente nacional e a mais avançada possível".[23] Brecheret, por seu lado, trabalhava discretamente, aprimorando o estilo que acabou por chamar a atenção da crítica francesa:

> Sem apelar à psicologia, Brecheret sabe dar aos temas que escolhe a vitalidade que a plástica exige. Nada de literatura. Vejam seu "Sepultamento", na "Ascensão", sua "Virgem brasileira" e reconhecerão nela um acento de fé cristã perfeitamente sincero e suave e que sem afetação sempre condiciona humanamente o agenciamento dos seus elementos. [...] Esta obra desvela um talento preciso pelo que temos o direito de esperar a realização ainda mais completa de suas promessas.[24]

---

23 Apud Amaral, A., *Tarsila: sua obra e seu tempo*, op. cit., p.126.

24 "Sans prétendre à la psychologie Brecheret sait donner aux sujets qu'il choisit la vitalité que la plastique réclame. Mais point de littérature. Voyez sa 'Mise au tombeau', en 'Ascension', sa 'Vierge brésilienne', et vous reconnaitrez en elle, un accent de foi chrétienne parfaitement sincère et attendri et qui sans afféterie conditionne toujours humainement le groupement de leurs éléments. [...] Cette œuvre décèle un talent certain et dont l'on est en droit d'attendre à ses promesses la réalisation plus complète encore." Maurice Raynal, carta a Paulo Prado, inédita. Coleção Carlos Augusto Calil.

A premiação de *Mise au tombeau* (*Sepultamento*) no Salon d'Automne [p.483] foi a confirmação de que a Semana de 22 tinha vingado e o Modernismo brasileiro sairia consagrado. Em dezembro, Prado escreveu em Paris um artigo nesse sentido, ao qual deu o título de "Brecheret".[25]

Oswald de Andrade, pesando a conveniência de um aval estrangeiro ao movimento modernista, apresenta Cendrars a Paulo Prado na livraria Americana, de Chadenat, situada no quai des Grands-Augustins. Prado aceita a sugestão de Oswald e pede a Milliet que convide Cendrars para vir ao Brasil. Oswald acena a ele com negócios – a realização de um filme histórico de propaganda do Brasil no exterior – para tornar a viagem ainda mais atraente. E Blaise obtém a credencial de um jornal para uma série de reportagens nos antípodas.

De Paris, Di Cavalcanti, tão bom jornalista quanto artista, envia crônicas saborosas ao *Correio da Manhã*. Numa delas, descreve com argúcia o poeta que lhe fora recentemente apresentado e anuncia sua próxima viagem ao Brasil:

> Hoje, a figura de Cendrars coloca-se à margem de todas as capelas, numa invejável situação de escritor. [...]
>
> [...] Enquanto os cubistas, os dadaístas, todos os istas são violentamente atacados e negados, o poeta mutilado é respeitado até pelos seus mais decididos adversários.
>
> Em breve, Cendrars irá visitar a América do Sul. Passará aí no Brasil longos meses, contemplando a grandeza da nossa terra, solitário como um bom *touriste*.

---

25 Paulo Prado, "Brecheret", *O Estado de S. Paulo*, São Paulo, 11 jan. 1924. Reproduzido na *Revista do Brasil*, São Paulo, ano III, v.25, n. 98, p.179-80, fev. 1924.

Não fará conferências, não dirá versos, não importunará os intelectuais, e aos seus amigos e com quem fizer conhecimento, ele dirá – "Je suis l'autre, trop sensible [Sou o outro, por demais sensível]".[26]

Ao Brasil, Cendrars levará cartas de apresentação. Nelas Di insiste com os amigos para que evitem intelectuais: "Cendrars aí no Brasil não pode ficar no meio de literatos comprometedores. Ele precisa conhecer o nosso *cerne*, os costumes característicos do Rio, [...] leva-o aos Democráticos[27]", diz a Oswaldo Costa.[28] A José Mariano Filho[29] pede que "mostre ao Blaise Paquetá" e informa que o escritor, que viaja como repórter do *Excelsior*, "deseja fazer umas entrevistas sobre a nossa flora e sobre os nossos antigos monumentos". Cendrars não precisou dessas cartas, sequer as abriu.[30]

Em 12 de janeiro de 1924, embarcava no Havre a bordo do *Formose*. Ao atravessar a linha do Equador e sentir-se envolvido pela onda de calor do trópico, envia um telegrama à musa em Paris: "É bom viver".

Em 5 de fevereiro, o navio faz escala no Rio. Cendrars é recepcionado pelo grupo modernista comandado por Graça Aranha. Guilherme de Almeida incontinenti lhe oferece um exemplar de *Natalika* com dedicatória. Levam-no em passeio pela

---

26 Di Cavalcanti, "Figuras do mundo moderno. Cendrars, o mutilado genial", *Correio da Manhã*, Rio de Janeiro, 28 out. 1923, p.2. Reproduzido na Parte I deste livro.

27 Sociedade carnavalesca.

28 Jornalista do *Correio da Manhã*, no Rio de Janeiro.

29 Intelectual conservador que defendia o estilo colonial na arquitetura e colecionava antiguidades. Foi diretor da Escola Nacional de Belas-Artes.

30 Fundo Blaise Cendrars, Biblioteca Nacional Suíça, Berna, cote FBC: O 40/I.

orla até a Barra da Tijuca. No almoço, no restaurante "Minho", ele reencontra a pinga, que conhecia dos almoços de Tarsila em Paris. Propõe um brinde "à la russe", de um só gole. Sérgio Buarque de Holanda, o mais moço do grupo – tinha 21 anos –, toma um porre e vomita no convés do navio que partia para Santos.[31]

Cendrars jamais abriu o livro. Afinal não viera ao Brasil para fazer turismo literário e sim para embarcar numa "generosa aventura". Tinha início um grande mal-entendido.[32]

Referências bibliográficas

ALMEIDA PRADO, Yan de. *A grande Semana de Arte Moderna*: depoimento e subsídios para a cultura brasileira. São Paulo: Edart, 1976.

AMARAL, Aracy A. *Tarsila*: sua obra e seu tempo. São Paulo: Editora 34; Edusp, 2003.

ANDRADE, Mário de. Crônicas de Malazarte VII, *América Brasileira*, Rio de Janeiro, ano III, n.28, p.114-5, abr.1924.

BARROS, Regina Teixeira de; SATURNI, Maria Eugenia. *Catálogo raisonné*. Tarsila do Amaral. São Paulo: Base 7; Pinacoteca do Estado, 2008.

BATISTA, Marta Rossetti et al. (orgs.). *Brasil*: 1º tempo modernista – 1917/29. Documentação. São Paulo: IEB-USP, 1972.

BORTOLOTI, Marcelo. *Di Cavalcanti*: modernista popular. São Paulo: Companhia das Letras, 2023.

CASARIN, Carolina. *O guarda-roupa modernista*: o casal Tarsila e Oswald e a moda. São Paulo: Companhia das Letras, 2022.

CENDRARS, Blaise. *Aujourd'hui*. Tout autour d'aujourd'hui. Org. de Claude Leroy. Paris: Denoël, 2005 (Obras completas, t.11).

---

31 Ver Eulálio, *A aventura brasileira de Blaise Cendrars*, op. cit., p.271-3.

32 Expressão de Claude Leroy, organizador das obras completas de Blaise Cendrars.

DI CAVALCANTI, Emiliano. Figuras do mundo moderno. Cendrars, o mutilado genial. *Correio da Manhã*, Rio de Janeiro, 28 out. 1923, p.2.

EULÁLIO, Alexandre. *A aventura brasileira de Blaise Cendrars*. 2.ed. rev. e ampl. por Carlos Augusto Calil. São Paulo: Edusp; Imprensa Oficial do Estado; Fapesp, 2001.

MILLIET, Sérgio. Carta de Paris [I], *Ariel: Revista de Cultura Musical*, São Paulo, ano I, n.1, p.15-8, out. 1923.

MORAES, Marcos Antonio de. A Semana de Arte Moderna revisitada por Mário de Andrade. In: ______ (org.), *Semana de vinte e dois*: olhares críticos. São Paulo: Publicações BBM; Edições Sesc, 2022, p.37-60.

PRADO, Paulo. Brecheret. *O Estado de S. Paulo*, São Paulo, 11 jan. 1924. Reproduzido na *Revista do Brasil*, São Paulo, ano III, v.25, n.98, p.179-82, fev. 1924.

______. Poesia Pau Brasil. In: ANDRADE, Oswald de. *Pau Brasil*. Paris: Au Sans Pareil, 1925, p.5-13.

Axexê da Negra[1]

Alecsandra Matias de Oliveira

Hoje, as diversas releituras do modernismo se desdobram em reescritas sobre o percurso da arte no Brasil. Algumas novas abordagens direcionam-se à ideia de que a arte brasileira "teria sido feita por mãos brancas" – e aqui vale dizer também a escrita desta. Essa vertente historiográfica é instrumentalizada por investigações que discutem o imaginário e a memória nacional, problematizando conceitos, autorias e representações.

Estudiosos, como Kleber Amâncio e Igor Simões, evidenciam essa condição, atribuindo-lhe o título de "arte branco brasileira", isto é, eles têm uma leitura crítica da tradição, erigida por uma literatura da arte epistemologicamente eurocentrada, ou,

1 Tomo por empréstimo o título da performance de Renata Felinto, *Axexê da negra ou o descanso das mulheres que mereciam ser amadas*, 2017. Nessa performance, tem-se como referência um rito de passagem do candomblé, no qual, após o falecimento do iniciado, libera-se a espiritualidade deste. Assim, durante a apresentação, Felinto enterrou uma reprodução da obra *A negra*, de Tarsila do Amaral, livrando do cativeiro simbólico todas as amas de leite e "mães pretas".

ainda, entendem a história da arte brasileira como uma narrativa que excluiu ou escamoteou autorias e linguagens não europeias.

Colocar a contrapelo a história da arte brasileira é, também, compreender a dinâmica do modernismo e, particularmente, apreender as regras do "jogo artístico", além dos fatores econômicos, sociais e políticos envolvidos no processo de legitimação de artistas e obras. Igualmente, entende-se que o projeto moderno, arquitetado pela Semana de Arte Moderna de 1922, segregou artistas e obras, forçou alteridades e forjou uma "brasilidade", construída a partir das ousadias das vanguardas europeias e dos temas nativos – e, tudo isso, a partir da perspectiva do artista e do crítico de arte, em geral, membros da elite branca.

Nessa "invenção da brasilidade", a representação de indígenas e negros tornou-se coluna estrutural – ou ainda, o que Tarsila do Amaral (1886-1973) relatou, em 1923, na carta escrita em Paris para a família no Brasil: "O que se quer aqui é que cada um traga contribuição de seu próprio país. [...] Paris está farta de arte parisiense".[2] Porém, esse "olhar branco" sobre o que era "próprio da terra" parece apenas ter colaborado para a distinção do "eu" e do "outro" e para a manutenção do discurso colonial.

Assim, a criação da tela *A negra* [p.477], de Tarsila do Amaral, em 1923, traz a discussão sobre a imanência da arte africana, presente na renovação dos motivos e dos parâmetros técnicos da arte moderna europeia. E, ainda mais, conta sobre o porquê de ser essa pintura, por um tempo, "canonizada", e hoje ser considerada obra-problema, capaz de despertar o interesse de diversos artistas e pesquisadores que a tomam como objeto de seus estudos.

---

2 Apud Amaral, A., *Tarsila: sua obra e seu tempo*, p.101-2.

De fato, o ano de 1923 foi decisivo no percurso estético de Tarsila do Amaral. Nesse período, ela estudou com André Lhote e com Albert Gleizes – mestres que a introduziram na linguagem cubista. Os contatos com Blaise Cendrars e Fernand Léger também ocorreram, de modo intenso, nessa temporada em Paris. Decidida a cumprir o programa da arte moderna, escreveu: "desejo ser uma pintora de minha terra".[3]

Nesse período, o casal Tarsiwald, como eram chamados Tarsila e Oswald de Andrade, circulava pelo *grand monde*, interessado nos eventos e espetáculos. Para Tarsila, foi uma ocasião de contato com artistas, músicos e poetas – Pablo Picasso, Constantin Brancusi, Robert Delaunay, Giorgio de Chirico, Jean Cocteau, André Breton, Igor Fiodorovitch Stravinsky, entre outros. As lições do cubismo, os valores das novas linguagens artísticas, sua formação e orientação na capital francesa convergiram para a busca da "brasilidade". Então, o que há de arte africana na pintura de Tarsila dessa época? Em *A negra*, lida-se tão somente com uma memória de infância? Afinal, que negra é essa? A análise dessa pintura centenária pode contar algo sobre a construção da história da arte branco brasileira?

Na busca por possíveis respostas, pensar sobre a influência da arte africana nas inovações da arte moderna europeia, ou seja, o encontro com o "outro" (com aquilo que se chamou de

---

3 "Sinto-me cada vez mais brasileira: quero ser a pintora da minha terra. Como agradeço poder ter passado na fazenda minha infância toda. As reminiscências desse tempo vão se tornando preciosas para mim. Quero, na arte, ser a caipirinha [da fazenda] de São Bernardo, brincando com bonecas de mato, como no último quadro que estou pintando" – carta de Tarsila do Amaral à família, quando de sua estada em Paris, em 1922-1923. Apud Amaral, A., *Tarsila: sua obra e seu tempo*, op. cit., p.84.

alteridade), abre o exercício de reflexão sobre o que há de fontes técnicas e estéticas negras, nas vanguardas e, sobretudo, no modernismo brasileiro a partir da pintura de Tarsila. Nesse sentido, compreender o negrismo e circundar a assimilação da alteridade africana – uma espécie de "moda" que tomou Paris, dos anos 1920 – pode indicar como se dava o fenômeno da modernidade negra na França. E, na sequência, abordar a representação da modelo – a "ama de leite" ou a "mãe preta" – no imaginário nacional pode ampliar a discussão sobre a criação, a recepção e a circulação da tela *A negra*.

O interesse pelos artefatos

Os artistas europeus, a partir da segunda metade do século XIX, já demonstravam um interesse por fontes e estéticas não ocidentais – alude-se aqui aos impressionistas, atraídos pela gravura japonesa, disseminada a partir das exposições universais (1852, 1867 e 1878), em cidades como Londres e Paris. O japonismo – nome atribuído a essa influência nas artes ocidentais – permitiu aos impressionistas o emprego da assimetria, das cores chapadas e das composições planas. Cópias de ilustrações de Katsushika Hokusai, por exemplo, foram levadas a Paris e se tornaram inspiração para artistas, tais como Claude Monet, Edgar Degas e Henri de Toulouse-Lautrec, Van Gogh e Paul Gauguin.

Já em fins do século XIX, a busca por modelos artísticos motivados na arte das sociedades orientais estendeu-se para o interesse por artefatos vindos das culturas africanas: máscaras, esculturas, cerâmicas, indumentárias, entre outros adornos. Eram, sobretudo, objetos que apresentavam íntima ligação entre forma e conteúdo, além de sugerirem o imaterial e não cópias de elementos da natureza. Em suas sociedades, muitos desses objetos estavam relacionados ao mágico-religioso, sendo usados em ritos de passagem, iniciação, cerimônias e festas. Alguns eram guardados em locais sagrados. Em sua origem, não foram feitos para serem contemplados como obras de arte à maneira ocidental.

A primeira corrente moderna a se interessar por esses objetos foi a dos fauvistas. E, nesse ponto, surge complexa discussão sobre os artefatos africanos, que se convencionou, desde o interesse da arte moderna, chamar de "arte africana" ou "arte negra" – desconsiderando que a África é construída por vasto território de alteridades e que, na verdade, a arte africana é um conjunto de tradições que envolve diversidades geográficas, físicas e culturais.

Esses objetos, subtraídos de seus contextos originais, davam aos *fauves* ("os selvagens") os aspectos espontâneos e instintivos que buscavam para sua arte – mesmo com a curta duração do movimento (entre 1904 e 1907), esses artistas assimilaram formas e recursos técnicos. Capitaneados por Henri Matisse, que anteriormente era entusiasta da arte oriental e persa, o repertório fauvista, sustentado pela arte africana, trouxe vigor, sensações primárias e expressividade à arte moderna.

Nesse contexto, merece destaque a fundação de uma série de museus etnográficos, entre os anos de 1907 e 1910, em diversos países da Europa – fator relevante para o acesso e o aumento do interesse de artistas e intelectuais pela arte africana. Eles viam nesses artefatos intensidade e ousadia no tratamento da forma e da expressão – algo que era uma grande novidade à época. Convém mencionar a coleção de esculturas negras guardada no ateliê de Pablo Picasso, nesse período, e suas constantes visitas ao Museu Trocadéro. Com efeito, era uma leitura estética e técnico-expressiva.

Nessa chave de leitura, a corrente cubista aprofundou a pesquisa sobre a escultura e as máscaras africanas, mas encontrou, sobretudo na pintura egípcia, a simultaneidade de visões. Eles "descobriram" a integridade do plano, as múltiplas perspectivas e, ainda, o frontalismo.[4] Ideias presentes em *Les Demoiselles d'Avignon*, 1907, de Picasso – trabalho fundante do cubismo e que resultou das motivações africanas na linguagem aplicada, mas também das referências às máscaras e à estatuária: o rosto-máscara e os corpos entrecortados são evidências disso.

Para muitos pesquisadores, a investigação cubista foi o vértice entre a arte africana e os ensinamentos de Paul Cézanne: em vez de trabalhar com as ilusões e nuances de luz, esse pintor preferiu pesquisar o plano das telas com pinceladas coloridas; volume e distância foram obtidos pelo jogo de cores; as formas foram simplificadas pela geometria (cubos, cilindros e cones) e, por fim, a repetição de temas.

Mesmo em sua continuidade, as experimentações cubistas (a analítica e a sintética) pretendiam ser, simultaneamente, representacionais e antinaturalistas. Assim como a arte africana, essas fases faziam referência à figura original, mas rompiam com as

4 Lei da Frontalidade ou frontalismo é uma regra de representação do corpo com origem no Antigo Egito. Funda-se no princípio de valorizar o aspecto que mais caracteriza cada elemento do corpo humano. Desenhado de perfil, o rosto é mostrado ao máximo. No rosto de perfil, o olho é representado de frente, por ser esse seu aspecto mais característico e revelador. O tórax também se apresenta de frente e as pernas e os pés são vistos de perfil. Diversas obras de Picasso apresentaram essa dinâmica ao longo de seu percurso estético.

aparências visuais, esquematizando, desmembrando e dando margem às percepções inusitadas.

Nesse ponto, ao refletir sobre as absorções de Tarsila, dentro do vocábulo cubista, destacam-se as posturas de André Lhote, que aliava movimento, dinamismo e universo descontínuo, dando impessoalidade às suas composições, e Albert Gleizes, que introduziu a desconstrução, além das simplificações geometrizadas de formas, aberturas dos objetos e cortes de superfícies planas – ambos deram disciplina, fundamento e estruturação à pesquisa de nossa pintora.

Mas, o léxico formal de Fernand Léger aparece na tela *A negra*. Não há registros de quando a pintura foi criada.[5] Aracy Amaral[6] relatou que *A negra* foi elogiada pelo mestre cubista, quando Tarsila iniciou jornada em seu ateliê, em outubro de 1923. O interesse de Léger talvez tenha sido motivado pela identificação de valores que lhe eram caros.

O não compromisso com as aparências e a representação de partes, simultâneas, de objetos num mesmo plano, além do aporte construtivo, foram fatores que motivaram Léger à pesquisa cubista. O pintor, influenciado pelo processo de fragmentação, atingiu uma composição simplificada, com formas simbólicas e de grandes dimensões. Segundo Paulo Sérgio Duarte, em *A negra*, as retas integram o ambiente, que não chega a ser fundo, mas são acessórias; as retas seriam os elementos

---

5 Cardoso, "*A negra* de Tarsila do Amaral: criação, recepção e circulação", *VIS Revista do Programa de Pós-Graduação em Arte da UnB*, Brasília: UnB, v.15, n.2, p.93, jul.-dez. 2016; disponível em: <https://periodicos.unb.br/index.php/revistavis/article/view/20394>; acesso em: 17 jun. 2023.

6 Amaral, A., *Tarsila: sua obra e seu tempo*, op. cit.

construtivos por excelência, como o são em vários outros trabalhos de Tarsila, discípula de Léger".[7]

Se os aspectos formais aproximam os dois artistas, os temas os diferenciam: de um lado, a estética da máquina e a visão do mundo moderno – a exibição das faces da civilização industrial – e, em oposição, tem-se o que "é da terra", o arcaico e o tropical. No grupo dos cubistas, Léger destacou-se pelas concepções ligadas ao movimento e ao dinamismo. Para Tarsila, a busca era por uma utopia de brasilidade que a dirigia para imagens telúricas. O historiador Nicolau Sevcenko, de modo direto, comparou o repertório de representação:

> O mais interessante é que, em vez do modo de Léger, o qual usa metonímias mecânicas e industriais, como secções de engrenagens, pistões, bocas de chaminés, ela prefere símbolos da cidade, como carros, trens, bombas de gasolina, torres; ou de tropicalidade, palmeiras, cactos, bananeiras; ou de história, construções coloniais, igrejas, cidades históricas, fazendas; ou étnicos, negros, mulatos, mamelucos, tipos regionais [...].[8]

Nesse itinerário, o interesse pelo artefato negro e a pesquisa que se desdobrou no fauvismo e no cubismo deram margem ao "negrismo" – um imaginário africano que se estendeu às outras artes, à poesia e à literatura, na França e em outros países. Pelo viés europeu, o negrismo se fez presente no modernismo brasileiro e no repertório de nossa pintora que cumpriu o "serviço

---

7 Duarte, *Anos 60: transformações da arte no Brasil*, p.19.

8 Sevcenko, *Orfeu extático na metrópole: São Paulo, sociedade e cultura nos frementes anos 20*, p.283.

militar do cubismo" nos ateliês de Lhote, Gleizes e Léger, artistas que haviam se afastado do cerebral cubismo de Picasso e Braque. Atraída pelo cubismo, mas no clima do espírito do novo, Tarsila, anos mais tarde, também se entusiasmou pela fermentação surrealista, em seus primeiros passos: a valorização da imaginação, da magia dos trópicos e dos povos exóticos, elementos muito valorizados na capital francesa.

O amor ao negro

Circunstâncias históricas, sociais e culturais dão suporte ao entendimento do súbito interesse pelos artefatos africanos, ao que se firmou como *negrophilia* (amor ao negro) e, sobretudo, à noção de modernidade – conceito ocidental formulado para pensar o Ocidente[9] – resultante da ideia de fracasso da civilização e da tradição europeia diante dos horrores das duas grandes guerras (a de 1914 e a de 1939).

De modo particular, a *negrophilia* representou a "inclusão" cultural e simbólica dos negros na sociedade ocidental. Nesse curso, estão as condições ligadas à colonização e, na sequência, à formação do Haiti (1804), à emancipação de escravizados nas colônias francesas (1794 e 1848)[10] e a abolição do regime escravocrata nos Estados Unidos (1863) e no Brasil (1888). Assim, em meados do século XIX, em termos gerais, creditou-se a incorporação dos negros como ocidentais civilizados – nesse

9 Guimarães, *Modernidades negras: a formação racial brasileira (1930-1970)*, p.67.

10 A França aboliu a escravidão duas vezes, sendo a primeira em 1794, logo após a Revolução e a declaração dos Direitos do Homem e do Cidadão. Porém, quando Napoleão Bonaparte subiu ao poder, ele restabeleceu a prática nas colônias francesas, sendo extinta somente em 1848.

processo, a arte pôs em xeque o "civilizado" e pensou o "primitivo" como eixo da modernidade, traduzido em gosto pela emoção, pelo movimento e pela revolução.

A aventura colonial e a ideia de primitivo atribuíram ao negro a inserção no mundo civilizado por duas perspectivas: a primeira, ligada ao animalesco (entre os exemplos, as exibições de etnias africanas no Jardin Zoologique d'Acclimatation, nas revistas do Folies Bergère e a bizarra história da Vênus Hotentote) e, a segunda, relacionada ao exótico e ao sensual – entre os exemplos, as "vênus negras" de Charles Baudelaire e Stéphane Mallarmé, escritores que estavam atentos ao mal-estar criado a partir da compreensão dos limites da civilização, e ao fato de que se tornara estreita a diferença entre a natureza e os demais povos.

Nesse sentido, os artistas projetaram o "outro" – aquele espontâneo e desprovido de rigidez. Então, o interesse pelo artefato africano simbolizou a busca dos vanguardistas por nova estética – como se viu nas estratégias adotadas pelo fauvismo e o cubismo. O negrismo, assim, passou pela pintura, escultura, música, poesia e romance.

Nos Estados Unidos e na França, surgiram exposições públicas da estatuária africana. Em 1916, por exemplo, Paul Guillaume realizou a mostra Exposition d'Art Nègre – sendo essa a primeira de uma série de mostras organizadas pelo *marchand* francês. Em 1921, o poeta franco-suíço Blaise Cendrars lançou a *Anthologie nègre* e, dois anos depois, Léger encenou o espetáculo *La Création du monde*, com cenário inspirado nas máscaras africanas. Nesse espetáculo, Tarsila auxiliou o mestre; além disso, sua relação com Cendrars era bastante próxima. O poeta introduziu o casal Tarsiwald no meio cultural da época, assim como mais adiante se tornou interlocutor dos modernistas na fase pau-brasil. A leitura dos textos sobre a cultura africana da *Anthologie nègre* e as visitas aos ateliês decorados com objetos africanos favoreceram o fascínio de Tarsila pela arte negra e pelo primitivismo.

Cabe ressaltar que, nesse "amor ao negro", até os anos 1920, a representação dos negros, na maioria das vezes, era feita por brancos. Isso porque aceitar a cultura negra é uma coisa; aceitar o negro como civilizado é outra. A aceitação de Joséphine Baker, na Paris de 1925, não significou o fim da visão racista do negro como animal – ele não era mais um animal ameaçador, mas sim rítmico, musical e divertido.

A situação só se alterou quando os negros tomaram a cena. No âmbito do espetáculo, estavam os musicais da Broadway, os salões de Charleston e as casas de jazz do Harlem, de Paris e de Londres. Na intelectualidade, evidenciaram-se figuras, tais como Sidney Brechet, Langston Hughes, Alain Locke, William Edward Burghardt du Bois e outras ligadas ao Harlem Renaissance,[11] que se mudaram para Paris, fugindo da segregação racial norte-americana. Esses artistas e escritores desmontaram narrativas históricas e pseudocientíficas, e, acima de tudo, atuaram em modelos e práticas anticoloniais, despertando ativismos negros na África e em territórios afro-diaspóricos.[12]

---

11 Movimento que surgiu nos anos de 1920, composto por intelectuais, escritores e artistas negros nos Estados Unidos, no bairro do Harlem, na cidade de Nova York. Historicamente, representou o enfrentamento aos preconceitos e aos estereótipos acerca da população negra. A literatura, a música, a pintura e o teatro foram instrumentos de autonarrativa.

12 A palavra "négritude" foi criada pelo poeta Aimé Césaire, surgindo pela primeira vez em *Cahier d'un retour au pays natal* (1939). Na Paris dos anos 1940, era um ato de aceitação de si, por parte dos negros, crioulos

Em 1923, Tarsila e seus amigos experienciaram a *negrophilia* em Paris. Então, somando-se à relação formal com o cubismo, no ateliê de Léger, ela viveu intensamente a visão do negrismo; a seleção do tema da tela *A negra* está vinculada à *negrophilia* – o exemplo primitivo no Brasil, para a pintora, eram os descendentes de africanos. Ao regressar ao país, estava fascinada pela arte negra; assim, ela desenvolveu um repertório entre os arquétipos e as convenções esquemáticas do negro, por intermédio de uma tradução do modernismo europeu.

Então, a linguagem técnica e o tema da tela *A negra* vinculam-se ao contexto europeu daqueles anos 1920; resta, agora, discutir o impacto da obra na historiografia.

"A Gioconda brasileira"

> *Sentada no chão, a Gioconda brasileira*
> *não sorri. É um maravilhoso monstro moderno.*[13]

A historiografia tem feito comparações entre *A negra* e diversas obras icônicas da história da arte ocidental: *Olympia*, de Édouard Manet, *Les Seins aux fleurs rouges*, de Gauguin, *Les Demoiselles d'Avignon*, de Picasso, *Le Petit Déjeuner*, de Léger, *La Négresse*, de Lhote, e *The White Negress*, de Brancusi, entre outras.[14]

---

e mulatos, impulsionado por ideologias libertárias: o surrealismo, a psicanálise, o marxismo e o existencialismo. Hoje, o conceito abarca o resgate da ancestralidade e as contribuições culturais, científicas e tecnológicas que, muitas vezes, são silenciadas pelo racismo estrutural.

13 Duarte, *Emblemas do corpo: o nu na arte moderna brasileira*, p.14.

14 Ver Vidal, "Trayectoria de una obra: *A negra* (1923) de Tarsila do Amaral. Una revolución icónica", *Artelogie*, v.1, n.1, mar. 2011; disponível

Comparações surgem, em novas abordagens e leituras, na história da arte brasileira e francesa, por exemplo, no estudo de Anne Lafont sobre o *Retrato de uma mulher negra*, 1880, de Marie--Guillemine Benoist, especialmente quando a pesquisadora discute os significados na tela, tal como o seio desnudo – também presente em *A negra*.[15]

Contem-se as diversas investigações que colocam a obra e sua criadora frente a frente com artistas que retrataram o negro brasileiro, entre eles: Lucílio Alburquerque, Armando Vianna, Arthur Timóteo da Costa e Heitor dos Prazeres. Ou, ainda, artistas afro-brasileiros e indígenas contemporâneos que tomam a pintura de Tarsila como inspiração para seus trabalhos. Sem dúvida, sua fortuna crítica é bastante extensa e, mesmo assim, ela continua a despertar novas leituras e investigações.

Com efeito, a pintura pertence ao Museu de Arte Contemporânea da Universidade de São Paulo desde 1963, quando foi transferida junto do acervo do antigo Museu de Arte Moderna de São Paulo; este, por sua vez, adquirira a tela da artista em 1951. Desse modo, *A negra* integra o acervo do museu desde sua fundação.[16] Nos registros da documentação da obra, estão catalogadas pelo MAC-USP 75 exposições e 81 publicações nacionais e internacionais.

---

em: <https://journals.openedition.org/artelogie/8562>; acesso em: 16 jun. 2023.

15 Ver Lafont, *Uma africana no Louvre*.

16 *A negra* é um dos ícones do MAC-USP, que possui ainda oito desenhos e três óleos de Tarsila: *Estrada de Ferro Central do Brasil*, 1924, *A floresta*, 1929, e *As costureiras*, 1950. Entre os desenhos, há dois de 1924 (*Paisagem rural* e *Congonhas/Minas*).

Nos estudos realizados por Aracy Amaral,[17] tem-se a informação de que a tela participou de quatro exposições individuais, sendo duas delas no Brasil, e de duas exposições coletivas[18] – a primeira das mostras individuais foi a da Galerie Percier, em 1926, onde Tarsila apresentou suas pinturas de modo original, emolduradas com elementos do cubismo, madeiras e vidros recortados, segundo críticos à época, verdadeiros quadros-objetos.

Já o artigo de Renata Gomes Cardoso[19] mapeou, por intermédio de vasta documentação, a criação, a recepção e a circulação da obra, e permite considerar que o desenho, na capa de *Feuilles de route I – Le Formose* [p.477], livro de poemas de Blaise Cendrars, publicado em Paris, em 1924, teve mais repercussão, num primeiro momento, do que a tela. O livro de poemas de Cendrars foi editado após a viagem com os modernistas brasileiros ao Rio de Janeiro, às cidades históricas mineiras e às fazendas de São Paulo.

A tela *A negra* apenas atingiu o *status* de ícone quando, em 1940, foi incluída em uma das primeiras publicações que revisava o modernismo brasileiro, o *Retrato da arte moderna no Brasil*, de Lourival Gomes Machado. Lembre-se aqui que, durante os anos de 1930 e 1940, com o desenvolvimento de pesquisas sociológicas, ocorreu a valorização da mestiçagem no processo

---

17 Amaral, A., *Tarsila: sua obra e seu tempo*, op. cit.

18 Além da exposição na Galeria Percier, a tela participou da mostra no Museu de Arte Ocidental (Moscou, 1931), da terceira exposição individual (Palacete Hotel, 1933) e da retrospectiva *Tarsila 1918-1950* (MAM-SP, 1950). Curiosamente, a pintura não foi exposta na primeira individual da artista no Brasil, em 1929. Cf. Cardoso, "*A negra* de Tarsila do Amaral", op. cit., p.91.

19 Cardoso, "*A negra* de Tarsila do Amaral", op. cit.

de construção da nação brasileira – "o que era mestiço torna-se nacional".[20] Gilberto Freyre, por exemplo, em *Casa-grande & senzala*, 1931, refutou a ideia de que a miscigenação entre brancos, negros e indígenas teria originado uma raça inferior.

Já Sérgio Buarque de Holanda, em *Raízes do Brasil*, 1936, descreveu o brasileiro como um "homem cordial" – aquele que age pelo sentimento, preferindo as relações interpessoais ao cumprimento de leis objetivas e imparciais. A interpretação enviesada do "homem cordial" somada às ideias sobre a mestiçagem no país contribuiu para a criação do chamado "mito da democracia racial", incidindo na negação dos conflitos étnico-raciais. Então, a legitimação da obra de Tarsila, nessa época, tinha o esteio das teorias em voga no país.

Notadamente, a obra consolidou sua relevância quando integrou o Museu de Arte Moderna de São Paulo; ela se transformou em imaginário social e se tornou obra-ícone do modernismo brasileiro. A partir daí, muitos críticos iniciaram a apresentação da obra com o seguinte jargão: "pintura precursora do Movimento Antropofágico".

Do mesmo modo, com frequência, nas investigações sobre a tela, destaca-se sua descrição: "uma negra sentada, pernas robustas cruzadas, um seio pesando sobre o braço, lábios enormes e a cabeça pequena". E, sim, a figura da negra está à frente (a máscara africana surge como evocação), com fundo relacionado à disciplina construtiva cubista – um exercício construtivo de formas e cores, que se desdobram em faixas, como uma trama bidimensional. Atrás da figura, a artista dispôs uma folha de bananeira, em diagonal semicurvada. Assim, a pintora

20 Ortiz, *Cultura brasileira e identidade nacional*, p.41.

articulou a estrutura autônoma do espaço pictórico com a composição figurativa.

Realmente, Tarsila trouxe inovações técnicas, tais como: o gigantismo, a síntese formal e a estilização do desenho e do modelado, porém, considera-se como um primitivismo de "segunda mão", uma vez que nasceu de sua experiência europeia, com as influências de Lhote, Gleizes, Léger e Cendrars. Mencione-se que a pintora não se dedicou propriamente à pesquisa etnológica – tal como os artistas europeus ou outros modernistas brasileiros (como Vicente do Rego Monteiro).

Para além dos vanguardismos, o tema veio de lembranças do passado da pintora, resultado das narrativas contadas por mucamas da fazenda de sua infância:[21]

> Um dos meus quadros que fez muito sucesso quando eu o expus lá na Europa se chama *A negra*. Porque eu tenho reminiscências de ter conhecido uma daquelas antigas escravas, quando eu era menina de cinco ou seis anos, sabe? escravas que moravam lá na nossa fazenda, e ela tinha os lábios caídos e os seios enormes, porque, me contaram depois, naquele tempo as negras amarravam pedras nos seios para ficarem compridos e elas jogarem para trás e amamentarem a criança presa nas costas.[22]

Estudiosos colocam *A negra* na esteira da tradição das "mães pretas" – uma tentativa de posse do patrimônio afro-brasileiro;

---

21 Nascida em uma rica e distinta família da elite paulista dos barões de café, proprietários de muitas terras, recebeu uma educação reservada à classe abastada – professores franceses em casa, durante a infância passada na fazenda, e depois em internato de freiras na Espanha.

22 Ribeiro, "Entrevista com Tarsila do Amaral", *Veja*, São Paulo, n.181, 23 fev. 1972.

uma imagem lida como nostálgica e afetiva pela elite. E outros ainda enfatizam o lugar ambíguo reservado à mulher negra – alguma coisa entre o sexo e a identidade nacional. Diga-se, então, que, na tradição das amas de leite, *A negra* tornou-se obra-problema. Isso porque ela reúne diversos aspectos que merecem ser discutidos, entre eles: a representação é excluída de sua humanidade e de identificação; o reforço de seus atributos associados ao trabalho, como o seio mais alongado, remetendo à sua função como ama de leite. E, ainda, algo tão íntimo para as mulheres negras: a ausência de cabelos. Tarsila embrutece as características físicas de sua modelo, o nariz negroide, pés e mãos enormes e os lábios exagerados, carregando na estigmatização.

Ao representar o outro, a pintora o objetificou: ele não tem nome e tampouco história; é tão somente um corpo exilado em servidão. Alguns pesquisadores descobriram Balbina (a "mãe preta" de Tarsila) em seu álbum de viagem. Nas produções modernistas, percebe-se a distinção entre o "eu" e o "outro". No caso de Tarsila, basta a comparação com a tela do mesmo período – *Autorretrato* ou *Manteau rouge* [p.479], de 1923. O artista não era o "povo" brasileiro, por isso a representação do "outro". No autorretrato, a artista surgiu com pele alva, cabelos pretos e longos, e vestida com roupas de alta costura – a confirmação de sua identidade pela diferença do outro. Herkenhoff resumiu: "no propósito de 'brasileiro cordial', Tarsila oferece ao meio de Paris, para o qual se volta, a confraternização racial na ideologia de dominação do latifúndio".[23]

De tudo, a influência da arte africana no modernismo brasileiro, particularmente na pintura de Tarsila, está camuflada pelo

23 Herkenhoff, "Tarsila: deux et unique", em Ajzenberg et al., *Tarsila do Amaral: peintre brésilienne à Paris 1923-1929*, p.86.

desejo de aceitação no círculo parisiense. A tela *A negra* foi seu "cartão de visitas" e a entrada nesse mundo. Em seu repertório, o "negro" foi quina entre a técnica e o tema; estava no cubismo e no negrismo. A artista queria ser aceita, por isso adotou o "primitivo", o "próprio da terra" – o que, para ela, era a representação dos descendentes de africanos no Brasil (algo como os artefatos, ou seja, meros objetos exóticos). A negra, em sua tela, era voltada para a voga de primitivismo do contexto francês dos anos 1920. Não era dirigida à relevância do povo negro no contexto do modernismo brasileiro (e, assim, sem representatividade, a representação confirmou os estereótipos). Ela buscava a "brasilidade", "o que era da terra". E a mulher negra (cativa no corpo e no afeto), com os pés fincados no chão, tornou-se esse mito fundante.

Referências bibliográficas

AJZENBERG, Elza et al. *Tarsila do Amaral*: peintre brésilienne à Paris 1923-1929. Rio de Janeiro: Imago Escritório de Arte, 2005.

AMÂNCIO, Kebler. Ensaio acerca do entendimento negro: a supressão de outros Brasis na arte branco brasileira. In: *MAC-USP processos curatoriais*. Curadoria crítica e estudos decoloniais em artes visuais. Diásporas africanas nas Américas. Disponível em: <https://estudosdecoloniais.mac.usp.br/palestras/kleber-amancio/>. Acesso em: 16 jun. 2023.

AMARAL, Aracy A. *Tarsila*: sua obra e seu tempo. São Paulo: Edusp; Editora 34, 2010.

BARROS, J. D. As influências da arte africana na arte moderna. *Afro-Ásia*, Salvador, n.44, 2011. Disponível em: <https://periodicos.ufba.br/index.php/afroasia/article/view/21236>. Acesso em: 16 jun. 2023.

BITTENCOURT, Renata. Outras negras. In: *Tarsila Popular*. São Paulo: Masp, 2019, p.68-75.

CARDOSO, Renata Gomes. *A negra* de Tarsila do Amaral: criação, recepção e circulação. *VIS Revista do Programa de Pós-Graduação em Arte da UnB*, Brasília: UnB, v.15, n.2, p.90-110, jul.-dez. 2016. Disponível em: <https://periodicos.unb.br/index.php/revistavis/article/view/20394>. Acesso em: 17 jun. 2023.

CENDRARS, Blaise. *Feuilles de route*. Paris: Au Sans Pareil, 1924.

DUARTE, Paulo Sergio. *Anos 60*: transformações da arte no Brasil. Rio de Janeiro: Campos Gerais, 1998.

______. *Emblemas do corpo*: o nu na arte moderna brasileira. Rio de Janeiro: Centro Cultural Banco do Brasil, 1994.

FERREIRA, Lígia Fonseca. *Retrato de uma negra*, o quadro que Tarsila (não) viu. *Revista da Biblioteca Mário de Andrade*, São Paulo: Biblioteca Municipal Mário de Andrade, n.76, p.103-18, 2023. Número especial: A Semana de 22 descentrada. Org. de Gênese Andrade.

GUIMARÃES, Antonio Sérgio Alfredo. *Modernidades negras*: a formação racial brasileira (1930-1970). São Paulo: Editora 34, 2021.

HERKENHOFF, Paulo. Tarsila: deux et unique. In: AJZENBERG, Elza et al. *Tarsila do Amaral*: peintre brésilienne à Paris 1923-1929. Rio de Janeiro: Imago Escritório de Arte, 2005, p.86-7.

LAFONT, Anne. *Uma africana no Louvre*. Trad. Ligia Fonseca Ferreira. São Paulo: Bazar do Tempo, 2022.

MEIRA, Silvia. *A negra* de Tarsila do Amaral: escuta da condição da afrodescendente na formação do povo brasileiro. In: XXXVIII CONGRESSO do CBHA. Florianópolis, 2018. *Anais do...* Disponível em: <http://www.cbha.art.br/coloquios/2018/anais/pdfs/06%20Silvia%20Meira.pdf>. Acesso em: 16 jun. 2023.

OLIVEIRA, Alecsandra Matias de. A "Onda negra": arte visual afro-brasileira, legitimação e circulação. *Jornal da USP*, São Paulo, 5 out. 2018. Disponível em: <https://jornal.usp.br/artigos/a-onda-negra-arte-visual-afro-brasileira-legitimacao-e-circulacao/>. Acesso em: 16 jun. 2023.

ORTIZ, Renato. *Cultura brasileira e identidade nacional*. São Paulo: Brasiliense, 2003.

RIBEIRO, Leo Gilson. Entrevista com Tarsila do Amaral. *Veja*, São Paulo, n.181, 23 fev. 1972.

SEVCENKO, Nicolau. *Orfeu extático na metrópole*: São Paulo, sociedade e cultura nos frementes anos 20. São Paulo: Companhia das Letras, 1992.

SILVA, Dalmo de Oliveira Souza e. Tarsila do Amaral: a construção de uma narrativa sobre "brasilidade". *Revista Internacional Interdisciplinar INTERthesis*, Florianópolis, v.12, n.2, p.118-26, jul.-dez. 2015. Disponível em: <https://periodicos.ufsc.br/index.php/interthesis/article/view/1807-1384.2015v12n2p116/30950>. Acesso em: 17 jun. 2023.

SIMIONI, Ana Paula. *Mulheres modernistas*: estratégias de consagração na arte brasileira. São Paulo: Edusp, 2022.

SIMÕES, Igor. Entre a raça e as constelações: uma abordagem curatorial sobre o acervo do MAC-USP. In: *MAC-USP processos curatoriais.* Curadoria crítica e estudos decoloniais em artes visuais. Diásporas africanas nas Américas. Disponível em: <https://estudosdecoloniais.mac.usp.br/palestras/kleber-amancio/>. Acesso em: 16 jun. 2023.

VIDAL, Edgard. Trayectoria de una obra: *A negra* (1923) de Tarsila do Amaral. Una revolución icónica. *Artelogie*, v.1, n.1, mar. 2011. Disponível em: <https://journals.openedition.org/artelogie/8562>. Acesso em: 16 jun. 2023.

*A Caipirinha e o Francês: Tarsila do Amaral e a devoração da modernidade via Fernand Léger**

Tadeu Chiarelli

Cartão-postal (1929), de Tarsila do Amaral. O título da obra indica o quanto a artista estava imersa na cultura visual de sua época. No início do século XX, os cartões-postais eram uma mania, carregando, em uma de suas faces, imagens fotográficas as mais variadas, e, na outra, mensagens interpessoais. Foi tanta a força do cartão-postal, que ele se transformou em um elogio: quando alguém se deparava com uma bela paisagem, a maneira de prestar-lhe reverência era compará-la a uma pintura ou a um cartão-postal.

Interessante o quanto a pintura de paisagem e o cartão-postal estão associados, mesmo sendo tão distintos, já que a primeira é única, enquanto o segundo é um múltiplo. O que os une é

* Uma primeira versão deste texto foi publicada em *Arte!Brasileiros*, coluna Conversa de Bar(r), 19 mar. 2020; disponível em: <https://artebrasileiros.com.br/opiniao/conversa-de-barr/a-caipirinha-e-o-frances-tarsila-do-amaral-e-a-devoracao-da-modernidade-via-fernand-leger/>; acesso em: 3 set. 2023.

que parte das fotos de paisagem impressas em cartões-postais replica esquemas pictóricos prévios, seguindo as estruturas "clássicas" de composição: primeiro plano escuro – contando com elementos vegetais, animais e/ou humanos, que apresentam a cena principal; plano intermediário – normalmente uma superfície líquida (vazia ou com uma ou outra representação); ao fundo, uma cadeia de montanhas e, mais além, o céu.

Desde os pintores viajantes do século XVII, o litoral do Rio de Janeiro foi representado por gravuras, aquarelas ou pinturas a óleo. A partir da fotografia – e de suas possibilidades de reprodução –, o encanto por aquele local ganhou uma visibilidade maior, percorrendo o mundo por meio do serviço de postagem.

Assim, apesar das diferenças de suporte e de produção, o que teriam em comum essas pinturas e fotografias? Todas retratam trechos "pitorescos" do Rio – sendo "pitoresca" uma tradição das artes visuais, teorizada a partir do século XVIII, significando uma paisagem singular, digna de ser pintada. Porém, tal "singularidade" – notada no exotismo das texturas e das formas representadas – dificilmente foge das estruturas paisagísticas "clássicas" já citadas. Em *Cartão-postal* [p.482], Tarsila atualiza aquela estrutura: o primeiro plano ocupado pela vegetação exótica, na qual sobressaem, à esquerda, uma planta e, à direita, uma árvore, em que descansam um animal e seu filhote. Eles observam o espectador, chamando sua atenção para o centro da imagem: uma área azul sublinhando o Pão de Açúcar – uma das referências do Rio. Na sequência, uma linha de morros verdes e azuis e, enfim, o céu.

* * *

Cartão-postal atualizava, mas mantinha a estrutura pictórica comentada, e a atualização se dava pela síntese das figuras, agregando àquela tradição um esforço de, ao mesmo tempo que obedecia à "verdade" da paisagem, inventar formas que pouco possuíam de verdadeiras (a vegetação e os animais). Por outro lado, essas formas foram produzidas de maneira a não deixar marcas explícitas da ação da artista sobre a tela. Pelo contrário: houve ali um esforço para banir qualquer índice de manualidade e, portanto, de autoria, como se a pintura à nossa frente fosse, de fato, um cartão-postal.

Deve-se esse procedimento assumido por Tarsila logo que chega a Paris, em 1923,[1] a seu contato com a pintura do artista francês Fernand Léger, que concebia um caráter impessoal para sua produção, para nela emular os produtos da sociedade de massa. Segundo o estudioso norte-americano Kirk Varnedoe, após 1920, Léger:

> desenvolveu um realismo geometricamente simplificado, com bordas bem marcadas e essa mudança, com os interesses socialistas que também o motivaram, tornaram o artista atento às formas efetivas dos meios de comunicação de massa. Um anúncio que falasse claramente ao povo parecia ter vindo do povo e era possuidor de uma franqueza que o tornava uma espécie de arte popular.[2]

Embora em 1929 Tarsila seguisse também outros parâmetros, é inegável como ela ainda obedecia aos ensinamentos de

---

1 Sobre a permanência de Tarsila do Amaral em Paris, durante 1923, e seu contato com Fernand Léger, consultar: Amaral, A., *Tarsila: sua obra e seu tempo.*

2 Varnedoe, "Advertising", em Varnedoe; Gopnik, *High&Low Modern Art: Modern Art and Popular Culture*, p.286.

Léger, quer nos contornos das formas, quer na impessoalidade procurada – uma referência à modernidade "industrializada" dos anos 1920.[3] No conjunto de pintores protagonistas da cena francesa, Léger era o mais fiel à figuração da realidade moderna, longe do "cubismo integral" e hermético de Gleizes (que Tarsila também contactou) e da poética então oscilante de Picasso (ora cubista, ora "clássico"). Léger era o artista comprometido em transpor para a pintura a modernidade da metrópole, apropriando-se não apenas da estética do cartaz, como também daquela das vitrines dos magazines parisienses.[4] Outra lição que Tarsila manteve de Léger foi o entendimento da pintura de cavalete como um mecanismo equilibrado entre o real e o "imaginado": "Encontrar o equilíbrio entre esses dois polos, esta é a dificuldade, mas cortar a dificuldade ao meio e considerar só um dos polos, fazer abstração pura ou imitação, é, na verdade, muito fácil, é evitar o problema na sua totalidade".[5]

Tarsila, apesar das outras referências, preservou esse equilíbrio buscado por Léger, constituindo uma iconografia moderna

---

3 Em carta redigida no dia 6 de novembro de 1925, endereçada ao intelectual pernambucano Joaquim Inojosa, a artista assim se refere aos seus métodos de pintar, uma mescla de paciência monacal unida à impessoalidade da indústria moderna: "Meu trabalho tem sido enorme, ultimamente. De abril para cá tenho uns 10 quadros novos, quase todos terminados. Já se foi o tempo em que uma Paquita sorria na tela com 8 horas de pinceladas [referência aos autorretratos vestida como uma espanhola (Paquita), que costumava pintar no início da carreira]. Trabalho hoje com a paciência de Fra Angélico para que o meu quadro seja lindo, limpo, lustroso como uma *Rolls* saindo da oficina". Apud Amaral, A., *Tarsila: sua obra e seu tempo*, op. cit., p.176.

4 Para mais detalhes referentes às ideias de Fernand Léger sobre arte, a partir da década de 1920, ver Léger, *Funções da pintura*.

5 Ibid., p.47.

e, ao mesmo tempo, "brasileira", como desejavam seus amigos modernistas. Mas não foi apenas esse aspecto que ela herdou do pintor francês. Como mencionado, muitas das estratégias do artista foram utilizadas por Tarsila, que promoveu um esforço de adaptação daqueles procedimentos à realidade da pintura que queria fazer no Brasil.[6]

A adesão de Léger à plástica dos meios de comunicação de massa é um fenômeno visível após o início da década de 1920. Antes, embora já interessado no ambiente das metrópoles, ele se mantinha fiel a integrar à pintura elementos percebidos nessa nova paisagem, mantendo como protagonista sua subjetividade de espectador. Aquela subjetividade de quem, ainda que assustado, assiste ao turbilhão da metrópole, ao atropelo dos sinais que a regem. Nas pinturas dessa época, são nítidas as bordas demarcadas das formas, mas subsiste ainda o interesse em relacioná-las entre si e também à cidade, da qual são uma representação. Esse tipo de agenciamento já não é possível perceber em *O sifão* (1924), em que são raras as áreas nas quais se percebe

6 Outro exemplo também significativo da "presença" de Léger na pintura de Tarsila, e de seu esforço em adaptar as posturas do artista à sua prática pictórica, pode ser percebido em *A feira I*, 1924, e *A feira II*, 1925. Sabe-se o quanto encantava a Léger a disposição das mercadorias nas vitrines dos magazines parisienses. O artista chegou a refletir, inclusive, sobre uma "estética" das vitrines – para ele, índice fundamental da modernidade urbana. Creio que o interesse de Tarsila em chamar a atenção do observador para a ordenação das mercadorias à venda em suas duas "Feiras" pode ser creditado a uma tentativa da pintora de adaptar aquele interesse de Léger à suposta realidade brasileira. É claro que, ao optar pelas barracas de frutas das feiras brasileiras, Tarsila deixou de lado a realidade das vitrines dos centros urbanos do país, reforçando um lado idealizado e "primitivo" do Brasil.

uma relação de continuidade de uma forma quando interceptada por outra. Em *Composição com quatro chapéus* (1927), ocorre o mesmo: as formas se sobrepõem, sem estabelecer relação espacial, como se integrassem uma colagem, e não uma pintura: uma forma cobre a outra, não havendo interação entre elas, com exceção daquela que parece uma alusão a uma caixa – da qual se vê apenas uma de suas laterais e o topo.

Em *Cartão-postal*, de Tarsila, também as formas demarcadas se sobrepõem e se conectam como em uma colagem, dificultando que se fale em planos – primeiro plano, plano intermediário, último plano etc. Nela, as formas estão recortadas e justapostas, quando não "coladas" umas sobre as outras. Essa estratégia, é dispensável lembrar, reitera o caráter bidimensional não apenas dessa pintura, mas da maioria daquelas realizadas pela artista nos anos 1920.

* * *

É de 1923 a pintura *Rio de Janeiro*[7] [p.482]. A imagem assemelha-se a *Cartão-postal*, produzida seis anos depois: a cidade é a mesma, o ponto de vista escolhido igualmente privilegia o Pão de Açúcar. O esquema também é o mesmo: primeiro plano mais escuro, plano central com água e o morro, e, ao fundo, montanhas e o céu azul. A diferença está no tratamento. *Rio de Janeiro*, que também poderia chamar-se "cartão-postal", replica a tradição fotográfica ao repetir a tradição da pintura, e só difere da

7 Segundo Aracy Amaral, *Tarsila: sua obra e seu tempo*, op. cit., p.95, nota 43, a artista teria produzido duas telas com o título *Rio de Janeiro*, em 1923. Aqui eu me refiro à obra pertencente à Coleção da Casa Museu Ema Klabin, São Paulo.

obra de 1929 pela maneira como foi pintada: se em *Cartão-postal* as formas recortadas, justapostas e/ou sobrepostas enfatizam o caráter planar do suporte, em *Rio de Janeiro*, o tonalismo que acentua a simulação da profundidade e o uso de pinceladas aparentes – que, por sua vez, registram a "subjetividade" da artista –, demonstram que a produção dessa tela antecede o contato de Tarsila com a obra de Léger, naquele ano.

* * *

Segundo Aracy Amaral, 1923 foi um ano agitado para a artista.[8] Chegando a Paris no final de 1922, entre festas, concertos e banquetes, Tarsila passa janeiro e fevereiro entre Portugal e Espanha. Entre julho e final de setembro, ela e Oswald de Andrade viajam pela Itália e, em dezembro, ela retorna ao Brasil. Assim, dos doze meses, Tarsila conseguiu frequentar os ateliês de André Lhote, Léger e o de Albert Gleizes durante mais

8 Sobre o assunto, consultar o livro citado de Aracy Amaral, sobretudo o capítulo 6 (p.75 *ss.*). Também seria importante levar em consideração um álbum produzido pela artista, e que cobre os anos de 1923 a 1929, contendo fotografias suas e de figuras de seu entorno afetivo, além de outros tipos de lembranças. Nesse álbum, hoje pertencente a uma coleção particular, estão recolhidos fotos e outros resíduos daqueles dias felizes, a partir de 1923, passados entre a Europa, o Oriente, a Argentina e o Brasil, e que, ao se casarem com os outros resíduos daquele tempo, configuram uma narrativa especial, em que a fotografia não opera apenas como símbolo de *status* social, de classe, mas atua (ou parece atuar) como puro índice, registros daqueles dias, elementos tão importantes quanto o santinho para oração comprado na Basílica de Santa Maria degli Angeli, em Assis, ou o selo do então suntuoso Pera Palace, grande hotel de Constantinopla, hoje Istambul.

ou menos seis meses.[9] A autora afirma que Tarsila teria frequentado o ateliê de Lhote durante três meses,[10] portanto, acredita-se que essa experiência ocorreu entre março e maio de 1923, antes da viagem para a Itália, e após a ida para Portugal e Espanha. Ainda segundo Amaral, Tarsila vai três vezes ao ateliê de Léger[11] e com Gleizes realiza "dezenas de esboços e exercícios de estrutura do quadro... em menos de um mês e meio...".[12]

* * *

Se, para Aracy Amaral, a dimensão teórica dos ensinamentos de Gleizes seria "a que mais a marcaria no futuro",[13] supõe-se que Léger e sua produção foram os mais relevantes para Tarsila naquele ano, e aqui surgem as pinturas *A negra* e *Caipirinha*, ambas

9 Levando-se em conta que Tarsila pode ter ido para a Itália em meados de julho e voltado para São Paulo no início de dezembro, a tempo de passar as festas de final de ano junto à família.

10 Amaral, A., *Tarsila: sua obra e seu tempo*, op. cit., p.83.

11 Ibid., p.99.

12 Ibid. O ano de 1923 foi um período de viagens, mas também de intensas experimentações formais. Examinando os desenhos daquele ano, é possível dividi-los em três tipos de realizações, variando entre puras anotações até, ao que tudo indica, projetos para pinturas. Em primeiro lugar, estariam os retratos e autorretratos mais aderentes à tradição da arte da passagem do século XIX para o XX; em segundo, seus interessantes projetos para pinturas, impregnados de soluções derivadas do cubismo, tendentes à não figuração; por último, suas anotações gráficas de paisagens captadas em Portugal e Itália, por exemplo, em que já se percebe um grafismo mais seco e limpo, "primitivo". Essas mesmas características podem ser percebidas em seus desenhos preparatórios para *A negra*, e que, a partir do ano seguinte, caracterizariam sua fase pau-brasil. Sobre o assunto, consultar: Barros; Saturni (org.), *Catálogo raisonné. Tarsila do Amaral*, v.2.

13 Amaral, A., *Tarsila: sua obra e seu tempo*, op. cit., p.98.

de 1923. Independentemente de Tarsila ter sido ou não sua aluna,[14] o que interessa é que Léger, já em 1923, tornou-se um parâmetro para ela.

Brigitte Hedel-Samson, ao demonstrar a importância de Léger para a produção de Tarsila, lembra que o artista "pedia a seus alunos que explorassem temas baseados em suas próprias pinturas", e chama a atenção para duas obras de Tarsila: *Estudo (Academia n.1)* – baseado na pintura *A xícara de chá*, de 1921, de Léger – e *O pescador*, *c.* 1925, que lembraria, segundo a autora, a série *Os almoços*, do pintor francês.[15]

Além de *Estudo (Academia n.1)*, seria possível atentar igualmente para outra obra de Tarsila, em que a presença de *A xícara de chá* se faz notar, *Estudo (Academia n.2)* [p.480-1]. É notável a semelhança entre as duas academias e a pintura de Léger: em um fundo geométrico e bidimensional – em que formas reconhecíveis são aplicadas como colagens –, também é sobreposta uma sintética figura feminina, que apenas se destaca do fundo pela delimitação do contorno e pela cor que preenche a área que ocupa.

No caso da obra do francês, a figura da mulher é fria, metálica; nas pinturas da brasileira, tons amarronzados cobrem as figuras femininas. Dentro do conjunto de suas obras dos anos 1920, *A xícara de chá* talvez seja um dos melhores exemplos de

14 Baseada em cartas e outros documentos da artista, Aracy Amaral afirma em seu livro que Tarsila do Amaral teria assistido a três aulas como aluna no ateliê de Fernand Léger, em 1923. No entanto, em depoimento a Ribeiro, "Entrevista com Tarsila do Amaral", *Veja*, São Paulo, n.181, 23 fev. 1972, a artista afirmou que não chegou a ser aluna do artista francês e sim apenas sua amiga e de sua esposa.

15 Hedel-Samson, "Fernand Léger e os amigos brasileiros", em Barros (coord.), *Fernand Léger: relações e amizades brasileiras*, p.13 *ss.*

como Léger estava interessado na estética do cartaz, emulando seu caráter bidimensional, e de seu apego a superfícies que remetiam aos produtos industrializados, lisos, impessoais.

Assim, interessam as transformações que Tarsila produziu a partir daquele novo parâmetro que seguiria dali para a frente. Nota-se em seus dois "estudos" a obediência à bidimensionalidade e à estratégia do procedimento da colagem na organização do espaço. No entanto, se em Léger o uso de cores quentes é parcimonioso – para não quebrar o clima frio do todo –, em Tarsila se nota o abuso delas, tanto no espaço geometrizado que cria ao lado das figuras, quanto nelas próprias. Nestas últimas, sublinhe-se igualmente o quanto o uso de tons diversificados de marrom serve como alusão a um tipo determinado de figura feminina, uma mulher não europeia, negra.

Não é à toa que uma das pinturas mais emblemáticas produzidas por Tarsila do Amaral naquele ano de 1923, *A negra* [p.477], possa ser examinada tendo como pano de fundo as três pinturas citadas. *A negra* deve ser entendida como saída diretamente do esforço de Tarsila em apreender a estética legeriana e, ao mesmo tempo, impregná-la de um sabor original, "brasileiro": a mulher negra – caracterizada não apenas pela cor descritiva do corpo, mas também pelos traços caricaturais do rosto – está como que colada em um fundo geometrizado, simulando uma paisagem. Afinal, além da forma que lembra uma folha de bananeira à direita, a mulher parece sentada em uma praia, com uma faixa de mar também à direita. À sua esquerda, ao "fundo", referências à terra e ao ar.

Esse esforço de Tarsila em abrasileirar a poética de Léger, trazendo para suas pinturas a relação direta entre o plano pictórico e a lógica da colagem, determinará todo o seu esforço em constituir uma arte moderna, mas com supostos índices de "brasilidade".

Alguém poderia objetar, argumentando ser impossível essa "influência" de Léger em *A negra* pelo fato de que Tarsila, em sua primeira ida ao ateliê do artista, já teria levado consigo a obra para mostrá-la a Léger.

Ora, o fato de Tarsila ter frequentado por pouco tempo o ateliê do artista não significa que ela só tenha entrado em contato com sua produção após aquela primeira visita. Pelo contrário: com uma visão pragmática sobre quem era quem naquela Paris tão sedutora, Tarsila com certeza procurou Léger (como a Lhote e Gleizes) porque ele era, naquele momento, um dos "ai, Jesus!" da cena artística parisiense. E mais: já ter conhecido Léger antes da primeira visita ao seu ateliê não significava ter sido a ele apresentada apenas formalmente, em algum banquete elegante, mas sim – e sobretudo –, ter tido acesso à sua produção pictórica em *salons* e/ou exposições. Significava tê-la estudado a partir dessas mostras e – por que não? – ter plasmado a fatura pictórica do artista mais experiente às suas expectativas de produzir uma pintura moderna e "brasileira". Daí Tarsila ter pintado *A negra* em Paris e a ter levado consigo em sua primeira visita a Léger. Daí a melhor explicação para o fato de Léger ter gostado tanto dessa obra e desejado que seus alunos a admirassem. Afinal, *A negra* fora produzida à semelhança de suas obras mais atuais![16]

Dentre as estratégias usadas por Tarsila para inserir sua produção no âmbito parisiense, mantendo-a "brasileira", integra-se

---

16 Em seu livro citado, Aracy Amaral escreve: "Tarsila recorda-se de ter Léger em particular gostado de *A negra*, mencionando que gostaria que seus alunos vissem a tela". Amaral, A., *Tarsila: sua obra e seu tempo*, op. cit., p.97, nota 47.

também *Caipirinha* [p.478]. Espécie de *A negra*, só que vestida, a figura se encontra em uma paisagem com elementos mais evidentes do que na pintura anterior e com o uso de tons que "naturalizam" a composição.

O lago, as paredes, a vegetação, o céu, assim como a moça que segura a folha, são elementos tratados de maneira descritiva, não deixando dúvidas quanto ao que são. Porém, não menos importantes são seus procedimentos "modernos" pois, caso fossem outros, *Caipirinha* seria uma pintura naturalista. Na obra, as formas que preenchem o campo parecem recortadas e justapostas como um trabalho de recorta e cola – o que enfatiza sua condição bidimensional. Tal procedimento, por outro lado, realça um certo humor lúdico, presente na pintura. Refiro-me à maneira como Tarsila trabalha a área centro-esquerda da tela. Ao colocar formas retangulares sobre as representações da árvore, da casa e do gramado (formas que representariam janelas e uma cerca), a artista o faz como se as colasse de maneira "errada" (sobretudo o retângulo sobre a casa *e* a árvore), reforçando o caráter bidimensional do quadro e fazendo *pendant* com outra forma retangular – esta representando uma porta no canto direito.

* * *

Desse seu período inicial, destacam-se ainda duas obras cujo assunto é a cidade de São Paulo. Refiro-me às pinturas *São Paulo* e *São Paulo (Gazo)*, ambas de 1924. Como já chamou a atenção de muitos, nelas surpreende a ausência mais emblemática da modernidade: a multidão.

A São Paulo de Tarsila é destituída de qualquer referência à figura humana (a não ser que se queira enxergar nas bombas de gasolina presentes nas duas obras alguma referência cifrada a seres humanos). Em *São Paulo*, se observa o mesmo esquema das outras paisagens comentadas: um primeiro plano ocupado por árvore, gramado, chão e as bombas de gasolina; um plano intermediário, em que há um rio a se confundir com uma espécie de estrada, ultrapassado por uma ponte com estrutura de ferro e um fundo em que edifícios, vegetação e estrutura industrial se opõem ao céu azul. Ou seja, uma paisagem ligada às convenções tradicionais, porém concebida dentro do mesmo rigor legeriano que caracterizava suas outras pinturas.

Nota-se também que todas aquelas formas foram recortadas em áreas definidas e sobrepostas para reforçar o caráter bidimensional do suporte, sendo que as únicas exceções residem nas estruturas que sustentam a ponte, na bomba de gasolina e na torre de metal, à esquerda. Apenas essas formas se relacionam com o fundo, pois as demais – a ponte e o vagão entre elas – cortam o campo da pintura, transformando-se em áreas fechadas, sem comunicação.

Esse mesmo isolamento de formas caracteriza as justaposições que Tarsila usou em *São Paulo* (*Gazo*). Apenas as árvores e a casa (à esquerda), além da estrutura metálica (à direita), se relacionam com os planos posteriores, replicando, por assim dizer, as letras garrafais da palavra "GAZO" – estranhamente os únicos elementos em que se percebe um titubear "autoral" na condução do pincel. A fumaça que sai da chaminé, ao fundo à esquerda, parece uma tentativa malsucedida de buscar equilíbrio entre representação e apresentação.

Nessas pinturas existe uma idealização de São Paulo, uma nostalgia do antigo burgo e que resiste, ante os novos mobiliários urbanos que invadem a placidez anterior. O moderno parece forçado a se dissolver no passado por meio de uma ordem que a todo tempo busca escapar à passagem do tempo. Penso como deve ter sido dificultoso para Tarsila traduzir os ensinamentos de Léger, focados numa produção pautada no imaginário moderno, para esse entorno específico da cidade em transformação, mas que a artista parece querer desacelerar, parar, transformando a cidade numa espécie de aldeia, em cartazes que não celebram a modernidade como mercadoria.

* * *

Mais uma modernista que "veio depois", Tarsila, no processo de deglutição da modernidade de Léger, retira dela qualquer resquício de circunstância, de contingência, de história. E nos devolve uma poética ainda colada ao mito ancestral (a ex-escravizada, como "a" negra ou a "caipirinha"; São Paulo como a aldeia), que resiste ao embate com o tempo. Se suas pinturas trazem índices do aqui e do agora – o cartão-postal, a bomba de gasolina etc. –, eles estão fora da agitação do cotidiano, mais em busca da estabilidade mítica do que das incertezas do devir.

Referências bibliográficas

AMARAL, Aracy A. *Tarsila*: sua obra e seu tempo. São Paulo: Perspectiva; Edusp, 1975.

BARROS, Regina Teixeira de; SATURNI, Maria Eugênia (org.). *Catálogo raisonné*. Tarsila do Amaral. v.2. São Paulo: Base 7 Projetos Culturais; Pinacoteca de São Paulo, 2008.

HEDEL-SAMSON, Brigitte. Fernand Léger e os amigos brasileiros. In: BARROS, Regina Teixeira de (coord.). *Fernand Léger*: relações e amizades brasileiras. São Paulo: Pinacoteca de São Paulo, 2009, p.13-8.

LÉGER, Fernand. *Funções da pintura*. São Paulo: Difusão Europeia do Livro, [s.d.].

RIBEIRO, Leo Gilson. Entrevista com Tarsila do Amaral. *Veja*, São Paulo, n.181, 23 fev. 1972.

VARNEDOE, Kirk. Advertising. In: ______; GOPNIK, Adam. *High&Low Modern Art*: Modern Art and Popular Culture. Nova York: Museum of Modern Art, 1991, p.231-365.

A vida é um bailado cubista: Brecheret e Di Cavalcanti em Paris

Thiago Gil Virava

A relação do modernismo brasileiro com o cubismo é bastante conhecida, especialmente (mas não apenas) quando se trata do grupo que se formou em São Paulo. O período de "exercício militar" de Tarsila do Amaral nos ateliês de André Lhote, Albert Gleizes e Fernand Léger em Paris, durante o ano de 1923, é um exemplo bastante lembrado de um tipo de proximidade que envolvia um diálogo direto com artistas vinculados ao próprio surgimento do cubismo como movimento de vanguarda na pintura. Mas as experiências dos modernistas brasileiros em Paris nos anos 1920, período em que o cubismo se transmutava de vanguarda pictórica e poética em pilar do que ficou conhecido como "Escola de Paris", indicam que sua reverberação ia além de contatos estabelecidos durante aulas; de visitas mais ou menos pontuais a ateliês e galerias de arte moderna; ou ainda de uma adesão a determinadas fórmulas de composição.[1]

1 Em carta enviada a Mário de Andrade comentando sua visita ao Salon des Indépendants, Oswald de Andrade se refere à mostra como

O cubismo era isso, mas também se confundia com uma certa ideia do que era a própria vida moderna.

Na mesma entrevista em que afirmou que o cubismo era "um exercício militar", Tarsila do Amaral o descreveu como um "movimento que tem produzido seus efeitos nas indústrias, no mobiliário, na moda, nos brinquedos, nos quatro mil expositores do Salon d'Automne e dos Independentes".[2] Já Oswald de Andrade, no artigo "A atualidade de Babilônia", avançou nessa compreensão e situou o cubismo como parte de um processo histórico da modernidade ocidental que havia produzido "o homem tipo de seu tempo", cuja atividade diária compreendia "fazer ginástica de manhã, pregar moralidade no almoço e ir sofrer a volúpia da queda e do Éden perdido nos *dancings* lúbricos".[3] Esse homem moderno e contraditório, "mixórdia de músculos tratados, convencidos princípios e fragilidade sensória", era o homem que a "música de pinceladas" cubista de antes da Grande Guerra representava. Era "qualquer coisa de espedaçado, anormal e atordoante, qualquer coisa de indecifrável e

---

"a última arrancada, já ridícula, já triste, da modernidade ocidental. Não é mais cubismo, é cú... ismo. Lhote, Léger, Gleizes, Lipchits [*sic*] comandando esquadrões de Regos Monteiros. Uma palhaçada!". Oswald de Andrade, Carta a Mário de Andrade, Paris, 4 mar. 1923, Fundo Mário de Andrade, Arquivo do IEB-USP. A crítica, pouco generosa com as pesquisas de Vicente do Rego Monteiro, é válida ao identificar o quanto o cubismo havia se convertido em uma "escola" de pintura.

2 "O estado atual das artes na Europa. Tarsila do Amaral, a interessante artista brasileira, dá-nos as suas impressões", *Correio da Manhã*, Rio de Janeiro, 25 dez. 1923, p.2. Republicado em Amaral, A., *Tarsila: sua obra e seu tempo*, p.418-9.

3 Andrade, O. de, "A atualidade de Babilônia", *Correio Paulistano*, São Paulo, 30 mar. 1923, p.5. Reproduzido na Parte I deste livro.

lírico, de paradoxal e suspenso".[4] A "singular metafísica" da pintura cubista, que havia feito seu "triunfo psicológico", envolvia ambientes e mentes numa "mesma serpentina desvairada de linhas, criando na apoteose da vibração, não mais uma científica geometria de calculadas dimensões mas uma decuplicada polimetria plástica de cores".[5] Essa evolução, no entanto, havia conduzido a pintura a um estado de crise. Do cubismo, haviam surgido todas as "escolas" contemporâneas, mas esse caminho havia levado a um "beco sem saída". A arte espelhava, desse modo, a própria vida contemporânea, onde se debatiam "todas as glórias e todas as caravanas de misérias, todas as pompas e todas as violências de choro contido, enfim, todos os infernais figurões e todas as plutônicas alvuras da renovada mitologia babilônica de Paris".[6]

Victor Brecheret e Di Cavalcanti, artistas de primeiro plano para uma narrativa consolidada da história do modernismo no Brasil, estão, como Oswald e Tarsila, entre os brasileiros mais ou menos perdidos na mitologia babilônica de Paris. Como tantos outros artistas de diversas partes do mundo, eles encontraram no "exercício militar" do cubismo não apenas uma linguagem plástica, mas uma leitura do mundo que podia orientá-los na pesquisa do *esprit moderne*. Neste ensaio, discuto alguns aspectos das experiências de Brecheret e Di Cavalcanti nos *années folles*, com interesse em investigar como essas experiências foram traduzidas em linguagem "cubista". É importante não perder de vista nesta aproximação entre os dois artistas que cada um

4 Ibid.
5 Ibid.
6 Ibid.

seguia caminhos próprios tanto na relação com Paris, quanto na arte moderna.

Brecheret iniciou seus estudos no Liceu de Artes e Ofícios de São Paulo, em 1912, partindo no ano seguinte, quando tinha dezenove anos, para uma temporada em Roma. Auxiliado financeiramente pelos tios, estudou escultura com Arturo Dazzi, de quem foi aprendiz até 1916, ano em que instalou seu primeiro ateliê na capital italiana, onde permaneceu até regressar a São Paulo, em 1919. O escultor retornou à Europa antes da Semana de Arte Moderna, ainda em 1921, para se instalar em Paris, contemplado de modo controverso pela bolsa do Pensionato Artístico do Estado de São Paulo.[7] Nesse período, seus trabalhos dialogavam principalmente com as esculturas de Auguste Rodin e Ivan Mestrovic, intensificando a expressividade da anatomia humana pela marcação intensa das sombras na superfície modelada ou esculpida. Em Paris, Brecheret seguiu suas pesquisas de forma autônoma, trabalhando sozinho, sem procurar aulas em academias ou ateliês de artistas.

Já o autodidata Di Cavalcanti desenvolvia uma carreira como caricaturista e ilustrador, entre o Rio de Janeiro e São Paulo, desde 1916. Sua primeira viagem à Europa, quando se juntou à

7 A concessão da bolsa a Brecheret infringia dois itens do regulamento do Pensionato Artístico: o de que o auxílio só poderia ser concedido a candidatos paulistas (Brecheret nasceu na Itália) e com idade até 25 anos (Brecheret tinha 27). Desde seus estudos em Roma, porém, o escultor contava com o apoio do diplomata Luiz Martins de Souza Dantas, futuro embaixador do Brasil na França, nomeado para o posto em 1922. É possível que esse apoio oficial, somado à campanha dos modernistas em 1920 e 1921, tenha influenciado na concessão da bolsa do Pensionato. Cf. Camargos, *Entre a vanguarda e a tradição: os artistas brasileiros na Europa* (1912-1930), p.277.

"colônia" brasileira modernista que se formou em Paris em 1923, foi possível em razão de um trabalho para o diário carioca *Correio da Manhã*, propriedade de Edmundo Bittencourt, para o qual enviava crônicas com periodicidade irregular. Durante sua estadia na capital francesa, acompanhado de sua esposa Maria, Di se manteve com dificuldades, complementando a renda obtida como cronista com trabalhos arranjados por amigos brasileiros, até o retorno ao país, no primeiro semestre de 1925. Quanto às oportunidades de formação artística, sabe-se que procurou a Académie Ranson, onde lecionavam o escultor Aristide Maillol e o pintor Roger Bissière, e chegou a visitar algumas vezes o ateliê de Fernand Léger.[8]

Desses dois artistas, apenas Brecheret, que tinha obrigações a cumprir pelo regulamento do Pensionato Artístico, precisou se movimentar para exibir seus trabalhos nos salões mais relevantes, o que fez em todos os anos de sua permanência em Paris como pensionista.[9] Di Cavalcanti, até onde se sabe, não enviou obras para nenhum salão, tampouco expôs em qualquer galeria ou espaço expositivo. Suas atividades profissionais envolveram trabalhos gráficos, como produção de ilustrações para cartazes, pouco se dedicou à sua produção criativa como pintor.

Ao relembrar sua primeira viagem à Europa em textos autobiográficos, Di afirma ter entrado em crise, especialmente depois de sua viagem à Itália:

> Dou um pulo à Itália, viagem que durou 20 dias: Giotto, Paulo Ucello, Botticelli, Piero Della Francesca surgem diante da virgindade

8 Cf. Di Cavalcanti, "Notas de um diário: formação artística", *Jornal de Letras*, Rio de Janeiro, ano 1, n.4, p.9, out. 1949.

9 Cf. Camargos, *Entre a vanguarda e a tradição*, op. cit., p.307.

de meus olhos como anjos. Morto de fadiga perambulo solitário em Veneza, Florença, Roma... Quando volto a Paris quero abandonar para sempre a pintura. Sinto em mim a ressonância do colorido de Tiziano, a força teatral de Miguel Ângelo. Da Vinci! Todos me destruindo, empurrando-me para um anonimato, para uma pobreza moral infinita.[10]

Também Brecheret viveu crise semelhante, mas por razões diversas. Em uma entrevista concedida a Luis Martins, em 1939, o escultor relembra que o contato com a produção artística que circulava em Paris o deixava perturbado e confuso, por ser uma "revolução de todos os cânones":

Sentia que alguma coisa se desfazia dentro de mim, que eu não podia continuar fazendo o que fizera até então, mas conscientemente não podia aceitar uma arte para a qual não estava suficientemente

---

10 Di Cavalcanti, *Viagem da minha vida: memórias*, v.1, p.134-5. Uma anedota envolvendo o *marchand* Ambroise Vollard e o poeta Blaise Cendrars, principal agenciador da inserção dos modernistas brasileiros na cena cultural parisiense, registra aquele seu momento de estagnação criativa: "Chegou o dia em que Blaise Cendrars veio a minha casa com um seu amigo que se chamava Ambroise Vollard. Mas no meu *atelier* não havia uma única tela. Sentamos os três, o *marchand*, o poeta e o pintor em torno à mesa como na poesia de Olegário Mariano, mas foi para beber uma maravilhosa cachaça pernambucana presente de Vicente do Rego Monteiro. Vollard, o mercador, achou maravilhoso encontrar um pintor que não pintava e Cendrars um pouco decepcionado com o que se passava, só sabia me dizer com melancolia: 'Tu es fou, mon viex'. No dia seguinte à visita de Vollard eu arranjava um trabalhinho em Cinegraphie, a empresa onde Alberto Cavalcanti e Marcel L'Herbier faziam seus primeiros filmes". Di Cavalcanti, "Notas de um diário: formação artística", *Jornal de Letras*, Rio de Janeiro, ano 1, n.6, p.8, dez. 1949.

preparado. O resultado é que fiquei um ano inteiro sem trabalhar. Não me sentia ainda capaz de assimilar a arte moderna e já bastante capaz de desprezar a antiga.[11]

Quanto às dificuldades materiais, Brecheret, ainda que possuísse relativa estabilidade financeira graças ao Pensionato Artístico, logo notou que a bolsa não seria suficiente para as consideráveis despesas de seu trabalho como escultor, queixando-se ao amigo Mário de Andrade pouco tempos depois de sua chegada a Paris.[12] Já Di Cavalcanti, ao relembrar seu período de crise criativa, vincula-o também às suas dificuldades materiais.[13]

Se a renda de ambos não chegava para as despesas, Brecheret e Di Cavalcanti contavam com a disposição de Paulo Prado em introduzir os jovens à cena cultural parisiense. Então com 54 anos de idade e conhecedor de Paris desde a juventude, Prado convidava-os para vivenciar a "volúpia da queda e do Éden perdido nos *dancings* lúbricos" de Montmartre. Foi em parte graças aos convites do mecenas paulista que o ambiente

---

11 Martins, "Em São Paulo, com Victor Brecheret", *Vamos Ler!*, Rio de Janeiro, 5 out. 1939. Republicado em Pellegrini, *Brecheret: 60 anos de notícia*, p.52.

12 "Estou um pouco desanimado[,] o dinheiro da pensão não chega para poder como desejava." Victor Brecheret, Carta a Mário de Andrade, Paris, 29 set. 1921. Reproduzida em Peccinini, *Brecheret e a Escola de Paris*, p.26. Em carta de 14 de maio de 1924, Brecheret pede a ajuda de Mário para que convença Tarsila do Amaral a interceder junto a Olívia Guedes Penteado na confirmação da compra de *Mise au tombeau*, novamente queixando-se das dificuldades financeiras. Ibid., p.64-5.

13 "Parei de pintar por algum tempo na luta tremenda pela subsistência, no povoado isolamento de Paris, e vi-me com outros homens realizando cartazes em Saint-Denis." Di Cavalcanti, *Viagem da minha vida*, v.1, op. cit., p.135.

dos cabarés, ponto de cruzamento entre arte de vanguarda e cultura popular em Paris desde o final do século XIX, fez parte da experiência parisiense de Brecheret e Di Cavalcanti.

Um *cabaretier*-cronista

Na primeira crônica que enviou ao *Correio da Manhã*, Di Cavalcanti menciona que irá encontrar um poeta no bairro boêmio de Montmartre e diz em seguida: "E eu sei que depois, andarei pelos *cabarets*, contente da minha ingenuidade de recém-vindo".[14] Andar pelos cabarés de Montmartre era se colocar em contato com a fauna humana que animava a vanguarda artística e literária parisiense, em busca de novos sentidos para uma ideia de *esprit moderne*, problemática e suspeita para alguns, motivo de esperança e renovação para outros, depois da carnificina da Primeira Guerra Mundial. Andar pelos cabarés era associar-se ao que Di chamará em outra crônica de "Cooperativa internacional do espírito moderno". Daí sua confissão: "Positivamente, sou um *cabaretier*".[15]

Essa confissão não deve surpreender quem conhece mais de perto sua obra e sua biografia, atravessadas pelo imaginário da boemia e por uma longeva paixão pelas vidas que se agitam na noite.[16] Mas, ao se assumir como um personagem, o *cabaretier*,

---

14 Di Cavalcanti, "De Paris [I]", *Correio da Manhã*, Rio de Janeiro, 7 out. 1923, p.2. Reproduzida na Parte I deste livro.

15 Id., "De Paris [II]", *Correio da Manhã*, Rio de Janeiro, 4 nov. 1923, p.2. Reproduzida na Parte I deste livro.

16 O álbum *Fantoches da meia-noite* (1920), por exemplo, mostra como o interesse pelas cenas das diversões e tragédias noturnas já aparecia em sua produção artística, antes de sua primeira viagem à Europa e de suas

que pode ser tanto o proprietário quanto aquele que apresenta aos espectadores as atrações do cabaré, Di Cavalcanti adiciona uma nota "performática" às crônicas nas quais relata suas vivências e encontros com situações e personagens que encarnavam o espírito moderno.

Como *cabaretier*-cronista, ele se põe ao mesmo tempo dentro e fora da cena, assumindo certo distanciamento em relação àquilo que seus relatos, entrevistas e ilustrações apresentam ao público brasileiro. "Montmartre! Que bom, se eu ainda acreditasse em Montmartre!... [...] Paris aristocrática! Eu sou brasileiro do morro do Kérozène", diz ele na primeira crônica que enviou. A metáfora do *cabaretier* ganha sentido ainda quando se considera a permeabilidade existente entre a experiência dos cabarés e a própria dinâmica da vida urbana de Paris.[17]

A permeabilidade entre vida urbana diurna e noturna sempre fez parte do repertório da pintura, da poesia e dos balés cubistas desde antes da Primeira Guerra Mundial. Esse é um dos elementos que faz do cubismo, para Serge Fauchereau, uma arte essencialmente urbana e popular, em comunicação direta com o mundo do circo, dos cabarés e dos esportes, como o futebol e o

---

obras mais conhecidas, produzidas logo após seu retorno ao Brasil, em 1925.

17 Para uma análise detalhada dos cabarés parisienses entre o final do século XIX e início do XX, considerando as redes de colaborações envolvidas em sua criação, as formas de sociabilidade que surgiram em seu interior e sua relação com as dinâmicas urbanas e midiáticas de Paris naquele período, ver Bihl; Schuh, "Les Cabarets montmartrois dans l'espace urbain et dans l'imaginaire parisien, laboratoires des avant-gardes et de culture de masse (1880-1920)", *COnTEXTES*, *on-line*, n.19, 2017; disponível em: <http://journals.openedition.org/contextes/6351>; acesso em: 3 ago. 2023.

boxe.[18] Tarsila do Amaral ensaiou uma assimilação desse aspecto da pintura cubista à representação de São Paulo e do Rio de Janeiro com as obras de sua fase pau-brasil – como *São Paulo (Gazo)*, *E.F.C.B.* e *Carnaval em Madureira* –, seguindo as lições aprendidas em Paris, em 1923. Di Cavalcanti, porém, não chegou a construir uma linguagem capaz de incorporar a dinâmica, a visualidade e os movimentos da cidade durante sua primeira temporada em Paris. Uma das poucas tentativas nesse sentido é uma aquarela sem título, atualmente na coleção do Museu de Arte Contemporânea da USP.

Nessa aquarela, as figuras, objetos e cenas possíveis de se ver durante uma *promenade* em um parque aparecem justapostos, convivendo no mesmo espaço, mesmo que sem grandes interferências ou sobreposições entre si, o que faz da obra um experimento, ainda que tímido, da construção de simultaneidade espacial que caracterizou a pintura cubista anterior à década de 1920. Se não existem outros experimentos nesse sentido na obra plástica de Di em 1923, o mesmo exercício de justaposição está presente nas crônicas enviadas por ele ao *Correio da Manhã*. É o caso, por exemplo, da pequena crônica publicada no dia 14 de outubro, sobre a greve de *midinettes*:[19]

---

18 Ver os capítulos "De uma arte popular" e "De um mundo urbanizado", em Fauchereau, *O cubismo: uma revolução estética – nascimento e expansão*.

19 O termo *midinette* designa trabalhadoras, incluindo vendedoras, da indústria da moda na França, referindo-se não apenas à ocupação profissional, mas também caracterizando uma personagem social e seu estado de espírito, considerada como social e moralmente independente. Acredita-se que o termo provenha da contração de "midi" e "dînette", referindo-se ao fato de que essas mulheres da classe trabalhadora se reuniam ao meio-dia para comer juntas. Durante a primeira metade do século XX, as *midinettes* se organizaram em greves por

> Os policiais comovem-se (quem sabe se não veem, naqueles grupos de meninas, as próprias filhas?) e o trânsito fica por um minuto prejudicado, a contento de todos...
>
> Lucie, Simonne, Arlette, Marthe e Jeanne, vendiam perfumes, faziam flores, cortavam sedas, ganhavam pouco, passavam fome... Fazem greve, protestam. E, pelas ruas, nesta alegria estonteante, não pedem nada, por um sorriso...[20]

Da cena flagrada na rua, entre o encanto e a admiração pelas trabalhadoras que protestam, a crônica corta para uma apresentação irônica da "descoberta" da criptestesia, o sexto sentido feminino, pelo professor Charles Richet. Para Di, as *midinettes* desconheciam a descoberta "que afinal nada adiantará a essas mariposas". A descrição das possíveis aplicações da nova criptestesia, que incluíam a intuição das mentiras de maridos adúlteros, termina com um jocoso "Bravo!". A Paris que Di Cavalcanti representa nessa espécie de colagem surge como uma cidade que por um minuto para diante das reivindicações das trabalhadoras das *maisons* de produtos de luxo e ao mesmo tempo se exalta com os estudos de fenômenos paranormais do professor Richet.

Na já mencionada crônica de 4 de novembro de 1923, na qual se confessa um *cabaretier*, Di novamente cria uma colagem de temas, jogando luz sobre a presença dos trabalhadores no espaço

---

melhores salários em 1900, 1910, 1917, 1923 e em outros períodos. Sobre as *midinettes*, ver Monjaret; Niccolai, "Elle trotte, danse et chante, la midinette! Univers sonore des couturières parisiennes dans les chansons (XIXe-XXe siècles)", *L'Homme, on-line*, n.215-216, p.47-79, 2015; disponível em: <http://journals.openedition.org/lhomme/23887>; acesso em: 3 ago. 2023.

20 Di Cavalcanti, "De Paris", *Correio da Manhã*, Rio de Janeiro, 14 out. 1923, p.2.

urbano. Depois de exaltar os Irmãos Fratellini, célebres artistas do circo e colaboradores do teatro de vanguarda parisiense, como "uma alegoria do Riso", parodiando o lema da Revolução Francesa com uma alteração da última palavra – "Liberdade, igualdade, *fratellinidade*" –, a crônica muda de tom abruptamente:

> Há um outro lado na alma que olha com olhos de sangue.
>
> Os homens, de bonezinhos pretos, aparecem, insubmissos. Seguem uma rua diferente que atravessa a cena, em diagonal, numa listra preta e branca, e vão para as usinas e as fábricas, roer a emoção subterrânea da vida.

Esses exemplos permitem pensar que é muito mais em seus textos de *cabaretier*-cronista do que nos poucos trabalhos conhecidos de sua primeira temporada em Paris que Di Cavalcanti consegue elaborar uma relação mais complexa com a cidade, exibindo, por exemplo, a tensão entre uma indústria do divertimento e dos produtos de luxo e a realidade da exploração de trabalhadoras e trabalhadores que ocupavam as ruas. Um tipo de tensão que marca a trama de relações humanas tecida nos espaços de grandes centros urbanos e que aparecerá em sua obra plástica posterior. É nesse exercício, em que lança mão da colagem de fragmentos de cenas como recurso para expressar a simultaneidade dos acontecimentos narrados, que ele se aproxima do cubismo.

Mas as cenas do *cabaretier*-cronista Di Cavalcanti não focalizavam somente o espaço urbano e a vida das ruas. Em seu repertório, entraram também alguns personagens da arte de vanguarda parisiense que ele conheceu e entrevistou, como Blaise Cendrars, Dominique Braga, Jules Supervielle, Pablo Picasso ou

Jean Wiener. O contato dos modernistas brasileiros com Blaise Cendrars é tema já bastante conhecido e pesquisado,[21] e a entrevista realizada por Di Cavalcanti com o autor de *Moravagine* não agrega grandes novidades ao que já se sabe.[22] Por isso, destaco aqui seus encontros com Picasso e Jean Wiener.

Com o pintor espanhol e "animador do cubismo", Di teve, na verdade, um desencontro. Como ele mesmo justificou em sua crônica, Picasso não gostava de entrevistas, "nem de ser incomodado". Os dois se encontraram no apartamento do artista e caminharam juntos até a galeria L'Effort Moderne, do *marchand* Léonce Rosenberg.[23] A conversa não rendeu, ficando no terreno de perguntas curiosas de Picasso sobre a América do Sul e de um comentário irônico a respeito de algum outro brasileiro – terá sido Oswald de Andrade? – que havia andado "bisbilhotando-o". Sem muito material para a crônica, Di acabou recheando-a com uma alegoria, comparando a obra de Picasso a um circo instalado bem ao lado do teatro da grande arte:

> No teatro, os mesmos espetáculos harmoniosos deliciam os fiéis espectadores sonolentos.
>
> No circo de Picasso, as novidades sucedem-se como nos bons circos, pela força de se repetirem. Briga-se, aplaude-se, vaia-se...[24]

---

21 Ver, por exemplo: Eulálio, *A aventura brasileira de Blaise Cendrars*; Amaral, A., *Blaise Cendrars no Brasil e os modernistas*.

22 Di Cavalcanti, "Figuras do mundo moderno. Cendrars, o mutilado genial", *Correio da Manhã*, Rio de Janeiro, 28 out. 1923, p.2. Reproduzida na Parte I deste livro.

23 Id., *Viagem da minha vida*, v.1, op. cit., p.137.

24 Id., "De Paris. Pablo Picasso", *Correio da Manhã*, Rio de Janeiro, 21 fev. 1924, p.3.

Bem mais interessante foi a entrevista de Di Cavalcanti com o pianista e compositor Jean Wiener, à qual nosso cronista deu o título "O espírito da música contemporânea – entrevista com Jean Wiener", especialmente porque a música brasileira aparece numa relação direta com a música de vanguarda francesa. Como ponto de chegada de uma explanação sobre as origens da música moderna que começava em Debussy, Wiener apresenta um a um os membros do Grupo dos Seis, deixando por último Darius Milhaud. Na sequência, ele emenda:

> Falando de Milhaud sou obrigado a falar do Brasil. Milhaud escreveu "Saudades do Brasil", que é um dos seus grandes sucessos. Ele confessa muito dever à música de seu país; e me ensinou a amá-la; a mim e a todos os músicos modernos de França.
>
> Considero a música brasileira, como nova fonte musical, pela profunda originalidade do seu ritmo e da sua melodia.
>
> Temos uma forte admiração pelas composições de [Ernesto] Nazareth, Sinhô, [Marcelo] Tupinambá, Francisca Gonzaga. E o que nos faz admirar Villa-Lobos são sobretudo suas composições de caráter brasileiro.[25]

Ouvindo Wiener interpretar ao piano músicas dos compositores brasileiros que admirava, Di Cavalcanti termina a crônica com a seguinte reflexão: "Façamos justiça. Saibamos com orgulho proclamar o grande valor desses músicos obscuros, frutos da nossa terra, em inspiração alheias [cheias] de alma e de sangue brasileiros!... Antes que o estrangeiro os glorifique".

---

25 Id., "O espírito da música contemporânea – entrevista com Jean Wiener", *Correio da Manhã*, Rio de Janeiro, 11 mar. 1924, p.2.

O fato é que já os havia glorificado, pois o principal reduto da vanguarda literária e artística parisiense nos anos 1920, o cabaré Le Bœuf sur le Toit, deve seu nome ao maxixe "O boi no telhado", de Zé Boiadero, sucesso no Carnaval carioca de 1918.[26] Inaugurado no final de 1921, surgiu com a proposta de ser um espaço de encontros artísticos, inicialmente a partir de uma demanda dos músicos do Grupo dos Seis (Georges Auric, Louis Durey, Arthur Honegger, Darius Milhaud, Francis Poulenc e Germaine Tailleferre), mas acolheu também outros artistas e escritores próximos ao grupo, como Jean Cocteau, uma das principais personalidades da vanguarda parisiense associada ao cabaré. À inauguração, compareceram Pablo Picasso, Marie Laurencin, Constantin Brancusi, entre outros. O local era composto por dois ambientes, um restaurante e um *dancing*, decorados por aquarelas de Picasso e pelo famoso quadro de Francis Picabia, *L'Œil Cacodylate*, reunindo mensagens escritas por personalidades da vanguarda parisiense que visitaram seu ateliê.

Segundo Cocteau, o nome inusitado do cabaré teria sido uma sugestão de Paul Claudel, inspirado na tabuleta de um bar que o poeta e diplomata teria visto no Brasil. Mas a expressão já circulava antes de 1921, como título do balé-pantomima criado por Darius Milhaud (música) e Jean Cocteau (argumento), que estreou em fevereiro de 1920, no Théâtre des Champs-Elysées. Composta no final de 1919, a música é uma colagem

26 Em seu livro de memórias, Di Cavalcanti lembra ter conhecido Jean Wiener em Le Bœuf sur le Toit, que ele frequentava com Paulo Prado. Também Oswald de Andrade conhecia o cabaré, mencionando-o diversas vezes em sua correspondência a Mário de Andrade, algumas até com ironia, quando parodia versos compostos segundo uma estética que ele chama "sobretelhadista".

de melodias extraídas de diversas peças de compositores brasileiros, entre elas o maxixe "O boi no telhado", de Zé Boiadero, que Milhaud havia conhecido quando trabalhou como secretário de Claudel durante sua missão diplomática no Brasil, entre 1917 e 1918.

Para Anaïs Fléchet, o cabaré de vanguarda com nome à brasileira "encarnou o espírito de toda uma nova geração artística, nascida nos anos da guerra e caracterizada por um desejo de renovação radical do ato criativo".[27] Le Bœuf sur le Toit era, portanto, uma resposta daquela geração ao trauma da Grande Guerra: "O ambiente festivo do cabaré, as mulheres elegantes, os vestidos coloridos, a dança e o jazz serviram de antídoto para uma geração que procurava esquecer os traumas do conflito mundial".[28] Outro antídoto era a religião, para a qual, por exemplo, Cocteau se voltou em 1924, convertendo-se ao catolicismo após a morte de Raymond Radiguet, no ano anterior.

Dançarinas e santas em linhas espirais

A obra de Brecheret em Paris nesse período traz também a marca da convivência entre os movimentos sincopados da dança moderna e a aspiração à transcendência religiosa. A fama de um homem retraído e "casmurro", com toda a sua energia voltada exclusivamente para o trabalho, faz que a presença de Brecheret no ambiente dos *dancings* não seja tão óbvia quanto a de Di

27 Fléchet, "Um boi pode esconder outro: história e memória do Bœuf sur le Toit", em Lago (org.), *O boi no telhado: Darius Milhaud e a música brasileira no modernismo francês*, p.113.

28 Ibid., p.118.

Cavalcanti.[29] Mas, como conta sua amiga e também bolsista do Pensionato Artístico em Paris, Anita Malfatti, o escultor não só compareceu às diversões noturnas da capital francesa, sempre na companhia de Paulo Prado, como teria tomado "lições de dança".[30] Brecheret também assistiu aos espetáculos dos balés russos e suecos, além de *La Création du monde*, de Cendrars, com cenário e figurinos de Léger e música de Darius Milhaud.[31]

Essas experiências na vida noturna parisiense se traduziram em alguns desenhos e esculturas produzidos durante sua temporada em Paris como bolsista do Pensionato Artístico. O bronze *Ritmo* (1924) e as duas *Dançarinas*, de 1925, uma em mármore e outra em bronze, aludem diretamente ao universo da dança. Também os desenhos enviados a Mário de Andrade, em 1924, catalogados como composições com nus femininos, podem ser entendidos como estudos de movimentos de dança, uma das formas assumidas pela pesquisa do "máximo de simplicidade e jogo de volumes dentro de linhas aspirais [*sic*]" a que Brecheret se dedicava, conforme definiu em carta enviada a Mário, escrita possivelmente no mesmo período do envio dos

---

29 Sobre Brecheret, o escritor António de Alcântara Machado dá o seguinte testemunho: "Chegado ao seu destino, Paris, fez uma coisa extraordinária: começou a estudar realmente. Não se arvorou logo em mestre. Nem caiu na farra. Nem agradou o embaixador. Nem deu de ir todas as tardes tomar café no consulado. Nada disso. Sumiu. Caso único: para estudar sossegado. Ficou escondido em Montparnasse. Numa rua sinistra como o diabo, rua Vercingétorix. Não muito longe do cemitério. Muito de propósito. A fim de não ser incomodado". Apud Peccinini, *Brecheret e a Escola de Paris*, op. cit., p.54.

30 Ibid., p.57.

31 Cf. ibid.

desenhos.[32] Neles, Brecheret abandona quaisquer indicações de estruturas anatômicas, algo que caracterizava seus trabalhos anteriores, construindo as figuras por meio de formas cilíndricas e alongadas. Mais do que a expressividade das musculaturas tensionadas, o escultor parece interessado nos volteios dos movimentos em contraponto.

No desenho que apresenta uma composição com duas figuras de perfil, a da frente está de pé, apenas fazendo um gesto com o braço direito dobrado, como se tocasse o ombro com a mão. Em contraponto, a figura de trás se curva sobre si mesma, tocando o joelho com a ponta dos dedos e aproximando o calcanhar do quadril, em um movimento que faz que ela assuma a forma de um círculo. Ambas parecem realizar uma coreografia. Em outro desenho, uma figura única, também de perfil, aparece em posição similar à da figura de pé mencionada, fazendo o mesmo gesto de tocar o ombro com o braço direito. Mas, dessa vez, o braço esquerdo também se movimenta, erguendo o cotovelo acima da cabeça e tocando o ombro com a mão. A perna direita também se dobra, erguendo o joelho até a altura da cintura. Os contornos da figura são quase todos formados por linhas curvas contínuas, como a que se inicia no pescoço e desenha sua coluna, ou a que começa no quadril e segue até o joelho da perna que a sustenta.

Os desenhos enviados a Mário de Andrade parecem ensaios para a escultura *Dançarina* [p.484], na qual encontramos novamente o gesto do braço dobrado com o cotovelo elevando-se sobre a cabeça da figura e a mão tocando seu ombro, assim

---

32 Victor Brecheret, Carta a Mário de Andrade, Paris, 14 maio 1924. Reproduzida em Peccinini, *Brecheret e a Escola de Paris*, op. cit., p.63.

como a perna dobrada, erguendo o joelho. As formas são igualmente cilíndricas e polidas, sem nenhuma indicação anatômica, com exceção dos seios, resolvidos como pequenos círculos. Esse tipo de solução com superfícies cilíndricas extremamente polidas é o que Mário de Andrade irá chamar de "aspiração à luminosidade".[33]

Como foi dito antes, as linhas curvas e espirais sugeridas pelos movimentos de dançarinas foram uma das formas assumidas pela pesquisa de Brecheret do "máximo de síntese". Outra forma aparece em seus trabalhos voltados à representação de cenas e figuras relacionadas à vida de Jesus Cristo, à qual o escultor já vinha se dedicando em obras como *Cabeça de Cristo* e *Soror Dolorosa*. Foi com uma Mater Dolorosa, intitulada *Sepultamento* (ou *Mise au tombeau*, em francês) [p.483], que Brecheret alcançou sua primeira grande conquista em Paris, ao vencer sessenta concorrentes no concurso preliminar para a seção de arte urbana do Salon d'Automne de 1923.

Foi possivelmente por intermédio de Vicente do Rego Monteiro que Brecheret conheceu Marcel Temporal, arquiteto responsável pela seção, que o convidou para apresentar um trabalho no segmento dedicado a parques públicos. Pelo que afirma Paulo Prado em texto sobre o escultor, o tema Mater Dolorosa já havia sido definido pela organização da mostra e um dos principais elogios recebidos por Brecheret foi a habilidade com que o adequou ao espaço que recebeu: uma mureta de 75 centímetros de largura por 4 metros de comprimento, localizada nas escadarias que conduziam à segunda parte da mostra de arte

---

33 Andrade, M. de, "Victor Brecheret", *Diário Nacional*, São Paulo, 24 jan. 1930. Republicado em Pellegrini, *Brecheret: 60 anos de notícia*, op. cit., p.48-50.

urbana.[34] Para o crítico François Thiébaut-Sisson, a proposta de Brecheret podia ser comparada às esculturas medievais, em que a construção das figuras se adequava aos elementos arquitetônicos nos quais estavam inseridas.

De fato, adequando-a à espessura da mureta, Brecheret converte a escultura quase em um baixo-relevo. As quatro figuras de santas em pé, lamentando a morte de Cristo, formam uma estrutura vertical que acolhe a Virgem ajoelhada, sustentando o corpo caído de seu filho morto. Os detalhes das vestes e dos cabelos das santas formam um jogo de linhas curvas ondulantes que repercute no véu da Virgem. O movimento das linhas de suas pernas ajoelhadas se une à curvatura do tronco, pescoço e cabeça pendentes do corpo do Cristo morto, que ela sustenta com duas mãos longilíneas, unidas pelas pontas dos dedos. Dos movimentos curvilíneos, a composição se afunila em uma linha quase reta que forma as pernas e os pés enrijecidos do Cristo. A espessura mínima das figuras e a opção de Brecheret por reduzir ao mínimo os detalhes de panejamento das vestes e da anatomia do corpo do Cristo tornam a escultura praticamente um desenho, articulando linhas curvas e retas.

Depois da consagração, celebrada com alegria e orgulho em cartas a Mário de Andrade e Washington Luís, no ano seguinte, Brecheret aposta novamente em uma composição de tema religioso para seu envio ao Salon d'Automne. Dessa vez, "une grosse femme", como notou Anita Malfatti,[35] representando Maria Madalena

34 Prado, "Resenha do mês: Brecheret", *Revista do Brasil*, São Paulo, ano III, v.25, n.98, p.179-82, fev. 1924. Republicado em Pellegrini, *Brecheret: 60 anos de notícia*, op. cit., p.39-41.

35 Anita Malfatti, Carta a Mário de Andrade, Paris, 23 fev. 1924, Fundo Mário de Andrade, Arquivo do IEB-USP.

portando um frasco de perfume, iconografia própria à figuração do encontro da santa com o Cristo ressuscitado. Na versão em gesso apresentada no Salon, conhecida por meio de fotografias enviadas por Brecheret a José de Freitas Valle, a figura aparece sobre uma base circular com três degraus. Ao contrário de *Dançarina*, comentada anteriormente, em que a figura inclina o tronco para trás ao erguer a perna, a *Porteuse de parfum* [p.484] é um monumento à verticalidade. Isso não significa ausência de movimento. Além da mesma solução cilíndrica e lisa das dançarinas, a figura performa gestos semelhantes, como o braço direito dobrado, levando a mão ao ombro que sustenta a ânfora de perfume, ou a perna esquerda que se dobra erguendo o joelho ao apoiar a ponta do pé sobre um pequeno cubo. A torção da perna dobrada e voltada para o lado direito da figura produz um movimento diagonal que compensa sua volumosa verticalidade. Desse modo, Brecheret cria um encontro plástico entre a santa e a dançarina, no qual formas cilíndricas, torções e linhas curvas manifestam um desejo de síntese e transcendência que não abre mão do movimento. Será apenas mais tarde que a busca do escultor pela síntese tomará cada vez mais a direção da serenidade das formas hieráticas.

* * *

"Eu tenho uma profunda ojeriza à palavra humanidade", afirma Di Cavalcanti na crônica que enviou ao *Correio da Manhã* em 4 de novembro de 1923. Na sequência, ele explica: "*Humanidade, todo universal, consciência*, são coisas que atrapalham e não podemos pôr num bailado. E a vida é um bailado cubista". Portanto, algo que não cabe num bailado está desconectado da vida.

A humanidade pela qual Di afirma sentir "profunda ojeriza" parece ser aquela incapaz de encarar a dimensão contraditória, fragmentada e dinâmica da vida moderna, que ele, enquanto *cabaretier*-cronista, procurou registrar em sua coluna "De Paris". A vida moderna é um "bailado cubista", pois, como este, é uma colagem de fragmentos, de experiências, sensações, memórias, sentimentos e vivências contraditórias, existindo em simultaneidade e em constante movimento. Algo que não pode se conciliar com uma ideia estática, atemporal e a-histórica de humanidade. Cada um a seu modo, Brecheret e Di arriscaram seus passos no bailado cubista da modernidade parisiense, movimentos que ainda seguimos desvendando.

Referências bibliográficas

AMARAL, Aracy A. *Blaise Cendrars no Brasil e os modernistas*. São Paulo: Editora 34, 1997.

______. *Tarsila*: sua obra e seu tempo. 3.ed. rev. e ampl. São Paulo: Editora 34; Edusp, 2010.

ANDRADE, Oswald de. A atualidade de Babilônia. *Correio Paulistano*, São Paulo, 30 mar. 1923, p.5.

BIHL, Laurent; SCHUH, Julien, Les Cabarets montmartrois dans l'espace urbain et dans l'imaginaire parisien, laboratoires des avant-gardes et de la culture de masse (1880-1920). *COnTEXTES*, *on-line*, n.19, 2017. Disponível em: <http://journals.openedition.org/contextes/6351>. Acesso em: 3 ago. 2023.

CAMARGOS, Márcia. *Entre a vanguarda e a tradição*: os artistas brasileiros na Europa (1912-1930). São Paulo: Alameda, 2011.

DI CAVALCANTI, Emiliano. De Paris [I]. *Correio da Manhã*, Rio de Janeiro, 7 out. 1923, p.2.

______. De Paris [II]. *Correio da Manhã*, Rio de Janeiro, 4 nov. 1923, p.2.

______. De Paris. *Correio da Manhã*, Rio de Janeiro, 14 out. 1923, p.2.

DI CAVALCANTI, Emiliano. De Paris. Pablo Picasso. *Correio da Manhã*, Rio de Janeiro, 21 fev. 1924, p.3.

______. O espírito da música contemporânea – entrevista com Jean Wiener. *Correio da Manhã*, Rio de Janeiro, 11 mar. 1924, p.2.

______. Figuras do mundo moderno. Cendrars, o mutilado genial. *Correio da Manhã*, Rio de Janeiro, 28 out. 1923, p.2.

______. Notas de um diário: formação artística. *Jornal de Letras*, Rio de Janeiro, ano 1, n.4, p.9, out. 1949.

______. Notas de um diário: formação artística. *Jornal de Letras*, Rio de Janeiro, ano 1, n.6, p.8, dez. 1949.

______. *Viagem da minha vida*: memórias. v.1. Rio de Janeiro: Civilização Brasileira, 1955.

O ESTADO atual das artes na Europa. Tarsila do Amaral, a interessante artista brasileira, dá-nos as suas impressões. *Correio da Manhã*, Rio de Janeiro, 25 dez. 1923, p.2.

EULÁLIO, Alexandre. *A aventura brasileira de Blaise Cendrars*. 2.ed. rev. e ampl. Carlos Augusto Calil. São Paulo: Edusp; Imprensa Oficial do Estado; Fapesp, 2001.

FAUCHEREAU, Serge. *O cubismo*: uma revolução estética – nascimento e expansão. Trad. Marcela Vieira e Julia Vidile. São Paulo: Estação Liberdade, 2015.

FLÉCHET, Anaïs. Um boi pode esconder outro: história e memória do Bœuf sur le Toit. In: LAGO, Manoel Aranha Corrêa do (org.). *O boi no telhado*: Darius Milhaud e a música brasileira no modernismo francês. São Paulo: Instituto Moreira Salles, 2012, p.93-126.

MARTINS, Luis. Em São Paulo, com Victor Brecheret. *Vamos Ler!*, Rio de Janeiro, 5 out. 1939.

MONJARET, Anne; NICCOLAI, Michela. Elle trotte, danse et chante, la midinette! Univers sonore des couturières parisiennes dans les chansons (XIXe-XXe siècles). *L'Homme, on-line*, n.215-216, p.47-79, 2015. Disponível em: <http://journals.openedition.org/lhomme/23887>. Acesso em: 3 ago. 2023.

PECCININI, Daisy. *Brecheret e a Escola de Paris*. São Paulo: Instituto Victor Brecheret; FM Editorial, 2011.

PELLEGRINI, Sandra Brecheret. *Brecheret: 60 anos de notícia*. São Paulo: Companhia Melhoramentos, *c*. 1978.

PRADO, Paulo. Resenha do mês: Brecheret. *Revista do Brasil*, São Paulo, ano III, v.25, n.98, p.179-82, fev. 1924.

Sérgio Milliet em 1923: cartas, crônicas e poemas de Paris

Regina Salgado Campos
Valter Cesar Pinheiro

Paris abre-me braços mansos
que acariciam almas.

Sérgio Milliet, "Paris", em *Poemas análogos*

1923. Um ano após a realização da Semana de Arte Moderna de São Paulo – e tendo já sido publicados todos os números de nossa primeira revista literária modernista, *Klaxon* –, o principal intermediário entre o grupo de vanguarda paulistano e seus congêneres europeus parte, em abril, rumo à França. Seu diálogo epistolar com Mário de Andrade apresenta, para além das trocas de notícias daqui e de lá, uma animada conversa sobre literatura a partir da produção literária e das leituras de obras francesas realizadas por ambos. Em julho, Sérgio Milliet comunica a Mário seu retorno ao Brasil, mas aguarda que lhe sejam enviadas as passagens. O regresso não acontece na época prevista: depois de ter sido adiada para o mês de setembro, a viagem é novamente postergada. Milliet, em carta datada do dia 15 de dezembro, anuncia ao amigo que chegará a São Paulo apenas no final de janeiro de 1924. Porém, sua permanência em terras paulistas não será longa: em carta de 4 de maio, Milliet diz a Mário que o navio de onde escreve já está em águas francesas...[1]

Neste estudo, pretendemos, num primeiro momento, examinar, a partir da leitura da correspondência de Sérgio Milliet com Mário de Andrade, as atividades entabuladas por Milliet em Paris ao longo de 1923: suas ocupações, seus encontros com as personalidades artísticas e literárias com as quais convive na capital francesa – e cujas produções segue com interesse –, seu fazer literário. Na sequência, veremos mais detidamente sua produção crítico-literária publicada em periódicos brasileiros e franceses naquele ano.

Uma das tarefas de que Milliet se incumbe ao chegar a Paris é providenciar a encomenda de livros franceses a amigos. Amiúde enviavam-lhe dinheiro a fim de que adquirisse o que encontrasse de relevante nas livrarias e editoras ou com os *bouquinistes* da beira do Sena. Como afirma Yan de Almeida Prado, havia um "surto de bibliofilia extraordinário ocorrido após a guerra no campo universal com enorme desenvolvimento em Paris". Milliet, portanto, buscava adquirir "o que de mais curioso em Paris aparecesse".[2] Para além de pesquisar edições atraentes, Milliet também lê e comenta em sua correspondência títulos franceses recém-lançados e, sobretudo, convive com os autores cujas obras lê. Destacam-se, em particular, três deles: Ivan Goll, Blaise Cendrars e Jean Cocteau.

---

1 As cartas de Sérgio Milliet a Mário de Andrade integram o Fundo Mário de Andrade, do Arquivo do IEB-USP.

2 Almeida Prado, *A grande Semana de Arte Moderna: depoimento e subsídios para a cultura brasileira*, p.49.

Cabe assinalar que Sérgio Milliet, ao contrário de escritores que nunca haviam deixado o Brasil, como Mário de Andrade, acompanhava de perto a vida cultural europeia desde o final da década de 1910, como atestam seus inúmeros contatos com escritores de Genebra, Antuérpia e Paris. Milliet conhecia, portanto, o território em que estava pisando.

Segundo Yan de Almeida Prado, Milliet foi o "informante na Pauliceia em modernices a Mário de Andrade e mais elementos da Semana, Oswald e outros, e em Paris ia continuar a informá-los através de farta correspondência".[3] Yan, severo crítico da Semana, vê bem desfavoravelmente Mário e Oswald, que julga desejosos de apropriarem-se do evento modernista. "Temos hoje a convicção", afirma ele, "de que Sérgio foi a maior vítima desses ambiciosos, aos quais por longos anos proporcionou ensino, colaboração e fidelidade comovedora, paga com moeda falsa."[4] Tal assertiva – como o provam o diálogo epistolar e a produção literária e crítica dos autores mencionados por Yan –, porém, não é verídica nem justa.

Adiante, Yan elogia Sérgio: "De temperamento ultrassensível, reservado, pouco comunicativo com estranhos, foi dos modernistas o que menos apareceu, se bem que dispusesse de maior valor entre os literatos, bom informante e mestre de Papas Futuristas, de quem era crítico e orientador".[5] Conquanto tivesse – contrariamente a alguns de seus amigos brasileiros – efetivamente a oportunidade de frequentar o ambiente artístico parisiense, é uma troca que Milliet estabelece com

---

3 Ibid.

4 Ibid., p.61.

5 Ibid., p.77.

Mário de Andrade. O diálogo entre ambos não é desnivelado, como pressupõe Yan.

Mas voltemos às amizades parisienses... e a Goll, Cendrars e Cocteau. Um dos primeiros nomes citados por Milliet em suas cartas é o de Ivan Goll, poeta franco-alemão que conhecera em Genebra durante a Primeira Guerra e que encontra pessoalmente tão logo chega à capital francesa. É Milliet quem o apresenta a Mário de Andrade: envia-lhe o número da revista *Vie des Lettres* no qual saíra o poema "Chaplinade" (posteriormente incluído no livro *Le Nouvel Orphée*); a Goll, Milliet traduz poemas de Mário. Estabelece-se, na sequência, o contato direto entre Mário e Goll, que envia ao brasileiro seu *Paris Brennt* autografado.

Em carta datada de 30 de maio, Mário apresenta a Milliet sua leitura dos poemas do franco-alemão:

> Compensação: recebi os poemas de Ivan Goll, com as gentilíssimas dedicatórias. Foi dia de festa para mim. Li *Paris Brennt* dum trago. E o delicioso *Nouvel Orphée*. Sabes já da grande admiração que tenho por Goll. *Paris Brennt* é qualquer coisa de *étonnant*. Que rapidez segura. Cada linha caía-me na sensação como uma pedra fria, aparelhada. E aos poucos a arquitetura nítida, duma sobriedade primitiva. E daquela máquina sem *fissures*, inteiriça, *je sentais* (eu sentia) sempre que cada pedra guardara no seio a, durante séculos, refletida fecundidade requeimante do Sol. *Pourtant: je n'ai aucune intention de faire de la littérature!* Mas começo a falar por imagens... É que Goll tem qualquer coisa de profundamente humano (*je ne dis pas patriotique*) de inocência íntima – *tu sais? cette clarté étonnée des yeux des enfants...* – que, acredito, lhe vem da parte alemã de sua formação. Mas foi do convívio latino que lhe veio esse senso da medida, do convívio

francês essa ironia as mais das vezes apenas entremostrada. Por isso: nada sentimental.[6]

Em sua resposta, Milliet diz a Mário ter escrito no mesmo dia a Ivan Goll, transmitindo-lhe as impressões e promete ao brasileiro um exemplar da *Chaplinade*.

A correspondência entre Mário e Goll continua. No dia 2 de agosto, Mário, entusiasmado, escreve a Milliet:

> Ivan Goll escreveu-me. Compensações. Mandou-me o *Nouvel Orphée*. Mais compensações. Devo escrever-lhe. Para onde? Traga-me a direção dele. Tenho *Les Cinq Continents*. Como todas as antologias, tem o defeito de não ter um milhão de páginas. Mas porque não tem um milhão de páginas chama-se antologia. É a mais antiga das manifestações dadaístas: são poemas de vários autores, como o abecedário já fora feito antes do lindo poema de Aragon; mas como Aragon pôs o seu nome sob o abecedário, há autores de antologias. Minha antologia teria outros poemas. A tua: outros. Há o coeficiente pessoal que é inútil discutir.[7]

Mário considera digno o esforço empreendido por Goll na elaboração de sua antologia, mas diz preferir outras produções do autor: *Paris Brennt*, *Chaplinade* e *Gare Montparnasse*.

Sobre essa antologia de Goll, Milliet diz (em carta não datada):

> Recebi ontem o livro de Ivan Goll. Estupendo. [...] A crítica da NRF [*Nouvelle Revue Française*] contém uma dosezinha de despeito bem compreensível. Goll não deu a Paul Valéry o lugar que a NRF

6 Duarte, *Mário de Andrade por ele mesmo*, p.288.

7 Ibid., p.292.

acha que ele merece. Eu acho a antologia muito boa. Só dois defeitos, quatro aliás = a ausência do Brasil (justificável diante do que ele recebera de nós: Emílio de Menezes, Bilac etc.), o esquecimento de Vildrac, a má escolha feita entre os belgas e suíços.

Por fim, Milliet conta, no dia 13 de setembro, que Goll ficou contente com a carta recebida de Mário de Andrade: "Recebi ontem um cartão de Ivan Goll onde ele me fala de '*une admirable épître* de Mário de Andrade'. [...] É uma alegria para mim saber que consegui estabelecer mais uma ponte literária entre o grupo e o Paris interessante". Vemos, portanto, que um dos objetivos de Milliet – intermediar as vanguardas francesa e brasileira – parece ter sido alcançado.

Quanto a Blaise Cendrars, são raras, na correspondência de Sérgio Milliet, as referências a suas publicações. Milliet, no entanto, faz constantemente menção à presença do escritor suíço entre os artistas brasileiros que se encontram em Paris. É Cendrars, figura recorrente nas recepções organizadas por Oswald e Tarsila, quem intermedeia, por exemplo, a visita brasileira ao ateliê de Léger. Sua obra, não obstante, só será mencionada em oposição à de Cocteau, como veremos na sequência.

Em maio de 1923, Milliet fala da agitada vida parisiense e anuncia a publicação de *Le Grand Écart*. Mário, no dia 30 do mesmo mês, diz a Sérgio que já havia encomendado o livro, mas ainda não tinha recebido o exemplar.

Milliet encontra-se frequentemente com Cocteau e acompanha sua produção literária. Ele pode, então, conversar com Mário sobre a obra poética do francês.

Depois de referir-se longamente, na carta supramencionada do dia 30 de maio, à obra de Ivan Goll, Mário pergunta a

Milliet: "Falar nisso: você já reparou a falta absoluta de humanidade que há em João Cocteau? Não cesso de o admirar. Creio mesmo que é uma das maiores *inteligências* da França modernista. Não é certamente um dos maiores corações. *Je divague...*".[8]

Em sua resposta, não datada, Milliet replica: "Estou plenamente de acordo contigo sobre a pouca humanidade e universalidade de Cocteau". Na sequência, compara Cocteau e Cendrars – "Cocteau é um gênio parisiense. O espírito mais brilhante que conheço. Mas Cendrars, rustre e mal-educado e desbocado é um bicho. Ao lado de Cocteau, Cendrars produz a impressão da Torre Eiffel ao lado do Obelisco" – e refere-se, ainda que rapidamente, à obra de Cocteau: "*Le Grand Écart*? Bom. Muito bom. Excelente. É com o *Potomak* a melhor obra de Cocteau". Esse diálogo só foi possível pois Mário já acompanhava a obra de Cocteau: em sua biblioteca, aliás, havia dois exemplares de *Potomak*: um de 1919 (primeira edição) e outro de 1924 (edição definitiva).

Ainda na mesma carta, Milliet anuncia: "Apareceu um novo gênio = Raymond Radiguet. Lançam-no Max Jacob e Cocteau. 17 anos. Promete, mas é um novo passo para trás. O bom gosto francês é um entrave ao modernismo. Tem medo do ridículo".

A seguir, mudando de assunto, comenta a situação política francesa, na qual enxerga um perigoso retrocesso:

> A França monarquiza-se. Uma impressão de ordem e de força como raramente tive. Action Française, Léon Daudet, Maurras, Bainville – jornal e políticos do momento. *Retour* formidável ao catolicismo. Só duas forças em França: realistas e comunistas. O resto não

8 Ibid., p.289.

existe. Poincaré escuta os conselhos de Maurras e "*on ne jure que par le roi*". Chega de política.

Essa interrupção nos comentários propriamente literários justifica-se, pois a crítica e o louvor ao romance de Radiguet, *Le Diable au corps*, parecem-lhe exagerados, conquanto sejam adequados ao momento de pouco entusiasmo pelas soluções modernistas.

Em 19 de julho, depois de passar uma temporada na fazenda do Tio Pio, diz Mário a Sérgio Milliet:

> E li *Grand Écart*. Inteiro. Duma só vez. Gostei. Divertidíssimo. Mas é livro ruim. Cocteau perde-se. Aquela essência lírica do *Potomak* onde está? Sei que quis fazer outra coisa. Intenção louvável. Mas fazer outra coisa não significa abandonar o que é poema como dizia Gourmont, que está em toda a obra de arte literária. Em *Grand Écart* falta o poema, livro fagulhante de verve como tudo de Cocteau. Mas não interessa em suas personagens. O que diverte é o espírito de Cocteau. Não viveu ou reviveu coisa nenhuma. É a conversação de Cocteau que nos agrada. O protagonista é azul claro. Sempre azul claro. Pálido. Cocteau dá-lhe um sofrimento e engenha-se por nos mostrar esse sofrimento. Mas à força de querer ser sutil foi vazio. [...] E é livro de muito êxito. Será lidíssimo. E com razão. Será esquecido. Com razão. Mas não é livro francês. Quando muito parisiense. *Os condenados*: 5000 metros acima. Sinto-me cada vez mais satisfeito com o Brasil.[9]

Ao fim e ao cabo, Mário parece ter tido alguma razão: *Le Grand Écart* só viria a ganhar uma segunda edição na França em 1983, por ocasião do vigésimo aniversário da morte de Cocteau...

---

9 Ibid., p.291.

Em carta sem data (provavelmente enviada antes do final de setembro), Milliet volta a referir-se a Cocteau, mas agora sobre outra obra: "Leu *Plain-Chant*? Triste!!! Rimar é bom. Mas não tão classicamente!". Sua pergunta, mais uma vez, revela o quão atento estava Mário às publicações francesas, posto que Milliet parte do princípio de que seu interlocutor provavelmente já teria lido a obra mencionada, lançada naquele ano. Ademais, soa curiosa essa crítica à adoção da rima clássica, marca inconteste da lírica millietiana publicada no final dos anos 1910 (e que ecoa, como veremos, nos últimos poemas escritos pelo autor em língua francesa já em meados da década seguinte).

A correspondência entre Mário de Andrade e Sérgio Milliet, portanto, revela um fecundo e efetivo diálogo a respeito das últimas publicações dos mais destacados autores franceses do período. Ela atesta, igualmente, o quanto se amplificou e intensificou – em seus mais diversos níveis – o papel de mediador entre as vanguardas brasileira e europeia desempenhado por Sérgio Milliet em sua segunda temporada no Velho Continente. Esse papel, que já havia sido considerável antes do embarque para Paris em 1923 (basta ver as inúmeras funções exercidas por ele na *Klaxon*, devidamente mencionadas no aparato peritextual da revista), torna-se ainda mais significativo com sua presença na França, e reflete-se, como veremos a partir de agora, em sua produção crítica e literária lançada naquele ano.

O tempo despendido em viagens e em eventos sociais e culturais não impediu que Sérgio Milliet se dedicasse à escrita. À sua já mencionada correspondência, acrescentam-se poemas, crônicas e artigos lançados em periódicos brasileiros e franceses, e o livro de versos modernistas intitulado *Œil-de-Bœuf*, editado na Bélgica. Seu projeto internacionalista revela-se nitidamente quando se examinam esses escritos, que podem, a partir de seus objetivos, ser classificados do seguinte modo:

1. Difundir a literatura brasileira na Europa:
   - "La Poésie moderne au Brésil", *Revue de l'Amérique Latine*, Paris, ano II, v.6, n.24, p.346-55, dez. 1923.[10]
2. Apresentar eventos, obras e artistas em voga em Paris a leitores brasileiros:
   - "Carta de Paris [I]", *Ariel: Revista de Cultura Musical*, São Paulo, ano I, n.1, p.15-8, out. 1923;[11]
   - "Carta de Paris [II]", *Ariel: Revista de Cultura Musical*, São Paulo, ano I, n.2, p.52-4, nov. 1923.[12]
3. Tornar públicos, no Brasil e na Europa, poemas autorais originalmente escritos em língua francesa:
   - "Noël", *Klaxon: Mensário de Arte Moderna*, São Paulo, n.8-9, p.12-3, dez. 1922-jan. 1923;
   - "Rimes", *Lucifer*, Lyon; Marselha, ano 2, n.7, [s.p.], out. 1923;
   - *Œil-de-Bœuf, précédé d'autres poésies*, Antuérpia: Lumière, 1923.

O primeiro texto que passaremos em revista – e que, como indica a lista supratranscrita, foi o último publicado por Milliet em 1923 – é o artigo intitulado "La Poésie moderne au Brésil", lançado em dezembro daquele ano no número 24 da *Revue de l'Amérique Latine*.

---

10 Reproduzido na Parte I deste livro.

11 Id.

12 Id.

Antes de apresentar aos leitores franceses alguns de nossos poetas modernistas, Milliet retoma um texto publicado por Oswald de Andrade na própria *Revue de l'Amérique Latine*, "L'Effort intellectuel du Brésil contemporain",[13] que corresponde à transcrição de uma conferência proferida pelo autor na Sorbonne em 11 de maio de 1923 (e cuja tradução em língua portuguesa sairia em dezembro do mesmo ano no número 96 da *Revista do Brasil*). Oswald, nessa conferência, traça o histórico do movimento intelectual brasileiro e realça o importante papel desempenhado pelo grupo modernista de São Paulo naquele momento. Milliet reforça a ideia de proeminência paulista na vida cultural brasileira do período, atestada não apenas pela realização da Semana de Arte Moderna no ano anterior, mas pelos desdobramentos desse evento, dentre os quais sobressai a publicação de *Klaxon*. Milliet reporta-se constantemente ao periódico, tornando-o, aliás, marco temporal de sua apresentação: ao anúncio dos maiores talentos da nova safra de versificadores precede a menção àqueles que teriam sido os mais importantes poetas da geração *d'avant Klaxon*: Vicente de Carvalho, Cruz e Souza, Alphonsus de Guimaraens, Amadeu Amaral, Olegário Mariano e Álvaro Moreyra. O autor reconhece o mérito de todos eles, mas não deixa de criticá-los – e até com certo deboche, como indica o modo como ridiculariza a adjetivação simbolista e a exaltação dos *jets d'eau verlainiens* de Moreyra...

Da geração klaxista, oito são os poetas mencionados por Milliet: Guilherme de Almeida, Ronald de Carvalho, Mário de Andrade, Oswald de Andrade, Luís Aranha, Tácito de Almeida, Menotti Del Picchia e Couto de Barros. Não é por acaso que

13 Id.

Almeida encabeça a lista: entre 1921 e 1922, Milliet já havia publicado nas páginas da revista *Lumière* um estudo crítico, "Guilherme de Almeida", versões em língua francesa para quatro poemas – "Aos pés da cruz" ("Au Pied de la croix"), "A cadeia de cristal" ("La Chaîne de cristal"), "A dança das horas" ("La Danse des heures") e o soneto XVI do livro *Nós* ("Nous") – e considerações acerca do fazer poético do amigo em seu mais célebre texto estampado no periódico belga, "La Jeune littérature brésilienne".[14] Ademais, tanto nas páginas da *Lumière* quanto nas de *Klaxon*, é anunciado o lançamento da tradução francesa que Milliet teria feito para *Messidor*. Essa tradução, no entanto, não chegará a ser impressa, e ele não reverá os originais de seu trabalho.[15]

Se são aqui mencionados os escritos lançados na *Lumière*, é porque parte significativa do artigo publicado na *Revue de l'Amérique Latine* não é senão a retomada, por vezes *ipsis litteris*, tanto das traduções quanto dos comentários críticos lá apresentados. No caso de Guilherme de Almeida, Milliet alude em "La Poésie moderne au Brésil" a obras das quais extraiu alguns dos poemas traduzidos e publicados no artigo "La Jeune littérature brésilienne", dentre elas *Nós*, "coletânea de sonetos amorosos, de construção impecável, mas de um romantismo inoportuno", *Soror Dolorosa*, reproduzindo parte da tradução de "A cadeia de cristal", e *Narciso*, de que igualmente retoma as traduções e comentários. As novidades em relação ao artigo lançado na revista belga vêm da tradução de dois poemas então recentemente publicados na

14 Milliet, "La Jeune littérature brésilienne", *Lumière*, Antuérpia, ano 4, n.1, [s.p.], nov. 1922.

15 Id., *De ontem, de hoje, de sempre: recordações com devaneios*, p.94.

Klaxon, "Os discóbolos" e "Mormaço",[16] e da menção à nova fase – mais atual e brasileira – da poesia de Almeida, inaugurada por um livro ainda inédito, *Meu* (1925). A tradução de "Mormaço" ("Sieste") é apresentada, aliás, como peça integrante desse livro. Por fim, Milliet revela ter sido Guilherme de Almeida o precursor no uso do verso livre no Brasil.

Ronald de Carvalho também é descrito como um dos arautos de nosso modernismo, a despeito de sua veia clássica. Para o autor, Carvalho é o maior poeta brasileiro; e seus *Epigramas irônicos e sentimentais*, de que traduz "Interior" ("Intérieur"), uma obra-prima.

Na sequência, Milliet trata daquele que teria escandalizado o meio literário brasileiro: Mário de Andrade. Segundo o crítico, Mário seria, ao lado de Luís Aranha, aquele que mais se aproximaria da esquerda literária francesa e universal, e o compara a Cendrars e a Léger, artistas universais (diferentemente de Cocteau e Marie Laurencin, artistas modernos franceses por excelência). Tal comparação, num artigo que visa à divulgação da moderna literatura brasileira numa revista que, a despeito de seu recorte específico – a realidade americana –, é publicada na capital da República Mundial das Letras, justifica-se plenamente.

Mário, prossegue Milliet, canta a vida moderna – as viagens, os esportes, as máquinas... –, valendo-se dos mais diversos procedimentos da lírica contemporânea, dentre os quais a associação de ideias, as repetições e os trocadilhos. Se para a *Lumière* Milliet havia traduzido o poema "Paisagem n.1" ("Paysage"), de *Pauliceia desvairada*, para o artigo da *Revue de l'Amérique Latine*

16 Almeida, "Os discóbolos", *Klaxon: Mensário de Arte Moderna*, São Paulo, n.3, p.4-5, jul. 1922; e id., "Mormaço", *Klaxon: Mensário de Arte Moderna*, São Paulo, n.8-9, p.11, dez. 1922-jan. 1923.

ele apresenta a tradução de "Máquina de escrever" ("Machine à écrire"), de *Losango cáqui*, obra lançada somente em 1926.

Os demais poetas selecionados por Milliet são apresentados mais sucintamente. De Oswald de Andrade, poeta fino e de profunda ironia – que teria alcançado um "enorme sucesso no Brasil" com o romance *Os condenados* –, traduz "Sorrento" ("Sorrente"), fragmento número 42 das *Memórias sentimentais de João Miramar* (1924); do mais jovem de todos os nomeados, Luís Aranha, obcecado pelo "apito rouco dos trens e das fábricas", apresenta a tradução de "Crepúsculo" ("Crépuscule"), poema cujo eu lírico diz "andar com as forças violentas e tumultuosas de Verhaeren"; de Tácito de Almeida, cujos poemas seriam marcados pelo senso do ritmo, pela melancolia e pelo sarcasmo, elogia a abundância de imagens e os traços tropicais, mas critica a sutileza. Para o crítico, a sutileza é um traço francês, e o poeta brasileiro que quiser refletir o Brasil em sua obra deve rejeitá-la. De Tácito, o tradutor verte para o francês o poema "Sourcier" ("Le Sourcier"). Para Milliet, "o místico" Menotti Del Picchia – um dos fundadores de *Klaxon* e, por sua atuação na imprensa, um dos maiores responsáveis pela realização da Semana – é sobretudo romancista (como confirma *O homem e a morte*, de 1922, obra "de grande inspiração e de majestosa potência"), a despeito de sua vasta produção poética. No entanto, a fim de atender ao propósito do artigo, Milliet traduz, de Menotti, tão somente alguns versos do poema "O lago" ("Le Lac"), de *O homem e a morte*. Por fim, apresenta aos leitores da *Revue de l'Amérique Latine* o "filósofo e humorista" Antônio Carlos Couto de Barros. Conquanto este fosse "o espírito inglês" do grupo modernista paulista, sua poesia seria bem brasileira, por seu caráter melancólico e sensual. Dele, o crítico traduz o poema "Apocalipse" ("Apocalypse").

Somente no final do artigo Milliet explicita o intento – declarado no título, aliás – de apresentar aos leitores da revista apenas poetas (conquanto *Memórias sentimentais* e *O homem e a morte* sejam obras em que predomina a prosa). Insiste-se, aqui, no fato de que todos os escritores que haviam sido abordados em "La Jeune littérature brésilienne" são retomados – amiúde com os mesmos comentários, como já dito – em "La Poésie moderne au Brésil", com exceção de Graça Aranha, rapidamente mencionado ao lado de Plínio Salgado, Rubens Borba de Moraes, Paulo Prado e dos já citados Oswald, Mário e Menotti, como um de nossos mais interessantes prosadores.

Não fossem as traduções de poemas contemporâneos (alguns ainda inéditos), esse artigo não seria senão uma versão reciclada do texto lançado na revista *Lumière*. É uma pena que a crítica ao novo movimento artístico brasileiro na *Revue de l'Amérique Latine* tenha se restringido à poesia, sobretudo quando se observa que, nas páginas da *Lumière*, Milliet fizera, para além do balanço da moderna literatura brasileira no artigo supramencionado, o exame das obras de arte expostas no *hall* do Theatro Municipal durante a Semana de 22, em "Une Semaine d'art moderne à São Paulo",[17] e um belo estudo sobre os poetas e prosadores genebrinos, em dois artigos distintos: "La Littérature à Genève: I. Les Poètes" e "La Littérature à Genève: II. Les Prosateurs".[18]

17 Milliet, "Une Semaine d'art modern à São Paulo", *Lumière*, Antuérpia, ano 3, n.7, [s.p.], 15 abr. 1922.

18 Id., "La Littérature à Genève: I. Les Poètes", *Lumière*, Antuérpia, ano 3, n.2, [s.p.], out. 1921; e "La Littérature à Genève: II. Les Prosateurs", *Lumière*, Antuérpia, ano 3, n.6, [s.p.], mar. 1922.

De resto, é importante assinalar que uma primeira versão do artigo lançado na *Revue de l'Amérique Latine* teria sido censurada pela revista. Em carta a Mário datada de 4 de outubro, Milliet afirma em *post scriptum*: "Meu artigo para a *Revue de l'Amérique Latine* foi julgado subversivo. Faço um outro a pedido sem atacar a Academia nem Coelho Neto". No dia 31 do mesmo mês, declara em outra carta ao amigo: "A *Amérique Latine* aceitou enfim meu artigo para dezembro. Versos de todos". Talvez a censura inicial o tenha desencorajado a traçar novos panoramas sobre nossa literatura moderna. Não obstante, sua colaboração na revista não cessa: em 1925, Milliet volta às páginas do periódico sete vezes: cinco colaborações como resenhista, nas seções "Les Livres/Brésiliens" – em que trata do conto *Negrinha* de Monteiro Lobato, do livro *Quelques Visages de Paris* de Rego Monteiro, de *Meu* de Guilherme de Almeida e de *Paulística* de Paulo Prado – e "Les Livres/Français", num texto dedicado a Cendrars e seu *Le Formose*; uma colaboração como poeta, citado no artigo "Les Écrivains américains de langue française", em que se transcreve seu poema "Vantardise"; e uma colaboração como tradutor, com a publicação da versão em língua francesa de um conto de Lobato, "Um suplício moderno" ("Un Supplice moderne"). Seis anos depois, Milliet ainda publicará outra tradução na revista, desta feita de um poema de Mário, "Cabo Machado" ("Le Caporal Machado"), de *Losango cáqui*.

"La Poésie moderne au Brésil" é, assim, um texto que deve ser lido paralelamente aos artigos lançados em 1922 na revista *Lumière*, posto que esse conjunto de escritos trata do mesmo objeto e tem o mesmo propósito.

Passemos agora ao segundo agrupamento de textos, cujo intuito era trazer ao leitor brasileiro notícias de Paris.

Conforme a lista apresentada anteriormente, trata-se de duas crônicas lançadas nos primeiros números de *Ariel: Revista de Cultura Musical*, em outubro e em novembro de 1923, numa seção intitulada "Carta de Paris".

É, portanto, numa revista musical que Sérgio Milliet publica novidades da França. *Ariel*, é bom lembrar, entra em circulação pouco após o encerramento de *Klaxon*, sob a direção de Antônio Leal de Sá Pereira. Em maio de 1924, Sá Pereira deixa a direção do periódico, e quem a assume (até o mês de outubro) é Mário de Andrade.[19] Nesse ano, Milliet publica mais três textos em *Ariel*, perfazendo o total de cinco colaborações na revista entre 1923 e 1924.

Em sua estreia, trata do banquete oferecido a artistas do Brasil e da França pelo recém-nomeado embaixador Luiz Martins de Souza Dantas. Em carta endereçada a Yan de Almeida Prado no dia 13 de junho,[20] Milliet anuncia o jantar promovido em Paris pelo novo embaixador às vanguardas francesa e brasileira, cuja lista de convidados contava, além do próprio Milliet, com Jean Cocteau, Blaise Cendrars, Paul Morand, Jean Giraudoux, Jules Romains, Darius Milhaud, Picasso, Victor Brecheret, Rego Monteiro, Souza Lima, Tarsila do Amaral, Oswald de Andrade e Vera Janacópulos. Após a transcrição dessa carta, Yan reproduz o que teria sido uma versão anterior ao texto publicado por Milliet na primeira "Carta de Paris", versão à qual voltaremos adiante. Ainda sobre a carta de 13 de junho, outra nota interessante: nela, Milliet revela o pedido de contribuição, com

19 Toni, "A primeira fase de *Ariel*, uma revista de música", *Música Hodie*, Goiânia: UFG, v.15, n.1, p.154-70, 2015.

20 Almeida Prado, *A grande Semana de Arte Moderna*, op. cit., p.58-61.

"algumas páginas de tradução de poetas brasileiros", que lhe fora feito pela *Revue de l'Amérique Latine* e diz ao amigo que apresentaria ao periódico poetas do grupo da *Klaxon*. Tal colaboração, como se viu nas páginas precedentes, foi levada a cabo e lançada no mesmo ano (após a publicação das duas "Cartas de Paris", no entanto).

A primeira carta principia por uma síntese de seu conteúdo: a "entrada" de Souza Dantas em Paris mediante o banquete ofertado no restaurante Chez Joseph, a sintonia entre artistas brasileiros e franceses, a apresentação do Grupo dos Seis e a visita ao ateliê de Léger. O objetivo de Dantas com aquela recepção, afirma Milliet, teria sido afirmar-se na capital francesa como intelectual de prestígio. Dentre os presentes, não inclui os nomes de Cocteau, Morand, Picasso, Souza Lima e Janacópulos, mencionados na carta a Yan, mas acrescenta os de Fernand Léger, André Lhote, Jules Supervielle e Pinheiro Júnior.

De Giraudoux, funcionário do Ministério do Exterior francês, Milliet diz assemelhar-se mais a um lorde inglês do que a um precursor do modernismo, muito distinto, ao menos fisicamente, daquilo que o leitor poderia imaginar do autor de *Siegfried et le Limousin*, romance que alcançara grande sucesso tão logo lançado, em 1922. De Jules Romains, diz ser um "mestre-escola da jovem literatura que segue regras" e que, por conseguinte, agrada aos tradicionalistas. Completam o rol de escritores nomeados Blaise Cendrars, cuja aparição no texto não é senão um pretexto para que critique nossos parnasianos, e Jules Supervielle, de quem curiosamente não menciona a origem uruguaia e tampouco o sucesso de *Débarcadères*, também publicado em 1922.

Das artes plásticas, Milliet apresenta Léger, "o pintor das locomotivas", que opõe a Picasso e a quem compara a um boxeador peso-pesado, e o desenhista Lhote, cuja tendência à concessão ao gosto popular ele censura fortemente. Ao lado dos dois franceses, a presença de brasileiros é também assinalada: Tarsila, cuja técnica mostrar-se-ia cada vez mais segura, e Rego Monteiro, que estaria fazendo grandes progressos em Paris. Depois do jantar, todos os convidados ter-se-iam dirigido ao ateliê de Léger, em Montparnasse.

É de Darius Milhaud, contudo, que Milliet mais trata nessa crônica, talvez menos por ter sido com ele que pôde conversar longamente durante o jantar, como afirma no texto, do que pelo fato de ter por alvo leitores de uma revista de cultura musical. Milhaud, diz Milliet, passara despercebido no Rio, conquanto tenha tido, na capital da República, a oportunidade de conhecer Villa-Lobos. A passagem pelo Brasil teria sido muito benéfica ao integrante do Grupo dos Seis, que teria transformado em "pedras preciosas" o material musical que colhera por aqui.

Essa primeira "Carta de Paris" é uma versão reduzida da crônica que havia sido enviada a Yan no dia 13 de junho, a que nos referimos há pouco, intitulada "Banquete literário". Ao publicá-la, suprimiu algumas passagens, dentre as quais a crítica aos detratores de Oswald – "Ao lado de Oswald, nosso grande romancista, tão atacado ultimamente no Brasil por um grupo de pouca cultura e de inteligência refratária, sentava-se Darius Milhaud" – e ao europeísmo de nossos compositores – "Do Brasil, Milhaud guardou nos ouvidos o ritmo dos sambas e a nostalgia da canção nacional. E aproveitou-se largamente dessas pedras preciosas desconhecidas pelos falsos gênios nacionais que, como Carlos Gomes, mamam ainda nas tetas europeias",[21]

21 Ibid., p.60.

excetuando, não obstante, Villa-Lobos desse grupo –, decerto a pedido do conselho editorial da revista (tal qual o faria a *Revue de l'Amérique Latine*, como já mencionado).

Na estreia da coluna – e da própria *Ariel* –, Milliet, ao revelar a intimidade entre artistas brasileiros e franceses, evidencia (até com certo exagero) o lugar de destaque que a arte brasileira de vanguarda começava a alcançar em Paris, capital mundial da consagração artística. A validação parisiense é um recurso indispensável para os artistas de espaços periféricos,[22] e ele vê no reconhecimento de nossos artistas na Europa uma etapa indispensável para a consolidação do modernismo no Brasil. O triunfo das artes brasileiras em Paris (e, mais particularmente, a musical) só será retratado na terceira carta, lançada no número 6 da revista, em março de 1924.

O objeto da segunda – e última – "Carta de Paris" de 1923 é o Grupo dos Seis, mencionado na primeira carta como sendo um círculo de compositores franceses do qual fazia parte Darius Milhaud. Milliet principia seu texto por uma definição da estética moderna proposta por Erik Satie, compositor da geração precedente à dos Seis e que sobre eles teria exercido grande influência. Na sequência, o crítico alude às complicações que trouxeram para a arte musical compositores como Ravel, Stravinsky e Debussy, e contesta as pretensões de Cocteau e Cendrars – figuras com as quais, como vimos na primeira parte deste texto, Milliet tinha contato muito próximo – de serem os fundadores do grupo.

Dos integrantes do Grupo dos Seis, Darius Milhaud é quem teria, segundo Milliet, alcançado mais sucesso, em razão da

22 Casanova, *A república mundial das letras*.

moda, então vigente, da música negra na França. Sua música, ele afirma, teria sido fortemente influenciada pelas modinhas brasileiras.

Os maiores responsáveis pela difusão dos trabalhos realizados pelos compositores do grupo seriam os bailados russos e suecos. À *Parade* de Satie, de uma sutileza que "o gênio ainda selvagem da nossa raça não apreende[ria]", Milliet contrapõe *Les Mariés de la Tour Eiffel*, produção coletiva de cinco dos seis músicos do grupo – e com libreto de Cocteau –, montada pela companhia sueca, que, afirma, faria mais sucesso por aqui.

Milliet, porém, não se atém aos franceses. Ele diz ao leitor ter perguntado a Villa-Lobos sua opinião sobre o grupo, obtendo por resposta a indicação de Milhaud e de Satie como os melhores compositores do conjunto. Curiosamente, não faz nenhuma observação quanto ao fato de Satie não ser um dos Seis (grupo composto por Darius Milhaud, Georges Auric, Louis Durey, Arthur Honegger, Francis Poulenc e Germaine Tailleferre), e afirma, ademais, ser este o melhor juízo que colheu a respeito do panorama musical francês.

Embora faça na carta vários comentários sobre as *Bodas* de Stravinsky, a *Parade* e os *Mariés*, não deixa claro se assistiu a esses bailados ou se apenas reproduziu o que a crítica francesa dizia a respeito deles. No *post scriptum*, porém, revela ter assistido – a convite – ao "delicioso" *Criação do mundo*, de Cendrars e Milhaud, numa montagem dos Bailados Suecos.

Mais uma vez, Milliet alterna, em suas notícias parisienses, as últimas novidades da vida cultural local com a presença – sempre destacada – dos artistas brasileiros que por lá estavam, prova inconteste de que levava a sério o projeto de integração dos movimentos de vanguarda brasileiros e franceses.

Uma análise mais precisa da colaboração de Sérgio Milliet com a revista *Ariel* exigiria o exame das cartas publicadas em 1924, o que foge ao escopo deste estudo. O mais importante, porém, parece-nos já ter sido devidamente sublinhado: Milliet exerce, em Paris, o papel de difusor da cultura brasileira, mas sua convicção quanto à importância da internacionalização no campo das artes não se restringe a um caminho de mão única, da periferia rumo ao centro. Na coluna "Carta de Paris", em 1923 e 1924 – e posteriormente na seção "Crônica Parisiense", na *Revista do Brasil*, entre janeiro e abril de 1925 (Milliet assumira a função de secretário de redação da revista no ano anterior) –, incumbe-se de uma tarefa que lhe era cara: o acerto dos ponteiros de nosso relógio com o horário parisiense, na busca pela supressão de nosso atraso, por nossa atualização. Essa missão arrefecerá em seu retorno ao Brasil, quando passará a escrever exclusivamente em português e assumirá a secretaria e a administração, no início de 1926, de *Terra Roxa e Outras Terras*.

Chegamos, por fim, ao terceiro grupo de textos publicados por Sérgio Milliet no ano de 1923. Esse grupo é constituído pelos versos em língua francesa estampados nas revistas *Klaxon* e *Lucifer*, e pelo livro editado em Antuérpia, *Œil-de-Bœuf*, que reúne 22 poemas em forma livre em sua maior parte inéditos. Dois poemas do livro, "Madrigal tendre" ("Poème") e "Printemps", saíram primeiramente nas páginas da *Lumière* em 1921, e outros dois, "Misère" e "Rêverie", nos números 2 e 6 de *Klaxon*, em 1922.

Por crermos tratar-se de um poema que ilustra bem o estágio em que se encontrava a produção poética de Sérgio Milliet – e por ser rarissimamente mencionado, diferentemente do que ocorre com os versos difundidos na *Klaxon* e na *Lumière*, e até mesmo com o *Œil-de-Bœuf* –, ater-nos-emos, aqui, ao poema

"Rimes", lançado em outubro de 1923 na revista *Lucifer*, e à sua tradução, intitulada "Saudade", que integrará o primeiro livro de poemas do autor escrito em língua portuguesa, os *Poemas análogos*. Esse livro, composto de três seções, "1$000 a dúzia", "Poemas análogos" e "Poemas brasileiros", foi editado em 1927. "Saudade" integra a segunda seção, que é datada de 1924 e dedicada a Paulo Prado (o poema, por sua vez, é dedicado a Rubens Borba de Moraes).

Rimes

Paris! Monte, ainsi que l'eau-de-vie
dans un morceau de sucre, un regret.
O coeur simple empli de nostalgie
malgré la parade des effets!

Dans ce ciel trop bleu de la campagne
pique ton fuseau, ô Tour Eiffel!
Ne te souviens pas de la compagne,
(Ce serait trop grave) au goût de miel...

Tel autobus paré de vos perles
rires des femmes, et de l'éclat
de vos ongles, à l'affût. Déferle,
ô vague ironique des sabbats!

Les bourgeons, mes pores les respirent.
Le soleil qui force les volets
pour réchauffer les bons et les pires
me dévoile, ô matin, tes secrets.

Paris! Mais saura-t-on te comprendre
poème habillé en arlequin?
Heureux, malheureux; soleil ou cendre?
Ah ! ce vieux marc est vraiment très fin...

Saudade

Paris
Sobe em mim uma saudade
fenômeno de capilaridade
como num pedaço de açúcar sobe o álcool
Coração simples cheio de nostalgia
que esconde a farsa cabotina
No céu claro e quieto do campo
a agulha da Torre Eiffel
sangra uma gota vermelha
Não quero me lembrar daquela
cujos lábios eram mel
Um bonde todo enfeitado de vossas pérolas
risos das mulheres e de vosso brilho
unhas piratas
Rolar na onda irônica dos sabás
Meus poros respiram as folhas tenras
e o sol que arromba as venezianas
e penetra cortesão mal-educado
acariciando os bons e os piores
conta-me os segredos da manhã
Paris!
Saberão compreender-te
Ó meu poema arlequinal?
Sol ou cinza?
Ah! como é bom esse licor vermelho!

Milliet, até o lançamento do *Œil-de-Bœuf*, no final de 1923, já havia publicado três livros: *Par le Sentier* (1917) e *Le Départ sous la pluie* (1919), que reúnem versos neorromântico-simbolistas de forma fixa (sonetos, sobretudo), e *En Singeant* (1918), conjunto de pastiches de autores suíços escrito em parceria com o amigo Charles Reber. A produção poética de Milliet toma novos rumos a partir de seu retorno a São Paulo após nove anos passados na Europa, e tais mudanças – como se vê nos poemas publicados na revista *Klaxon* – podem ser atestadas por sua adesão ao verso livre e por seu interesse por temas caros aos movimentos de vanguarda, como a guerra, o esporte, a velocidade e o cinema. A segunda (e última) fase de sua produção literária em língua francesa estende-se, assim, de 1921 – com a difusão, na *Lumière*, de poemas autorais e de versões em francês que dão forma livre a versos de Guilherme de Almeida originalmente escritos em forma fixa – ao início de 1925, quando é republicado, na *Revue de l'Amérique Latine* (número 38, de fevereiro de 1925), o poema "Vantardise", anteriormente lançado, sob o título de "Boîte à souvenirs", na revista flamenga *Het Overzicht* (número 20, de janeiro de 1924), de Antuérpia.[23] Não obstante, *Œil-de-Bœuf* será o último livro de Milliet a reunir textos de sua autoria escritos em língua francesa.

"Rimes" e "Saudade" assumem, nesse contexto, um papel paradigmático, pois marcam não apenas a mudança no fazer poético de Sérgio Milliet – com destaque para o abandono definitivo das formas fixas –, mas também a adoção, igualmente definitiva, do português como língua de expressão literária.

23 Milliet, *Modernistes & autres écrits*, p.14-6, 173-4.

Milliet trata desses poemas na correspondência trocada com Mário de Andrade. Em carta não datada – provavelmente expedida no final de junho de 1923, quando deixa Paris para fugir do calor –, envia uma série de poemas, dentre os quais "Saudade", e diz:

> Hoje vai mais um sobre Paris. Paris é um assunto inesgotável. Como o Brasil. Somente sobre o nosso país faço versos franceses e sobre a França versos brasileiros. Seria interessante publicar tal qual o Coq e o Perroquet. Temo a crítica para uma tal ousadia. Diriam-me que não sei nem o francês nem o português. Resta-me a solução que adoto, de traduzi-los em ambas as línguas. Veja por exemplo o mesmo assunto. Escrevi-o em francês e rimado, traduzi-o para o português sem rima.

Mário, em carta datada de 2 de agosto, comenta os versos do amigo:

> Gosto dos teus poemas em português. O último que veio de Paris! – sobe em mim uma saudade – é excelente. Traem ainda uma tal ou qual incerteza. É natural. Continua a manejar o português, breve estarás livre dentro dele. Então teremos transposto para a claridade, que também pode ser suave, da nossa língua aquela melancolia rítmica, que é teu dom mais pessoal nos teus poemas franceses.[24]

Em outra carta não datada, supostamente de agosto, Milliet endereça a Mário o poema que seria publicado na revista *Lucifer*, "Rimes", que não é senão a versão francesa do poema anteriormente enviado, com a seguinte nota: "Este é o poema que deu

---

24 Duarte, *Mário de Andrade por ele mesmo*, op. cit., p.292.

origem ao em português que te enviei uma vez. Vai aparecer no *Lucifer*". Acrescenta, ainda, que esse poema faz parte "du coq et de l'arlequin", evidente lapso provocado pela lembrança de Cocteau e seu *Le Coq et l'Arlequin*. Tal equívoco, todavia, é imediatamente corrigido, com a substituição do segundo termo por "du perroquet". "Rimes", portanto, integraria um volume de poemas jamais publicado, *Le Coq et le perroquet*, título que consta como "en préparation" nas páginas iniciais do *Œil-de-Bœuf*.

Esses poemas, como dissemos, registram de modo exemplar a transição pela qual passava a lírica de Sérgio Milliet. A despeito de sua forma fixa, na versão francesa sobressaem menos os atributos rítmicos do que o tema. Seus vinte versos eneassílabos, divididos em cinco quadras, têm cadência desigual, e suas rimas – traço característico da poesia em forma fixa, ao qual o leitor, em razão do próprio título do poema, prestaria especial atenção – pouco se destacam, posto que se reduzem majoritariamente à vogal tônica final e à mesma classe gramatical. Na versão em língua portuguesa, a configuração é bem diferente: 25 versos brancos e livres são dispostos numa única estrofe, e o primeiro sinal de pontuação aparece apenas no vigésimo verso.

O tema, contudo, permanece o mesmo. O eu lírico, pleno de saudade e nostalgia, da "campagne" em que se encontra evoca Paris. Na versão francesa, invocam-se, numa profusão de imagens simultâneas, a Torre Eiffel, as luxuriantes noites ("vague ironique des sabbats") e manhãs (cujo sol "force les volets") da capital e o próprio poema. Na tradução, as primeiras interlocuções transformam-se em descrições igualmente lúbricas, mas a última delas, endereçada ao "poema arlequinal", permanece.

Os limites deste espaço nos impedem de examinar mais detidamente esses poemas. Cabe, porém, registrar que Arlequim é figura recorrente na poesia brasileira do início da década de 1920[25] e que o adjetivo "arlequinal" desponta nos dois primeiros poemas de *Pauliceia desvairada* (cuja ilustração de capa, aliás, retoma os losangos coloridos do traje de Arlequim), "Inspiração" e "O trovador". O diálogo entre Sérgio Milliet e Mário de Andrade, para além das confidências, da ajuda financeira, da compra de livros, das traduções e das críticas, atravessa igualmente a produção lírica desses dois expoentes de nosso modernismo. A poesia de Milliet, no entanto, permanece pouquíssimo estudada, e o exame de sua correspondência e de suas traduções nos convida a explorá-la.

Referências bibliográficas

ALMEIDA, Guilherme de. Os discóbolos. *Klaxon: Mensário de Arte Moderna,* São Paulo, n.3, p.4-5, jul. 1922.

______. Mormaço. *Klaxon: Mensário de Arte Moderna,* São Paulo, n.8-9, p.11, dez. 1922-jan. 1923.

ALMEIDA PRADO, Yan de. *A grande Semana de Arte Moderna*: depoimento e subsídios para a cultura brasileira. São Paulo: Edart, 1976.

CASANOVA, Pascale. *A república mundial das letras*. Trad. Marina Appenzeller. São Paulo: Estação Liberdade, 2002.

DUARTE, Paulo. *Mário de Andrade por ele mesmo*. São Paulo: Hucitec, 1977.

LOPEZ, Telê Ancona. *Mariodeandradiando*. São Paulo: Hucitec, 1996.

MILLIET, Sérgio. Carta de Paris [I]. *Ariel: Revista de Cultura Musical*, São Paulo, ano I, n.1, p.15-8, out. 1923.

______. Carta de Paris [II]. *Ariel: Revista de Cultura Musical*, São Paulo, ano I, n.2, p.52-4, nov. 1923.

______. *De ontem, de hoje, de sempre*: recordações com devaneios. São Paulo: Martins, 1962.

25 Lopez, *Mariodeandradiando*, p.24.

MILLIET, Sérgio. La Jeune littérature brésilienne. *Lumière*, Antuérpia, ano 4, n.1, [s.p.], nov. 1922.

______. La Littérature à Genève: I. Les Poètes. *Lumière*, Antuérpia, ano 3, n.2, [s.p.], out. 1921.

______. La Littérature à Genève: II. Les Prosateurs. *Lumière*, Antuérpia, ano 3, n.6, [s.p.], mar. 1922.

______. *Modernistes & autres écrits*. Org., trad. e notas Antoine Chareyre. La Nerthe: Toulon, 2010.

______. Noël. *Klaxon: Mensário de Arte Moderna*, São Paulo, n.8-9, p.12-3, dez. 1922-jan. 1923.

______. *Œil-de-Boeuf, précédé d'autres poésies*. Antuérpia: Lumière, 1923.

______. *Poemas análogos*. São Paulo: Niccolini & Nogueira, 1927.

______. La Poésie moderne au Brésil. *Revue de l'Amérique Latine*, Paris, ano II, v.6, n.24, p.346-55, dez. 1923.

______. Rimes. *Lucifer*, Lyon; Marselha, ano 2, n.7, [s.p.], out. 1923.

______. Une Semaine d'art modern à São Paulo. *Lumière*, Antuérpia, ano 3, n.7, [s.p.], 15 abr. 1922.

TONI, Flávia. A primeira fase de *Ariel*, uma revista de música. *Música Hodie*, Goiânia: UFG, v.15, n.1, p.154-70, 2015.

Sobre os canibais: Villa-Lobos em Paris, Darius Milhaud no Rio de Janeiro

Cacá Machado

Em 13 de dezembro de 1927, a escritora francesa Lucie Delarue-Mardrus resenhou para o jornal *L'Intransigeant* um concerto com obras de Heitor Villa-Lobos, regido em parte pelo próprio compositor, ocorrido uma semana antes na Salle Gaveau, em Paris. Nesse extraordinário texto, publicado sob o título "L'Aventure d'un compositeur: musique cannibale", Delarue-Mardrus narra peripécias de nosso "índio de casaca", em meio a comentários sobre a originalidade incomum de sua música "canibal". Extraordinário, porque o artigo se destaca entre as diversas resenhas ordinárias de concertos publicadas em periódicos especializados, como *La Revue Musicale*, ou jornais de interesses diversos, como o próprio *L'Intransigeant*, e acaba por trazer de modo intencional ou não, como veremos adiante, algumas das questões centrais para o entendimento das relações culturais entre França-Brasil e Brasil-França em torno dos anos 1920. Longe de sugerir aqui uma relação direta entre, por exemplo, o artigo de Delarue-Mardrus de 1927 e o "Manifesto Antropófago" de Oswald de Andrade, lançado um ano depois, ou ainda indiretamente o livro *Macunaíma*, de Mário de Andrade, publicado também em 1928, a aproximação entre as datas indica, no mínimo, que os temas em torno do "primitivismo", "exotismo" e, por contiguidade, do "canibalismo" e da "antropofagia" estavam na base de um certo trânsito e sociabilidade entre artistas franceses e brasileiros. Os poetas Paul Claudel e Blaise Cendrars e o compositor Darius Milhaud passaram temporadas no Brasil entre 1917 e 1924. Nossos jovens modernistas Oswald de Andrade, Tarsila do Amaral, Victor Brecheret, Di Cavalcanti, Sérgio Milliet, Anita Malfatti e Villa-Lobos estavam em Paris em 1923. A reversibilidade de perspectivas envolvidas na sociabilidade entre brasileiros e franceses deixou marcas profundas nas experiências do modernismo dos dois países. Neste ensaio, as relações de Villa-Lobos com Paris (1923-1924) e de Darius Milhaud com o Rio de Janeiro (1917-1919) estão no foco da atenção.

De volta ao artigo mencionado, a escritora conta aquilo que se tornaria uma famigerada história de Villa-Lobos:[1] suas aventuras pelas selvas brasileiras, o episódio de sua captura por indígenas e seu sangue-frio, na situação iminente de se tornar o prato principal de um "ritual canibal", ao registar melodias e ritmos das músicas que embalavam a festa. Vale a pena acompanhar a própria narrativa de Delarue-Mardrus:

> Enviado em uma missão com outros artistas ao Paraguai e às florestas virgens para coletar o folclore do país, Villa-Lobos descobriu,

1 O pesquisador Pedro Rodrigues desenvolve amplamente em sua tese de doutorado as diferentes versões das invenções das viagens de "formação" de Villa-Lobos. Cf. Rodrigues, *O maestro do mundo: Heitor Villa-Lobos (1887-1959) e a diplomacia cultural brasileira*, p.45-65.

> ao retornar, que seu cachorro não estava mais com ele. Corajosamente, ele partiu sozinho em busca de seu fiel amigo... e nunca mais voltou. Os índios o haviam capturado.
>
> Despojado de suas roupas, amarrado ao pé de uma árvore, foi homenageado com três dias de cerimônias fúnebres antes de ser comido.
>
> [...] Villa-Lobos conta que, durante esses três dias de horror, ele foi literalmente privado de pensamentos. E, no entanto, seu cérebro, cheio de música, registrou tudo o que ouviu sem que ele soubesse.
>
> Entregue pelos brancos antes que se passassem três dias, ele voltou desta terrível aventura com uma bagagem de ritmos e modulações que tem usado em suas composições desde então.[2]

Ninguém duvidou dessa história na França.[3] No Brasil, a imprensa carioca ficou mais incomodada com a construção "negativa" da imagem do país associada ao canibalismo selvagem dos povos originários do que propriamente com a veracidade da narrativa. O biógrafo de Villa-Lobos, Vasco Mariz, conta que Delarue-Mardrus tornou-se amiga do compositor e um dia viu em sua casa o livro *Duas viagens ao Brasil* (1557), do viajante e comerciante alemão quinhentista Hans Staden,[4] cujo título original em alemão, aliás, é: *Warhafftig Historia und beschreibung einer Landtschafft der Wilden Nacketen Grimmigen Menschenfresser Leuthen in der Newen welt America gelegen vor vnd nach Christi geburt*

2 Delarue-Mardrus, "L'Aventure d'un compositeur: musique cannibale", *L'Intransigeant*, Paris, 13 dez. 1927, p.1.

3 A historiadora Anaïs Fléchet realizou ampla pesquisa sobre os periódicos franceses e brasileiros. Cf. Fléchet, *Villa-Lobos à Paris: un écho musical du Brésil*, p.71-100.

4 Cf. Mariz, *Heitor Villa-Lobos: o homem e a obra*, p.56-8.

im Land zu Hessen vnlckast biss auff dise ij, nechst vergangenejar (História verdadeira e descrição de uma terra de selvagens, nus e cruéis comedores de seres humanos, situada no novo mundo da América, desconhecida antes e depois de Jesus Cristo nas terras de Hessen até os dois últimos anos, visto que Hans Staden, de Homberg, em Hessen, a conheceu por experiência própria e agora a traz a público com essa impressão). A escritora levou-o consigo. Provavelmente tenha surgido daí o mote e desenvolvimento da narrativa, pois as semelhanças vão muito além das coincidências. Como é sabido, Staden foi capturado pelo povo tupinambá, em 1554, e ficou preso por nove meses, segundo seu relato, na iminência constante de virar refeição.[5]

Como observou a pesquisadora Anaïs Fléchet, forma-se aqui um duplo Staden/Villa-Lobos que retoma a simbologia do "bom selvagem" e do "aventureiro". No levantamento documental da imprensa musical francesa do período, Fléchet demonstra como críticos posteriores ao artigo de Delarue-Mardrus associaram características de certa "nobreza selvagem"

5 Mário de Andrade fez a síntese irônica da situação: "Todas essas viagens de Villa-Lobos através de sertões botocudíssimos, seguindo pacientes missões germânicas, me lembraram mais uma vez a apaixonada imaginativa da sra. Delarue-Mardrus, que uma feita, espaventada com as aventuras de Villa-Lobos, em Paris, escreveu sobre ele um artigo tão furiosamente possuído da água possivelmente alcoólica de Castalia, que o nosso músico virou plagiário de Hans Staden. Foi pegado pelos índios e condenado a ser comido moqueado. Preparam as índias velhas a famosa festa da comilança (o artigo não diz si ofereceram primeiro ao Villa a índia mais formosa da maloca) e o coitado, com grande dança, trons de maracás e roncos de japurutús, foi introduzido no lugar do sacrifício. Embora não tivesse no momento nenhuma vontade pra dançar, a praxe da tribo o obrigou a ir maxixando até o poste de sacrifício. E a indiada apontava pra ele, dizendo:

do compositor que remontam ao imaginário europeu construído desde o século XVI sobre os povos indígenas americanos: a "idade do ouro" rousseauniana como estado de natureza, a inocência e a pureza, noções em que o nudismo, por exemplo, torna-se um símbolo de liberdade ingênua e, por outro lado, o contraponto da ameaçadora natureza do novo mundo repleta de animais ferozes e práticas de canibalismo. Ao mesmo tempo que a imagem do "bom selvagem" do compositor se estabelece, surge uma releitura da imagem do "explorador/aventureiro" do século XVI, que, no contexto do pós-guerra no começo dos anos 1920, assume as características da etnologia nascente, articulada em torno de antropólogos como Marcel Mauss e Lucien Lévy-Bruhl. Ou seja, existe um consenso na crítica francesa da década de 1920 de que Villa-Lobos e sua música são a encarnação da boa natureza selvagem carregada de autenticidade, pureza e seriedade porque, como os etnólogos franceses, ele é um explorador que estabeleceu contato direto com os indígenas americanos.

Parênteses. Num giro de perspectiva, Blaise Cendrars, que convivia com os modernistas brasileiros desde 1923 em Paris, quando aportou na costa brasileira em 1924, depois de ouvir exclamações generalizadas entre os passageiros do navio: "– É o

---

– Lá vem a nossa comida pulando! E as danças mortuárias principiaram. Era uma ronda horrífica prodigiosamente interessante que, devido ao natural estado de nervos em que o músico se achava, se ia gravando inalteravelmente na memória dele. Felizmente pra nós e infelizmente pra Etnografia brasílica, a dança parou no meio. Simplesmente porque por uma necessidade histórica, os membros da missão alemã, já muito inquietos com as quatro semanas de ausência do jovem violoncelista deram de chofre na maloca, arrasaram tudo e salvaram uma ilustre glória do Brasil", em Andrade, M. de, *Música, doce música*, p.178-9.

paraíso terrestre!...", foi irônico: "Aviso: paraíso a explorar".[6] Aqui começa uma das muitas clivagens entre o canibalismo e a antropofagia. Retomaremos o argumento adiante.

Após a fantástica narrativa das aventuras de Villa-Lobos, a escritora lança considerações sobre sua música:

> As composições de Villa-Lobos são cheias de vida nova. O uso que ele faz dos coros, o poder, a juventude, a sinceridade de suas descobertas, os instrumentos desconhecidos que ele introduz entre os tambores, que desempenham um papel considerável em sua orquestra – essa música alucinante cheira a selvageria e causa espanto e até admiração, enquanto o público moderno, desde Darius Milhaud, Poulenc e outros, está literalmente acostumado a tudo.
>
> As extravagâncias da harmonia contemporânea, cujo ideal por vezes parece ser a festa de Loges ou a feira de Neuilly, encontram aqui o enquadramento de um ritmo que, ao ouvi-lo, não se pode deixar de acompanhar com um movimento involuntário dos ombros, início de uma dança e talvez de um canibalismo, o qual, apesar de si mesmo, leva você a uma explosão sonora.[7]

Na perspectiva da escritora, Darius Milhaud e outros (entenda-se Debussy, Satie, Varèse, Poulenc, entre outros) abriram os caminhos para que o "público moderno" se aclimatasse com a música contemporânea. Novamente a imagem de "selvageria", entre espanto e admiração, está caracterizando a música de Villa-Lobos. O crítico Florent Schmitt fez um comentário semelhante sobre a estreia do *Choros VIII* em 1927, em Paris:

---

6 Blaise Cendrars apud Calil, "Tradutores de Brasil", em Schwartz (org.), *Da Antropofagia a Brasília: Brasil 1920-1950*, p.327.

7 Delarue-Mardrus, "L'Aventure d'un compositeur", op. cit., p.1.

> A orquestra urra e delira, tomada por um *jazzium tremens*, e então, quando se pensa que foram atingidos os limites de um dinamismo quase sobre-humano, eis que, de súbito, quatro braços de lenhador entram em ação, vinte dedos que equivalem a cem fazem vibrar dois formidáveis tambores de quinze oitavos que, sobre esse fundo tumultuoso, explodem com o estrondo de um terremoto no inferno.[8]

Tanto Delarue-Mardrus quanto Schmitt identificam o ritmo e as dinâmicas (do pianíssimo ao fortíssimo) como elementos transformadores da experiência moderna de escuta. A selvageria explícita ou implícita ("pelos braços de lenhador") continuam presentes. Mas, no trecho do artigo de Delarue-Mardrus, o balançar involuntário dos ombros, que sugere, além da dança, um movimento "talvez de um canibalismo", promove uma inversão de sentido: a ameaça do canibalismo do mundo selvagem ganha positividade expansiva que leva o ouvinte a uma explosão sonora. Todos os elementos estão reunidos aqui: a música popular (*jazzium tremens*, isto é, o ritmo e as dinâmicas), o primitivismo, o exotismo e, por fim, a clivagem entre canibalismo e antropofagia. Vejamos agora mais de perto a sociabilidade de Villa-Lobos e sua música relacionada com esse ambiente, quando chegou a Paris, em 1923.

Do canibal I: Villa convertendo-se em Villa-Lobos

Os relatos de dois artistas brasileiros que já estavam inseridos no circuito cultural de Paris, o pianista João de Souza Lima e o pintor Di Cavalcanti, sobre o período da primeira temporada de Villa-Lobos na cidade, entre 1923 e 1924, são um bom

8 Florent Schmitt apud Beaufils, *Villa-Lobos, musicien et poète du Brésil*, p.88.

ponto de partida para a aproximação dos contornos da sociabilidade entre os modernistas franceses e brasileiros.

Mas, antes, não podemos perder de vista o contexto anterior à sua chegada. No Brasil do início dos anos 1920, Villa-Lobos era um jovem compositor singular. Se, por um lado, não teve os estudos formais completos na música erudita (foram apenas aulas de violoncelo no Instituto Nacional de Música, num curso noturno interrompido), por outro, atuava como instrumentista em orquestras de sociedades sinfônicas, cinemas e cafés. Isso trouxe a proximidade com o ambiente que, como veremos adiante, tanto impressionou Darius Milhaud, entre 1917 e 1919, período em que morou no Rio de Janeiro: a nascente música popular urbana em processo de decantação sob uma mistura geral de gêneros, em que polcas, choros, maxixes, tangos brasileiros, *schottisches*, entre outros, traziam o ritmo sincopado como presença recorrente.[9] Contudo, o ambiente da música erudita nacional estava polarizado entre uma orientação mais "conservadora", cuja tradição vinha do antigo Imperial Conservatório de Música, centrada na cultura da ópera e do bel-canto e, a partir de 1890, uma vertente mais "moderna", promovida pelo Instituto Nacional de Música, que, sob a direção do compositor Leopoldo Miguez (e posteriormente Alberto Nepomuceno), tinha como referência a música de Richard Wagner e, mais "moderno" ainda, Debussy. Paulo Renato Guérios sintetiza:

> Foi no contato com esses debates que o jovem Heitor Villa-Lobos se formou. Integrante da geração que se seguiu a Miguez e

---

9 Cf. Machado, *O enigma do homem célebre: ambição e vocação de Ernesto Nazareth*, p.107-28.

Nepomuceno, Villa-Lobos compreenderia as diferentes estéticas musicais de acordo com o panorama traçado por seus antecessores: a "antiguidade" e a "nobreza" da ópera italiana; a "modernidade" de Wagner e Saint-Saëns; a estética "revolucionária" de Claude Debussy.[10]

Nesse contexto, Villa se distancia, de certo modo, de sua vivência da música popular e investe em sua afirmação no *establishment* da música erudita carioca. Compõe, por exemplo, a ópera *Izaht*, em que o lirismo de Puccini e o *leitmotiv* wagneriano convivem, e peças como *Danças características africanas*, *Prole do Bebê* e *Quarteto simbólico*, cuja aplicação das técnicas de tons inteiros debussynianas trazia contemporaneidade e "ousadia vanguardista". Não à toa, Villa-Lobos chamou a atenção dos articuladores da Semana de Arte Moderna de São Paulo e tornou-se o único compositor brasileiro a apresentar obras no evento.

Villa chegou a Paris em 1923 com uma bolsa do governo brasileiro[11] e com o suporte de uma rede de interessados que enxergavam nele um potencial a ser revelado: os empresários brasileiros Paulo Prado e os irmãos Guinle (Arnaldo e Carlos), e o entusiasmo do consagrado pianista Arthur Rubinstein, que se tornara amigo do compositor em sua passagem pelo Brasil em 1919. O ateliê de Tarsila do Amaral era um ponto de encontro entre os modernistas franceses e brasileiros, naquele ano de

---

10 Cf. Guérios, "Heitor Villa-Lobos e o ambiente artístico parisiense: convertendo-se em um músico brasileiro", *Mana: Estudos de Antropologia Social*, Rio de Janeiro: UFRJ, v.9, n.1, p.81-108, abr. 2003.

11 Segundo Anaïs Fléchet, "o auxílio público concedido ao músico se resumiu a uma bolsa do governo brasileiro destinada a financiar sua primeira estadia na capital francesa". Cf. Fléchet, *Villa-Lobos à Paris*, op. cit., p.34.

1923. O pianista João de Souza Lima narra uma memória que dá o tom da sociabilidade entre os artistas que frequentavam os almoços promovidos por Tarsila:

> Foi num desses almoços que apareceu Villa-Lobos, recém-chegado do Brasil. Eram convidados do mesmo dia: Jean Cocteau, Blaise Cendrars e Erik Satie. Minha primeira impressão do tão falado e discutido músico brasileiro foi de certa surpresa. Pareceu-me um homem, talvez um tanto carrancudo, porém, com traços fisionômicos que não punham em dúvida tratar-se de um "artista". Ao ser-lhe apresentado, senti-me imediatamente à vontade pois, sua simplicidade e seu carinho com o jovem pianista se revelaram logo às primeiras palavras do nosso diálogo. Fato curioso se deu ao terminar o almoço, quando nos achávamos naquele bate-papo, entremeado de uns goles de finíssimo "chartreuse". Veio à baila a arte de "improvisar". Villa-Lobos, que sempre cultivou com prazer essa maneira de expansão musical, prontificou-se a uma demonstração. Sentou-se no excelente "Erard", que fazia parte do *atelier* revestindo-se de uma atmosfera verdadeiramente artística, iniciando uma daquelas criações de momento, cheias das mais imprevistas linhas melódicas e dentro de uma rítmica inteiramente pessoal e inédita. O grande Cocteau querendo saborear mais intensamente aqueles momentos de uma música assim tão especial, sentou-se no chão, debaixo do piano, e ali ficou até o término da improvisação. Finda aquela demonstração da inventiva do nosso músico, Cocteau voltou à sua poltrona encetando um ataque ferrenho ao nosso Villa, por achar que uma improvisação nunca poderia ser feita naquelas condições, quase de encomenda.[12]

12 Lima, "O Villa-Lobos que eu conheci", em *Presença de Villa-Lobos*, p. 153.

Na continuidade do relato, Souza Lima descreve a acalorada discussão que houve entre Villa e Cocteau. Para além da postura afirmativa do jovem compositor diante do consagrado artista vanguardista, cuja narrativa, aliás, sugere um pé de igualdade entre os dois, as memórias de Souza Lima também são indicativas de um deslocamento, se olharmos sob uma perspectiva mais ampla, das relações entre França e Brasil. Como sabemos, durante o século XIX e na primeira metade do século XX, a França tornou-se uma referência mundial, se não um modelo, como ideal civilizatório cultural, científico e político-institucional. As elites brasileiras (e americanas, de modo geral) que adotaram com poucas críticas esse modelo no século XIX, no começo do XX começaram a reivindicar sua autonomia cultural a partir da diversidade de suas experiências locais. Depois, sobretudo, da Primeira Guerra Mundial, a França não pôde mais reivindicar sua hegemonia cultural característica do século XIX sobre o Brasil (mesmo que, ao longo do século XX, a literatura, a arquitetura, a pintura, o cinema, o teatro e as ciências sociais brasileiras foram, em considerável parte, inspiradas pelas pesquisas ou, no mínimo, dialogaram com o modelo do pensamento francês). Pois é nesse sentido que uma frase atribuída a Villa-Lobos quando chegou a Paris sintetiza a questão: "eu não vim aqui para aprender, vim mostrar o que fiz".

Em 1923, Villa realizou apenas um concerto em Paris, na Salle des Agriculteurs, no dia 23 de outubro, com as participações da cantora brasileira Vera Janacópulos e dos franceses Ivonne Astruc (violino) e Daniel Jeister (piano), em que foram interpretadas a *Sonata fantástica*, *Melodia sem palavras* e *A prole do bebê*. Em 1924, foram sete concertos, com diversas participações, como a própria Vera, o pianista espanhol Thomás Terán, Arthur Rubinstein, entre outros.[13]

Di Cavalcanti resenhou um desses concertos para o *Correio da Manhã*, em 4 de maio de 1924, e foi taxativo: "Ontem o nosso patrício estreou de fato em Paris".[14] O artigo, dividido em dois momentos, cuida, no primeiro, da descrição do espetáculo e da recepção do público, oscilando entre o entusiasmo e o estranhamento:

> [...] No meio da primeira parte o público está positivamente dividido. Na segunda parte há um prenúncio, de vaia quase levada ao fim, mas, os que compreenderam estão firmes, pedindo silêncio. Terminada a terceira parte Villa-Lobos foi chamado três vezes à cena sob a vibração de aplausos calorosos.[15]

No segundo momento, o artista modernista faz suas considerações:

> Permitam-me agora falar do nosso grande músico fora dessas cogitações mesquinhas. O que valem os aplausos... mesmo conquistados sem complacência de uma plateia de elite – para um homem como Villa-Lobos fora de toda banalidade, que é um exemplo de artista?
>
> [...]
>
> Eu poderia procurar o Larousse, dissertar sobre música, tirar conclusões sobre a música de Villa-Lobos, poderia bancar o *épatant*, citando opiniões, enchendo essas linhas de nomes gordos – como um

---

13 A lista completa dos concertos foi levantada por Fléchet, *Villa-Lobos à Paris*, op. cit., p.129-34.

14 Di Cavalcanti, "De Paris. Villa-Lobos", *Correio da Manhã*, Rio de Janeiro, 4 maio 1924, p.4.

15 Ibid.

cavalheiro que para fazer uma declaração de amor veste calças listadas. Não é preciso. A música de Villa-Lobos é o Brasil, é a América, é a força nova, é a nova terra, o sangue novo, o novo idealismo.

Aqui a seiva é rara: vivemos sobre um solo de ruínas, num mundo de espectros reminiscentes e todo o nosso mal é acreditarmos em tudo isso.

Precisamos no Brasil de homens exemplares, como sabe ser o nosso grande músico.

Em toda escala de atividade humana procuremos criar o nosso exemplo. Uma formação intelectual calcada em modelos estrangeiros nunca poderá produzir uma força mental-nacional característica, amalgamada no espírito da raça. Todo o grande valor de Villa é ter ficado brasileiro, com todos os nossos defeitos, é ter fugido sempre do diletantismo literário (o pior mal da nossa mocidade), e aqui em Paris, à sombra de grandes catedrais, ele procura sempre ativar o fogo de seu culto particular.[16]

Tanto Souza Lima quanto Di Cavalcanti, cada um a seu modo, trazem a figura de Villa-Lobos como combativa e singular. O artista modernista vai além e reconhece nas idiossincrasias do compositor, seja positiva ou negativamente, o exemplo de afirmação artística. Nesse sentido, mais do que se reconhecer brasileiro a distância, Villa se reconhece como brasileiro por ser radicalmente Villa-Lobos. A sociabilidade particular que o compositor criou em Paris se compara, nesses termos, com a que Carlos Gomes criou na Milão dos anos 1870, quando participou do movimento lombardo dos *scapilgiati*, em que jovens intelectuais estavam tentando de maneira meio confusa renovar a poesia e a música italiana. Tanto Gomes com *Il Guarany*, como

---

16 Ibid.

Villa, sobretudo com a monumental série *Choros* iniciada antes mesmo de ir a Paris, em 1920 (*Choros n. 1*), adquiriam reconhecimento internacional vivendo fora do Brasil justamente pela radicalidade da linguagem singular de suas obras. Em momento algum eles se serviram de temas folclóricos ou indígenas para atribuir uma cor local a sua música. Eles estavam, de fato, no jogo das negociações entre diferentes perspectivas que envolviam a música culta da tradição ocidental e suas experiências locais (talvez mais Villa do que Carlos Gomes, ressalva seja feita).

Essa singularidade da produção musical do compositor nos anos 1920 também foi observada pelo crítico Lorenzo Mammì: "Villa-Lobos não 'compõe' (no sentido de Boulez), mas justapõe e sobrepõe materiais heterogêneos, extraídos de universos estilísticos diferentes – isto, porém, era justamente o que, em outros campos, os surrealistas pregavam".[17] O crítico tem razão em afirmar que o compositor, por exemplo, "constrói acordes de uma densidade tal que não podem ser percebidos senão como ruídos".[18] Como vimos antes, Mammì reconhece que "toda Paris parecia obcecada pela procura de um som primordial, no qual os parâmetros clássicos de altura, duração, timbre e intensidade fossem indistinguíveis".[19]

Noneto, peça composta em 1923, com o subtítulo "impressões rápidas de todo o Brasil", apresenta uma instrumentação inusitada: flauta, oboé, fagote, clarineta, saxofone alto, harpa, celesta, percussão (incluindo reco-reco, chocalhos, triângulo, tamborins, puíta,

---

17 Mammì, "Uma gramática do caos: notas sobre Villa-Lobos", em *A fugitiva: ensaios sobre música*, p. 132.

18 Ibid., p. 133.

19 Ibid.

entre outros) e coro misto. Se, por um lado, apresenta algumas semelhanças estruturais com Stravinsky (solo inicial do fagote) e Varèse (perfis melódicos e rítmicos), por outro, o compositor desenvolve de modo personalíssimo um ambiente de texturas pós-tonais pela incorporação heterogênea de materiais sonoros. Do coro, surgem os modos de falar sertanejo e caipira ("uai", "ué"). Dos momentos mais "ritualísticos", como as "danças tribais", surge a emulação genérica das trilhas sonoras do cinema nascente, cujo efeito irônico é forjado por Villa por meio da técnica da justaposição – espécie de *bricolage* musical que talvez o compositor já tivesse ouvido em *O boi no telhado* (1919), de Darius Milhaud.

Em suma, esse exemplo da peça *Noneto* (1923), assim como toda a produção musical dos anos 1920 de Villa-Lobos, carrega consigo o espírito *avant la lettre* daqueles procedimentos artísticos que irão aparecer no "Manifesto Antropófago" de Oswald de Andrade. A "música canibal" vai, portanto, muito além da incorporação do folclore. Ela é, nas mãos de Villa-Lobos, um processo profundo de transformação de si através do outro. No final das contas, o artigo de Delarue-Mardrus foi oportuno e oportunista: forneceu a determinado setor da cultura francesa o exotismo desejado (entre a fascinação e o espanto), ao mesmo tempo que deu acesso a um circuito de sociabilidade em que o compositor pôde se afirmar plenamente como Villa-Lobos e, por contiguidade, um músico brasileiro.

Do canibal II: boi voador

O compositor francês Darius Milhaud, quando esteve no Brasil em missão diplomática, em 1917, anotou a seguinte impressão sobre a música que se tocava na cidade do Rio de Janeiro:

> [...] os ritmos dessa música popular me intrigavam e fascinavam. Havia na síncopa uma imperceptível suspensão, uma respiração displicente, uma pequena parada que me era muito difícil de captar. Comprei então uma quantidade de maxixes e tangos; e me apliquei em tocá-los com suas síncopas que passavam de uma mão a outra. Meus esforços foram recompensados e eu pude enfim exprimir e analisar esse "pequeno nada" tipicamente brasileiro.[20]

O músico erudito europeu precisou fazer um ajuste entre o ouvido e a visão. A "imperceptível suspensão" da síncopa dos maxixes cariocas não estava escrita nas partituras do modo como ele a escutava nas execuções das ruas. A partitura para o músico popular é uma mera referência, isso quando ele a sabe ler, porque esse fazer musical acontece sobretudo pela transmissão oral e corporal. Para o compositor treinado na abstração do pensamento musical europeu, a partitura é como letra impressa em pedra, seu fazer passa necessariamente pelo processo teórico da escrita – corpo e mente separados entre sujeito e objeto. Por isso o francês comprou partituras. Mas o que o intrigou e o fascinou foi justamente aquilo que para sua cultura é exceção: a síncopa. Aliás, na teoria musical, "síncopa" é o termo técnico para designar ritmos de exceção. Reconhecer, por fim, a exceção como norma, em sua lógica europeia, significa qualificar aquilo que é típico do lugar, no caso, o novo mundo americano: "Um pequeno nada" brasileiro. Parênteses: se Milhaud tivesse aportado na mesma época em Havana ou em Nova Orleans, por exemplo, provavelmente ele teria dito o mesmo sobre o típico "pequeno nada" da sincopada música popular cubana ou

---

20 Milhaud, *Notes sans musique*, p.80-1, tradução nossa.

norte-americana sulista – há um processo recorrente na formação da música popular urbana em torno da síncopa nas Américas: do Norte, Centro e Sul.[21]

Esse fragmento da memória de Darius Milhaud concentra, a meu ver, três questões com diferentes ordens de grandeza: 1) o olhar estrangeiro sob a perspectiva do exotismo; 2) a singularidade local como índice de modernidades nacionais; e 3) o contraste entre a percepção do campo visual (experiência culta europeia) e do campo aural (experiência popular americana), o que sugere algo como um "giro acústico"[22] sobre as narrativas da modernidade.

Começando pelo fim. Quando voltou à França, Milhaud estreou em 1920 a suíte sinfônica *Le Bœuf sur le toit* (1919), ou *O boi no telhado*, com roteiro cênico de Jean Cocteau, garantindo um lugar de destaque nos ambientes artísticos da vanguarda francesa. Os procedimentos composicionais que o consagraram com o Grupo dos Seis, nos anos seguintes, estavam todos lá: a politonalidade, a espacialização dos timbres, a polirritmia. A suíte

---

21 Cf. Machado, *O enigma do homem célebre*, op. cit.

22 O crítico literário Julio Ramos desenvolve essa perspectiva sobre a saturação do "esquema óptico" de modo original no ensaio "Descarga acústica". Segundo Ramos: "Digamos, para concluir, que los debates sobre el privilegio del esquema óptico (y el amor por la escritura) nos llevan hoy a reconocer el peso poderoso y a veces saturado del orden acústico en las geografías sonoras. Tales órdenes son claramente irreducibles a la cuestión de la 'oralidad' pre-letrada. Son en cambio órdenes mixtos, transitados por la complejidad de la historia del capital, por las transformaciones tecnológicas, así como por las pugnas encarnadas y descarnadas de los cuerpos que se liberan de los esquemas heredados de la programación sensorial". Ramos, "Descarga acústica", *Papel Máquina: Revista de Cultura*, Santiago do Chile: Palinodia, ano II, n.4, p.76-7, 2010.

O boi no telhado é uma espécie de *bricolage* a partir de uma antologia de temas consagrados da música popular do período, de compositores como Marcelo Tupinambá, Ernesto Nazareth, Chiquinha Gonzaga, Catulo da Paixão Cearense, Sinhô, Eduardo Souto, Álvaro Sandin, entre outros. Mas também aparecem citações de compositores eruditos, como Alexandre Levy e Alberto Nepomuceno. O título vem da canção de sucesso do Carnaval de 1918, *O boi no telhado*, de Zé Boiadero, pseudônimo de José Monteiro.

O fato é que, na primeira década do século XX, o Rio de Janeiro tinha no circuito da música popular da cidade uma integração entre autor, obra e público, nos termos assinalados por Antonio Candido,[23] claramente consolidado como um sistema. Fosse pelas polcas amaxixadas de Chiquinha Gonzaga para o teatro musical, fosse pelos tangos brasileiros de Nazareth alimentando as salas de cinema ou pelas nascentes canções carnavalescas de Sinhô, a música popular circulava por todos os estratos sociais da cidade como um mediador cultural. Embora os autores tivessem seus públicos definidos, a circulação de suas obras acontecia de modo transversal, tanto pelo comércio de partituras, sobretudo para o público consumidor da elite "culta" – sinhazinhas que entretinham seus senhores nos pianos das salas de estar dos casarões –, quanto pela transmissão oral/corporal da prática musical espontânea, sobretudo nos bairros da população pobre, como na Cidade Nova.

Darius Milhaud deparou-se com esse sistema da música popular fértil e exuberante num cenário urbano exótico, cercado por florestas: "O Rio de Janeiro tinha um encanto poderoso", anotou em sua autobiografia. Nas décadas seguintes, nos

23 Cf. Candido, *Formação da literatura brasileira: momentos decisivos*.

anos 1920-1930, o que se vê é que esse sistema ganha potência com a consolidação da canção popular em torno do Carnaval e do binômio disco/rádio – o samba. O desdobramento posterior, que se estende de modo geral até a década de 1960, é a centralidade que a canção popular comercial passou a ocupar na cultura brasileira: seja em seus "movimentos", como a bossa-nova e o tropicalismo, mas, sobretudo, na "rede de recados" estabelecida internamente ao sistema (autor, obra e público), permeável a diferentes fricções estéticas externas, da alta cultura literária (Jobim/Vinicius), passando pelas vanguardas da música pós-tonal (Rogério Duprat/tropicalistas), até o engajamento político (*Show Opinião*/Nara Leão, Zé Keti e João do Vale).

Como sabemos, a cultura parisiense do início dos anos 1920 estava ávida por experiências "primitivas" e "exóticas" para alimentar uma estética dadaísta que ganhava forma – imagens surrealistas, situações inusitadas, enfim, tudo o que colocasse em xeque o equilíbrio e a forma da arte clássica. A parceria de Milhaud e Cocteau em *O boi no telhado* foi a resposta certeira para essa expectativa, trazendo, como mote do espetáculo, a excitação dos "anos loucos" do entreguerras em torno de uma cultura popular urbana nascente: a cena se passa no bar O Boi no Telhado, onde personagens, como o *barman*, a senhora ruiva, o boxeador negro, o *bookmaker*, entre outros, vivem situações do cotidiano da boemia notívaga – intrigas, sedução, jogos de azar, repressão policial etc.[24] A grande novidade musical que chegara a Paris eram os *jazz-bands* norte-americanos. Mas Milhaud, por

24 Cocteau, "O Boi no Telhado ou *The Nothing Doing Bar*", em Lago (org.), *O boi no telhado: Darius Milhaud e a música brasileira no modernismo francês*, p.129-34.

sua experiência vivida no Brasil, tinha uma sonoridade ainda mais "exótica" e "primitiva": os maxixes e tangos brasileiros rearranjados dentro dos procedimentos composicionais pós-tonais (politonalidade, texturas sonoras, polirritmias). Não à toa, nas palavras do próprio Cocteau, em depoimento a um jornal em 1941, "O Boi no Telhado" já fazia parte do mito de Paris.[25] O sucesso dessa experiência artística deu nome, em 1922, ao bar/cabaré homônimo que se tornaria emblemático da cidade, ou, nas palavras do pintor Jean Hugo, o "umbigo de Paris", até o início de sua decadência na década de 1950.

Por fim, do espetáculo de 1919 ao bar criado em 1922, a imagem surrealista de um boi voador pairava sobre os telhados de Paris criando moda e influência em todo o mundo.[26] Outro desdobramento da cultura popular brasileira na cena modernista de Paris foi a excursão, também em 1922, dos Oito Batutas de Pixinguinha e Donga, com o dançarino Duque. Embora eles não tenham tocado no cabaré Le Bœuf, o "umbigo de Paris", mas na boate Schéherazade, os Batutas fizeram um enorme sucesso com seus maxixes e sambas numa cidade, esta sim "umbigo do mundo", já acostumada, e de certo modo moldada, pelas idas e vindas transatlânticas entre franceses e brasileiros.

Antropofagias futuras

Existe uma ideia muito repetida pelo senso comum a partir da qual se atribui o reconhecimento subjetivo ou coletivo ao

25 Cocteau apud Fléchet, "Um boi pode esconder outro: história e memória do Bœuf sur le Toit", em ibid., p.93.

26 Anaïs Fléchet desenvolve amplamente o tema. Cf. ibid., p.93-126.

condicionamento da distância do lugar de origem. Isto é, como se o distanciar-se de si mesmo fosse um processo que ajudaria no autorreconhecimento. Em diversos casos, não tenho dúvida de que isso seja verdade. Mas, ao longo deste ensaio, venho demonstrando que mesmo que certa tradição crítica[27] corrobore essa ideia nas relações entre a França e o Brasil nos anos 1920, usando como exemplo a "descoberta" do Brasil de nossos modernistas precisamente no ano de 1923, em Paris, o que me parece mais relevante talvez seja menos a ênfase na distância do que no trânsito por uma via de mão dupla. Mário de Andrade nunca saiu do Brasil e nem por isso deixou de "descobrir" o país. Talvez o maior equívoco dessa linha de interpretação seja atribuir demasiadamente peso à discussão abstrata dos conceitos de identidade ou nacionalidade.[28] O que venho procurando fazer aqui é indicar que as trajetórias transatlânticas de Villa-Lobos e Darius Milhaud sugerem o contrário. A chancela do circuito artístico culto do "umbigo do mundo" parisiense foi tão importante para Villa-Lobos quanto a chancela do circuito popular da cultura brasileira para Milhaud. O que muda são os procedimentos. A França, num *modus operandi* colonialista, como não poderia deixar de ser, enxergou o Brasil do ponto de vista do "exotismo" e do "primitivismo". O Brasil, ao contrário, incorporou e tensionou o modelo de civilização francesa, seja, como vimos, no embate direto de Villa com Cocteau, ou no encantamento que os maxixes e tangos brasileiros provocaram em Milhaud. O mito do "Boi no

27 Cf. Guérios, "Heitor Villa-Lobos e o ambiente artístico parisiense", op. cit.

28 O volume organizado por Filipe Ceppas e João Camillo Penna desenvolve amplamente o tema numa perspectiva contrária às discussões identitárias e nacionalistas. Cf. *Das questões*, Brasília: UnB, v.11, n.1, abr. 2021.

telhado" foi criado e retroalimentado sob múltiplas perspectivas e em diferentes territórios transatlânticos.

Na Paris de 1923, a ideia da Antropofagia estava em plena germinação e já mostrava sua cara mesmo antes do manifesto. Oswald de Andrade arremata e projeta o futuro numa *boutade*: "a gente escreve o que ouve – nunca o que houve".[29]

Referências bibliográficas

ANDRADE, Mário de. *Música, doce música*. São Paulo: L. G. Miranda, 1934.

ANDRADE, Oswald de. *Serafim Ponte Grande*. São Paulo: Companhia das Letras, 2022.

BEAUFILS, Marcel. *Villa-Lobos, musicien et poète du Brésil*. Rio de Janeiro: Museus Villa-Lobos, 1982.

CALIL, Carlos Augusto. Tradutores de Brasil. In: SCHWARTZ, Jorge (org.). *Da Antropofagia a Brasília*: Brasil 1920-1950. Valência: IVAM; São Paulo: Faap; Cosac & Naify, 2002, p.325-49.

CANDIDO, Antonio. *Formação da literatura brasileira*: momentos decisivos. 6.ed. Belo Horizonte: Itatiaia, 2000.

CEPPAS, Filipe; PENNA, João Camillo (org.). *Das questões*, Brasília: UnB, v.11, n.1, abr. 2021.

COCTEAU, Jean. O Boi no Telhado ou *The Nothing Doing Bar.* In: LAGO, Manoel Aranha Corrêa do (org.). *O boi no telhado*: Darius Milhaud e a música brasileira no modernismo francês. Rio de Janeiro: Instituto Moreira Salles, 2012, p.129-32.

DELARUE-MARDRUS, Lucie. L'Aventure d'un compositeur: musique cannibale. *L'Intransigeant*, Paris, 13 dez. 1927, p.1.

DI CAVALCANTI, Emiliano. De Paris. Villa-Lobos. *Correio da Manhã*, Rio de Janeiro, 4 maio 1924, p.4.

FLÉCHET, Anaïs. Um boi pode esconder outro: história e memória do Bœuf sur le Toit. In: LAGO, Manoel Aranha Corrêa do (org.). *O boi*

29 Andrade, O. de, *Serafim Ponte Grande*, p.10.

no telhado: Darius Milhaud e a música brasileira no modernismo francês. São Paulo: Instituto Moreira Salles, 2012, p.93-126.

FLÉCHET, Anaïs. *Villa-Lobos à Paris*: un écho musical du Brésil. Paris: L'Harmattan, 2004.

GUÉRIOS, Paulo Renato. Heitor Villa-Lobos e o ambiente artístico parisiense: convertendo-se em um músico brasileiro. *Mana: Estudos de Antropologia Social*, Rio de Janeiro: UFRJ, v.9, n.1, p.81-108, abr. 2003.

LIMA, João de Souza. O Villa-Lobos que eu conheci. In: *Presença de Villa-Lobos*. Rio de Janeiro: Museus Villa-Lobos, 1969, p.151-170.

MACHADO, Cacá. *O enigma do homem célebre*: ambição e vocação de Ernesto Nazareth. São Paulo: Instituto Moreira Salles, 2007.

MAMMÌ, Lorenzo. Uma gramática do caos: notas sobre Villa-Lobos. In: *A fugitiva*: ensaios sobre música. São Paulo: Companhia das Letras, 2017, p.129-141.

MARIZ, Vasco. *Heitor Villa-Lobos*: o homem e a obra. Rio de Janeiro: Museus Villa-Lobos, 2004.

MILHAUD, Darius. *Notes sans musique*. Paris: Julliard, 1949.

RAMOS, Julio. Descarga acústica. *Papel Máquina: Revista de Cultura*, Santiago do Chile: Palinodia, ano II, n.4, p.49-77, 2010.

RODRIGUES, Pedro Henrique Belchior. *O maestro do mundo*: Heitor Villa-Lobos (1887-1959) e a diplomacia cultural brasileira. Rio de Janeiro, 2019. Tese (Doutorado) – Universidade Federal Fluminense (UFF).

Modernismo na bagagem, Paris via postal: Oswald em 1923

Gênese Andrade

> *Fiz conferência. Jeca Tatu na Sorbonne.*
> *"Boi morreu" nos ballets suédois*
> *do Thêâtre des Champs-Elysées,*
> *aliás, na coisa mais linda da vida:*
> L'Homme et son désir *de Claudel-Milhaud.*
>
> Oswald de Andrade, Carta a Monteiro Lobato,
> Paris, jun. 1923[1]

Entre cartas e crônicas

Na efervescência de Paris em 1923, percorrendo os mais variados espaços de sociabilidade, tanto os cultos quanto os mundanos, Oswald de Andrade é espectador e personagem, mas acima de tudo narrador de suas peripécias e das de seus companheiros modernistas que se encontravam na Cidade-Luz nesse ano.

Como correspondente do *Correio da Manhã*, colaborador do *Correio Paulistano* ou se colocando como um embaixador do

---

1 As cartas de Oswald de Andrade a Monteiro Lobato pertencem ao Fundo Monteiro Lobato, Centro de Documentação Cultural Alexandre Eulalio (Cedae), IEL-Unicamp.

modernismo, Oswald se relaciona com os artistas brasileiros e europeus que povoavam a cidade e outros integrantes, franceses e estrangeiros, do meio social e intelectual, que faziam de Paris o destino ideal para estudos, trabalho, compras, lazer, diversão, consumo de arte – um turbilhão, um pandemônio ou uma festa,[2] uma capital artística.

Em crônicas publicadas nos jornais mencionados em 1923 e no início de 1924,[3] ou em cartas para os amigos brasileiros em São Paulo, o assunto é o mesmo: os locais frequentados, as novas amizades, a divulgação do modernismo brasileiro, o conhecimento da produção artística europeia, a convivência com os compatriotas.

Destinadas a um público mais amplo, nas crônicas prevalece a enumeração de lugares, espetáculos, obras de arte, pessoas do mundo artístico e social. As citações em francês dão conta de suas leituras recentes e a informação predomina sobre a reflexão.

Mais do que falar em arrogância, deslumbramento ou falta de profundidade, superficialidade teórica ou informativa,[4] é

---

2 Brecheret, em cartas a Mário de Andrade, datadas, respectivamente, de 22 de maio e 19 de agosto de 1922, refere-se à cidade como "pandemônio" e "turbilhão", Fundo Mário de Andrade, Arquivo do IEB-USP. Já a consagrada expressão "Paris é uma festa" provém da obra de Hemingway, *A Moveable Feast* [*Paris é uma festa*].

3 Esses textos integram a Parte I deste livro.

4 Vera Maria Chalmers afirma sobre as três crônicas publicadas no *Correio Paulistano* em 1923: "A reflexão teórica não é o seu forte"; "ele é um argumentador". Chalmers, *3 linhas e 4 verdades: o jornalismo de Oswald de Andrade*, p.97, 98. Leonardo Teixeira de Mello Ferreira refere-se à primeira crônica como "problemática", "um discurso confuso, pouco elucidativo" (p.177). Mello Ferreira, *Percursos do moderno e do nacional em Oswald de Andrade: origens e desenvolvimentos do escritor vanguardista de 1924*.

preciso atentar para a especificidade da crônica: ao correr da pena, com leveza, sem compromisso. Os títulos sugestivos e a ironia marcam esses textos, que não têm pretensão de constituir teorias, nem mesmo trazem o caráter combativo – ou o trazem atenuado – que marcou seus artigos publicados antes e durante a Semana de Arte Moderna.[5]

Se, entre 1920 e 1922, o objetivo era defender a chamada arte nova e apontar que a poesia parnasiana e a pintura realista eram coisas do passado, para disseminar o modernismo nascente, ao cruzar o oceano Atlântico, é como se desse início a uma nova etapa, que iria comprovar a consolidação dos ideais da Semana de Arte Moderna, quando seus protagonistas buscavam inserir-se de forma mais consistente na vanguarda artística, na qual se haviam iniciado e da qual haviam apresentado uma amostra no evento de fevereiro de 1922.

Mostrar essa arte em Paris, nos espaços consagrados dos salões, galerias, auditórios e livrarias, e conviver com seus pares estrangeiros já reconhecidos desde a década anterior era uma forma de vingar as vaias recebidas no Theatro Municipal, mas também de ampliar o repertório e a formação, fortalecer a produção artística e buscar novos horizontes para a recepção de suas obras, tanto no âmbito nacional como internacional.

Oswald enviou de Paris sete cartas e um bilhete a Mário de Andrade,[6] e três cartas a Monteiro Lobato nesse ano. Nelas, a estratégia – ou a enumeração – também é a mesma, mas o estilo

---

5 Cf. Andrade, O. de, *Arte do Centenário e outros escritos*.

6 As cartas que Oswald enviou a Mário de Andrade estão depositadas no Fundo Mário de Andrade, Arquivo do IEB-USP. Cf. Andrade, G. (org.), *Correspondência Mário de Andrade & Oswald de Andrade*.

é mais sintético, às vezes quase telegráfico; a ironia intensifica-se e há insistentes pedidos, no sentido de concretizar a inserção nos ambientes descritos, ou solidificar as relações que os textos jornalísticos delineiam.

A letra manuscrita e as fontes tipográficas permitem acompanhar os passos de Oswald de Andrade em Paris. A vida cultural que seus olhos testemunharam e que seu corpo experimentou se desenha vivamente, assim como a percepção sobre o que a cidade fervilhante proporcionava, no calor da hora, a convivência com os vanguardistas europeus e com os modernistas brasileiros nos idos de 1923.

As perspectivas do corpo

Embora a primeira carta enviada de Paris por Oswald a Mário tenha a data de 25 de fevereiro, a que ele enviou de Portugal, mais de um mês antes, em 21 de janeiro, já antecipa o que ele encontraria em seu destino: "Paris – fumier, Paris farra", mas também o teatro Vieux Colombier, o teatrólogo Jean Barois – seu criador, cuja temporada ele acompanharia nos meses subsequentes – e o grupo da Nouvelle Revue Française. A menção ainda aí ao romance *La Garçonne*, de Victor Margueritte, cercada de exclamações, é antecedida por expressões de espanto: "Sabes em Paris o quê? Na-tu-ra-lis-mo!!!".

Já instalado na Cidade-Luz, em carta sem data, mas que podemos contextualizar como sendo de meados de abril, ele é mais explícito: "Charuto e femme, paris, paradis d'avant la chute. C'est dommage que ce arrive à l'âge rhumatismale. Mâle, malgré tout".[7]

7 Tradução nossa: "Charuto e mulher, paris, paraíso antes da queda. É uma pena que isso aconteça na idade reumática. Masculino, apesar de tudo".

Essa apreciação dialoga com um dos temas da primeira crônica enviada por Oswald e publicada no *Correio Paulistano*, em 30 de março, com o título "A atualidade de Babilônia".[8] Em paralelo à reflexão sobre a estética cubista, apresenta-se a questão da moralidade e da imoralidade na cidade, nos espetáculos, na arte: a nudez, a relação com o corpo e sua representação, ou a relação entre o erotismo e a estética.

Ele funde os dois pontos em um só: "De modo a ser hoje o problema social de Paris um problema cubista. A moral hodierna [...], a moral de hoje é como a estética de hoje – um beco sem saída". A liberdade na exposição do corpo e no comportamento e a liberdade na arte, assim como os julgamentos de ambos, seriam avanço ou retrocesso? – ele parece perguntar-se nesse momento de recente mergulho na cidade e na arte, com as quais começava a familiarizar-se.

A cidade em movimento e a arte cubista permitem observar o corpo em várias perspectivas, todas elas passíveis de julgamentos não necessariamente convergentes.

O título hipotético para a crônica – "O *shimmy* e a alma de Paris" –, que ele apresenta nas primeiras linhas do texto, é sugestivo. O *shimmy*, então em moda, era considerado uma dança lasciva, tanto no Brasil, como na França. O corpo em movimento na dança, seja o do observador ou o observado, erotizado, admirado, distorcido, ridicularizado, visto em espetáculos reconhecidamente elogiados, nos teatros, ou visto com reprovação, como nos cabarés, perpassa essa crônica, assim como a correspondência.

Em carta a Mário de Andrade enviada de Paris, Anita Malfatti descreve a experiência do grupo brasileiro em um cabaré: "Outra

8 Reproduzida na Parte I deste livro.

noite me iniciaram nos cabarés de Montmartre. Fomos todos com o Paulo Prado. [...] O Oswald parece um 'édredon' dançando. O Vicky (Brecheret) um 'tank' sérvio, 'qui va jusqu'au bout' e mesmo P. P. está tomando lições de dança".[9]

Na crônica, Oswald sintetiza o "homem moderno": o culto ao corpo e à aparência, de manhã, na ginástica; a hipocrisia, no almoço; a lascívia, à noite: "fazer ginástica de manhã, pregar moralidade no almoço e ir sofrer a volúpia da queda e do Éden perdido nos *dancings* lúbricos". Já ao retratar os músculos, o cubismo se torna uma "música de pinceladas" – no ritmo do *shimmy*?, poder-se-ia perguntar.

A argumentação sobre o corpo e a cidade se desdobra: "mistura na mesma ética lições de ginástica, missas lacrimais ante os altos círios de St. Germain des Prés e a morna e perfumada lascívia do *shimmy* nas noites ansiosas", enquanto nos teatros, se deixam ver "trechos até há pouco reservados ao discreto profissionalismo dos ginecologistas".

A reflexão sobre o corpo exposto e representado se estende do Salon des Indépendants ao Teatro Mayol e ao Teatro Casino. No Teatro Mayol, os cartazes anunciam "*ladie's shirt off!*", para atrair os saxões recém-desembarcados, segundo Oswald. Inicialmente um cabaré, o local passou a dedicar-se ao *music-hall* e ao *striptease* em 1914. Ele ressalta que aí também se despe o homem, sintetizando uma cena de teatro de revista, ambientada em um ateliê de uma artista. Menciona-o em carta de 7 de março

9 Anita Malfatti, Carta a Mário de Andrade, Paris, 27 out. 1923. As cartas que Anita Malfatti enviou a Mário de Andrade estão depositadas no Fundo Mário de Andrade, Arquivo do IEB-USP. Na crônica "De Paris [III]", reproduzida na Parte I deste livro, Di Cavalcanti discorre sobre aulas de dança que ocorrem em um café parisiense.

a Mário. Então aí se apresentava Rachel Meller, atriz espanhola e cançonetista, "magra e ardente", segundo o missivista. Em carta a Lobato, datada de junho, Oswald faz apreciação semelhante sobre uma dançarina, cujo ateliê da irmã escultora ele visitara: "cama mole, coxas rijas e o repousante sexo inquieto".

Ele ainda sintetiza na crônica: "o nu ginástico, transbordando das academias de pintura e da intimidade para os tablados apoteóticos cegantes de luzes, em cenários cubistas, cenários dadaístas, cenários divisionistas". Anita Malfatti faz síntese semelhante, com ironia, na carta a Mário de Andrade, citada: "Nos teatros de variedades muitas mulheres completamente nuas. Tive a impressão de precisar aproveitar a pose".[10]

Tanto Anita Malfatti como Tarsila do Amaral realizaram vários esboços de nus masculinos e femininos durante a temporada de estudos em Paris. Oswald, além de namorado de Tarsila, foi também seu modelo e ela realizou dois nus a partir da observação de sua figura em 1923: um esboço, em que ele aparece deitado, e outro mais bem acabado, em que posa sentado, em posição de lótus ou Buda.[11] A este, Sérgio Miceli se refere como um "rabisco íntimo".[12]

A possibilidade de encontrar no texto de Oswald o amálgama entre a efervescência da cidade e a produção estética, ambas ao mesmo tempo multifacetadas, contraditórias, passíveis de crítica e longe do consenso, torna essa crônica mais relevante, ao trazer uma síntese das várias possibilidades de fruição, uso e

10 Anita Malfatti, Carta a Mário de Andrade, Paris, 27 out. 1923.

11 Cf. Barros; Saturni, *Catálogo raisonné. Tarsila do Amaral.*

12 Miceli, *Nacional estrangeiro: história social e cultural do modernismo artístico em São Paulo*, p.130.

interpretação que tanto o ambiente parisiense como a estética cubista oferecem.[13]

A "nudez vistosa" de Paris, em que há o culto do corpo feminino e se despe também o homem no palco, faz a cidade ser associada a Babilônia também por outros escritores, como Scott Fitzgerald, no conto "Babylon Revisited", de 1930.[14]

A arte antes e depois do automóvel

Outro enfoque de Paris é apresentado na segunda crônica de Oswald, "Pequena tabuada do espírito contemporâneo".[15] Datada de 19 de abril, será publicada no *Correio Paulistano* apenas em 24 de maio de 1923. Começa chamando a atenção para os "tempos modernos" e as transformações que os caracterizam, proporcionadas pela técnica: a imprensa, as estradas de ferro, o cinematógrafo, o automóvel, o autobus, o metrô, o aeroplano, o "concerto sem fio".

Ressalta que a expressão deve refletir sua época:

> Existe uma música de antes do automóvel e uma música de depois do automóvel. A de antes do automóvel não tinha contra ela a concorrência desleal das buzinas, dos surdos choques da ferraria desabrida, dos roncos e das trepidações que se despejaram do íntimo peito das

---

13 A discussão sobre a concepção teórica da arte em geral e do cubismo por Oswald nesse texto é feita, com perspectivas diferentes, por Chalmers, *3 linhas e 4 verdades*, op. cit., p.98-100, e Thiago Gil Virava, no ensaio incluído neste livro.

14 Publicado no *Saturday Evening Post*, em 1931. Cf. Fitzgerald, *24 contos de F. Scott Fitzgerald*.

15 Reproduzida na Parte I deste livro.

forjas antigas até aos nossos repousos brasílicos e que vêm bater em nossa própria mesa de meditação e de trabalho.

Essa argumentação já aparecera em seus artigos publicados nos anos anteriores, relacionados à defesa da arte nova.[16] Além disso, a relação da arte com o automóvel e a velocidade transparecera no título da revista *Klaxon*, de cujo grupo Oswald participou e que ele menciona insistentemente em sua correspondência desse ano.[17]

Atribui a possibilidade de se encontrar essa arte concentrada em Paris nesse momento a duas razões: a importância tradicional da cidade e a afluência de estrangeiros no pós-guerra. Isso a torna um ponto de referência, ou em suas palavras, um meridiano: "Como há um meridiano de Greenwich, há uma estética de Paris. Pior para quem ignora isso".

Oswald traça um panorama das novidades que despontam em Paris nas várias linguagens artísticas. Enumera os músicos que caracterizam a produção "depois do automóvel": "Poulenc, Honegger, Koechlin, Auric, Milhaud, Malipiero, Casella e pelo glorioso Igor Stravinsky". Aponta o surgimento de um novo classicismo no mundo da arte e batiza a nova era: "etapa agitada dos tempos moderno-clássicos – criação e frenesi". Menciona o êxito da arte negra, a visita a uma "exposição cubista de Juan Gris na célebre Galeria Simon, da rue d'Astorg", uma conversa com Picasso em seu ateliê, e cita trechos em francês da revista *Le Mouton Blanc*, de um livro de André Lhote e da história

16 Cf. Andrade, O. de, *Arte do Centenário e outros escritos*, op. cit.

17 Cf. *Klaxon: Mensário de Arte Moderna*, São Paulo, n.1 a 8-9, 1922-1923. Ed. fac-similar em Puntoni; Titan Jr. (orgs.), *Revistas do modernismo 1922-1929*.

da literatura contemporânea de René Lalou.[18] Este último será também mencionado em carta a Mário, datada de 4 de março. Oswald promete enviar a ele a *Histoire de la littérature française contemporaine: 1870 à nous jours*, publicada em Paris nesse ano; de fato, há um exemplar desse livro na biblioteca de Mário, mas não traz nenhuma inscrição que permita comprovar que se trata do exemplar enviado por Oswald.

Nesse cenário, ressalta os nomes dos expoentes com os quais convivia, cuja menção era frequente em sua correspondência, e dos demais modernistas brasileiros em Paris: "A literatura contemporânea tem em França três forças generosas e vivas. Romain Rolland, André Gide e Maurice Barrés". E ainda: "Jules Romains, Paul Claudel, Paul Valéry, Georges Chennevière, Max Jacob, Valery Larbaud, Giraudoux, Paul Morand e Jean Cocteau".

Ao criticar o Salon des Indépendants, defende alguns dos artistas de que está próximo: "as academias modernas de André Lhote e Othon Friez em Montparnasse estão longe de pretender um novo *pompierisme* que outra vez nos entristeça (como entristeceu nos Independentes deste ano) com os seus rebanhos iguais e medíocres de reproduções"; "Lhote e Friez ensinam apenas a tradição da pintura clássica. [...] É a reação organizada contra a chatice fotográfica e copista que ainda domina nos países de menor cultura".

---

18 Depreende-se que, para Chalmers, *3 linhas e 4 verdades*, op. cit., p.108, a presença de longos trechos em francês nessa crônica é algo negativo. Não se pode ignorar, porém, que isso não era exclusivo em Oswald; ao contrário, vemos o mesmo recurso por parte de Milliet na mesma época; o uso de termos em francês é frequente nos escritos de Oswald dos anos 1920 e tanto Bandeira como Milliet publicaram poemas em francês, inclusive na revista *Klaxon*, citada.

Já na carta a Mário de Andrade de 4 de março, a crítica ao cubismo e ao Salon des Indépendants é demolidora: "o salão dos independentes, a última arrancada, já ridícula, já triste, da modernidade ocidental. Não é mais cubismo, é cu... ismo. Lhote, Léger, Gleizes, Lipchits comandando esquadrões de Regos Monteiros. Uma palhaçada!". Menciona ainda a visita ao Louvre e a *Gioconda*, presente também na crônica. Na carta, a menção é de passagem, mas na crônica, mesmo que seja um comentário breve, é suficiente para fazer a crítica à arte realista, em contraste com o cenário contemporâneo.

Ao mencionar o "sacrifício de Anita Malfatti" no passado e o êxito recente de Brecheret em Paris, registra estrategicamente a atualização da arte brasileira, que contou com seu apoio incondicional. Oswald não só escreveu um artigo em defesa de Anita Malfatti, após a crítica de Lobato à sua exposição de 1917, como também dedicou um texto elogioso a Brecheret em 1920 e abrigou, nas páginas da revista *Papel e Tinta*, que então dirigia com Menotti Del Picchia, uma ampla campanha pelo *Monumento às bandeiras*, projetado pelo escultor, e pela concessão da bolsa do Pensionato Artístico a ele.[19]

Nessa crônica, a linguagem empregada tem momentos que estão de acordo com o estilo inventivo que caracteriza a correspondência e sua obra literária subsequente.[20] Menciona

19 Cf. Andrade, G., "A ofensiva nos jornais: Oswald de Andrade e o momento artístico em torno de 1922", em Andrade, O. de, *Arte do Centenário e outros escritos*, op. cit., p.11-53.

20 Ao abordar essa crônica, Vera M. Chalmers aponta "generalizações e palpites" (*3 linhas e 4 verdades*, op. cit., p.103); "a redundância e a digressão" (p.105), "abordagem subjetiva da argumentação" (p.107), apreciação da qual discordamos. A compreensão do texto em diálogo com

o "primitivismo cinebuzinosemfio (recorro ao vocabulário do meu querido Mário de Andrade) dos tempos modernos", quando aborda o novo classicismo.

"Espalhe os novos amigos"

A correspondência de Oswald e Tarsila a Mário detalha passo a passo sua aproximação de vários artistas europeus e a convivência com os brasileiros. Na carta de 18 de abril, Oswald afirma: "Estou já há bastante tempo na intimidade de Picasso, Cocteau, Romains e Larbaud"; "Tarsila (íntima de Lhote e Juan Gris, a quem me apresentará)".

Em carta a Tarsila, de 20 de maio, Mário revela: "Contou-me o Oswald que és agora amiga de Lhote e Juan Gris...".[21] Esse registro é importante também pelo fato de que Oswald não guardou cartas que supostamente Mário teria enviado a ele. Sendo assim, há poucos registros que permitam saber como o autor de *Pauliceia desvairada* reagia às notícias de Paris.

Os ateliês dos artistas são descritos na conferência que Oswald realiza na Villa Kyrial, publicada no *Correio Paulistano*, na parte veiculada em 12 de abril de 1924, com o título "Ambientes intelectuais de Paris II".[22] Embora não seja no calor da hora, ele estava na presença de Blaise Cendrars e revive, com vigor, as visitas realizadas.

O quarto de Cocteau é retratado como absolutamente inusitado, "contém toda a mistura produzida pela vida contemporânea,

---

seus artigos anteriores, sua obra literária posterior e com sua correspondência a Mário de Andrade parece-nos mais produtiva.

21 Amaral, A. (org.), *Correspondência Mário de Andrade & Tarsila do Amaral*, p.64.

22 Reproduzida na Parte I deste livro.

de páginas fotográficas de *sport* e aviação, tiradas de grandes revistas, a instantâneos banais, desenhos, rabiscos de grandes mestres, navios trabalhados nas galés, um piano, um retrato por Marie Laurencin, uma coleção de cachimbos e um cachorro de papelão feito por Picasso e amarrado ao pé da cama para não fugir". Já sobre o ateliê de Picasso, destaca: "seu apartamento atual, na rue La Boétie, contém alguns dos mais valiosos quadros do *douanier* Rousseau, [...]". O de Léger é mencionado como "curiosíssimo", enquanto o de Albert Gleizes, é um "rico apartamento do Boulevard Lannes". Sobre Brancusi, apresentado como "um apóstolo de barbas brancas e tamancos", avisa: "qualquer espírito desprevenido se revoltará no primeiro contato com o seu extraordinário *atelier* da Impasse Ronsin. Estátuas sintéticas, cabeças lisas como ovos perfeitos, linhas puras de mármore e de bronze, constituem o rico e esplêndido aspecto de sua forja. Apenas a presença de Brancusi desfará qualquer ideia de blague".

Para divulgar sua própria obra, Oswald fez insistentes pedidos a Sérgio Milliet para que traduzisse *Os condenados* para o francês. Menciona, em carta a Mário datada de 4 de março, aguardar a tradução de Milliet. Este comenta, em cartas a Yan de Almeida Prado, de 6 de junho e 27 de julho, estar se dedicando à tarefa, mas não foram localizados materiais relacionados a isso.[23] Já em carta a Mário, de 18 de abril, Oswald se refere a Mathilde Pomès – hispanista francesa e escritora, a quem chegou por intermédio de Valéry Larbaud, ela vertera Ramón Gómez de

23 As cartas de Sérgio Milliet a Yan de Almeida Prado estão depositadas na Academia Paulista de Letras. Citadas em Almeida Prado, *A grande Semana de Arte Moderna*.

la Serna para o francês – como tradutora de sua obra, mas ela também não concretizou a tarefa. Em carta a Larbaud, de 26 de julho, Pomés faz duras críticas a Oswald por tentar convencê-la "a traduzir seu romance por amor à arte".[24]

Para divulgar as demais obras, as solicitações de Oswald são também constantes na correspondência a Mário: "Manda-me urgentemente alguns exemplares de *Pauliceia*, pede ao Guy o *Messidor*, [...]. Manda-me sem falta coleções de *Klaxon*" (carta de 25 de fevereiro); "Deixei na mesa de trabalho de Jules Romains o meu volume de *Pauliceia*", "manda *Klaxon* e manda *Pauliceia* dedicada a Romains e a *Revista do Brasil*" (carta de 4 de março); "Peço-te *Klaxon*, a *Revista do Brasil* e a fidelidade" (carta de 18 de abril).

Oswald tornou-se próximo de Blaise Cendrars e Valery Larbaud nessa temporada parisiense. Enviou três cartas a Larbaud em 1923. Na primeira, datada de 3 de março, comunica sua intenção de conhecê-lo pessoalmente:

> C'est Jules Romains qui m'a donné votre addrèsse.
>
> Je suis un représentant de la génération brésilienne qui s'est éprise de votre art.
>
> Je serais heureux de vous rendre personallement mes hommages intellectuels.[25]

---

24 A carta de Mathilde Pomés a Valéry Larbaud é citada em Rivas, "Valery Larbaud e Oswald de Andrade", em Andrade, O. de, *Obra incompleta*, t.II, p.1355. Cf. também Andrade, G. (org.), *Correspondência Mário de Andrade & Oswald de Andrade*, op. cit.

25 Tradução nossa: "Foi Jules Romains que me deu seu endereço./ Eu sou representante da geração brasileira que se apaixonou por sua arte./ Terei o prazer de lhe prestar pessoalmente minhas homenagens intelectuais".

Segundo Pierre Rivas, quem os apresentou foi Jules Romains e Adrienne Monnier.[26] Em carta a Mário, com data de 7 de março, Oswald conta sobre o novo amigo: "Ontem visitei Valery Larbaud. É o Bom, na acepção gorda da palavra. Vai aprender o português para traduzir toda a geração".

Numa carta a Mário sem data, que é possível situar em abril, Oswald documenta o primeiro encontro com Blaise Cendrars e manda um autógrafo do poeta franco-suíço, junto com um desenho da Torre de Babel. É curioso constatar que nessa ocasião já se anuncia a viagem de Blaise ao Brasil, que se concretizará no início de 1924: "Irá ao Brasil cinematograficamente". Oswald diz ainda: "Espalhe os novos amigos: Gide, Cendrars, Romains, Claudel". Já em 15 de maio, reitera:

> Continuo na intimidade: do delicioso Cendrars (acompanha-me até em casa, como o excelente do Rubens fazia na excelente São Paulo); de Cocteau (faz fumigação e barba, numa robe-de-chambre velha, em minha presença); de Picasso (sai de braço dado comigo pela Rue La Boétie, [...]); de Romains e Morand, a quem devo um vivo interesse pelo Brasil.

Aí está registrado o que ele relatou na conferência em São Paulo, citada antes. Data de 28 de maio de 1923 uma visita de Tarsila e Oswald ao apartamento de Blaise, que ele registra em uma dedicatória à pintora em *Tour Eiffel*, um óleo que pintara em 1913:

Tivemos acesso às cartas de Oswald a Larbaud, do período de 1923 a 1928, seis no total, graças à gentileza de Rivas, a quem agradecemos (*in memoriam*). As cartas de Larbaud a Oswald não foram localizadas.

26 Cf. Rivas, "Valery Larbaud e Oswald de Andrade", op. cit., p.1354-5.

"à Madame Tarsila do Amaral en souvenir de sa bonne visite au Mont-Dore".[27]

Pouco depois, Tarsila oferece um almoço a ele em seu ateliê, como relata em carta aos pais, em 11 de junho: "Quarta--feira ofereci um almoço brasileiro ao maior poeta francês atual: o mutilado de guerra Blaise Cendrars que com toda a sua incontestada grandeza é o rapaz mais simples do mundo".[28] Em julho, Tarsila acompanha Cendrars em um almoço oferecido pelo embaixador Souza Dantas, como relata em uma carta aos pais, de 5 de julho, exaustivamente citada: "Cendrars, o grande poeta mutilado de guerra, à minha esquerda para que eu cuidasse de servi-lo, cortando a carne, etc. Ele só tem o braço esquerdo".[29]

Oswald irá rememorar esse evento em crônica publicada em 13 de fevereiro de 1924, no *Correio Paulistano*, "Blaise Cendrars: um mestre da sensibilidade contemporânea",[30] na qual se detém na obra do poeta franco-suíço, recém-chegado ao país a convite de Paulo Prado, mas por sugestão sua:

> No almoço oferecido, em julho último, aos escritores e artistas modernos de Paris, pelo embaixador Souza Dantas, que prosseguia assim com brilho o seu programa de aproximação latina, Blaise Cendrars ocupou um dos lugares de honra e foi figura de relevo numa mesa em que se sentaram Jules Romains, Giraudoux, Suppervielle, e os pintores André Lhote e Fernand Léger.

---

27 Eulálio, *A aventura brasileira de Blaise Cendrars*, p.267-8. Tradução nossa: "A Madame Tarsila do Amaral, como lembrança de sua boa visita a Mont-Dore".

28 Apud Amaral, A., *Tarsila: sua obra e seu tempo*, p.104.

29 Ibid., p.109-10.

30 Reproduzida na Parte I deste livro.

Em carta a Monteiro Lobato, datada de junho de 1923, Oswald dá uma amostra da vida agitada dos brasileiros em Paris:

> Queres respirar o meu carnet: Hoje, domingo: às 5, reunião na casa mediocre do poeta N. Segunda: visita matinal ao poeta gentleman Supervielle – Terça: banquete ao escritor espanhol Gómez de la Serna – Coño! Caramba! Quarta, almoço com Baudelaire que hoje é mutilado de guerra e chama Blaise Cendrars – Quinta: visita ao *atelier* da escultora rumaica Irene Codreano, irmã da não menos esculptorea Luba Codreano (dansarina, hélas!) para irmos os três visitar Brancusi o IMMENSO. – Sexta: Professor Le Gentil e escritor Jules Romains – Sábado: jantar de brasileiros a Jean Cocteau.

Meses depois, em carta a Mário de Andrade, de 13 de outubro, o relato de Tarsila comprova que a vida social continuava intensa:

> Pintura, música, literatura e meu *atelier* cheio de artistas. Serge e Oswald maravilhosos. Villa-Lobos nervoso. Souza Lima gordo. Paulo Prado estupendo.
>
> Amanhã 2ª sessão (só tenho seis copos e bebo na xícara) Anita, Brecheret, Di e famílias. – 3ª sessão. Cocteau, Léger, Cendrars e saudades do Mário (não acredite demais).
>
> Paris é um rebocador.[31]

"Aplaudido na Sorbonne"

Oswald realizou uma conferência na Sorbonne, em 11 de maio, que foi comunicada em várias cartas a Mário, com entusiasmo

31 Amaral, A. (org.), *Correspondência Mário de Andrade & Tarsila do Amaral*, op. cit., p.76-7.

e ironia. Ao escrever no dia 11 de abril, ele informa: "Brecheret, você, Menotti e a corja serão lançados por mim em próxima conferência. Grande agitação nos arraiais da América Latina em Paris e nas trincheiras do ronsardismo triunfante". Em outra carta, sem data, anuncia: "Farei, a 11 próximo uma conferência na sorbonne". Já no dia 9 de maio, faz trocadilhos com o evento: "Antevéspera da Sorbonne – Ando subornado pela emoção"; confessa como será a repercussão na imprensa francesa: "*Comédia* no sábado e também o *New York Herald* falarão bem de nós. Já está tudo combinado. Mesmo que eu diga asneiras. É o grande jornalista Serge Milliet quem assume responsabilidades"; e se prepara para dar o troco às vaias da Semana de 22: "São Paulo (a Pauliceia, não o livro, a cidade do livro) é uma besta. Vaiou-me na Semana de Arte Moderna. Quando esta aí aportar Paris me terá aplaudido na Sorbonne". Na última carta enviada de Paris à rua Lopes Chaves, em 15 de maio, faz um balanço sintético do evento: "A minha conferência causou boa impressão. Na sala, Jules Romains, Paul Morand, Juan Gris, Nicolas Baudoin etc., embaixadores, condessas, artistas etc.".

Mário comenta o fato em carta a Bandeira, datada de 22 de maio: "Sabes do Oswaldo? Está em Paris, amigo de Cendrars, Romains, Picasso, Cocteau, etc. Fez uma conferência na Sorbonne, em que falou de nós!!! Não é engraçadíssimo?".[32]

Rubens Borba de Moraes inteira-se da conferência por Sérgio Milliet e menciona satisfeito em carta a Joaquim Inojosa: "Sabes que o Oswald fez na Sorbonne uma conferência sobre

---

32 Moraes (org.), *Correspondência Mário de Andrade & Manuel Bandeira*, p.92.

nós? O Sérgio escreveu-me contando que em Paris o nosso movimento tem despertado o mais vivo interesse".[33]

Caracterizada pela abordagem panorâmica sobre o pensamento e a arte brasileira, pela enumeração e pelo entusiasmo com a produção artística dos novos – citada de forma mais detida e elogiosa, incluindo também a menção à revista *Klaxon* e à Semana de Arte Moderna –, a conferência "L'Effort intellectuel du Brésil contemporain", no Amphitêatre Turgot, causa impacto entre seus contemporâneos, que têm seus nomes veiculados em espaços de consagração, seja no âmbito acadêmico, ou na imprensa francesa. Mas provoca também críticas, como a de Sérgio Milliet em carta a Yan de Almeida Prado, datada de maio de 1923: "sujet un peu trop vaste pour une conference".[34]

Na falta de qualquer registro fotográfico ou em áudio, resta-nos imaginar a performance oswaldiana. Tudo indica que o texto foi redigido em francês, pois Oswald era fluente nessa língua. Em 1916, publicara, com Guilherme de Almeida, as peças *Mon Cœur balance* e *Leur Âme*, em volume único.[35] Em sua mencionada correspondência com Valery Larbaud em 1923, duas cartas são redigidas por ele em francês.

O impacto da conferência é ainda maior ao ser publicada na *Revue de l'Amérique Latine*,[36] em julho, pois atinge um público mais amplo e garante sua permanência ao longo do tempo. O evento

33 Inojosa, *O movimento modernista em Pernambuco*, v.II, p.368.

34 Tradução nossa: "assunto um pouco vasto para uma conferência".

35 Andrade; Almeida, *Théâtre bresilien: Mon Cœur balance/Leur Âme*; id., *Mon Cœur balance/Leur Âme/Histoire de la fille du roi*.

36 Reproduzida na Parte I deste livro, juntamente com nova tradução para o português.

transita das notas sociais na imprensa, dos registros privados na correspondência, para uma publicação que circula no âmbito acadêmico e nos ambientes intelectuais diversos, inclusive cruzando fronteiras.[37] Com o passar do tempo, passa a ser a única prova material mais consistente, considerando-se que o convite ficou restrito a um caderno de recortes, e as notas na imprensa não trazem muitos detalhes nem do conteúdo, nem da repercussão.[38]

A *Revue* teve seu início em janeiro de 1922 e foi publicada mensalmente até 1931. Dela participavam membros da Academia Francesa, da Academia Brasileira de Letras, o professor G. Le Gentil, da Sorbonne, e escritores como Jules Romains, Jules Supervielle e Ramón Gómez de la Serna, entre outros.[39] Pode-se apontar um vínculo entre a Sorbonne e *Revue*, o que propiciou a publicação.

Dando continuidade ao projeto de divulgação do nascente modernismo em Paris, Oswald chegou a sugerir a Lobato, em carta de 2 de julho, informando-lhe os respectivos endereços,

---

37 Oswald enviou a Monteiro Lobato um exemplar do número da *Revue* em que a conferência foi publicada, como menciona em carta datada de 2 de julho; Mário de Andrade guardou as páginas da publicação em meio a seus recortes, hoje no Arquivo do IEB-USP. O texto da conferência foi publicado em português, com alterações, na *Revista do Brasil*, em dezembro de 1923.

38 O caderno de recortes referentes a eventos de 1923, organizado por Oswald, ficou em poder de Mário da Silva Brito. Foi consultado o microfilme no Fundo Oswald de Andrade, Arquivo do IEB-USP. "M. Oswald de Andrade en Sorbonne", *The New York Herald*, Paris, 12 maio 1923, p.3; "L'Amérique Latine", *Le Figaro*, Paris, 23 maio 1923, p.2. Consultados em formato digital na base de dados Gallica, da Bibliothèque Nationale de France. Disponível em: <gallica.bnf.fr>; acesso em: 23 set. 2023.

39 Batista, *Os artistas brasileiros na Escola de Paris: anos 1920*, p.164-5.

o envio direto de publicações ao professor Le Gentil, titular do curso de literatura brasileira da Sorbonne, e ao diretor da *Revue de l'Amérique Latine*:

> O professor Le Gentil, que protesta contra a tua germanofilia e diz que entendes de tudo menos de guerra, vai empregar uma das suas doze lições no próximo curso da Sorbonne, com você. Acho que você não fará mal em fornecer-lhe não só os seus livros restantes (dei-lhe *Urupês*, *Cidades* e *Onda verde*) como os livros interessantes que for editando.
>
> [...]
>
> Outra pessoa a quem você devia mandar os seus livros e os bons livros da casa é o diretor da *Revue de l'Amérique Latine*.

Poemas na bagagem?

As duas últimas crônicas que Oswald enviou de Paris em 1923 antes de embarcar são datadas de novembro, mas ganharão as páginas do *Correio da Manhã* somente em dezembro. Ambas foram estampadas na primeira página do referido jornal, um dos mais importantes da capital do país à época. Constituem o começo da colaboração do escritor nesse diário, que ganha mais relevância ao publicar-se aí o "Manifesto da Poesia Pau Brasil", em 18 de março de 1924, que dá início a uma nova etapa do modernismo brasileiro.

Publicado em 12 de dezembro de 1923, "Vantagens do caos brasileiro"[40] é antecedida por uma sintética e simpática apresentação do autor, não assinada, que o insere com destaque

40 Reproduzida na Parte I deste livro.

no "grupo interessante de artistas brasileiros" ora em Paris: "moços, cheios de entusiasmo, cheios de fé".

Oswald começa citando Amadeu Amaral para defender a superação do soneto e a vigência do verso livre e, no que se refere à arte nacional como um todo, após o contato com a produção estrangeira, a prevalência de "elementos brasileirantes" para a partir daí consolidar a tradição: "em música, o ritmo do índio e o canto negro; nas artes plásticas, a ingenuidade dos mulatos místicos; na literatura, o folclore". Ao chamar atenção para a importância de se ter em conta o que se passa na Europa, ressalta o interesse pelo primitivo e o exótico, valorizado, por exemplo, por Darius Milhaud, que inclusive já havia passado uma temporada no Brasil.

Se a submissão aos modelos importados representaria o caos, a valorização do elemento nacional em diálogo com as recentes tendências artísticas europeias resultaria na vantagem, ou na superação do caos. Como já foi apontado em alguns estudos,[41] aí estariam as origens do que resultará no movimento Pau Brasil, que teria sua sistematização no manifesto homônimo, mencionado.

De fato, no trecho transcrito da conversa de Oswald com Milhaud, diante de duas telas que este adquirira no Rio de Janeiro, de autoria de um pintor identificado como Jacaré, pode-se ler, retrospectivamente, a síntese do que seria a concepção

41 Mello Ferreira, *Percursos do moderno e do nacional em Oswald de Andrade*, op. cit.; Virava, "Vantagens do caos brasileiro: o Brasil que Oswald de Andrade descobriu em Paris", *Ars*, São Paulo: PPGAV, ECA-USP, ano 16, n.33, p.59-79, 2018; disponível em: <https://www.scielo.br/j/ars/a/ZNjHbw7ZwVvsXkz86PsG9zz/?format=pdf&lang=pt>; acesso em: 6 set. 2023.

artística de Tarsila e Oswald, a partir de 1924, após o Carnaval no Rio de Janeiro e a Semana Santa nas cidades históricas de Minas Gerais, na companhia de Blaise Cendrars:

> [...] duas paisagens curiosíssimas com montanhas, palmeiras e casas. Milhaud fez-me ler a assinatura "Jacaré", embaixo dos desenhos e acrescentou:
>
> – O Brasil não sabe o que tem. Essas deliciosas pinturas que coloco, sem medo, em meu apartamento de Paris, ao lado de Picasso e Delacroix, foram compradas por quase nada no porto da Bahia. O dia em que vocês descobrirem que é esse o caminho da pintura brasileira, poderão conquistar um lugar interessante no mundo.

Essa crônica difere das anteriores por seu tom mais argumentativo e reflexivo, mas Oswald não deixa de ressaltar sua familiaridade com o ambiente cultural parisiense e inclusive a visita e convivência com Milhaud: "Esperando Darius Milhaud, o conhecido músico da vanguarda parisiense, em uma visita que lhe fiz".

Na sequência, "Preocupações brasileiras",[42] publicada em 20 de dezembro, no mesmo jornal, retoma o tema ao afirmar: "No Brasil, o caos é favorável", "aceitemos risonhamente o caos", e traz novamente os elementos destacados na crônica anterior: "Voltemos corajosamente aos mulatos místicos e urbanos da Bahia, de Pernambuco, de Minas".

Ao defender a incorporação do cotidiano na arte, "A noção de tumulto, de oficina mecânica, de bateria coletivista, produzida pela vida atual das grandes cidades com metropolitanos,

42 Reproduzida na Parte I deste livro.

organização esportiva, bondes, problemas de circulação etc. já tem dado influência e reflexo nas artes e na literatura", dialoga também com a crônica "Pequena tabuada do espírito contemporâneo".

A menção ao livro de Oliverio Girondo, *Veinte poemas para ser leídos en el tranvía*, publicado na França em 1922, como "um livro moderno", destacando "sua bem-humorada simplicidade", "sua liberdade inteligente de metros", é uma notícia significativa entre as que vêm de Paris. Oswald chama a atenção para a incompreensão que a obra provavelmente enfrentaria no Brasil entre os retóricos e parnasianos, assim como a literatura de Max Jacob era ilegível para eles.

Porém, não há registro de nenhum contato entre Girondo e Oswald, nos anos 1920, embora tenham coincidido em temporadas na Europa. O poeta argentino viria ao Brasil e se encontraria com o brasileiro apenas nos 1940; sua obra chegou a Menotti Del Picchia e Mário de Andrade em meados da década de 1920 por outras vias que não a parisiense.[43]

Os navios que faziam o trajeto entre a Europa e a América do Sul nos anos 1920 tinham o porto do Rio de Janeiro como escala. Oswald aí embarcara em dezembro de 1922 e desembarcara em dezembro de 1923. Oliverio Girondo passou por lá várias vezes, especialmente nos anos 1920, partindo de Buenos Aires ou regressando à sua cidade natal.

Isso nos faz imaginar que o poeta argentino pode ter folheado o *Correio da Manhã* em algum momento e seus olhos,

43 Cf. Schwartz, *Vanguarda e cosmopolitismo na década de 20: Oliverio Girondo e Oswald de Andrade*; Andrade, G. "Outras vias entre as vanguardas brasileiras e argentinas nos anos 1920", *Estudos Avançados*, São Paulo: IEA-USP, v.36, n.104, p.111-42, 2022.

percorrendo as páginas, talvez tenham se deparado com as crônicas de Oswald e Di Cavalcanti. Mais provável ainda é que tenha chamado sua atenção a seção "Para ler no bonde", que começa a ser veiculada em meados de 1923, situada invariavelmente na página 2 do diário, ao lado das crônicas de Di Cavalcanti, que quase sempre ocupavam a seção "De Paris".[44] A semelhança entre o título da seção e o de seu livro, que inclui um poema intitulado "Rio de Janeiro", é uma curiosa coincidência.

Por outro lado, talvez o livro tenha sido mencionado a Oswald por Ramón Gómez de la Serna. Este escreveu uma resenha publicada no jornal *El Sol*, de Madri, em 4 de maio de 1923, pouco antes do citado jantar em sua homenagem, em junho, em Paris, do qual Oswald participou.

É Tarsila do Amaral quem detalha a homenagem ao escritor espanhol:

> Recordo-me também de um jantar no Pen Club, oferecido a Ramón Gómez de la Serna com a presença do compositor Manuel de Falla. Gómez de la Serna falava mal o francês. Prevendo a clássica saudação, escondeu uma garrafa vazia debaixo da cadeira e, no momento de agradecer a homenagem, balbuciou umas frases incorretas, gaguejou e, para livrar-se dos apuros, apanhou a garrafa, enfiou nela uma bandeirinha espanhola e outra francesa, gritando com a mão para o alto: "Vive la France!". Imaginem-se a surpresa e as risadas. [...] Benjamin Crémieux, Valéry Larbaud, Supervielle, Jules Romains e outras personalidades de vanguarda lá estavam nessa noite inesquecível.[45]

---

44 Algumas dessas crônicas de Di Cavalcanti, publicadas em 1923, estão reproduzidas na Parte I deste livro.

45 Brandini (org.), *Crônicas e outros escritos de Tarsila do Amaral*, p.734.

Anos depois, Ramón escreveria o verbete "Klaxismo", publicado em seu livro *Ismos*, em 1931.[46] Oswald teria mostrado *Klaxon* a ele, e este teria mostrado a Oswald o livro de Girondo? Jules Supervielle, poeta franco-uruguaio com quem Oswald conviveu em Paris, também pode ter sido o intermediário desse encontro textual, pois escreveu uma resenha desse livro, talvez no fim de 1923, publicada na *Revue* em março de 1924.[47]

É provável que o livro tenha chamado a atenção de Oswald na livraria de Adrienne Monnier, por onde ele, Ramón e Supervielle passaram em 1923, talvez simultaneamente. Supervielle explicita a disponibilidade do livro ali: "La physionomie de la rue de l'Odeon où l'on trouve son livre en a été profondement changée".[48] Oswald também mencionara em carta a Mário de Andrade, de 25 de fevereiro, que lá disponibilizaria *Klaxon*: "Manda-me sem falta, coleções de *Klaxon*, para serem postas à venda no melhor *salon littéraire* de France, 7, Rue de l'Odeon Chez Mlle. Monnier". Rememora em 1924, em "Ambientes intelectuais de Paris II", sua passagem por esse icônico local: "livraria de mlle. Monnier, na rue de l'Odeon, onde Jules Romains, Valery Larbaud, Leon Paul Fargue e outros poetas reúnem os seus amigos e onde Claudel e Gide têm lido, pela primeira vez, as suas obras".

46 Gómez de La Serna, *Ismos*, p.141-2.

47 *Revue de l'Amérique Latine*, Paris, ano III, v.7, n.27, p.262-3, mar. 1924. A coleção dessa revista está digitalizada no *site* da Bibliothéque Sorbonne Nouvelle; disponível em: <https://catalogue-bsn.sorbonne-nouvelle.fr/discovery/fulldisplay/alma997508827605802/33USPC_USN:USN>; acesso em: 23 set. 2023.

48 Tradução nossa: "A aparência da rue de l'Odeon onde se encontra seu livro foi profundamente alterada".

Oswald não trouxe esse livro na bagagem ou, se trouxe, não o conservou nem voltou a mencioná-lo durante os anos expressos na rota São Paulo-Paris. Seja como for, o dado de que tenha conhecido a obra de Girondo antes de conceber *Pau Brasil*, a ser publicado em 1925, nos faz pensar que, além da relação entre as crônicas e o manifesto, a temporada parisiense e o movimento, se estende também uma ponte até o livro.[49] Enquanto os modernistas cruzavam o oceano no navio, Paris viajava via postal, os poemas impressos de Girondo e os de Oswald em gestação se encontravam em um lugar ainda não totalmente definido do mapa de Paris, em 1923.

Referências bibliográficas[50]

ALMEIDA PRADO, Yan de. *A grande Semana de Arte Moderna*: depoimento e subsídios para a cultura brasileira. São Paulo: Edart, 1976.

AMARAL, Aracy A. *Tarsila*: sua obra e seu tempo. 3.ed. rev. e ampl. São Paulo: Edusp; Editora 34, 2003.

______ (org.). *Correspondência Mário de Andrade & Tarsila do Amaral*. São Paulo: IEB-USP; Edusp, 2001.

ANDRADE, Gênese. A ofensiva nos jornais: Oswald de Andrade e o momento artístico em torno de 1922. In: ANDRADE, Oswald de. *Arte do Centenário e outros escritos*. Org. Gênese Andrade. São Paulo: Editora Unesp, 2022, p.11-53.

49 Assim como o livro de Girondo (editado na Imprimerie de Colouma, Argenteiul), o de Oswald também teve sua primeira edição na França (pela Au Sans Pareil, de Paris). A abordagem comparativa entre os *Veinte poemas para ser leídos en el tranvía*, de Girondo, e *Pau Brasil*, de Oswald, foi realizada pioneiramente em Schwartz, *Vanguarda e cosmopolitismo na década de 20*, op. cit.

50 Não foram incluídas aqui algumas notas publicadas em jornais, cujas referências bibliográficas completas estão nas notas de rodapé.

ANDRADE, Gênese. Outras vias entre as vanguardas brasileiras e argentinas nos anos 1920. *Estudos Avançados*, São Paulo: IEA-USP, v.36, n.104, p.111-42, 2022.

______ (org.). *Correspondência Mário de Andrade & Oswald de Andrade*. São Paulo: IEB-USP; Edusp, 2023.

ANDRADE, Oswald de. *Arte do Centenário e outros escritos*. Org. Gênese Andrade. São Paulo: Editora Unesp, 2022.

______; ALMEIDA, Guilherme de. *Théâtre brésilien*: Mon cœur balance/ Leur Âme. São Paulo: Asbahr, 1916.

______; ______. *Mon cœur balance/Leur Âme/Histoire de la fille du roi*. São Paulo: Globo, 2003.

BARROS, Regina Teixeira de; SATURNI, Maria Eugenia. *Catálogo raisonné*. Tarsila do Amaral. São Paulo: Base 7; Pinacoteca do Estado, 2008.

BATISTA, Marta Rossetti. *Os artistas brasileiros na Escola de Paris*: anos 1920. São Paulo: Editora 34, 2012.

BRANDINI, Laura Taddei (org.). *Crônicas e outros escritos de Tarsila do Amaral*. Campinas: Editora da Unicamp, 2008.

CHALMERS, Vera M. *3 linhas e 4 verdades*: o jornalismo de Oswald de Andrade. São Paulo: Duas Cidades; Secretaria da Cultura, Ciência e Tecnologia do Estado de São Paulo, 1976.

EULÁLIO, Alexandre. *A aventura brasileira de Blaise Cendrars*. 2.ed. rev. e ampl. Carlos Augusto Calil. São Paulo: Edusp; Imprensa Oficial do Estado; Fapesp, 2001.

FITZGERALD, F. Scott. *24 contos de F. Scott Fitzgerald*. Trad. Ruy Castro. São Paulo: Companhia das Letras, 2004.

GÓMEZ DE LA SERNA, Ramón. *Ismos*. Buenos Aires: Poseidon, 1943. [1.ed. Madri: Biblioteca Nueva, 1931.]

HEMINGWAY, Ernest. *A Moveable Feast*. Nova York: Charles Scribner's Sons, 1964. [Ed. bras.: *Paris é uma festa*. Trad. Ênio Silveira. 32.ed. Rio de Janeiro: Bertrand Brasil, 2013.]

INOJOSA, Joaquim. *O movimento modernista em Pernambuco*. v.II. Rio de Janeiro: Gráfica Tupi, 1969.

KLAXON: Mensário de Arte Moderna, São Paulo, n.1 a 8-9, 1922-1923. Ed. fac-similar em PUNTONI, Pedro; TITAN JR., Samuel (orgs.).

Revistas do modernismo 1922-1929. São Paulo: Imprensa Oficial; Biblioteca Brasiliana Guita e José Mindlin, 2014.

MELLO FERREIRA, Leonardo Teixeira de. *Percursos do moderno e do nacional em Oswald de Andrade*: origens e desenvolvimentos do escritor vanguardista de 1924. Rio de Janeiro, 2014. Tese (Doutorado em Letras) – Universidade Estadual do Rio de Janeiro (Uerj).

MICELI, Sérgio. *Nacional estrangeiro*: história social e cultural do modernismo artístico em São Paulo. São Paulo: Companhia das Letras, 2003.

MORAES, Marcos Antonio de (org.). *Correspondência Mário de Andrade & Manuel Bandeira*. 2.ed. São Paulo: IEB-USP; Edusp, 2001.

RIVAS, Pierre. Valery Larbaud e Oswald de Andrade. In: ANDRADE, Oswald de. *Obra incompleta*. Coord. Jorge Schwartz. Ed. crít. t.II. São Paulo: Edusp, 2021, p.1354-6. (Coleção Archivos.)

SCHWARTZ, Jorge. *Vanguarda e cosmopolitismo na década de 20*: Oliverio Girondo e Oswald de Andrade. São Paulo: Perspectiva, 1983.

VIRAVA, Thiago Gil de Oliveira. Vantagens do caos brasileiro: o Brasil que Oswald de Andrade descobriu em Paris. *Ars*, São Paulo: PPGAV, ECA-USP, ano 16, n.33, p.59-79, 2018. Disponível em: <https://www.scielo.br/j/ars/a/ZNjHbw7ZwVvsXkz86PsG9zz/?format=pdf&lang=pt>. Acesso em: 23 set. 2023.

Sobre a organizadora e os autores

Organizadora

Gênese Andrade

Professora universitária, pesquisadora independente e tradutora. Doutora em Literatura Hispano-Americana pela USP, com pós-doutorado em Literatura Comparada pela Unicamp. Autora de *Pagu/ Oswald/ Segall* (2009), *Vicente do Rego Monteiro* (2013) e *Artistic Vanguards in Brazil, 1917-1967* (2019). Organizadora de *Feira das Sextas* (2004), *Arte do Centenário e outros escritos* (Editora Unesp, 2022), ambos de Oswald de Andrade, *Modernismos 1922-2022* (2022), *Correspondência Mário de Andrade & Oswald de Andrade* (2023) e *Meu corpo quer extensão: uma antologia (1929-1948)* (2023), de Pagu. Coorganizadora de *Un diálogo americano: Modernismo brasileño y vanguardia uruguaya* (2006) e de *Manifesto Antropófago e outros textos* (2017), de Oswald de Andrade. Curadora das exposições *Trabalhos de um poeta: Jorge de Lima* (Cedae-Unicamp, 2005), *Pagu/ Oswald/ Segall* (Museu Lasar Segall, 2009), *100 Orpheu* (BBM-USP, 2015) e cocuradora da *Ocupação Haroldo de Campos – H LÁXIA* (Itaú Cultural e Casa das Rosas, 2011).

Autores

Alecsandra Matias de Oliveira

Especialista em Cooperação e Extensão Universitária no MAC-USP, Doutora em Artes Visuais pela ECA-USP, com Pós-doutorado em Artes Visuais pelo Instituto de Artes da Unesp. Professora do CELACC, da ECA-USP. Pesquisadora do Centro Mario Schenberg de Documentação e Pesquisa em Artes, da ECA-USP. Curadora independente. Membro da Associação Internacional de Crítica de Arte (AICA). Articulista do *Jornal da USP*, editora da *Revista Arte & Crítica* e colaboradora da *DasArtes*. Autora de *Schenberg: crítica e criação* (2011) e *Memória da Resistência* (2022).

Cacá Machado

Professor do Departamento de Música do Instituto de Artes da Unicamp. Doutor em Literatura Brasileira pela FFLCH-USP, onde desenvolveu pesquisa de pós-doutorado na área de História, Música e Cultura Digital. Músico, produtor musical, diretor de espetáculos e curador de exposições. Foi Diretor do Centro de Estudos Musicais do Auditório Ibirapuera (2010 e 2011) e Diretor do Centro de Música da Funarte (2008 a 2010). Autor de *O enigma do homem célebre: ambição e vocação de Ernesto Nazareth* (2007), *Tom Jobim* (2008) e organizador de *Todo Nazareth: obras completas* (2011), entre outros.

Carlos Augusto Calil

Professor colaborador do Departamento de Cinema, Televisão e Rádio da ECA-USP desde 1987. Tinker Visiting Professor na Columbia University em 2019. Entre 1979 e 2012, exerceu funções de direção em órgãos públicos culturais como Embrafilme, Cinemateca Brasileira, Centro Cultural São Paulo, Secretaria Municipal de Cultura de São Paulo, em cuja gestão foi construída a Praça das Artes e restaurado o Conservatório Dramático e Musical. Realizador de documentários em filme e vídeo. Em 2016, foi curador da exposição *Morada do coração perdido*, montada na casa em que viveu Mário de Andrade. É autor de mais de 130 artigos, resenhas e ensaios, e editor/organizador de mais de 30 publicações sobre cinema, iconografia, teatro, história, literatura e gestão cultural.

Fábio Koifman

Doutor em História pela UFRJ. Professor do departamento e do programa de pós-graduação em História da UFRRJ. Pesquisador do Núcleo de Estudos da Política e de História Social (NEPHS) da UFRRJ. É autor dos livros *Quixote nas trevas: o embaixador Souza Dantas e os refugiados do nazismo* (2002), *Imigrante Ideal: o ministério da Justiça e a entrada de estrangeiros no Brasil (1941-1945)* (2012) e *Raymundo Souza Dantas: o primeiro embaixador brasileiro negro* (2021), entre outros títulos. Autor ainda de artigos e capítulos de livros.

Jorge Schwartz

Professor emérito da FFLCH-USP e professor titular de Literatura Hispano-Americana da mesma instituição. Foi diretor do Museu Lasar Segall (2008 a 2018). Autor de *Murilo Rubião: a poética do uroboro* (1976), *Vanguarda e cosmopolitismo na década de 20: Oliveiro Girondo e Oswald de Andrade* (1983; ed. em espanhol, 1993) e *Fervor das vanguardas: arte e literatura na América Latina* (2013; Prêmio Jabuti, 2014; ed. em espanhol, 2016). Organizador de *Vanguardas latino-americanas: polêmicas, manifestos e textos críticos* (2. ed., 2008, reimpr., 2022), *Borges no Brasil* (Editora Unesp, 2001), *Nuevo homenaje a Girondo* (2007), *Borges babilônico* (2017; ed. em espanhol, 2023) e *Oswald de Andrade: obra incompleta* (2021). Organizou também a *Caixa modernista* (2. ed., 2022) e *Do Amazonas a Paris*, de Vicente do Rego Monteiro (2. ed., 2023). Curador das exposições *Da Antropofagia a Brasília* (Instituto Valenciano de Arte Moderno, 2000 e MAB-Faap, 2002), *Horacio Coppola* (Instituto Moreira Salles e Telefónica/Madri, 2007) e *Grete Stern* (Museu Lasar Segall, 2009), entre outras.

Michele Greet

Professora de História da Arte Moderna Latino-Americana da George Mason University e Diretora do Programa de História da Arte da mesma instituição. Autora de *Transatlantic Encounters: Latin American Artists in Paris between the Wars, 1918-1939* (2018), *Beyond National Identity: Pictorial Indigenism as a Modernist Strategy in Andean Art, 1920-1960* (2009) e *Abstraction in the Andes, 1950-1970* (em preparação). Coeditora, com Gina McDaniel Tarver, da antologia *Art Museums of Latin America: Structuring Representation* (2018). Autora de ensaios sobre arte moderna latino-americana publicados em catálogos de exposições do MoMA, do Los Angeles County Museum of Art e de El Museo del Barrio (Nova York), Fundación Juan March (Madri), El Museo del Palacio de Bellas Artes (Cidade do México) e Museu de Arte de São Paulo, entre outros.

Orlando de Barros

Doutor em História Social pela USP. Integra o Programa de Pós-graduação em História da Uerj há 28 anos. É líder do Grupo de Pesquisa Dimensões do Regime Vargas e seus desdobramentos (CNPq). Autor, entre outros, de *Corações De Chocolat: a história da Companhia Negra de Revistas* (2005) e *O pai do futurismo no país do futuro: as viagens de Marinetti ao Brasil em 1926 e 1936* (2010). Autor ainda de artigos e capítulos de livros.

Regina Salgado Campos

Professora Sênior de Departamento de Letras Modernas da FFLCH-USP, tradutora, pesquisadora do Grupo de Pesquisas Brasil-França (Grupebraf) do IEA-USP, tendo ocupado o cargo de coordenadora de 2014 a abril de 2024. Autora do livro *Ceticismo e responsabilidade: Gide e Montaigne na obra crítica de Sérgio Milliet* (1996), de artigos sobre a presença francesa na cultura brasileira e responsável pela seleção e prefácio de *Melhores crônicas Sérgio Milliet* (2006).

Tadeu Chiarelli

Professor Sênior do Programa de Pós-Graduação em Artes Visuais, do Departamento de Artes Plásticas da ECA-USP, tendo chefiado o Departamento entre 2005 e 2010. Foi Curador-chefe do MAM-SP (1996-2000), Diretor do MAC-USP (2010-2014) e Diretor Geral da Pinacoteca de São Paulo (2015-2017). Tem livros e artigos sobre arte brasileira e sobre história da crítica de arte no Brasil, publicados no Brasil e no exterior.

Thiago Gil Virava

Doutor em História, Crítica e Teoria da Arte pela ECA-USP. Atualmente realiza o pós-doutorado na UFRJ sobre o livro *Os ossos do mundo*, de Flávio de Carvalho. Gerente de Educação da Fundação Bienal de São Paulo. Autor de *Uma brecha para o surrealismo* (2014) e *Um boxeur na arena: Oswald de Andrade e as artes visuais no Brasil* (1915-1945) (2023).

Valter Cesar Pinheiro

Doutor em Letras pela USP, com pós-doutorado na Sorbonne Université. Professor de Literatura Francesa na Universidade Federal de Sergipe. Dedica-se a pesquisas no campo das literaturas brasileira, francesa e comparada, com ênfase no estudo das relações entre o Brasil e a França. Publicou *A França em contos de Mário de Andrade* (2014) e *René Thiollier: obra e vida do Grão-Senhor da Villa Fortunata e da Academia Paulista de Letras* (2017). Tradutor de *Reflexões sobre o processo da Rainha, por uma mulher*, de Madame de Staël (2020), e *A mulher escritora*, de Madame de Genlis (2021).

rsila do Amaral, *Retrato de Oswald de Andrade*, 1923.

Vicente do Rego Monteiro, *Fim de combate*, 1923.

Victor Brecheret, *Templo de minha raça*, 1921.

Vicente do Rego Monteiro, *A caçada*, 1923.

Vicente do Rego Monteiro, *Cenário para bailado da Lua-Iaci*, 1921.

LEGENDES CROYANCES ET TALISMANS DES INDIENS DE L'AMAZONE

Adaptations de P. L. Duchartre. Illustrations de. V. de Rego Monteiro

MANI-OCA

(Maison de Mani).

Il y a très longtemps la fille d'un tuchaua (chef) devint enceinte.

Le tuchaua voulait punir l'amant de sa fille.

Mais devant les prières comme les menaces la jeune fille restait insensible, disant qu'elle n'avait jamais connu l'homme.

Le chef avait décidé de la tuer quand il lui vint un songe.

GÉNIES ET PUISSANCES DE L'AMOUR

BOTO

Il arrive souvent que ton premier enfant ne soit pas de toi, mais du Boto. Si ta femme disparait, il y a beaucoup de chances aussi pour qu'il y ait de sa faute.

Lorsque les femmes sont parties se baigner, si tu vois, même au loin, les piraiaras sauter au-dessus de l'eau, tu feras bien de te méfier, Boto est peut-être l'un d'entre eux.

Ils sont beaux, ils sont tentants, les corps luisants des femmes nues qui nagent.

Boto aura vite fait de changer son corps de poisson en un corps d'homme. La femme aura beau faire, il la possèdera sur la plage de sable qu'il voudra. Ou bien, quand elle nage, il l'attirera à lui par les jambes et l'entraînera au fond de l'eau, dans son palais.

Légendes, croyances et talismans des indiens de l'Amazone. Adaptações de P. L. Duchartre, capa e ils. de Vicente do Rego Monteiro, 1923.

Cartão da apresentação de Malkovsky no Théâtre des Champs-Élysées, Paris, 1925, com ilustração de Vicente do Rego Monteiro.

Bailarino veste figurino de Vicente do Rego Monteiro para o balé *Légendes indiennes de l'Amazone*, Paris, 1923.

Vicente do Rego Monteiro, *Quelques visages de Paris*, 1925.

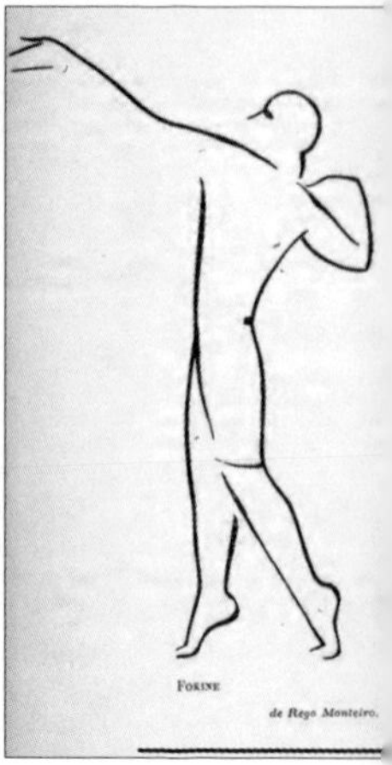

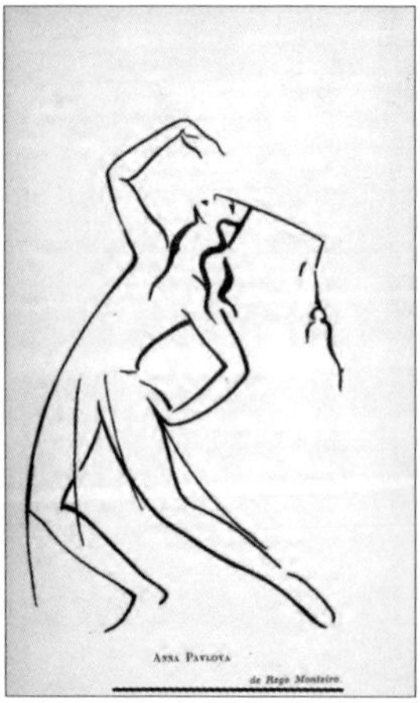

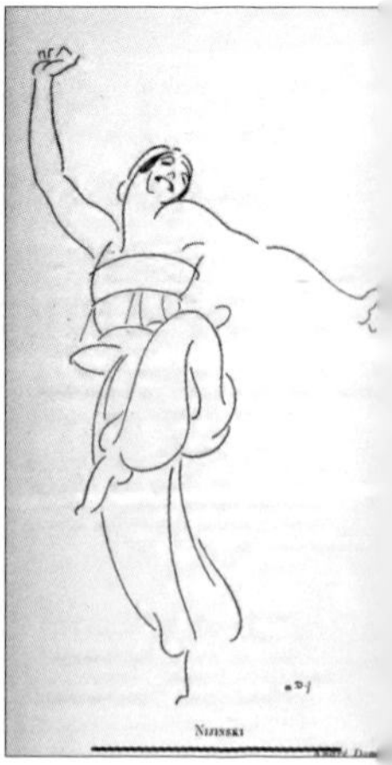

Vicente do Rego Monteiro, ilustrações em Fernand Divoire, *Découvertes sur la danse*, 1924.

Tarsila do Amaral,
A negra, 1923.

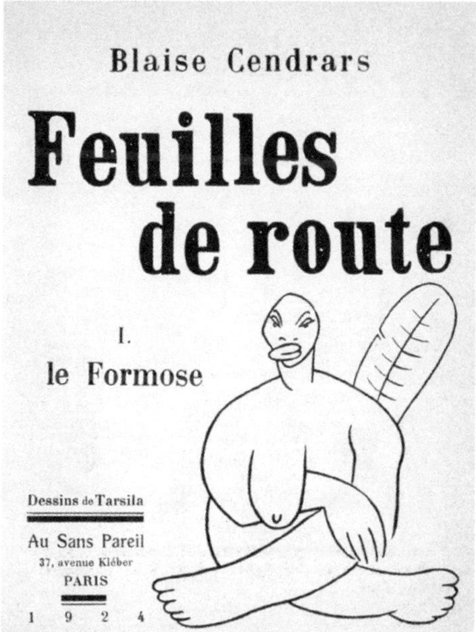

Blaise Cendrars,
Feuilles de route, 1924,
Capa de Tarsila do Amaral.

Tarsila do Amaral, *Caipirinha*, 1923.

Tarsila do Amaral, Esboço de *Caipirinha*, 1923.

Tarsila do Amaral, *Manteau rouge*, 1923.

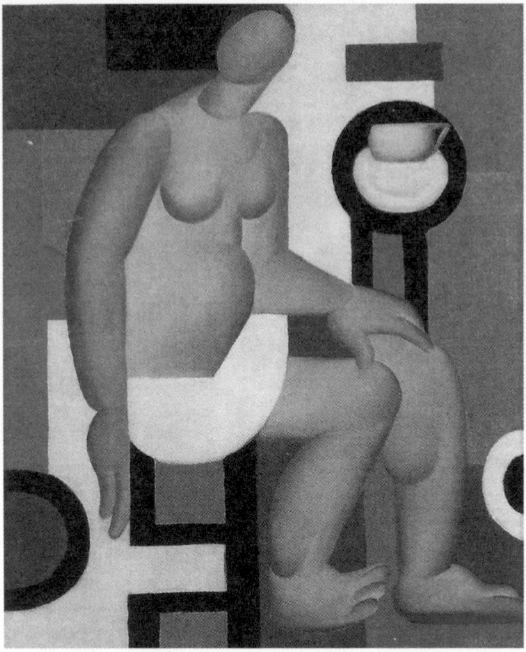
Tarsila do Amaral, *Estudo (Academia n.1)*, 1923.

Tarsila do Amaral, *Estudo (Academia n.2)*, 1923.

Fernand Léger,
A xícara de chá, 1921.

Fernand Léger,
A compoteira de peras, 1923.

Tarsila do Amaral, *Rio de Janeiro*, 1923.

Tarsila do Amaral, *Cartão-postal*, 1929.

Victor Brecheret, *Mise au tombeau*. Fotografia da obra exposta no Salon d'Automne, Paris, 1923.

Victor Brecheret, *Mise au tombeau*, 1923. Túmulo da família Penteado, Cemitério da Consolação, São Paulo.

Victor Brecheret,
*Dançarina, c.*1925.

Victor Brecheret,
Portadora de perfume, 1924.

go, 7 de Outubro de 1923

DE PARIS

(Especial para o Correio da Manhã)

DE PARIS

(Especial para o Correio da Manhã)

Emiliano Di Cavalcanti, "De Paris [I]" e "De Paris [II]", *Correio da Manhã*, Rio de Janeiro, 7 out. 1923 e 4 nov. 1923.

Créditos das imagens

Tarsila do Amaral, *Retrato de Oswald de Andrade*, 1923, óleo sobre tela, 60 x 50 cm. MAB-Faap, São Paulo.

Vicente do Rego Monteiro, *Fim de combate*, 1923. Fotografia do quadro, que foi destruído.

Victor Brecheret, *Templo de minha raça*, 1921, bronze, 44 x 24 x 180 cm. Museu Nacional de Belas-Artes, Rio de Janeiro.

Vicente do Rego Monteiro, *A caçada*, 1923, óleo sobre tela, 202 x 259,2 cm. Centre Pompidou, Paris.

Vicente do Rego Monteiro, *Cenário para bailado da Lua-Iaci*, 1921, aquarela e nanquim sobre papel, 26,6 x 29,9 cm, MAC-USP, São Paulo.

Légendes, croyances et talismans des indiens de l'Amazone. Adaptações de P. L. Duchartre, capa e ils. de Vicente do Rego Monteiro. Paris: Tolmer, 1923.

Cartão da apresentação de Malkovsky no Théâtre des Champs-Élysées, Paris, 1925, com ilustração de Vicente do Rego Monteiro.

Bailarino veste figurino de Vicente do Rego Monteiro para o balé *Légendes indiennes de l'Amazone*, Paris, 1923.

Vicente do Rego Monteiro, *Quelques visages de Paris*. Paris: Imprimérie Juan Dura, 1925.

Vicente do Rego Monteiro, ilustrações em Fernand Divoire, *Découvertes sur la danse*. Paris: Ed. G. Grès, 1924.

Tarsila do Amaral, *A negra*, 1923, óleo sobre tela, 100 x 82 cm. MAC-USP, São Paulo.

Blaise Cendrars, *Feuilles de route*. Paris: Au Sans Pareil, 1924. Capa e ils. de Tarsila do Amaral.

Tarsila do Amaral, *Caipirinha*, 1923, óleo sobre tela, 60 x 81 cm. Coleção particular.

Tarsila do Amaral, Esboço de *Caipirinha*, 1923, em caderno a quatro mãos, com Oswald de Andrade. Coleção Pedro Correia do Lago, Rio de Janeiro.

Tarsila do Amaral, *Manteau rouge*, 1923, óleo sobre tela, 73 x 60,5 cm. Museu Nacional de Belas-Artes, Rio de Janeiro.

Tarsila do Amaral, *Estudo (Academia n. 1)*, 1923, óleo sobre tela, 61 x 50 cm. Coleção desconhecida.

Tarsila do Amaral, *Estudo (Academia n. 2)*, 1923, óleo sobre tela, 61 x 50 cm. Coleção particular.

Fernand Léger, *A xícara de chá*, 1921, óleo sobre tela, 63,5 x 50,8 cm. Coleção particular.

Fernand Léger, *A compoteira de peras*, 1923, óleo sobre tela, 79 x 98 cm. Masp, São Paulo.

Tarsila do Amaral, *Rio de Janeiro*, 1923, óleo sobre tela, 33 x 41 cm. Fundação Ema Klabin, São Paulo.

Tarsila do Amaral, *Cartão-postal*, 1929, óleo sobre tela, 177,5 x 142,5 cm. Coleção particular.

Victor Brecheret, *Mise au tombeau*, 1923. Fotografia da obra exposta no Salon d'Automne, Paris, 1923.

Victor Brecheret, *Mise au tombeau* (vista lateral), 1923. Túmulo da Família Penteado, Cemitério da Consolação, São Paulo.

Victor Brecheret, *Dançarina, c.* 1925, bronze, 69 x 15 x 25 cm. Acervo Artístico Cultural dos Palácios do Governo do Estado de São Paulo.

Victor Brecheret, *Portadora de perfume*, 1924, gesso dourado, 331 x 104 cm. Pinacoteca de São Paulo, São Paulo.

Emiliano Di Cavalcanti, "De Paris [I]", *Correio da Manhã*, Rio de Janeiro, 7 out. 1923, p.2. Biblioteca Nacional, Rio de Janeiro.

Emiliano Di Cavalcanti, "De Paris [II]", *Correio da Manhã*, Rio de Janeiro, 4 nov. 1923, p.2. Biblioteca Nacional, Rio de Janeiro.

SOBRE O LIVRO

Formato: 13,7 x 21 cm
Mancha: 23,5 x 39 paicas
Tipologia: Venetian 301 BT 12,5/16
Papel: Off-white 80 g/m^2 (miolo)
Cartão Triplex 250 g/m^2 (capa)

1ª edição Editora Unesp: 2024

EQUIPE DE REALIZAÇÃO

Edição de texto
Tulio Kawata (Preparação do original)
Jennifer Rangel de França e Gênese Andrade (Revisão)

Capa
Negrito Editorial

Imagem de capa
Tarsila do Amaral, *Caipirinha*, 1923,
óleo sobre tela, 60 x 81 cm. Coleção particular.

Editoração eletrônica
Sergio Gzeschnik

Assistente de produção
Erick Abreu

Assistência editorial
Alberto Bononi
Gabriel Joppert

Camacorp Visão Gráfica Ltda

Rua Amorim, 122 - Vila Santa Catarina
CEP:04382-190 - São Paulo - SP
www.visaografica.com.br